岩波講座

「帝国」日本の学知

第2巻　「帝国」の経済学

岩波講座
「帝国」日本の学知
第2巻 「帝国」の経済学
[責任編集] 杉山伸也

[編集委員]
山本武利
田中耕司
杉山伸也
末廣 昭
山室信一
岸本美緒
藤井省三
酒井哲哉

岩波書店

編集にあたって

本講座は、一九九二年から九三年にかけて刊行された『岩波講座　近代日本と植民地』を受けて、近代日本における学知の生成と展開を歴史的文脈のなかに位置付けようとするものである。『岩波講座　近代日本と植民地』では、帝国日本による植民地形成のプロセスと、それに抵抗する植民地ナショナリズムの論理や脱植民地化の過程を、世界史的な視座のなかで把握しようとした。

敗戦後日本は、アメリカの占領と冷戦下の極東戦略のなかで、「極東」「アジア太平洋」という地域概念に組み込まれていったが、冷戦の終わりを契機として、アジアの共同体構想を促す機運が高まっている。また、グローバル化の中で、新たな世界像を認識するために、かつての帝国的世界システムへの関心もまた高まりを見せている。そして、帝国的認識空間の先行経験として、植民地帝国日本において構築されてきた学知への問い直しや再検討が、学問分野毎に、あるいは分野を超えて広範囲に胎動しつつある。

本講座は、一九九〇年代以降の研究状況をも踏まえつつ、開国期に欧米の学問を移入する形で出発し日本の「帝国」化の過程で構築されていった日本の諸学の形成過程に改めて焦点をあてることで、いわば帝国的認識空間の位相を明らかにすることを目的とするものである。従って本講座がめざすものは、単なる輸入学問の移植史でもなければ、諸学の境界内に安住した学説史でもない。「学知」という問題設定には、学問の内在的理解を踏まえつつ、同時にそれを知の実践文脈のなかで捉え直す複眼的視点が念頭におかれている。近代日本の経験をアジアの広域的秩序のなかで反芻すること、日本の学知をアジア諸地域との相互的交渉の場として捉え直すこと、それらを通して今日我々が所与のものとして受け入れている理論としての学説や実践の指針、制度としての学問のありかたを省察し、新たな学知の分野や体系を構想するための糧とすること。これらが本講座のねらいとするところである。それはまた、ともすれば戦前と戦後の学問を裁断しがちな思考の惰性を正すとともに、冷戦後の今日の視点から、近代日本の学知の批判的継承を目指すものにもなるであろう。

各巻の構成は以下の通りである。

第一巻「「帝国」編成の系譜」では、政治学・法学・植民政策学など帝国の政治システムを運用する実践的技術知の文脈が扱われる。

第二巻「「帝国」の経済学」では、国内環境と国際環境の動的交渉のなかで日本の経済学の展開を考察し、いかなる構想あるいは政策として具体化されたかについて検討する。

第三巻「東洋学の磁場」では、日本を中心とする東洋学が、漢学の遺産と西欧の学問的方法を摂取しながら、アジアという場において独自の歴史認識を模索してきた系譜が分析される。

第四巻「メディアのなかの「帝国」」は、新聞・雑誌・放送・写真といった各種メディアの歴史的展開と帝国統治におけるその機能を検討する。

第五巻「東アジアの文学・言語空間」では、多言語・多民族の帝国的空間のなかで創造された文学を対象としながら、国民文学を超える広域文学の可能性を探る。

第六巻「地域研究としてのアジア」は、調査という技法に焦点を絞り込むことで、アジア研究の系譜を浮き彫りにするとともに、戦前における海外事情調査の戦後の地域研究への継承関係を問うものである。

第七巻「実学としての科学技術」は、農学・公衆衛生学・衛生工学などを中心に、近世日本の実学が近代自然科学へと継承され、それらがアジア諸地域に伝播していった経緯を論ずる。こうした学問分野ごとの検証とともに、本講座では絶えず知の再生産を支える媒体・制度・技法にも目を配っていきたい。

これらの考察を受けて、最終巻である第八巻「空間形成と世界認識」では、既存の学問分野を超えて近代日本の学知を貫通する時間性と空間性のトポロジーを鳥瞰し、新たな世界認識への視座を提供することが目指されている。

また各巻毎に付録として、各学問分野毎の主要文献解題や研究機関の沿革表や各種年表などを付す。付録はいわば、日本の近代科学の財産目録である。

『岩波講座「帝国」日本の学知』は、単なるイデオロギー批判を目的とするものではなく、それは近代日本の学知の歴史的省察を通して、明日に向けて新たな知の可能性を問うための跳躍板となることをめざす書である。グローバル化に対応するための国家戦略のなかで、諸学問の「科学的管理の学」としての再編が進められつつある。本講座の刊行が、ささやかながらも「人間性の学」としての学問と知識への信頼を取り戻すよすがになるのならば、編者としてこれに優る悦びはない。

岩波講座「帝国」日本の学知　編集委員
山本武利　田中耕司　杉山伸也　末廣　昭
山室信一　岸本美緒　藤井省三　酒井哲哉

目　次

序章　国際環境の変化と日本の経済学

杉山伸也

一　本巻の目的と構成

第二巻『「帝国」の経済学』では、明治初期に欧米諸国から輸入学問として導入された経済学の考え方が、近代日本の「帝国」化の過程で、いかなる背景のもとに、どのような変容をともないながら定着し、またどのような経済構想や経済政策として体系化あるいは具体化がはかられていったのかを、国内の情勢と欧米やアジアにおける国際環境の変化のダイナミズムのなかで明らかにする。

日本の経済学は、明治初期のイギリスやアメリカの自由主義的経済思想の啓蒙と普及、さらにイギリス、アメリカ、ドイツに留学し最先端の経済学を学んできた留学生を通じて日本にもたらされた経済学の知識の蓄積の上に、大学、官庁、ジャーナリズムなどさまざまな分野で開花することになったが、そこでは、たえず欧米モデルにもとづく経済学の日本社会への適用の可能性を意識しながら、理論化の方向が模索されてきた。とくに日本にとって、内なる「帝国」化とともに、膨張政策により「帝国」の拡大が現実的な政治課題になる一九世紀末以降になると、明治日本のモデルであったアングロ・サクソン型資本主義の普遍性に対する考え方も変化し、しだいに日本の特殊性や異質性に眼をむける傾向が強くなった。

本巻では、主としてこうした「帝国」化の過程で蓄積されてきた経済学に関連する学知を体現していると思われる人物やグループに焦点をあて、明治期から戦後までの時間的な流れにそってその系譜をたどることで、輸入学問として導入された経済学の形成と日本化の過程を、国内外の環境の変化のなかで具体的に考察する。第一章から第三章では明治期における経済システムの導入と定着の過程を、第四章および第五章では大正・昭和前期における理論と日本の現実との軋轢に起因する経済論争を、第六章から第八章では昭和前期から戦後にいたる経済構想とその実態をとりあげて、全体として明治以降現在にいたるまでの連続性のなかで検討する。

二　「帝国」の経済学の変容

経済学の輸入と「帝国」日本の模索

明治期における経済学の普及は、Ｊ・Ｓ・ミルに代表される西欧の自由主義思想の紹介・啓蒙として行なわれた。これらは、かならずしも経済学に専門化したものではなく、政治学や倫理学などをふくめた政治経済学《ポリティカル・エコノミー》を論ずるものであった。徳川期の日本の経済思想のなかに重商主義的経済学の系譜をたどることもできるが[1]、民間において、いちはやくこうした西欧の自由主義的な経済思想の普及に貢献したのは、福澤諭吉(一八三五―一九〇一年)と田口卯吉(一八五五―一九〇五年)であった。福澤がチェインバースやウェイランドなどイギリス古典派の自由主義経済論を紹介し、『時事新報』(一八八二年創刊)を中心に明治国家の独立のための経済論を展開したのに対して、田口はロンドンの『エコノミスト』をモデルとした『東京経済雑誌』(一八七九年創刊)において自由主義経済論・自由貿易論にもとづく論陣をはった。田口と『東海経済新報』の犬養毅(一八五五―一九三二年)との間でたたかわされた自由貿易・保護貿易論争は、明治中期の日本の経済政策をめぐる代表的な経済論争であった。

「万国対峙」の状況下で、明治国家の政治的経済的自立を達成するためには、早急に欧米諸国に対抗しうる経済的な基礎を構築する必要があった。第一章「経済立国日本の経済学――渋沢栄一とアジア」(島田昌和)は、経済近代化の指導者として欧米の経済制度の輸入と日本への定着を実践した人物として知られている渋沢栄一(一八四〇―一九三一年)をとりあげる。渋沢は、幕末期の渡欧経験をふまえて、儒教にもとづく伝統的価値観を媒介にして西欧の新知識を受容し、実業を通してみずからの思想を実践した。その意味で、儒教を「虚学」としてしりぞけ、科学的根拠あるものとしての「実学」を主張した福澤諭吉と好対照をなしている。島田論文は、こうした渋沢における伝統的価値観と西欧の新知識との併存の背後にある、渋沢の経済学の理解と西欧の経済制度の日本への定着の方法について、渋沢の東京大学における日本財政論の講義と東京(高等)商業学校(現一橋大学)での活動や特別講義の検討を通じて、かれの実践にもとづく経済論と経営倫理を析出する。東京大学における経済学教育では、はやい時期からドイツ国家学の影響が強まり、経済政策を主導する官僚エリート層が育成されていったが、渋沢は、理論としての経済学は近代ビジネスの日本への移入・定着に実際に役立つべきものと考えていた。渋沢の第一銀行が明治期のはやい段階から積極的に朝鮮に進出し、金融支配を通じて朝鮮の植民地化の基盤をつくったことは広く知られている。島田論文は、渋沢における経済の論理と朝鮮進出の背景にある渋沢のアジア認識との関係についても分析し、そこには渋沢の日鮮同祖論と先進国日本による朝鮮近代化の教導という思想があり、この二つの思想の乖離を個々人の道徳心で埋め合わせる構造になっていたと主張する。

東京(帝国)大学や慶應義塾で講義された経済学(理財学)はミルに代表される自由主義経済論であったが、こうした講義をうけたなかから阪谷芳郎や添田寿一などの大蔵省エコノミストや、犬養や『東洋経済新報』の天野為之などジャーナリズムに拠点をおく民間エコノミストの系譜が形成されていった。一八九三年には貨幣制度調査会が設置され、日清戦争を前後して本位制論争が展開された。この調査会には、大蔵官僚の阪谷や添田、田口、ドイツで国家主義的経済学を学び帰国した帝大教授金井延のほか、渋沢や益田孝(三井物産)など学界・実業界のそうそうたるメンバーが参加していた。調査会は議論のために内外の膨大な統計データを収集したものの、そこでの議論は、日清戦争における勝利の確率が高まるにつれて、純粋に経済問題としての金本位制か銀本位制かという議論ではなく、日清戦後経営を視野にいれた政治的色彩の強い内容にシフトしていった(2)。

日本が欧米列強を意識した「帝国」像を描くようになるのは、日清戦後、朝鮮と中国をめぐり日本が欧米諸国の主張する権益と直接対峙するようになってからのことである。明治以降、日本は欧米をモデルとするアングロ・サクソン型資本主義をめざしてきたが、他方で徳川期以降の在来産業の発展は、こうした近代産業の移植による欧米型の産業化モデルに修正をせまるものであった。それと同時に、日清戦争以降の東アジアの緊張した国際関係のなかで、「帝国」としての軍事力と経済力を有し、「一等国」として一定の位置と影響力を確保するためには、短期間に「帝国」の拡大を可能にするあらたな経済システムの構築が不可避であった。

第二章「明治経済の再編成――日清戦後の経済構想」(佐藤政則)は、日清戦後の「武装サレタル平和」のなかで、日本の「公式」帝国と「非公式」帝国の双方を視野にいれた「帝国」の経済システムの構想が、どのような世界認識のもとに、どのように形成されていったのかを総合的に分析する。「日清戦後経営」とよばれる日本の包括的な財政経済政策は、こうした日清戦後の国際環境の変化を前提として朝鮮・台湾・中国などの諸地域をも視野に入れた「帝国」の拡大に相応するあらたな経済システムの再構築を意味していた。この中心にいたのは、東京(帝国)大学で経済学を学び大蔵官僚となった阪谷芳郎や添田寿一などの第一世代の経済学徒であり、貨幣制度調査会での本位制論争にみられたように、かれらの主張は、渋沢や益田など財界人に比較してもはるかに急進的であった。佐藤論文では、阪谷や添田が描いた日清戦後の経済構想や金本位制の確立とともに、日本興業銀行・勧業銀行・台湾銀行などの特殊銀行の設立、日本銀行と普通銀行の改革による「帝国」のあらたな金融システムの再構築についても検討する。その焦点は、この日清戦後経営をスプリングボードに立身出世の道を駆け上った阪谷芳郎におかれ、生身の阪谷を通じて、矛盾と活気、恐怖と希望にあふれた日清戦後の時代をいきいきと映しだしている。日清戦後経営における経済構想は、それ以降敗戦にいたるまでの日本の方向を決定づける原型となっただけではなく、政府系銀行と民間銀行の併存する金融システムは、日清戦後経営期に設立された特殊銀行が普通銀行に転換した戦後においても基本的な構造に変化はなく、一九九〇年代にいたるまで継続した。

第三章「経済法の整備――条約改正の政治経済学」(小沢隆司)は、経済史研究においてこれまで十分に論じられてこなかった「帝国」日本の経済システムをささえた法制的整備について、「条約改正との関連性がどのような形で国内経済立法の立法過程に投影されたのか」に焦点をしぼって、「憲法制定・議会開設直後の法典論争から民商法典の全面施行と新条約の実施までを、いわば通商航海条約の国内法化のプロセスとして一貫して描く」もので、第二章の「日清戦後経営」の議論と対をなす論稿である。小沢論文では、こうしたアプローチから、欧米諸国からの法的整備に関する圧力と経済関連法の制定の過程を明らかにする。一八九四年の日英通商航海条約により法権および税権の回復は実現したものの、条約実施準備として、条約改正のために商法や経済法、居留地廃止後の内地雑居にともなう外国人関係規定など、日本が外国人の内国民待遇を保証しうる国内法の整備ができるかどうかが焦点になった。とくに民法典と商法典の実施は新条約実施の前提条件であり、九九年の商法にもりこまれた外国会社規定や海商法などは国際標準にそうものであったが、通商条約の規定と民法・商法など国内法規との齟齬が生じないように検討が重ねられた。欧米諸国との通商条約の改正による商法の国際性は、日本の国内商人にとって強力な競争相手であった中国人の内地雑居問題を通じて、対アジア関係との整合性をもとめられたが、この条約改正を契機として民法典・商法典の施行が促進され、日本国内の近代法体系が確立した。

日清・日露戦後経営のなかで、日本における経済学も欧米の経済理論の導入の時代から、ヨーロッパにおける社会主義運動の高揚や日本の政治・経済状況を視野にいれた経済学をもとめる方向があらわれた。一八九六年にはドイツの新歴史学派の影響をうけて、福田徳三や高野岩三郎らを中心に日本社会政策学会が設立されたほか、東京高商・神戸高商の『国民経済雑誌』(一九〇六年)や慶應義塾の『三田学会雑誌』(一九〇九年)など経済学の専門誌が発行されるようになり、アカデミズムを中心に経済問題が議論されるようになった。こうしたアカデミズムに対して、民間でも『東洋経済新報』(一八九五年創刊)や石山賢吉の『ダイヤモンド』(一九一三年創刊)などの経済評論の専門誌が登場し、一九二〇年代、三〇年代に経済がひろく議論される知的風土を形成した。

「帝国」日本の形成と経済論争の展開

第一次世界大戦は、イギリスを軸とした一九世紀的国際秩序のバランスを大きく変化させ、経済運営に際しては各国ともに、あらたな国際経済のなかでそれぞれの「経済力」の自己評価を余儀なくされた。一九二〇年代における国際経済秩序の再建は金本位制の再建とほぼ同義であり、金解禁論争は、日本のみならず、国際的規模で展開されたはじめての経済論争であった。一九二〇年代には、カッセルの購買力平価説や、『貨幣改革論』、「チャーチル氏の経済的帰結」に代表されるケインズ理論の考え方が日本にも紹介され、こうした議論の影響うけて、金解禁論争では『東洋経済新報』の石橋湛山や高橋亀吉のほか、小汀利得、山崎靖純などの民間の経済ジャーナリストが健筆をふるった。

日本経済が第一次大戦によって大きな構造的変動を経験し、何らかの形で日本経済の再建をはからなければならないという危機感は、政治的立場を問わず、共通してみられた。一九二〇年代のヴェルサイユ・ワシントン体制に象徴される欧米中心の国際秩序に対する協調か挑戦かという政治的選択の問題は、つきつめれば日本経済をいかにして再建するかという問題であり、それは日本経済の現状認識にかかわる問題であった。アングロ・サクソン型の古典的市場経済システムから日本型経済システムへの変容が、三〇年代から敗戦にいたるまでの戦時期に意図的につくられたとする比較制度分析の議論(3)の是非は別にしても、第一次大戦が日本の「帝国」化への具体的な野望を促進させる大きな契機となり、この戦間期におきたギア・シフトは、「経済の論理」よりも「政治の論理」が優先されていくプロセスでもあった。こうした三〇年前後における日本経済の現状認識と方向性をめぐる二つの大きな論争が、「金解禁論争」と「日本資本主義論争」である。この二つの論争はともにアングロ・サクソン型資本主義の普遍性・同質性を重視するか、あるいは日本資本主義の特殊性・異質性を重視するかという方法論に関連しており、その意味で、金解禁論争も日本資本主義論争も、政治的立場の相違によるアプローチの違いはあるにしても、論争の対象自体はきわめて近似していた。

第四章「金解禁論争――井上準之助と世界経済」(杉山伸也)は、これまで金解禁政策の妥当性を問うことに焦点があてられてきた井上準之助(一八六九―一九三二年)の研究に対して、井上の思想的変化を、日清戦後経営期以降の井上の経歴に重ねあわせ、とくに第一次大戦以降の横浜正金銀行頭取および日本銀行総裁としての井上の日本経済に対する認識、および国際金融家としての井上の欧米およびアジアに対する認識の変化を跡づけながら、金解禁論をふくむ井上の経済論における世界と日本をつなぐ内在的論理を析出し、日本経済の構造改革・再生の視点から、高橋財政との連続性のなかで井上財政の再評価と井上の暗殺の国際的な意味を検討している。井上の経済論は、同時代の多くの国際金融家と同様に、古典派的な自由主義経済論にもとづく金本位制の自動調整メカニズムに対する強い期待感を共有する一方、日本における金融業など経済システムのインフラを形成するにもかかわらず市場メカニズムが十分に機能しない分野においては、政府による積極的な介入を容認する姿勢を内包していた。こうした井上の思想の底流には、大戦後の一九二〇年代の国際社会の動向(金本位制復帰と軍備縮小)のなかで、日本が「帝国」として欧米列強に伍していくための前提条件としての国際性をもちえず、存在意義が稀薄になっていくことに対する危機感があった。井上財政が国内経済を国際経済のルールにあわせることによって日本経済の再生を期したのに対して、高橋財政は逆に国内経済を国際社会から切り離すことによって同様の課題を達成しようとしたが、それは、高橋の主観的な意図がどのようなものであったにせよ、日本の軍国主義化への途を意味していた。

第一次世界大戦は、イギリスを中心とする統合的な資本主義の国際経済秩序を崩壊させただけではなく、一九一七年のロシア革命によりあらたな社会主義国ソビエト連邦の誕生と社会主義の拡大により、資本主義に対立するあらたな政治経済体制を生みだすことになった。マルクス主義は日本の産業化にともなう労働運動や社会運動、さらにはアカデミズムを通してしだいに強い影響力をもつようになり、(4)とくに一九年に創設されたコミンテルン(第三インター)の指導下に発表された日本における資本主義の性格と革命戦略に関する二七年テーゼや三二年テーゼは、左翼知識人やアカデミズムをまきこんだ「日本資本主義論争」に発展した。この論争では、労農派がアングロ・サクソン型資本主義の普遍性と同質性を強調したのに対して、講座派は日本資本主義の特殊性と異質性を強調した。マルクス主義が輸入学問であり、論争がコミンテルンテーゼに影響されたとはいえ、この「日本資本主義論争」が戦前・戦後の日本の社会科学にあたえた影響はきわめて大きく、論争自体、日本の社会科学者がたんなる輸入経済学による分析をこえて、独自の理論構築と解釈をこころみたきわめて特筆すべき事例であった。論争は明治維新論、天皇制論、厳マニュ論、地代論など多岐にわたって展開されたが、論争に関する研究文献は多数あるにもかかわらず、論争自体の総括や相対化が十分に行なわれないまま現在にいたっていることは、日本の社会科学にとって不幸なことであるといえよう。

第五章「日本資本主義論争——制度と構造の発見」(中林真幸)は、「日本資本主義論争」を日本の経済システムの「構造」の動揺として捉え、「構造改革」によってその困難を克服しようとする……発想を日本人が手にした最初の経験」と位置づけ、安場保吉の議論に「ゲーム理論に基づく誘因《インセンティブ》とリスクの配分問題」を組み入れ、講座派の聖典ともなった山田盛太郎『日本資本主義分析』(岩波書店、一九三四年)の主張とその妥当性について理論的に検討した、きわめて刺激的な論稿である。中林論文は、山田の議論と「労働の無制限的供給」を説明するための二部門モデルとの共通性に着目した安場保吉の議論を手がかりにして、山田のいう「ナポレオン的観念」と「家長的家族制度」にささえられた「二重穹窿《きゅうりゅう》」は、地主や親分など家父長に象徴される権威主義的なレント(余剰部分)の小作人や労働者への分与とリスク分散のシステムを基礎とするもので、「帝国」の軍事的・経済的な制度をささえると同時に、労働過剰社会に適したリスク回避の制度であったという。しかし、両大戦間期における労働過剰社会から労働稀少社会への転換、とくに「世界恐慌によってレント給源が消滅するとともに地主たちのリスク引き受け能力も低下し」、さらに合理化による間接雇用形態が解体したことにより、「家長的家族制度」に象徴される制度的動揺が生じ、「帝国」の存在は直接個人に関係するものとして立ち現れるようになった。このように中林論文は、戦間期に日本の経済制度が変化しはじめていたことを見抜いた山田の慧眼を評価する一方、山田の戦間期以前の制度理解については、その「全剰余労働搾取」説は制度の機能に関する山田自身の見解と矛盾すること、また戦間期の制度理解については山田の主張と新古典派理論との類似性を指摘し、山田が「制度変化の経路が複数ありうることを見逃していた」ことを指摘している。

「帝国」日本の構造と終焉

技術教育の導入と日本人技術者の養成はすでに明治期から主要な課題であったが、日露戦争後になると、電気機器や機械工業を中心に外資との積極的な技術提携が行なわれるようになり、しだいに重化学工業の技術者の養成があらたな課題として登場した。第六章「「帝国」の技術者——供給・移動・技能形成」(沢井実)は、両大戦間期の「帝国」内における高等工業教育機関による技術者の養成と移動の実態、さらに技術者の技能形成について、統計にもとづいて数量的に検討している。日本の産業化の進展にともなって大学・工業専門学校卒の技術者数は増加したが、戦間期には重化学工業化の進展に対応して機械工業や電気・化学・金属・採鉱冶金などの学科編成がしかれ、朝鮮の京城工業専門学校(一九一六年設立)、台湾の台南高等工業学校(三一年)、関東州の旅順工科学堂(〇九年、二二年に旅順工科大学に昇格)や南満洲鉄道の南満洲工業学校(一一年)、満洲の哈爾濱高等工業学校(三六年)などで土木、電気、機械などの技術者の養成が行なわれた。戦時期には国内では工業専門学校の大増設が行なわれたが、帝国内における技術者が払底したために、朝鮮においては高等工業教育機関の拡充がみられ、台湾においても台北帝大に工学部が設置された。第一次大戦以降日本に留学する中国人学生が増加し、国内の受入先としては東京高等工業学校(東京工業大学)の意義が大きく、かれらは帰国後、中国の民族紡などで重要なポストをしめた。戦間期における外国企業の圧倒的な技術優位の状況のなかでトヨタ自動車工業や日立製作所など外国からの技術導入に安易に依存しない独自の技術開発も行なわれたが、基本的には欧米諸国から導入された技術を日本的に適応させることが主流であった。しかし、こうした帝国内における技術移転と技術者の養成は、戦後の日本国内および東アジア地域における工業化につながる人材の育成に寄与することにもなった。

準戦時・戦時期と戦後の比較史的検討は、戦後日本の経済システムの連続性の問題として、近年多くの実証密度の高い研究を生み出してきたが、戦時経済研究の出発点が「大東亜共栄圏」全体を対象とするものであったにもかかわらず、最近の研究は国内の経済政策に特化する傾向が強くなっている。戦時経済体制にかかわる経済構想は、アジア諸地域までもふくむ人的・物的資源を前提とするきわめて具体的な計画経済論として、そのときどきの「帝国」日本の現状認識と方向性とを凝縮して表しており、国内とアジアを同時に視野に入れてあらためてこの問題を検討する必要がある。

第七章「「大東亜共栄圏」における経済統制と企業――満洲を中心に」(疋田康行)は、戦時経済体制の研究が計画立案する政府官僚レベルでの研究に特化する傾向に対して、「直接に経済活動を担う最も基本的な経済主体」である「企業」に着目し、「大東亜共栄圏」というブロック経済の実態を実証的に検討する。疋田論文によれば、戦時経済統制とは、取引関係や業界団体などの中間組織を通じて形成された企業の事業ネットワークを戦争遂行のために変更させるものであり、「その変更過程のなかに戦時的要素と日本的特質および植民地や占領地を含む各地域の特徴が現れてくる」。疋田論文は、この視点から、「大東亜共栄圏」における企業統制の出発点となった満洲をとりあげ、企業からみた戦時経済統制を実証的に明らかにする。満洲国の建国と企業統制の開始は「満洲占領にとどまらない「日本改造」の戦略的構想」によるものであり、関東軍と満洲国政府による規制と調整を通じた経済開発の実施は企業との間に軋轢を生じさせたが、民間企業の占領地への進出意欲は強く、設立法人数は急増した。一九三六年には「日満支生産力拡充計画」にそって満洲重工業開発や財閥系の現地子会社が設立され、これら中核企業の周辺に関連企業群が形成された。しかし、国際収支の困難化と第二次世界大戦の勃発により、満洲における経済統制は再編と重点化がくり返されることになり、「現地自活化」の方針にそって大企業の誘致や中小企業の移駐などが行なわれ、産業統制法などの経済統制により地域経済の組織化が進展したものの、他の「大東亜共栄圏」地域と同様に統制効果も稀薄になり、経済構造も崩壊していった。

「帝国」日本の遺産

日本の経済学は、一九三〇年代の日本資本主義論争にみられたマルクス経済学の展開や、二〇―三〇年代のシュンペーターやケインズなどの戦後の「近代経済学」につらなる非マルクス経済学の導入により、分析手法は深化した。しかし、他方では、経済統制の進展の過程で、経済や経済学の政治化によって経済学はゆがめられ、本位田祥男や谷口吉彦など革新派の経済学者を中心に欧米の経済学に対抗して「政治経済学」、「日本経済学」の構築が主張され、日本の経済学の主流は、新体制運動の頃には「政治のための経済学」に変質していった。[5] しかし、こうしたなかで太平洋戦争開戦前の一九四一年七月に陸軍省秋丸次朗中佐のもとで、有沢広巳や中山伊知郎などの新進気鋭の経済学者が参加し、当時最先端の経済学を駆使して主要国の経済戦力を分析した調査報告書「英米合作経済抗戦力調査」が作成された。英米両国が合同した場合の日本との圧倒的な経済力格差を結論づけたこの報告書は、国策に反するという理由で顧みられることはなかったが、[6] この経験は戦後の経済再建に際して生かされることになる。

日本は、敗戦によって植民地を喪失し、貿易構造の転換や資本と労働力の再編成を余儀なくされたが、戦前期からのストックや技術の連続性を前提に、戦時補償の打切りなどきびしい経済環境のなかで経済システムの再構築をはかることになった。日本資本主義論争が、戦後の宇野理論や大塚史学に継承され、戦後の学界で影響力をもちつづけたことは知られているが、非マルクス経済学の系譜も、戦後いわゆる近代経済学として普及し、なかでもマクロ経済学や計量経済学の発展は経済分析の方法を深化させ、日本経済の分析に応用されて大きな成果をあげた。この点は、第八章「戦後復興の経済学――植民地喪失後の日本経済」（中村隆英）で指摘されている。中村論文は、戦後復興の経済復興を一九三〇年代の経済統制の連続性のなかで位置づけ、太平洋戦争の敗戦以降の六〇年にわたる日本経済の変化を、一九四五―五五年の復興期、五六―七三年の高度成長期、七四―八九年の安定成長期、九〇年以降のブーム後の整理期（「跡始末の時代」）の四期にわけてマクロ的に概観したもので、著者の『日本経済――その成長と構造』（第三版、東京大学出版会、一九九三年）や『昭和史』全二巻（東洋経済新報社、一九九三年）の続編に位置づけられ、本巻の各章で取り上げた議論がどのような形で現在に継承されていったかが推察される。

日本における経済学のアカデミズムの構図は、一九八〇年代末以降の東欧の社会主義圏の崩壊にともなうマルクス主義経済学の影響力の弱化により、大きく変化した。しかし、経済学のさまざまな領域における分析手法の精緻化は別にして、現在の日本の経済学は、輸入学問であることを超え、なかでもアメリカ経済学の影響からも自立して、世界の社会科学に対して知的貢献ができるような段階にあるといえるのだろうか。編者としては、本巻が、日本における経済学の学知を歴史的に検討することによって相対化し、今後日本において継承し発信していかなければならない経済学の学知の可能性をあらためて問い直す契機となることを期待している。

巻末の文献目録では、今後の研究のために、本巻を通じて関連する統計・資料、および各章に関連する同時代的文献をふくむ研究文献を中心に解題を付し、日本における経済学の系譜がたどれるように心がけた。

注

（1）矢嶋道文『近世日本の「重商主義」思想研究――貿易思想と農政』御茶の水書房、二〇〇三年。
（2）杉山伸也「明治日本の貿易環境――『貨幣制度調査会報告』を読む」『三田商学研究』四八巻五号、二〇〇五年一二月。
（3）岡崎哲二・奥野正寛編『現代日本経済システムの源流』日本経済新聞社、一九九三年、ii―iii頁。
（4）日本の経済学者に対するマルクスの影響については、玉野井芳郎『日本の経済学』中公新書、一九七一年、六六―六七頁、を参照。
（5）牧野邦昭「経済学と「政治的なもの」――純粋経済学・政治経済学・近代経済学」『思想』九八六号、二〇〇六年六月。
（6）小峯敦「戦間期日本の経済参謀論――経済学者の役割」『経済学論集』（龍谷大学）四五巻二号、二〇〇五年一〇月。

第一章　経済立国日本の経済学
――渋沢栄一とアジア

島田昌和

はじめに

渋沢栄一(一八四〇―一九三一年)は、幕末に渡欧経験を持ち、銀行業をはじめとする近代的なビジネスを実地に見聞し、帰国後「国立銀行条例」の起草に関わった。そして自らが最初の国立銀行を設立し、その後多数の会社を立ち上げたことでよく知られている。同時にビジネスの現場におけるモラルの必要性を説き、またアジア、とりわけ朝鮮半島でのビジネスの展開にも早い時期から主導的に取り組んだことも知られている。

渋沢の学知は、これまでの研究蓄積の中でいかに位置づけられているだろうか。長幸男は、渋沢が近代的な思考様式を身につけ、それを日本のビジネス社会に植え付けることが何よりも必要と考え行動した事を重視した。すなわち、渋沢栄一の功績として「(一)合本組織と近代的諸産業の「万屋主義」的導入、(二)官尊民卑の打破=実業界の社会的地位の向上」の二点を上げている。[1] それは西欧新「知識」の受容であり、封建制打破、商工業者の地位向上のための西欧近代国家スキームの受容であった。[2] 渋沢は幕末に二年間パリに滞在し、早い時期に西欧新知識を受容した一人であったが、他の洋行経験者が政治体制の相違に大きな影響を受けたのと違い、もっぱら商工業者の地位やビジネスの実務に興味を持ち、新知識を摂取した。[3] 一方、渋沢が儒教道徳を重視した側面にスポットを当てる研究も広範に蓄積されている。[4] 渋沢自身は青年期に儒教道徳に基づく教育を受け、儒教に根ざした道徳観を根底に強く持っていた。

渋沢の思考様式は西欧新知識の必要性を十分に認識すると同時に、伝統的・通俗的価値観を持ち合わせた。すなわち、経済学を中心とする「学知」を受容し、「論語」に代表される伝統的価値観に独自の解釈を交えて伝達していった。しかしこれまでの研究では、西欧新知識の受容と、「論語」を媒介させて解釈を加えた新たなメッセージの発信はそれぞれ切り離されたものとして取り扱われてきており、これらの間をつなぐものとは何なのかを検討する必要が大いにある。

よって、日本が近代化に取り組み始めた時期にあって、西欧的な学問、特にビジネスに必要と考えられた経済学をいかに理解し、それを実社会にいかにして活用すべきと考えていたのかをまず検討していく。具体的には渋沢が数年間、実際に東京大学において「日本財政論」を担当して何を講義したのか、そして熱心に支援した東京高等商業学校の学生に対し、何を訴え続けたのかの検討を通じて渋沢というビジネスマンにとっての学知を検討していく。

また、朝鮮半島を中心とした植民地研究の中でも渋沢はたびたび登場する。それらの研究では渋沢は、政治的・軍事的進出に先立つ経済進出の先兵として位置づけられている(5)。しかしながら、朝鮮半島に関しては考えが近かった大倉喜八郎などの一部の企業家を除き、財閥を含む他の経営者たちが早い時期での朝鮮半島への経済進出にそれほど積極的でなかったにもかかわらず、渋沢が主導的行動をとっていったのはなぜなのかという動機の解明がなされていない。

その点に近づくために、学知の受容と咀嚼・伝達の思考様式が朝鮮半島への進出にあたってどのように適用されていったのかの検討を試みる。

一　初期における東京大学の経済学と渋沢栄一

東京大学での経済学教育

渋沢栄一は一八八二(明治一五)年から数年間、東京大学文学部理財学科で「日本経済論」を講義している。渋沢の学知を知る上でこれほど直接的な接点はなく、まずその背景から検討していく。

その当時の東京大学の経済学教育は、フェノロサ(一八七八年…政治学、経済学、哲学担当→八六年…文部省・東京美術学校）をはじめとする外国人講師陣で占められており、その中での数少ない日本人講師であり、なおかつ実務家の講座であった。

同大学における経済学の系譜は、一八七七年に東京開成学校と東京医学校が合併して東京大学として法、理、文、医の四学部が置かれ、文学部の「史学哲学及政治学科」で第三学年に経済学の講義が置かれたことに端を発している。[6]一八七九年に学科の名称が変更されて「哲学政治学及理財学科」と改称され、経済学は理財という名ではあるが、専攻科目名に盛り込まれた。時間数も増加し、週に三時間の講義がおこなわれた。八〇年から八五年の間の文学部卒業生は延四七名だがそのうち経済学を専攻に含んだ卒業生は三八名に及んだという。[7]

この時期、経済学という西欧から紹介された新しい学問はいかに受け止められていたのだろうか。経済学は「『和魂洋才』型殖産興業に対する実学的・技術的有用性の側面で評価された」と言われている。[8]すなわち、「国家財政と殖産興業に有効な実務的技術的な知識の集積として導入される傾向」が強かった。よって理論としての「自由主義経済学は初発から異質な要素と混濁して講述」された。そして東京大学における「自由主義」経済学の時代はきわめて短命であり、一八九〇年代には「ドイツ国家学ないし歴史派経済学への傾斜が早熟的に兆し」たと言われている。[9]

フェノロサによる経済学教育

それではより具体的にこの時期の経済学教育として誰によって何が講義されていたのかを検討していこう。経済学の担当はアメリカより招聘された日本美術の研究者として知られるフェノロサ（Ernest Francisco Fenollosa, 1853–1908）であり、政治学・哲学史とともに経済学を講じ、後には論理学も担当した。[10]フェノロサは一八七四年にハーバード大学を卒業し、モースの推薦により七八年、二五歳の若さで来日し、八年間東京大学文学部の教壇に立った。フェノロサの講義を受講した高田早苗は「今日から見ると、当時の学科程度は余り高いものではなく、大学の科程とは言い條、半ばリベラル・エジュケーションと見て然るべきであった」と評している。[11]

フェノロサによる経済学の講義内容であるが、一八八〇年度の講義要旨によると「固より偏に一学派の説のみを専習せしむるにあらずして、特に理財学上学生の推考誘掖奨励して、諸家の相反する所の異説を批評断定する学力を得せしむるに在り」と記されている。教科書・参考書として「ミル、マッキアン、ケレー、ケアルンス、ゼェボンズ、ボーウエン」らの名前が記されている。そのなかでも「先ス生徒ニミル氏ノ理財原論ヲ授ケ其過半ヲ日々暗記セシムル」と記されているように、フェノロサはミルの文献を重要視していたと言われている。[12]

この時代、ミルは、経済学の同時代人としてスミスやマルサスに先だって紹介された。[13]ミルの重視とは「古典派の解体期を反映したいわゆる俗流経済学の色彩のつよいもの」を意味し、それは「体系的理解や学問的探求とは正反対の、技術的実用的目的に役立てるための恣意的断片的な摂取という性格」をもった。具体的には「種々な解説書や入門書を通じて間接に得られた古典派の思想や理論が、貨幣や銀行など各種の近代的経済制度の設立や運営の上に役立てられたり、貿易や財政など種々の経済政策をめぐる論争に利用されたりする」ものとして受け入れられたのであった。[14]

渋沢による日本財政論

一八八一年からは「政治学及理財学科」が哲学科と分離されたため、学生は所定科目をすべて履修することとなった。時間数も二年次から四年次まで毎週四時間が割り振られ、内容として二年次は田尻稲次郎大蔵書記官が担当し、フォーセット、ミル、ロッシェル等をテキストとした。三年次には「通貨及銀行論」「日本財政論」、四年次には「労力、租税、公債論」が講じられた。この改正により、西欧経済学のほかに「日本財政論」が加えられたことが大きな変化であった。[15]

日本財政論に関しては「徳川旧政府財務官の組織及財政の沿革、並びに維新以後の政府財政の沿革及び其の現状、貨幣、租税、関税等に就いて之を詳論し、日本邦国立銀行の起源沿革並びに銀行実際の業務等を講授す」と紹介されている。

実際の担当者の講義要旨では、一八八二年度に担当した市川正寧講師は「大宝貞観延喜の頃より明治時代に至るまでの我が国に於ける地租」について講義し、八二・八三年度担当の石川有幸講師は「我が国と澳地利匈牙利国との間に締結せる条約及貿易章程を基礎として関税法」を講義した。八二年度担当の佐伯惟馨講師は「我が国の予算、維新以後に於ける貨幣及び紙幣の制度」について講義した。

これらの講師と並んで渋沢栄一は「我が国の銀行業務の実況、主要都市に於ける商業の実況、日本銀行の組織および業務に就いて講義」している。[16] 渋沢による「申報」(講義概要)には「凡ソ理財ノ学ニ於ル、能ク実際ヲ詳ニシテ講究スルニアラサレハ、以テ実用ニ適スルヲ得ス、総理此ニ見アリ、曩ニ余ニ嘱スルニ本邦理財ノ実況ヲ講説スルヲ以テス」、「本邦ノ商業ヲシテ殷盛ノ境ニ進歩セシメ、理財ノ学ヲシテ空論ニ渉ラシメサルハ、其唯々実務ヲ講究スルニアルトノミ、之ヲ以テ不肖ヲ顧ミスシテ其嘱託ヲ諾セリ」と記され実用・実務への応用を重視していることが明示されている。[17]

さらに講義の内容が詳しく記されているので少し長くなるが引用しよう。

商業の情態を知らんと欲せば宜しく先ず銀行の組織を詳にせざるべからず。因って現行の銀行条例に基づき、営業の箇目より、貸借の方法、金融運転の情態に至るまで、実際に施行する所を講説し、又余が嘗て外人の需めに応じ、銀行を創立するの順序より、営業の方法効用の総論に至るまで、悉く其の大要を輯録する者を示し、之を講明したる後、此の書を学生に与えて各謄写せしめ、以て其の服応するに便せり。

商業の講説は一定の規律なきを以て、其の部分に就いて習慣法律等の有無を弁明し、然るに実際の効用を述べざるべからず。
先ず東京大阪横浜等に就いて其の商情、運輸の便否等を説明し、此より進んで尚他殷繁の地の商業を略説し、昨年日本銀行の創立あるに因り、即ち該銀行の組織作用及び其の営業の全国諸銀行に関係すべき理由より、金融効用の如何に至るまで挙げて之を講説し、前に講説する所の一般銀行の情態と併せ鑑みて、以て其の経営する所を領会するに便せり。[18]

ここで渋沢は、経済の実際を知らなければ実用には適しないのであり、よって経済学を空論にしないためには同時に実務を考究すべきであり、商工業の実情を知るためにはまず銀行の組織を知るべきであるという考えを明確に記している。

後に娘婿となる阪谷芳郎は「当時先生ノ講義ヲ聴キ、我邦銀行業及手形取引ニ関シ頗ル得ル所アリ」との談話を残している。[19] また渋沢自身の談話として「大学で講義したのは銀行条例の説明であった」と語っている。[20]

これまで渋沢による講義の内容はこれ以上不明であったが、講義を受講した阪谷による講義ノートが明らかになった。[21] そのノートから渋沢の講義内容をもう少し詳しく検討していく。一八八四年三月一二日の手形に関する講義のなかで、手形の種類として為替手形と約束手形を紹介・説明し、手形取引を用いる利益として「(一)手形取引ハ資本ヲ増殖シメルト同ジ結果ヲ生ズ、(二)資本ノ運転ヲ滑ニス故ニ資本ニ欠金ヲ生ゼズ、(三)貨幣ヲ自店ニ備ヘルニ及ハズ現金出納ハ銀行ニ委託シ大災難ノ患ヲ免ルヲ得ベシ、左ノ利益ノ外ニ自然金利ヲ低クセシムル傾アリ」と記されている。

また銀行の組織に関する講義では、取締役、頭取、検査掛、支配人、出納掛、貸付掛、公債掛、書記等の役職を紹介している。そして「支配人ハ実ニ頭取ノ行務上ノ代人ト云フベシ故ニスベテノ事務ニ干渉ス」、「英ナドデハ帳面計算トヲ科ニ分ツ然シ日本デハ之ヲ混ズ現ニ第一ノ如キモ未ダ不便ヲミズ」といった紹介をしている。また支店の運営に関して「支店トノ往復ハ頭取ト支配人トニテ之ヲ為ス之レハ脈絡ヲ分明ニスル為ナリ故ニ書記ニ委ネズ」と記されている。

これらの講義ノートの断片から、渋沢が単に近代的な銀行制度の詳細な紹介にとどまらず、その制度の背景や目的、日本での運用の特徴、また、経営上のポイントにまで言及していたことが浮び上がってくる。

一八八二年には渋沢は四三歳であった。第一国立銀行の設立が七三年であり、初の中央銀行である日本銀行設立が八二年であった。渋沢は正規に経済学を学んでおらず、銀行業務さえも法律の制定と実際の開業を通じた実務から学んだだけであったが、理論と実務の関係に対し明確な主張を持っていた。さまざまな見聞、経験から来る自信のあらわれなのであろう。

受講者から見た経済学の受容

それではこの時期に渋沢の講義も含め、東京大学で経済学を学んだ学生の受け止めはどうだったのだろうか。先にも登場した阪谷芳郎が経済学について言及している。まず、「元来従来の経済学と云ふものは理論の方に傾き過ぎる弊があるので、即ち余の研究した時分から矢張其弊がどうも多いと云ふ事は終始教授から聞いた事もある」、「経済学も国と云ふものを眼中に置いて議論せぬと折角論究した学問と云ふものが実際之を応用する時分には甚だ無駄なものになって仕舞ふことになる」と述べ、経済学という学問が理論に傾きすぎて現実への応用が難しくなっている点を真っ先に指摘している。よって「十分に此の内外経済上の事情を論究して経済の策を立てて往くと国を富ます上に付いて大変助けにな」り、「是から経済学を論究するに付いて是迄の弊を矯めて応用と云ふ事に目を着けて、諸般内外の事情と云ふものを能く明かにすると云ふ事が必要である」と述べているように、貿易や産業の状態など国家の枠を意識し、経済の実情とあわせてよく学ぶ事の重要性を指摘している。その上で日本が発展するためには商工立国をめざすべきであり、それに当たっては「充分の智識と充分なる徳義心」をもった経営者が最も不足していて、これを育てていかなければならない事を力説している。[22]

阪谷は、藩閥官僚に対して新たに台頭してきた「専門的知識・技術を修得しつつあった専門官僚」と位置づけられている。阪谷は日清戦後の財政計画を松方正義大蔵大臣のもとで主計官として実質的に作成し、その基本案をもとに渡辺国武蔵相によって増税を盛り込んだ予算編成がなされた。阪谷等の専門官僚は、日清戦後の国際政治状況を「武装サレタル平和」と認識し、軍拡を支持しつつもそれを負担できるだけの経済力を商工立国の実現によって達成すべきと考えていた。[23]

阪谷は卒業と同時に大蔵省に入省して貨幣制度や国家予算の作成、日清戦時財政の舵取りなどに中心的に携わって順調に出世し、主計局長、大蔵大臣となっていく、まさに新しいタイプのエリートであった。大学教育で学んだ経済学を経済政策の舵取りという現実に応用する事ができ、なおかつ渋沢の影響を受け、ビジネスとの接点さえ意識していた。

銀行制度を通じた近代経営の伝授

もう一度渋沢の講義の内容にもどろう。渋沢が経済の実務として特に国立銀行条例を用いて銀行の解説を選んだ理由を検討していこう。明治初期から銀行類似会社を含み、私立銀行の設立請願が多数出されていたが、政府は銀行制度の不統一、為替会社の破綻などから許可を与えていなかった。そして一八七二年、各種金札の整理と新紙幣発行を主目的とする国立銀行条例が発布され、四つの国立銀行が設立されたのであった。[24]

しかしながら政府紙幣の下落により正貨兌換が不可能になり、その後の設立は進まなかった。そこで一八七六年に銀行条例を改正し、華士族に交付された金録公債証書を資本として設立することを認めたため、一気に一五三行の銀行が設立された[25]。

この時期の国立銀行は、第一国立銀行が東北各県に出張所を設けたように米穀金融業務を中心としていた。また、土地を担保に、または無担保で有力株主等に貸し出される金貸し会社的色彩を帯びていた。正貨兌換のない銀行券を発券していたのであるから健全通貨主義に反していたとはいえ、その期待感からか銀行紙幣は政府紙幣と同一の信用を持って流通し、大量の公債の価格下落を阻止して士族救済の目的を果していた。殖産興業資金の供給という目的は当初十分には達成されなかったけれども、企業勃興に伴い、漸次民間銀行への移行を準備していった[26]。

以上の国立銀行全般の経緯のもとで、一八八〇年代の第一国立銀行の営業は順調であった。官公預金の比率が減少するが、一般からの預金が増大し、この時期の一〇年間を通じて二・六倍にふくらんでいた[27]。貸し付けも活発におこなわれて一時期預金額を上回る時期もあるが、概して預金額に見合った貸出額であった。その抵当は公債、有価証券、諸商品、地金銀などであり、主として商人に貸し付けられた商業金融であった[28]。その他に当座預金貸越、割引手形、荷為替手形、為替約定などを盛んにおこなっていたことが確認できる[29]。

このような状況から「第一国立銀行が他人資本を収集してこれを運用する近代的銀行に近づいて」おり、「地方の国立銀行によくある金貸的銀行と同一視することはでき」ず、「公債保有機関といった性格を脱却」して「商人の銀行たる地位を確立しつつあった」と見なされている[30]。

シャンドによる近代的実務教育

それでは何故、多数の国立銀行の中で第一国立銀行が模範的だったのであろうか。その理由の一つがアレキサンダー・アラン・シャンド(Shand 一八四四年生まれ、七二年から大蔵省の顧問、七七年にイギリスへ帰国)による指導にあった。渋沢はシャンドをして「日本に於ける銀行事務の基礎をつくった」人物と評している[31]。その具体的貢献は『銀行簿記精法』を執筆し、一八七三年一二月に刊行したことだろう。[32] この書は「国立銀行条例に準拠して設立された国立銀行に適当と考える諸帳面書体および申請書を作成するために著されたもの」であり、まさに「わが国銀行業の統一簿記制度を生成するにいたった直接の要因となった」複式簿記の伝習書であった。大蔵省の役人と第一国立銀行行員はシャンドより直接銀行簿記法について講習を受けた。[33]

シャンドはこのような銀行業の実務に貢献しただけでなく、創立間もない銀行の舵取りにも大きな役割を果たした。渋沢がシャンドに関する談話記録において、真っ先に話題にしているのが上海への支店開設案に反対されたことである。

一八七四―七七年頃に数回にわたって大蔵省からの要請により現地での円銀流通を一つの目的として第一国立銀行は上海への支店開設を検討している。その際、シャンドは上海の海外銀行間の競争が激しく金銀比価や円銀の比価が必ずしも有利でないこと、また上海近辺の通用範囲の治安の不安などから、まずは国内の基盤固めを優先すべき点と普通銀行と為替銀行を兼営するべきでないとの理由から大反対したのであった。[34] これに対し渋沢は「私は支那へ手をつけ度いと思って居たから色々に考へて見たが、此異論は正当である」と考えて従ったことを述べている。[35] 渋沢は国益優先の考えを持ちつつも厳格な銀行運営の必要性とその十分理にかなった理由を理解したのであった。

もう一点、渋沢がしばしば語るシャンドの印象として「手堅く厳格な銀行家」という側面がある。例えばシャンドに対し「人としての幅の狭い人であったから、日本銀行界の恩人であるが、余り有難がられぬ。ただ帳面など厳格に調べる人で、第一銀行でも三度ばかり検査された」と語っていたり、「シャンドと云ふ人は余程綿密で、悪く申せば干渉であった」との表現もしている。[36]

渋沢がシャンドの厳格な銀行検査等を必ずしも忌避していたわけではない。「成るだけ金融を為すは性質を審かにして置かなくちゃならぬ。(中略)唯だ利息が取れる、元金が返るのだ、それ以上は何でも構はぬ、と云ふ事だけでは、如何に堅固な得意先でも知って置く必要があると云ふことは、根本の道理である」と述べ、また「「政治を知って政治に携はらぬこと」とか、「事務を手早くしても叮寧に」とか「借りに来た人は断っても不快の思ひをさせぬこと」とか、中々味はふべき言葉があり、私などはそれを守らうとした」とあるように銀行業の根本をシャンドから忠実に吸収したことがわかる。(37)

渋沢は幕末に西欧において銀行業を含む近代経営を見聞し、明治初期に政府内部にあって銀行や株式会社制度の法制面の整備に関わった。さらにシャンドから直接、近代経営のエッセンスを学んでおり、これらこそが経済学が現実に適応された実例として講義されるべきと判断したと思われる。

二　東京(高等)商業学校へのサポート

東京大学での教育経験はきわめて短期間のものであったが、その一方で長期に渡って関与し続けたのが東京(高等)商業学校を中心とする商業教育・実業教育の支援であった。

東京(高等)商業学校の変遷

東京(高等)商業学校は、一八七五年にホイットニー(W. C. Whitney)を教師とする私塾形式の「商法講習所」としてスタートした。七六年に東京市の所轄、八四年に農商務省の直轄となり、「東京商業学校」と改称された。さらに八五年に文部省の所管となり、八七年に「高等商業学校」と改称され(一九〇二年からさらに東京高等商業学校と改称)、八九年に第一回卒業式がおこなわれた。(38)

当初、渋沢は「商人が「自修自営」することの必要性を認めていたものの、特別の学校教育をなすことまでを考えてなかった」と言われている。[39] たまたま、東京会議所会頭としてこの商業学校を援助することになったのが発端であった。[40]

とはいえ、いったん発足したこの学校を自ら行動し、財政面で支え続けたのは渋沢であった。一八七九年には東京府議会で予算が半分に削減され、八一年には経費の支出が否決された。寄付を集め、政府と交渉し、農商務省の補助を取り付けていった。[41] この時期、三菱商業学校との合体案が提案されたり、東京帝国大学学生の瓦斯局就職拒否などもあり、渋沢は独立した商業教育確立の必要性を強く意識していったようである。[42]

このような動機とあわせて渋沢が東京商業学校を支援し続けたのは、矢野次郎校長の実業教育への理念に共鳴したところが少なくないと思われる。矢野校長は、旧幕臣で渡欧経験があって英語に長じており、一八七六年に前身の商法講習所の所長に就任し、一時的に学校を離れざるをえない時機もあったが九三年まで一六年余り校長職に在職した。[43]

その教育方針であるが、一八七六年の教授科目として、英語、英文法、発音、商業算術、簿記、その他商取引、実際上の処分(商業実践)が並んでいる。これはアメリカの連鎖組織商業学校(Chain of Commercial College)の商業教育を模範としたもので学校内に銀行、郵便局、銀行仲買、物品仲買、保険、物品卸売店等を設けて実地教育をおこなうものであった。[44] 外国人教師による英語を正課とし、教科書は英米の著書が主に用いられ、商業に必要な書式の学習と商業の実習を内容としていた。[45] 学生の気質としても抽象的な議論よりも東京商法会議所や株式取引所などを実地見学する事が奨励されていた。[46] このような矢野による実践重視の教育方針を渋沢は高く評価していた。[47]

しかし学内での学問重視の「改革派」によって「英語、簿記、商用作文、商業実践重視」の漸進主義、前垂れ式商業教育に対する批判が強まり、排斥運動がおこって辞任となった。[48] 背景としては高等商業学校が帝国大学に対して一段低く位置づけられている事に対する不満があった。[49] 一八九六年の学科課程の改正では民法や商法、財政学や商業学、機械工学などの科目が従来よりも細分化されて独立科目として論じられるように大幅に変更されている。同時に「商業道徳」を正規の科目として配するようにもなっている[50]。

大学昇格運動と渋沢

渋沢は矢野校長の退陣後もさまざまな難局に関わり続けた。東京帝国大学を強く意識して同等レベルの教育を求める学内の意見に対して、渋沢は明治初期から一貫して商工業の地位向上を訴えており、商科大学昇格運動の推進役を担って粘り強くその実現を図っていった。

商科大学昇格問題に対し「当時渋沢男爵は一橋高商の商議員として最も熱心なる商科大学の主張者なりしも、他の商議員の意見は必ずしも渋沢男の意見と一致せるに非ず、即ち商議員中益田孝・近藤廉平諸氏の如きは、商科大学の必要を認めず、殊に益田氏の如きは、今日学校教育を受けて実業に従事せんとする者は、現在高等商業学校本科を卒業すれば其素養に於て敢て不足なし、成るべく年齢の長ぜざる内に実務に就かしむるを可とす」とあるようにこの問題に深く関与した商議員の中でも考えが統一されていた訳ではなかった[51]。

渋沢の商工業の発展のために旧来の経験よりも新しい学知こそが必要であり、それは同時に商工業者の地位の向上の証となって、商工業での成功が人としての社会的な名誉につながらなければ発展はないと考えていた。しかし同時に、学知だけを振りかざすことが商工業で成功することにつながらない、学知を活かすべき人格や道理を身につけることの重要性を説いていた。

一九〇八―〇九年にかけて「申酉事件」と呼ばれる大学昇格の挫折事件が起こった。高商側は独立の商科大学の設置を望んだが、文部省は東京帝国大学法科大学内に商業学科を増設する考えを推進し、東京高等商業学校の専攻部の廃止を決めた。これに反対する学生が総退学を表明するという事件に発展した[52]。

事件の収拾に動いたのはやはり渋沢であった。商業会議所と父兄保証人会とともに学生の復学説得に動き、直接学

生を説得したのであった。また同窓会として渋沢に近い八十島親徳、堀越善重郎なども説得に当たった。(53)

その後も断続的に商科大学構想は東京帝大との合併を軸に提起され、文部省はあくまで帝大側に合併させる基本線を譲らず、膠着状態となった。(54) このような苦難の末にようやく一九二〇年に単科大学の設置を認めた大学令の実施により「東京商科大学」への昇格を果たしたのであった。(55)

学生へのメッセージ

渋沢は何故、官立の教育機関にもかかわらず東京高等商業学校での商業教育の確立にこだわったのだろうか。学生への直接のメッセージを通じて検討しよう。

比較的早い時期の学生への言葉として一八八五年七月の東京商業学校仮卒業式の演説がある。その中で渋沢はまず、「商業ハ一国盛衰貧富ノ関スル所ナリ、(中略)盛衰ノ機只営業ノ宜ヲ得ルト否ラザルトニアリテ而シテ其隆盛興振ハ当業者ノ器局如何ニ拠ラズンバアラズ、是予ガ商業教育ニ尽瘁シテ怠ラザル所以ナリ」と述べている。(56) すなわち、商業の盛衰が一国の貧富を決める、盛衰の鍵は商業に従事する者の器によるべきであり、よって商業教育が重要であることを説いている。

さらに演説の主題は学問とビジネスの実際の関係に及ぶ。「商業社会の方ハ、過半と申したいがもう一歩進めて十に八・九ハ、皆慣習的に商事を間に合せ居る者と申さねばなりませぬ、尤も此多数の商人とても、(中略)根が旧習コシダメにて今日を経営する故に、其学問を応用しやうと云ふことハ出来ない訳でありります」と述べ、現在の商工業には旧来の経営者が多く、十分に学問が応用されていないことを嘆いている。(57) そして「諸君は既に学問を修めて実地に就かれる人である、併しながら世の中のことハ総て学問の通りのみにハ行かぬものなれば、もし充分の才能と勉強とを以て其学問を応用し其効を見るに至らざるときハ、自然と旧習と学問とハ隔離して、諸君ハ現在の商人を目して

「物を知らぬで困る」「学理に暗いから相談出来ぬ」と云って、之を蔑視する様になりませう」と、逆にこれから世に出る学卒者は学問を実地に応用出来るようにならなければ評価されないことを説いている。(58) すなわち、「諸君ハ飽くまでも研精励磨して、実際に就て学問の要用を示し、成るほど学んだ人で無ければ利益が無い、と云ふことを知らしむる様にせねばならぬ」と述べているように、学問をビジネスの実際に応用出来ることの重要性を繰り返し述べている。(59)

一八九二年一一月の「高等商業学校第二回卒業式」での演説では、「事実を詳細に解釈し、斯る事は斯うなるものであると云ふ其お蘊奥を審かにし、其事実を明知して以て事物に当ると云ふ考えを以て此の学生を教育することは、本校の最も必要とする所であらうと考える」と述べ、学問の重要性を強調している。「商売と云ふものを古来の習慣からして位置の低いと云ふ考えを持って、何やらむ法律とか政治とかの稽古よりハ、一級下がった稽古をするやうに思ふ嫌があります。私は夫れは甚だ不同意であります」と商業教育が法学や政治学よりも低く見られる事への反発を直裁に述べている。(60) そのことは「折りがあると実業に名誉がない筈はないと力説して居たので、よく尾高次郎が、「商業学校で商業に名誉がないとは誤りだ、と大声で喧嘩をするやうによく演説をして居た」などと云って居た」との言葉にもよく現れている。(61)

矢野校長の辞任後の一八九四年「第四回卒業式演説」ではどうだろうか。「今日は学問の世と相成りましたから、それぞれ学理を以て実務を処すると云ふことになりましたけれども、未だ密着しては居りませぬ、此懸隔の甚い国ほどが商売も進まず国力も弱い」とやはり、学問と実務が融合しなければならないが未だにそれが成し遂げられていないことを憂いている。また、「世の中には学理と事実と違うと云ふ人があるが、是れは大なる間違いで決して真の学問の道理が事実と違う筈がない」と「道理」の言葉を用いて学問をすることから道理が学ばれるべき事を強調している。(62)

渋沢は学知を用いてビジネスの実際が運営されるべきという考えを明治の前半期から持ち続けていた。大正期になって商業においても「段々各人の取扱ひが緻密になる程、其仕事が小さい範囲に進んで来る、従って之に従事する人は知識を沢山要することになる。斯う考へると完全に勤勉をした学問の出来る人が世の中の職務に就く範囲」が広がると述べ、ビジネスにおける専門性の進展にともなって学術知識の習得がより必要になっていることを述べている(63)。実際、渋沢栄一の企業経営の手法は、西欧の新たな学識をふんだんに用いたものであった(64)。

同時に「此実業界で最も陥り易いのは貨殖をするといふ為に、事物の道理を分別せず、唯利之を努むるといふことである」と述べ、小手先のテクニックとして用いられる学知を強く批判している(65)。「諸君は、一通りの知識学術は既に修められたのであるから、此先き諸君は人格を磨くと云ふことが肝要である」とあるように大正期に入ると、渋沢は学知を正しく用いるために道理を知り、人格を磨く事の重要性をより強く訴えるようになっている(66)。

そのことがよりはっきりとあらわれているのが「道徳心の欠陥が段々に増長して行って、只自個の利益にのみ走るやうになったならば、実業ほど忌む可きものは無い」とか、「御互に実業に従事する者は、常に茲に注意して富といふものは仁義道徳に依らなければならぬ」といった表現であり、まさに渋沢のよく知られたフレーズとなって示されるようになった(67)。

東京高等商業学校での特別講義

以上、卒業式での演説を中心に渋沢の言説を紹介してきたが、渋沢は一九一七—一八年にかけて東京高等商業学校で学生に対して全九回の特別講義を実施している。これまで紹介してきた実業教育に関する考えが網羅的に盛り込まれたものであった。その中で特に学知に関する部分を紹介しておこう。

一九一七年六月二二日の第一回講義では「完全に社会国家の為に尽すのには、是は唯々仁義道徳のみでは足らない、即ち総て事を処するに其の事を知るの智識がなければならぬ」と述べ、さらに「商売人であれば有無相通ずるには如何にすべきかと云ふ判断に長じて居らねばならず、工業化であれば、機械工業はどう、化学工業はどうと云ふやうに、夫れ〳〵の知識を十分に備へて居らなければならない」と学知を身につけることの重要性を強調している。(68)

また、ここでは「けれども智識が十分に備はれば、それで宜いと云ふ訳には行かぬ。尚其の上に勉強努力と云ふものがなければならぬ」、「縦し其の知が完全でなくとも、其の技が十分でなくとも、不断の勉強から其等の不足を補ひ得た所の例は私共の経営した事業の中にも数々あります」と、学知を得るための姿勢、努力のプロセスにも言及している。(69) 全九回の特別講義の初回は道徳の大事さを説く一方で、それ以上に知識の重要性、不断の勉強の重要性を説いているのであった。

しかし、回を重ねると逆に知識偏重の姿勢に対する注意が数多く発言された。第三回では「忠と孝と云ふことは、どうしても大事なことゝ思うて、智を磨きながらも必ず之を能く覚悟の底に納めぬと、遂には智恵の進む程人間が浮薄になり、智恵の進む程人間が狡猾になる」とか「智恵を進めるに急なる式の教育が、孝の字の光を余程薄らげたと云ふ嫌は私はあると思ひます」と「浮薄」、「狡猾」など厳しい言葉を用いて知識偏重への戒めを述べている。(70)

第四回講義での「私は其優れた所謂非凡なる人になると云ふことを求めるよりは、尋常人の過失のないと云ふことになるが其人の理想として目的として間違いの無いものであろうと思ふ」(71)という言葉や、第七回講義の「学理最も尊むべきで訳であるけれども、更に進んでは人の心が所謂極く忠実に真摯に実質的にならねば、此日本の将来は私は思ひやられると思ふのです。少し一般に人間が所謂軽薄になりはせぬか」(72)と学生に対して直截で思い切った言葉が投げかけられている。商工業者の地位の向上を訴えながらもその目的があくまで個人としての栄達だけに向けられているのではないことを強く訴えている。

東京高等商業学校でのこの特別講義の講義時間は全体としてかなり膨大な時間であったが、もはや東京大学での講義と異なり、自ら銀行業や簿記の実務を教える中で自ら考える学知の重要性を訴えることはしなかった。それらは学内において充分に授けられているとの認識に基づくものであろうが、同時に東京高等商業学校が教育機関としての地位やステイタスの向上を求めるあまり、学生が身につけた高度な学知とその現実社会への適用方法に対する心配が大きくなっていったと考えられる。

卒業生の進路

それではこのような教育を受けた東京高等商業学校の卒業生はどのような就職をしていたのであろうか。設立初期の一八九三年頃の就職状況としては諸会社銀行への就職が卒業生数の四〇％に過ぎず大会社への就職はごく限られており、決して順調とは言えなかったことが指摘されている[73]。東京高等商業学校の一八九二年、九七年、一九〇七年の卒業生述べ三四九人の就職先を分析した研究からは、全体として「商事・卸・小売業」が二〇％以上の比率を占め、その中でも三井物産への就職者が多いことが指摘されている[74]。三井物産への就職者は一八九二年に五名、九七年に九名、一九〇七年に一八名となっている。

三井物産の益田孝が矢野次郎校長の義兄であり、特に初期にあっては矢野校長の方針により英語教育を重視して卒業生の就職先としては三井物産が一番多かった。他には外国商館への就職希望が多かったことが言われている[75]。

この点は他の研究で三井物産創業時の一八七六年から八七年までの東京高商の卒業生一一二人中、全体の一五％にあたる一七人が、一九一二年までの期間に三井物産に一度は籍を置いたことが明らかになっている[76]。三井物産に入社した東京高商の初期の卒業生一二人は、全員がロンドン、香港、上海各支店などの各海外拠点に派遣された。しかし、このような特殊業務に従事する以外の旧来の集散地問屋の業務に従事する職員の雇用は旧来の商家と同様の「子供」であり、全体の八〇％以上を占めていた[77]。日清戦争後の三井物産は、外国貿易中心の経営体制確立が宣言され、米穀

国内流通事業及び北海道直営漁業が全廃され、学卒者の需要が急拡大し、新人の全てが学卒者に転換されていった。(78)

このように職員層の研究は、比較的完備した東京高等商業学校の卒業生名簿を中心に、特に採用の多かった三井物産に関して進められている。明治期の職員層全体に関する研究は、「すべて輸入された技術の上に築かれた日本の近代企業は、その管理を成功させるために、必然的に高度の教育を受けた人々を必要とした」と位置づけている。その中でも「比較的重要だった一一の高等教育機関の中で四つの学校が際立っていた。つまり、帝国大学(現在の東京大学)、慶應義塾大学、東京商業学校(後の東京高等商業学校→東京商科大学→現在の一橋大学)、そして、東京工業学校(後の東京高等工業学校→現在の東京工業大学)である」と述べられ、一九〇〇年前後の私企業に入った卒業生の割合を帝国大学が一六・九%、慶應義塾大学が三五・三%、東京高等商業学校が七三・五%としている。(79)

また、明治期の専門経営者一七〇人のケースを分析した研究から、出身学歴として帝国大学出身者が五一人、慶應義塾出身者が二八人、そして高等商業学校出身者が一〇人であることも明らかになっている。(80)

これらの研究蓄積から、東京(高等)商業学校出身者は、初期においては英語力を活かして三井物産や外国商館などに活躍の場を見出していた。その後、学卒者の需要が拡大すると英語という特殊能力だけでなく、全般的な学識が評価されていったと想定される。これは渋沢の求めていた商工業者の地位の向上が実現されつつあることを意味した。逆に渋沢は高まりつつあった学知のステイタスと現実のギャップを埋める道徳心の必要性を強く意識し始めたとも言えよう。

三　適用としての朝鮮半島への経済進出

渋沢は先進性を追求する西欧的な学知の重要性を認識し、同時に道理や人格を重視した道徳心に基づく経営倫理を兼ね備えた経営者であった一方で、アジア、特に朝鮮半島への経済進出にも早い時期から積極的に行動した経営者でもあった。渋沢の新たな学知の受容と伝統的・通俗的な価値観による咀嚼・伝達という側面からこの点を検討していく。(81)

朝鮮半島への早期進出

渋沢が朝鮮半島へ経済進出していった端緒は、一八七六(明治九)年の日朝修好条規の締結によって、日本通貨の朝鮮内流通権とその他の進出の足がかりを獲得したことであった。維新政府の大久保利通は、朝鮮への経済進出を大倉喜八郎に勧奨し、大倉が金融面での進出を渋沢に呼びかけたのであった。(82)第一国立銀行の大株主である三井が反対し、第一国立銀行としての朝鮮進出は果たせず、当初は大倉と渋沢両名による個人事業として開設されたようである。

上海での為替業務への進出は前述の通りシャンドに反対されて思いとどまった渋沢であったが「朝鮮は別だ、朝鮮を止める訳には行かぬと、此の時はシャンドの云った事に従わなかった」と述べるように朝鮮への進出を推進していった。(83)

このような前史を経て、一八七八年に第一国立銀行釜山支店は開設された。きわめて早い時期に第一国立銀行の朝鮮への支店開設構想を推進したのはまさに渋沢であった。それには「朝鮮に限って実業家の私も政治上の興味を持った。之は歴史に教えられた為でもあろう」と述べる政治的動機が含まれた。(84)

業務内容の拡張と業績の低迷

開設直後から第一国立銀行は朝鮮での業務内容を拡張していった。一八八〇年に元山出張所を開設するが、これは砂金買い上げを目的としたものであった。八四年から砂金の買い入れを開始し、八六年には日本銀行と地金銀の買い入れ契約を結び本格的に朝鮮産金の買い入れをおこなった。八三年に仁川出張所を設置し、八四年には仁川・釜山・元山三港の海関税取り扱い契約を締結している。この契約に付随して一覧払手形の発行権を獲得し、海関税を抵当として対朝鮮政府貸付もおこなった。渋沢はこの時点から将来的に朝鮮での銀行券を発券したい考えを持っていたようであり、それを後年実現していく(85)。

業務は拡張されていったが、第一国立銀行の朝鮮支店の業績は長期的に低迷を続けた。大倉喜一郎の記述に「第一銀行に移管してから後も、可なり経営難に苦しめられた様であった」と記されていたり、第一銀行の資料にも「朝鮮における本行の経営は次第に歩を進めたけれどもなほ創業の時代に属し、事業の見るべきは寧ろ十七年以後にあり」と記されている(86)。

「事業の見るべきは寧ろ十七年以後」とあるが、一八八四年に朝鮮政府は銅貨の鋳造を計画したが中止となり、資金を融資した第一国立銀行に銅塊三十万斤が担保として残り大きな損害を受けた記録が残っている。そのため「かねて政府より借用せる釜山支店流通資本金の残額七万円の返納延期を再三大蔵省に請願したるが、遂に聴許せられざりき、以て当年における営業の困難を察知すべし」という状態であった(87)。八〇年代半ば過ぎまでの業績は全く拡大せず低収益を続け、八六、八七年には先に記した影響等により、開業当時の業績に低落してしまう。

ようやく一八八八年頃から業績が上向き、朝鮮支店の純益金が八八―九〇年と顕著に増大している。その原因としてはまず景気の回復や仁川港の発達などが挙げられている(88)。収益に大きく寄与した業務としては海関税の受け入れがあげられよう。八七年以降多少の増減はあるが顕著に増大傾向を示している。

日清戦争以前の段階では朝鮮支店の収益は一八九〇年がピークであり、全店の一〇%程度を占めるに至った。しかしながらその後は再び三%前後まで落ち込んでしまった。日清戦争前に朝鮮での日本勢力の後退もあり、純益金の額も比率も大きく低下する。それ故、同行は朝鮮事業の縮小も検討し、九三年には京城支店の廃止を検討している(89)。

早期進出、支店維持の理由

以上、日清戦争にいたる時期までの第一国立銀行の朝鮮での事業展開を跡付けてきた。第一国立銀行は何故創業の初期から収益の安全性が確認されない未知の事業に進出し、収益の低迷が続く中、撤退せずに事業を維持し続けたのであろうか。(90) これまでの研究では朝鮮に進出した第一国立銀行の「利権獲得機関的な性格」や「植民地銀行的色彩」がたびたび指摘されてきた。確かにきわめて初期の段階からこのような性格を備えていたことは驚きに値する。(91) なぜならば日本国内にあって明治初期から征韓論などの朝鮮に対する侵略的な見解は根強かったが、一般的には政府、民間ともそれがすぐさま朝鮮半島の植民地支配につながる認識ではなかったからである。(92)

既に記したように早期の進出は、基本的には政府の主導に、渋沢自身の朝鮮に対する政治的関心が加味し、確かに「強引な渋沢のリーダーシップ」によってなされた。(93) また、渋沢は低収益を改善するために公金取り扱いや海関税取り扱い、低利の政府融資、地金銀の日銀への売却といった特権を次々に取得していき、不安定ながらも朝鮮支店の高収益性を確認できるまでに至らしめた。その点では「渋沢の政商的側面」も確認されよう。(94)

何故、渋沢は明治の早い段階から朝鮮半島進出を志向したのだろうか。まず、渋沢の朝鮮に対する立場を見てみよう。例えば晩年、「朝鮮に対しては、早くから其の開発の必要を考えられて居たのですか」との質問に「朝鮮へは為替取扱いの関係でなく是非やろうと決心した。それは日本として朝鮮を失えば、其の国力の維持が出来るかどうか判らぬと思った」と答えている。(95) また「他外国の管理の下に韓国の生命を託するに至るが如きことあらんか、是れ啻に対岸半島の死活問題たるのみに非ずして、最も緊切に最も深く直に日本国の利害に影響を及ぼし、日本の盛衰栄枯の岐るゝ大関係を生ずるに至るべく、其利害得喪の重大なることに於ては、我が内地の北海道又は台湾等に優るとも劣らざるものありと信ず」とか、「韓国全土を挙げて我が利益線の圏内に置き、以て彼我の権益を保全すること当今の

一大急務なりと考ふるなり」と述べており、朝鮮半島を日本の経済圏と考えていたことがわかる。(96)

この渋沢の発言に先立ち、有力者による朝鮮への言及が相次いでなされていた。福沢諭吉は一八八五年に「脱亜論」を発表し、山県有朋は九〇年に朝鮮を日本の利益線とする演説をおこなっている。(97) 渋沢は「朝鮮の鉄道に関しては伊藤、井上等の人々は寧ろ反対であり、山県、桂等の人々は促進せよとて賛成した。私は伊藤、井上とは懇意であるが、此時の私の考は鉄道促進で山県さんと同意見であった」と述べており、日清戦後の伊藤博文による日露協商路線に反対し、山県の「利益線」、対露強硬路線に同調していることがみてとれる。(98)

それではこのような渋沢の朝鮮認識はもともと何に由来するのであろうか。渋沢は「韓国に対する私の考えは、三韓征伐とか朝鮮征伐とか征韓論とかに刺戟せられたものであろうが、兎に角朝鮮は独立せしめて置かねばならぬ、それは日本と同様の国であると考えて居たのである」とか、「神功皇后の三韓征伐より以後、我国は引続き彼国に対し進取的攻略を採り来り、近年特に盛んなりといふべし」と述べている。(99) 幕末の国学思想、尊皇攘夷思想の中で民衆レベルにまで三韓征伐神話が語られるようになり、それが日鮮同祖論や征韓論のベースになっていったと言われている。(100) 渋沢もこのような江戸時代後期以降の諸思想に現れたアジアに関する思想形成、民衆意識を共有していたと考えられる。

明治時代の日本人の対朝鮮意識は政治家・民衆ともに比較的同様の意識が共有されていた。(101) 日本の近代化の達成に誇りを持つと同時に福沢諭吉の『時事新報』の論調などに代表されるような朝鮮差別意識が作り出された。また清国に対する評価が低下していく中でロシアを脅威と感じる意識から朝鮮を独自に保持していくことが重要な国益であると広範に考えられていた。アジア連帯論や列強との協力による朝鮮中立化構想などもあったが、実効性は低かった。日清戦争後は朝鮮を経済開発の対象としてとらえる考え方が強まり、それが領有欲につながっていった。伊藤の日露協商路線はあまり支持を集めず、福沢の『時事新報』や民衆全般も強硬路線を支持していた。(102)

もう少し渋沢の朝鮮に対する発言を吟味していこう。朝鮮の置かれた状況を「韓国は全く農業時代の国にして、未だ工業経済若くは商業経済の時代に達せざる者なり」と述べている。故に「我は彼の母国の如き感あるを以て」誘導してやらなければならないと考えていた(103)。

渋沢は数度の訪韓で朝鮮人を見下した態度をとる現地の日本人に対し批判の目を向けている。例えば「往って帰った人が無暗に朝鮮を誹りますけれども私は努めて朝鮮保護者の位置に立って居る。既に己れの銀行中でも此処に同席して居る市原盛宏君などは口を極めて朝鮮を誹る、私は極めて弁護する」と、自行の担当者の名をあげてまでそれを戒めている(104)。また、韓国皇帝に対し渋沢は「自分の奏言に対する王の御言葉ご挨拶振り等は、自分の見る処にては至極行届かせられたる方にて、其の御対応の有様御話し振り等より察するも、確に普通以上の御稟質に在らせるる事を信ぜり」と決して卑しめるような見方をしていない。また政府高官に対しても「言語応対等は何れも皆巧者の方にて決して吾々に劣りたるものと見えず」と評価している(105)。このような態度は当時珍しい部類に入ったようである。

学生に対してはどのような言説で朝鮮に言及したのだろうか。渋沢は、一九〇六年の第三回渡韓後の帰路途中、神戸高等商業学校で学生に対し演説をしている。韓国訪問直後の帰路ということもあり、印象をストレートに語っている(106)。渋沢は、「朝鮮人の不潔極り無きと、蠅の多いのが是等を打消してしまひます」、「経済界の進歩は未だ充分なりと言へないが、朝鮮から帰って見れば実に立派です(笑声起る)」と経済の発展の相違を侮蔑的な表現を含ませて述べ、「此国は変現常なき国で、其主人の変らない間は経済界は稍発展する事が出来ませう」と政治体制の不備または遅れが経済停滞の原因と語っている(107)。

そのような韓国の現状に対する日本の貢献に触れ、「進歩とは韓国全体が進歩したと云ふので無くて、僅に其十分の一であるかも知れぬが、韓国に在留する我同胞の進歩は実に偉大である、故に我国が進歩した事となるのでありまず」と、朝鮮半島の発展が日本人資本によるところが大きいことを強調している。日露戦後の日本にとって「戦後諸事物の発展に伴ふ経済界の発展に就ひて、最も注意を要すべきは支那・朝鮮の事、即ち東洋に於ける経営である」と述べ、最も重要な要素が中国・朝鮮半島との認識を示している。故に「従来我国の人が韓国に到って経営するのは「ブッタクリ主義」・「一攫千金流」であったが、此れは宜しく無い、斯く今日の如くに統監府の在る処故、国民と同一の考へで韓人に対して「腰掛主義」や「掠奪主義」を廃めて、「居坐主義」・「文明主義」になる事を奨めます」と、朝鮮半島ににおいて日本人が定住し、先に進歩した文明国として長期的に経済活動をおこなうことを奨励している。[108]

日清戦後期の長期的な不況に際し、渋沢は軍拡に伴う軍事費以外の財政引き締め策を痛烈に批判している。[109] しかし基本的には日露協商よりも朝鮮開発を優先しており、それはイコール日露開戦につながる可能性をはらむものであった。日露開戦が近づくと渋沢は主戦論を展開しており、戦後の日韓併合にあたっても「合併には不賛成であったが、今考えると已むを得ない、いや寧ろよかったと思う」と後に述べている。この時期、渋沢はさまざまな経済政策に積極的に発言しながら、国際競争の激化から対外的な国際競争力を強化するためにそれまでの自由競争路線から国内産業の保護育成政策に転換していた。[110]

民間にあって朝鮮半島への経済進出を先導したのは渋沢であったが、その一方で政府にあって経済政策の一環に積極的に朝鮮半島を位置づけていったのは渋沢の娘婿の阪谷芳郎であった。阪谷は一八九二年に「朝鮮円系通貨圏論」を唱えている。阪谷は朝鮮の現状を「政府も腐敗して居れば官吏社会も腐敗して居れば人民も腐敗して居」て「実に憐れ至極」と述べている。そして日本が朝鮮の貨幣制度や租税制度や税関制度などを整備し、「日本と朝鮮との文物制度をして相一致せしむると云ふことは、彼我両国の商業上政治上の関係に於て大に利益あること」と述べるのである。[111]

さらに一八九五年には「朝鮮に政治的革新を望むは殆ど百年河清を待つの感なきにあらず」とし、資本を外国からも募集する独占的な地位を持つ朝鮮銀行や郵便会社、電信会社、鉄道会社、漁船会社、鉱山会社の設立を提唱している。[112] これらはまさに「朝鮮経済の日本による実質的支配をもくろむもの」であり、「極めて侵略的」な発想であった。[113] その後の一九二〇年時点でも朝鮮半島に対する基本的な姿勢は変わっていない。阪谷は朝鮮の状態を「人間ノ自由平等ハ法律秩序ノ下ニ於テ行ハル若シ法律行ハレス秩序乱ルレバ人間ノ自由平等ハ愚カ生命財産モ安全タルヲ得サルナリ」と表現し、日韓併合に対して「極東ノ平和ヲ鞏固ニシ両国民ノ安全繁栄ヲ合併ノ力ニヨリテヨリ大ナラシメントスル」としながらも同時に「実際ニ於テ当時韓国ノ勢力ハ微弱ニシテ日本ノ国力ハ優勢ナリシ」と述べ、日本の誘導のもとで近代国家となることによってはじめて自由や平等・生命財産をも保証されるという論を展開している。[114] それと同時に「朝鮮民族に対して稀にみる理解者であり、また心から朝鮮の人達に親愛の情を寄せて、終生、朝鮮統治の成り行きを見守っておられた」と記されるような一面も併せ持っていた。[115] 朝鮮半島に関する渋沢と阪谷の認識はかなり似通っていたと見なしてかまわないだろう。

渋沢は幕末以来の民衆意識である日鮮同祖論と、維新後に形成された近代国家としての先進意識を持ち合わせた。その意味で渋沢は同祖ゆえに朝鮮を日本と利害を一つにする利益圏と考える意識と近隣の近代国家として朝鮮を保護すべきという意識をともに保持していた。同時に自身のもっとも拠り所とすべき第一国立銀行(一八九六年以降は第一銀行)を政府の保護や三井財閥から独り立ちをさせ、純然たる民間銀行として自立させるためにも朝鮮での事業展開は不可欠と考えたのであった。さらに保護主義や帝国主義の台頭により単純な自由貿易主義が通用しなくなると、日本の経済権益としての朝鮮の絶対保持という意識はかなり強まっていった。

日鮮同祖という幻想と西欧文明を積極的に摂取して開発・発展すべきという学知のギャップを埋めるものがここでも道徳的に振る舞い、人格的に教導するという形で現われている。これらの意識は学知を身につけた近代日本人の一つの典型としての朝鮮観と言っていいのかもしれない。近代的な国家枠組みを軽視したり矛盾を覆い隠す思考様式として個々人の道徳心が強調されたことは、学知と経営のギャップを埋める用いられ方に相共通するとも言うことができる。

おわりに――学知の受容、咀嚼・伝達、適用の落とし穴

渋沢が受容し伝達した学知とアジア(朝鮮半島)へのその適用の形式とその矛盾点について、明らかになったことをまとめておこう。

一八八〇年代の数年間、東京大学で渋沢自身が「日本財政論」を講義したときには、渋沢は西欧的な新知識としての学知が現実と切り離された抽象的なものとして受容されることに極めて批判的であった。よって講義の内容は銀行業という近代経営の制度そのものを解説し、その中に西欧先進の学知が一体として理解されることを意図した。

しかしその後長らく関わる東京(高等)商業学校では、そのスタンスは大いに違っていた。実地に役立つ教育の必要性を痛感していたからこそ、深く支援に関わったのであったが、もう一方で渋沢が実現をめざしていた商工業者の地位向上という命題によって商業教育そのものの地位向上、すなわち、学知の抽象度を高めることで教育機関としての地位を向上することを選択したのであった。学卒者の評価が高まることで渋沢の一方の目的は達成されたが、学知と実際の乖離が一層拡大する事への不安を抱き、その乖離を学知以外の道理や人格といった道徳心の強調で埋める事を選択した。しかしながらその選択はそもそも渋沢が主張していた学知が制度そのものの中へ埋め込まれることによって有用性を発揮するという方法論とは明らかに異なるアプローチとなっていった。

西欧新知識の重要性を強く認識していた渋沢は、朝鮮半島に関しても近代化に成功した隣国として教導すべきという立場を取った。帝国主義的な列強の進出に対して前近代的な幻想に基づく日鮮同祖論という東アジア領域の形成で対抗しようとしたことは、自らも暴力性と独善性をもつものであった。さらにこの手法の矛盾や乖離を道理や人格と

いった個人の道徳心によって埋めることができると考える思考様式に陥ってしまった点では商業教育のアプローチと同じ構造を持っていた。学知を受容し始めた時期には学知と実際、制度と道理は密接不可分であり、これから作り上げるシステムに自然と組み込まれることをめざしていただけに、その後の道徳を遊離させた思考様式への移行は残念でならない[116]。

注

(1)　渋沢栄一述／長幸男校注『雨夜譚』岩波文庫、一九八四年、「解説」三三七頁。他に長幸男編『実業の思想』筑摩書房、一九六四年、長幸男「日本型企業理念の形成」杉原四郎・長幸男編『日本経済思想史読本』東洋経済新報社、一九七九年。

(2)　渋沢栄一に言及した研究は数多く存在するが、本格的な研究書は意外なほど少ない。代表的な研究者は、土屋喬雄であり、『日本資本主義史上の指導者たち』岩波書店、一九三九年、『続日本経営理念史』日本経済新聞社、一九六七年、『渋沢栄一』吉川弘文館、一九八八年、などの著作がある。最近の研究では宮本又郎『日本の近代11　企業家たちの挑戦』中央公論新社、一九九九年などを参照されたい。

(3)　松沢弘陽は、同時期の洋行体験者が限られた日常的経験からのみでも「共和政治」といった欧米の政治制度に大きな影響を受けたことを指摘している(松沢弘陽『近代日本の形成と西洋経験』、岩波書店、一九九三年)。渋沢は渡欧前には尊皇思想や攘夷運動に関与し、一橋慶喜家に仕官して幕末の京都という政治の真っ直中の一端に身を置いたにも関わらず経済やビジネスへの関心が圧倒的に高かった。それは渡欧前に攘夷の無謀さを悟り、一橋家にいる間、京都にあって諸藩の要人・志士等と交わりながら、かえって政治の熱は冷めていったからと思われる(渋沢栄一述／長幸男校注前掲書、八三頁)。さらに幕藩体制崩壊後の新体制に当たっての主導役として期待を抱いていた一橋慶喜が将軍職を受けたことで政治に対して大いに失望していて、徳川昭武の随行員として洋行を打診されると即座に随行を決意したのであった(同前、一一七—一一九頁)。二年間のパリ滞在中、庶務・会計係を担当する「御勘定役、陸軍附調役」として滞仏費用の捻出のため、現地で資金運用をおこない、会計処理などの実務を学んだ(土屋前掲書『渋沢栄一』九八頁、木村昌人『渋沢栄一——民間経済外交の創始者』中公新書、一九九一年、一四頁)。

奔の後期水戸学としての渋沢栄一思想」川口浩編著『日本の経済思想世界』日本経済評論社、二〇〇四年、などを参照されたい。

（4） たくさんの研究が存在するが、その中で、坂本慎一『渋沢栄一の経世済民思想』日本経済評論社、二〇〇二年、同「草奔の後期水戸学としての渋沢栄一思想」川口浩編著『日本の経済思想世界』日本経済評論社、二〇〇四年、などを参照されたい。

（5） 第一国立銀行・第一銀行の朝鮮での事業展開については、波形昭一『日本植民地金融政策史の研究』早稲田大学出版部、一九八五年、高嶋雅明『朝鮮における植民地金融史の研究』大原新生社、一九七八年、村上勝彦「植民地」大石嘉一郎編『日本産業革命の研究』下巻、東京大学出版会、一九七五年、村上勝彦「第一銀行朝鮮支店と植民地金融」『土地制度史学』第一六巻第一号、一九八七年、朝鮮銀行史研究会編『朝鮮銀行史』東洋経済新報社、一九八七年、Peter Duus *The Abacus and the Sword: Japanese Penetration of Korea*, 1895–1910, University of California Press 1995などに詳しい。

例えば、石井寛治は「少数であれ、「財界」のリーダー格をなす渋沢や大倉が、自ら積極的な対外投資を行ない、また彼らが中核となって投資をつのったことは、当時の日本帝国主義が、決してそれに見合う経済的構造をぬきにして成立したものではないことを示している」といった評価を下している（石井寛治「成立期日本帝国主義の一断面――資金輸出と資本輸出」『歴史学研究』三八三号、一九七二年、一二頁）。

（6） 東京帝国大学編『東京帝国大学学術大観法学部経済学部』同大学、一九四二年、四六九頁。

（7） 一八九三年には理財学の表現は経済学に改められている（東京帝国大学編前掲書、四七一頁）。この時期に経済学を学んで卒業した学生としては、一八八四年に政治学及び理財学科を卒業した阪谷芳郎がいる。阪谷は渋沢の講義を受講した学生の一人であり、卒業と同時に田尻稲次郎の推薦で大蔵省に入省、さらに東大総長渡辺洪基の媒酌で渋沢栄一の娘婿となった。大蔵省勤務のかたわら、専修大学の教壇に立ち、経済学史に関するわが国最初の単行本『経済学史講義』（哲学書院、一八八七年）を出版した。一八九九年には法学博士となり、一九〇六―〇八年に大蔵大臣、後に東京市長、貴族院議員、国家学会評議委員長、専修大学学長、東京経済学協会会長を歴任した（杉原四郎「フェノロサの東京大学講義――阪谷芳郎の筆記ノートを中心として」『季刊社会思想』第二巻第一号、一九七二年、一九二頁）。その他の卒業生としては先輩として和田垣謙三、天野為之、同期に添田寿一、土子金四郎、浜田健次郎、加藤彰廉、中川恒次郎などがいた（杉原四郎『日本の経済学史』関西大学出版部、一九九二年、一三頁、杉原前掲論文、一二九頁）。

（8） 東京大学百年史編集委員会編『東京大学百年史――部局史1』東京大学、一九八六年、八七五頁。

(9)　東京大学百年史編集委員会編前掲書、八八〇頁。
(10)　東京帝国大学編前掲書、四七〇頁。
(11)　杉原前掲論文、一八九頁。フェノロサは若年で、かつ同時に分野の異なる複数科目を教えたとはいえ、その授業ぶりはきわめて熱心であった。「三時間又は四時間、級が代わっても彼一人で立て続けに講義したり、説明したり、縦横に陳べ立てて倦む所がない。(中略)フェノロサは殆ど坐る間もなく、一人で教場を背負って立って居る」との記録がある(同論文、二〇〇頁)。
(12)　東京大学百年史編集委員会編前掲書、八七五頁、東京帝国大学編前掲書、四七二―四七三頁。
(13)　永井義雄「J・S・ミル」杉原四郎編『近代日本の経済思想』ミネルヴァ書房、一九七一年、二一五頁。
(14)　杉原編前掲書、一九七一年、一一―一二頁。
(15)　東京帝国大学編前掲書、四七四―四七六頁。
(16)　同前書、四七七頁。これによると外部講師による日本財政論は一八八二年度だけであり、その後は田尻講師による財政学(西洋財政学)として講義されたとなっている。一方、八四年度の『東京大学第三年報』に「日本財世論講師渋沢栄一申報」が載せられていて『渋沢栄一伝記資料』では一八八一年から三か年間、東京大学文学部講師として日本財政論について講義したとしている(渋沢青淵記念財団竜門社編『渋沢栄一伝記資料』第二六巻、渋沢栄一伝記史料刊行会、一九五九年、七五八―七六一頁)。
　また、渋沢が東京大学の講師を引き受けることになったのは、東大出身者を瓦斯局に雇おうとしたところ「民業には名誉がない、私の学問したのは名誉を得たい為である。官途につくならばよいが名誉のない民業に従事するのは困る。例へば民業にあって勲章の如きも貰へないではありませんか」と断られ、「実業に対する世人の誤った考を正さねばならぬと思ひ」加藤弘之東大総長に談判に行ったところ、逆に講義をすることを勧められたのであった(渋沢青淵記念財団竜門社編『渋沢栄一伝記資料』別巻第五、同社、一九六八年、五六九頁)。
(17)　「日本財政論講師渋沢栄一申報」『東京大学第三年報』一八八四年七月刊。
(18)　東京帝国大学編前掲書、四七八頁。
(19)　渋沢青淵記念財団竜門社編前掲書、第二六巻、五八頁。

(20)「雨夜譚会談話筆記」第八回一九二七年六月一五日。渋沢青淵記念財団竜門社編前掲書、別巻第五、五六八頁。

(21) 国立国会図書館憲政資料室「阪谷芳郎文書」資料番号八七六、八八〇。これらには「銀行論ノート」と表題がついているため、利用されてこなかった。しかしその書き出しに「渋沢氏講義」と記されており、内容も渋沢による「日本財政論」の「申報」等に一致している。

(22) 故阪谷子爵記念事業会編『阪谷芳郎伝』同会、一九五一年、二四―三四頁。

(23) 中村政則「日本資本主義確立期の国家権力――日清「戦後経営」論」『歴史学研究』別冊特集一九七〇年大会特集号、一九七〇年一〇月、八六―九七頁。また、波形昭一も阪谷に対して「専門官僚のリーダー的存在」(五三頁)、「大蔵官僚の新進かつ中心的地位」(九七頁)と評している(波形前掲書)。

(24) 朝倉孝吉『新編日本金融史』日本経済評論社、一九八八年、三四―三五頁。

(25) 同前、三五―三六頁。

(26) 同前、三八―四一頁。

(27) 加藤俊彦・大内力編著『国立銀行の研究』勁草書房、一九六三年、四七、六一―六五頁。

(28) 同前、七二―七五頁。

(29) 同前、七六―八四頁。

(30) 同前、六八、八五頁。

(31)「雨夜譚会談話筆記」渋沢青淵記念財団竜門社編前掲書、別巻第五、五三六頁。

(32) 土屋喬雄『シャンド――わが国銀行史上の教師』東洋経済新報社、一九六六年、五〇頁。この書は後に渋沢の設立した会社に多数関わる梅浦精一ともう一名が翻訳している。梅浦はこの時、紙幣寮九等出仕であった(同、五一頁)。

(33) 同前、五三―六一頁。

(34) 同前、一一〇―一一三頁。

(35) 渋沢青淵記念財団竜門社編前掲書、別巻第五、五四三頁。

(36) 同前、五四四頁、土屋前掲書『シャンド』一〇六頁。

(37) 土屋前掲書『シャンド』一〇七頁、「雨夜譚会談話筆記」渋沢青淵記念財団竜門社編前掲書、別巻第五、五三六頁。

(38) 渋沢による商業教育への取り組みについては三好信浩の研究に詳しいが、渋沢の求めた商業教育の内容、商業教育における学術と実利のバランス等が、東京高等商業学校自体の要求と未分離のまま扱われている部分があり、さらに検討すべき点がある(三好信浩『渋沢栄一と日本商業教育発達史』風間書房、二〇〇一年)。
(39) 渋沢研究会編『公益の追求者・渋沢栄一』山川出版社、一九九九年、二一四頁。
(40) 三好前掲書、二五三頁。
(41) 同前、二五六―二五八頁、作道好男・江藤武人編『一橋大学百年史』財界評論新社、一九七五年、八七―八九頁。
(42) 三好前掲書、二五九―二六一頁、渋沢研究会編前掲書、二一六頁。
(43) 三好前掲書、二六六頁。
(44) 作道・江藤編前掲書、五七―五八頁。
(45) 三好前掲書、二六四頁、作道好男・江藤武人編、前掲書、九九頁。
(46) 作道・江藤編前掲書、一〇〇―一〇一頁。
(47) 「私は矢野君の功労を称するに流麗の言葉、古雅の文章を以て過賞溢美に渉ることは嫌ひます、寧ろ事実に照らして、功績が如何であったと云ふ事を証拠立たいと思ひます、如何となれば、商業社会の事柄などは虚偽を去って実益に就きたい、空論を去って実利に就きたいと思ふからで御坐います」との表現からわかる(「矢野次郎氏慰労会渋沢演説」渋沢青淵記念財団竜門社編、前掲書、第二六巻、五八七頁、三好前掲書、二六八―二七三頁)。
(48) 三好前掲書、二六八頁、作道・江藤編前掲書、一八〇頁。
(49) 作道・江藤編前掲書、一七四頁。
(50) 同前、二〇六―二一〇頁、二二〇―二二二頁。
(51) 小松英太郎君事略編纂委員会編『小松英太郎君事略』同会、伝二六巻、七一八頁。
(52) 三好前掲書、二九四―二九八頁。
(53) 作道・江藤編前掲書、三五二―三五八頁。
(54) 同前、三九四―三九六頁。
(55) 同前、四五四頁。

(56)「東京商業学校仮卒業式演説（一八八五年七月）」渋沢青淵記念財団竜門社編前掲書、第二六巻、五七七頁。
(57) 同前、五七九頁。
(58) 同前。
(59) 同前。
(60)「東京商業学校卒業式演説（一八九二年一一月）」渋沢青淵記念財団竜門社編前掲書、第二六巻、五八四頁。
(61)「雨夜譚会談話筆記（第八回）」渋沢青淵記念財団竜門社編前掲書、別巻第五、一九二七年六月一五日、五六九頁。
(62)「第四回卒業式演説（一八九四年）」渋沢青淵記念財団竜門社編、前掲書、第二六巻、五九五頁。
(63)「東京高等商業学校第二四回卒業式演説（一九一四年七月）」渋沢青淵記念財団竜門社編前掲書、第四四巻、一七五頁。
(64) 例えば、株式会社制度の移入に当たって、その特質をよく理解し事業の性格に合わせて株式会社・合資会社・合名会社を用いていた。また、有限責任概念をよく理解して個人事業への出資に有限責任を適用するために江戸時代以来の伝統的な手法の流れをくむ「匿名組合」を用いたりするなど「学識と実際」の両立に腐心したものであった（島田昌和「渋沢栄一を中心とした出資者経営者の会社設立・運営メカニズムの一考察」『文京学院大学経営論集』第一五巻第一号、二〇〇五年、同「草創期の経営者・渋沢栄一――出資と企業育成」『組織科学』第三六巻第四号、二〇〇三年、同「産業の創出者・出資者経営者〈渋沢栄一・渋沢家財務史料を中心に〉」伊丹敬之他編『企業家の群像と時代の息吹き』有斐閣、一九九八年、等を参照されたい）。
(65)「東京高等商業学校第二四回卒業式演説（一九一四年七月）」渋沢青淵記念財団竜門社編前掲書、第四四巻、一七八頁。
(66) 同前書、一七九頁。
(67)「東京高等商業学校創立四〇周年式典演説（一九一五年九月）」渋沢青淵記念財団竜門社編前掲書、第四四巻、一八六頁。
(68) 渋沢青淵記念財団竜門社編前掲書、第四四巻、二〇七頁。
(69) 同前。
(70) 同前書、一九一七年一〇月二七日、二一二―二一三頁。
(71) 同前書、一九一七年一一月二四日、二三五頁。
(72) 同前書、一九一八年一〇月一〇日、二四七頁。

(73)　杉山和雄「商業教育の発展と矢野次郎」『成蹊大学経済学部論集』第三巻第一号、一九七二年、一〇一頁。

(74)　大沢泉「明治期における高等商業教育機関出身者の動向――東京高等商業学校を例として」『明大商業論叢』第八三巻第一号、二〇〇一年、三四頁。同時にこの研究から、第一銀行への就職者は僅か五名ときわめて少ないことも浮び上がる。

(75)　杉山前掲論文、九一―九二頁。一八八七年時点の東京高等商業学校の本科においては、語学の授業時数が最も多く、総時間数の三割を超えていた(酒井真「明治期高等商業教育の変容――東京高等商業学校、慶應義塾における教育内容の検討を通じて」『教育学研究紀要』(中国四国教育学会)二〇〇一年、七三頁)。その後、商業系専門科目、経済、法律関係科目の細分化が計られるが、やはり明治期を通じて語学の時間数が多かった。それに対して慶應義塾大学部理財科においては設置された一八九〇年から経済、法律関係の科目が多く「相対的にみれば学理重視の教育内容」と評されている(酒井前掲論文、七四―七五頁)。外国語は東京高等商業が八七年時点で年間の週時間数の合計が四四時間に対し、慶應は外国語の時間数が最も多い九八年でさえも二三時間に過ぎなかった(同論文、七四―七六頁)。

(76)　若林幸男「三井物産における人事課の創設と新卒定期入社制度の定着過程」『経営史学』第三三巻第四号、一九九九年、二七頁。

(77)　同前、二八―二九頁。

(78)　同前、三一―三二頁。他に、米川伸一による一九一四年の二一の教育機関の卒業生の分析においても、企業による学卒者の雇用数では三井物産が群を抜いており、雇用者の比率でも四〇%を越えていたこと、三井物産の益田孝は外国との事業取引に精通しているスタッフを必要として東京商業学校の卒業生に着目したことが指摘されている(Shin'ichi Yonekawa, "University Graduates in Japanese Enterprise before the Second World War," *Business History*, 26〜2, 1984, 邦訳、米川伸一「第二次大戦以前の日本企業における学卒者」『商学研究』第三四号、一九九四年、二〇頁)。

(79)　米川前掲論文、四―五頁。

(80)　森川英正「明治期における専門経営者の進出過程」『ビジネスレビュー』第二一巻第二号、一九七三年、二三頁。

(81)　以下の記述は島田昌和「第一(国立)銀行の朝鮮進出と渋沢栄一」『文京女子大学経営論集』第九巻第一号、一九九九年、より抜粋して紹介している。

(82)　第一国立銀行の朝鮮進出の過程は波形昭一の研究に詳しい(波形前掲書、四一―五五頁)。この経緯については石井寛治も同様に指摘している(石井前掲書、七頁)。また居留地貿易体制に関しては高嶋前掲書、三四―四六頁も参照されたい。W・G・ビーズリーは日本帝国主義の「政治的」要因よりも「経済的」要因を強調している(W・G・ビーズリー／杉山伸也訳『日本帝国主義一八九四―一九四五』岩波書店、一九九〇年、三〇七頁)。

(83) 「雨夜譚会談話筆記」渋沢青淵記念財団竜門社編前掲書、別巻第五、六三九頁。

(84) 同前。

(85) 渋沢は一八八三年の書簡で将来的にバンクノートを発行したい意向を記している(「渋沢栄一書簡」渋沢青淵記念財団竜門社編前掲書、第一六巻、二三頁)。

(86) 大倉喜八郎「釜山開港五十年之回顧」、「第一銀行五十年史稿」渋沢青淵記念財団竜門社編前掲書、第一六巻、一〇―一八頁。

(87) 「第一銀行五十年史稿」渋沢青淵記念財団竜門社編前掲書、第一六巻、三四―三五頁。他に、「朝鮮支店は貿易大いに衰え営業甚だ困難せり。貸付は大略八分の一に減じ、当座貸し越しは百分の十二余りを減じ、御用為替取り組みはなく、人民為替の取り組みは百分の二九余りを減じ、(中略)利益は前季に比して百分の九余りを減じ」という記述も残っている(「明治一七年上期の第一国立銀行半季実際考課状」渋沢青淵記念財団竜門社編前掲書、第四巻、四五二頁)。

(88) 橋谷弘「釜山・仁川の形成」『岩波講座 近代日本と植民地3』岩波書店、一九九三年、二四三―二五四頁。

(89) 結果的には外務省筋の要請により支店の廃止が中止されている(波形前掲書、四八頁)。

(90) 村上勝彦は朝鮮支店の純益金の割合が預金・貸出金の割合をはるかに凌駕する(日清戦争前の一時期を除き)ことから一八九五年前後に朝鮮支店の有利性が確認されたとしている。高利潤の根拠としては「高利子率という貸出業務における有利性」を挙げている。確かに貸し出し金の増大と海関税取扱によるきわめて有利な条件での貸付資金の調達が高利潤を生んでいるが安定はしていなかった(村上前掲論文「植民地」二八〇頁)。石井寛治は日清戦争以前の収益性を低く見積っている(石井前掲書)。

(91) 波形前掲書、四五―四七頁。

(92) 坂野潤治『明治・思想の実像』創文社、一九七七年、マーク・ピーティー『植民地――帝国五〇年の興亡』読売新聞社、一九九六年。

(93) 石井前掲書、七頁。
(94) もう一点、国内での第一国立銀行の経営状態という大きな理由が存在する。既に第一国立銀行の一八八〇年代後半―九〇年代前半の不振に対して「第一銀行は、東北、北陸、関東地方において有していた独占的地位と官金取扱い等の諸特権の喪失を朝鮮において代わりに求め」たと指摘されている(村上前掲論文「第一銀行朝鮮支店と植民地金融」四四頁)。
(95) 渋沢青淵記念財団竜門社編前掲書、別巻第五、五三六頁。
(96)「韓国視察談」渋沢青淵記念財団竜門社編前掲書、別巻第五、五二頁。
(97) 森山茂徳『近代日韓関係史研究』東京大学出版会、一九八七年、一二―一四頁。他に明治期の朝鮮観に関しては、伊藤之雄「日清戦前の中国・朝鮮認識の形成と外交論」古屋哲夫編『近代日本のアジア認識』京都大学人文科学研究所、一九九四年、伊藤之雄「日清戦争以後の中国・朝鮮認識と外交論」『名古屋大学文学部研究論集』(史学四〇)、一九九四年、芝原拓自「対外観とナショナリズム」『日本近代思想大系一二　対外観』岩波書店、一九八八年、坂野前掲書、今永清二『福沢諭吉の思想形成』勁草書房、一九七九年、平山洋『福沢諭吉の真実』文春新書、二〇〇四年、などを参照されたい。
(98)「雨夜譚会談話筆記」渋沢青淵記念財団竜門社編前掲書、別巻第五、五五六頁。
(99) 渋沢青淵記念財団竜門社編前掲書、別巻第五、五三六頁。
(100) リチャード・アンダーソン「征韓論と神功皇后絵馬」『列島の文化史』一〇、日本エディタースクール出版部、一九九六年、五四―七四頁。他に小熊英二『単一民族神話の起源――〈日本人〉の自画像の系譜』新曜社、一九九五年、三谷憲正『オンドルと畳の国――近代日本の〈朝鮮観〉』思文閣出版、二〇〇三年、などを参照。
(101) 政治家の朝鮮観として一例を挙げれば、大隈重信がもともと韓国は高い文明を持っていたが、現在の政治が悪いために没落している、その悪い政治を日本が手を貸して自由の政治の下に支配して導けば文明開化を成し遂げられるという考えを示している(小熊前掲書、一〇一―一〇二頁)。
(102) 伊藤前掲論文「日清戦争以後の中国・朝鮮認識の形成と外交論」二六四頁。朝鮮認識に関しては清国をどのように認識したかとのかねあいが重要であるが、渋沢の清国に対する言及は朝鮮に比べてはるかに少ない。渋沢は清国を尊敬すべき国として比較的高く評価していた発言が主であるが、本論文では紙幅の都合上もあり、清国や東アジアに進出しようとしていた欧米列強に対する評価は取り扱わない。

(103) 渋沢青淵記念財団竜門社編前掲書、第六巻、一八九八年七月、四三四頁。「渋沢は朝鮮半島への経済進出が日本企業の海外進出の第一歩となるのみならず日朝関係の緊密化に大きな貢献をすると考えていた。」と評され(木村前掲書、三七頁)、また、何らかの形での政府の保護、特典のもとでの早期的な経済進出と捉えられている(波形前掲書)。
(104) 渋沢青淵記念財団竜門社編前掲書、別巻第五、五八頁。市原は当時第一銀行支店長を務め、後に朝鮮銀行の初代頭取となる。
(105) 「韓国視察談」渋沢青淵記念財団竜門社編前掲書、別巻第五、四九頁。
(106) 「神戸高等商業学校に於ける青淵先生の演説」一九〇六年七月一一日、渋沢青淵記念財団竜門社編前掲書、第二六巻。
(107) 渋沢青淵記念財団竜門社編前掲書、第二六巻、八一四、八一六頁。
(108) 同前、八一五、八一七頁。
(109) 島田昌和「日清戦後期の経済観」渋沢研究会編前掲書、六二―六五頁。
(110) 島田昌和「渋沢栄一の経済政策提言と経済観の変化――日清・日露戦争期を中心として」『経営論集』(文京学院大学)第一一巻第一号、二〇〇一年、同前掲論文「日清戦後期の経済観」、参照。
(111) 阪谷芳郎「朝鮮国貨幣制度に就て」『東京経済雑誌』第六一一号、一八九二年二月、二三三頁―二三五頁。
(112) 阪谷芳郎「朝鮮経済策」『国民之友』二七〇号、一八九五年、八七八―八七九頁。
(113) 高嶋前掲書、二一〇頁、波形前掲書、九七頁。
(114) 阪谷芳郎「朝鮮ニ於ル治安ノ維持ニ就テ」別一四頁。近藤釼一編『万才騒擾事件――三・一運動(一)(故子爵阪谷芳郎博士遺集「朝鮮問題雑纂」の内)』朝鮮近代史料朝鮮総督府関係重要文書選集(九)友邦協会朝鮮史料編纂会、一九六四年。
(115) 近藤編前掲書、別七頁。
(116) 渋沢は一九〇九年、六〇歳を機に実業界の第一線から引退した。一つの契機になったのが、「日糖疑獄事件」とも呼ばれる大日本製糖株式会社の経営危機であった。渋沢はこの会社に相談役として関与していたに過ぎないが、粉飾決算、株価操作、収賄等を見抜けなかったことで渋沢へも批判が集中した。渋沢自身、株主と経営者の自己調整機能が機能不全に陥ったことに相当のショックを受けている。後年、経営者の道徳心を強調するようになる一つの契機とも思われる。島田昌和「戦前期における企業ガバナンスの一考察――株主総会を通じた渋沢栄一の役割分析」『経営論集』(文京学院大学)第一四巻第一号、一七―一八頁。

また、大正期以降の渋沢の活動の一つとして労働問題への対応がある。渋沢は温情主義による対応ではなく協調主義による解決に取り組んだ。すなわち、渋沢は労働組合の必要性を認識し、同時に使用者との交渉の場につく穏健な労働組合の育成を指向した。そして交渉の一端としての争議調停活動が機能することを重視していた。この取り組みはまさに渋沢のめざしてきた学知が制度に埋め込まれたシステムの構築であった。しかし、この担い手としての協調会は必ずしもこのもくろみを成功させたわけではなく、学知と実際のギャップを埋めきることはできなかったと言えるのかもしれない（島田昌和「渋沢栄一の労使観と協調会」『渋沢研究』創刊号、一九九〇年、五四―五五頁）。

第二章　明治経済の再編成
――日清戦後の経済構想

佐藤政則

はじめに

日清戦争とその戦後経営は、日本が「帝国国家」となり、日露戦争、日韓併合、第一次大戦を経て世界列強の一角を占めるに至る決定的なスプリングボードであった。また東アジアの伝統的な華夷秩序を崩壊させる重要な要因となり、中華民国の誕生を助長した。さらにはアジアにおけるイギリスを中心とする欧米列強の協調行動を蹉跌させ、ひいてはアジアを含んだ新たな二〇世紀国際秩序の形成を促すのである。(1)

小論は、この日清戦後経営における経済構想を対象に帝国の学知を考察する。そのさい、策定・推進においてキーマンのひとりであった大蔵省官吏・阪谷芳郎にスポットをあてる。

日清戦後経営とは、三国干渉後の国際情勢を強く意識して推進された総合的な政策運営をさす。その特徴を知るには、戦後経営の出発点となった一八九六年度予算が重要である。そして同予算編成の基本的なプランが、阪谷芳郎起案の松方正義「財政前途ノ計画ニ付提議」(一八九五年八月)である。小論では、まずこの提議に集約された構想を、阪谷の経済観の特徴でもある一等国志向から検討する。

そして金本位制確立と金融システム再編の構想を取り上げる。いずれも戦後経営の推進にとってきわめて重要な要件である。前者については、中心的な役割を担った阪谷の主張を日本の国際的プレゼンスの向上のなかで吟味する。また後者では、膨張する財政のしわ寄せを負わされた民間金融という観点から、特殊銀行だけではなく、日本銀行や普通銀行の業務改善も検討する。

さて、われわれは、日清戦後経営に関わる優れた研究を膨大に共有している。(2) 小論もこれらに全面的に依拠しているが、視角と方法における直接の先行研究については言及しておきたい。

日清戦後経営を「きたるべき対露戦に備えての日本社会の帝国主義的編成替えの総体」と定義し、総合的な分析視角を開拓したのは、若き日の中村政則であった。[3] 小論もこれに学ぶものである。しかし、中村は、無意識のうちに「対露戦」との関連という限られた視野で日清戦後経営を観てはいないだろうか。そうであれば、その視野に入ってこないものがあるはずである。結果としての日露戦争ととらえる小論にとって、この視野の外の世界が非常に重要なのである。

構造的把握と人間主体の在り様を統一的に展開しようと試みたのは、石井寛治『日本の産業革命――日清・日露戦争から考える』であろう。同書には、市井の名も無い民人から実業家、役人、政治家、軍人までかなりの数の人々の在り様が取り込まれている。このようなアプローチは、平板な歴史像を塗り替えるものであり、小論も深く傾聴する。しかし、何故か登場する人間主体が、予め与えられた椅子に座っているかのような違和感がある。座る椅子を探したり、間違えたりすることはあり得ないのだろう。なぜなら、石井の把握する構造に即して人間主体が配置されているからである。この指摘が成り立つとすれば、むしろ人間主体に大きく軸足を置いている小論とは異なると言えよう。

要するに小論は、中村と石井の成果に依拠しつつも、分限思想から開放され立身出世の意欲が溢れかえった明治という時代[4]のなかで阪谷芳郎を捉えたい、ということである。そして日本社会の飛躍を主体的に担いながら、同時に自らも立身出世を成し遂げたひとりの大蔵官吏と明治日本をオーバーラップさせて考えたい、ということである。

阪谷は、幕末の一八六三(文久三)年一月に阪谷朗盧と恭の四男として生まれ、東京大学予備門を経て一八八四年に東京大学文学部政治学理財学科を首席で卒業、ただちに大蔵省に奉職した。そして準判任御用掛を振り出しに主計官、主計局長(一八九七年)、大蔵省総務長官(一九〇一年)、大蔵次官(一九〇三年)、大蔵大臣(一九〇六年)と駆け上った。東大卒、純粋内部昇進大臣の第一号である。阪谷は、松方正義の信頼を得て予算編成に直接関わるだけではなく、貨幣制度調査会委員(一八九三年)、鉄道会議議員(一八九六年)、鉄道国有調査会委員(一八九九年)、日本興業銀行設立委員

(一八九九年)等々、当時の政策決定に直接間接に影響を及ぼした主要な会議・委員会の構成員でもあった。つまり阪谷にとって日清戦後経営での活躍は、決定的な意義をもっていた。また一八八八年には財界の大立者、渋沢栄一の二女・琴子と結婚した。さらにこの間、財政学・経済学における理論的探求と実践的検証が評価され、一八九九年には博士会より法学博士の学位を授与されている。ある意味で衆人羨望の的であった博士号と大臣の椅子の両方を手中にしたのである。(5)

順風満帆に見える阪谷の官吏道であるが、いくつかの壁にぶつかっている。なかでも大学、入省とも同期である添田寿一が、一八九一年に田尻稲次郎の後任として大蔵次官となった。阪谷は「一歩を添田に先んじられた(6)」わけである。後年、東京市長を辞任した阪谷は貴族院議員に勅選ではなく互選される。これを「当時の藩閥系、官僚系におん覚えめでたくなかったことは事実である」と『阪谷芳郎伝』は伝えている。(7) ここから類推すれば、日清戦後の時期においても大蔵大臣の信頼と渋沢を背景に「阪谷専横」との思いを抱いた者が多かったのかもしれない。

小論は、添田寿一とともに「大蔵省の双璧」と言われた、阪谷芳郎の目線に視点をおきながら、日清戦後の経済構想を検討する。

一 「武装シタル平和」と戦後構想

松方正義「財政前途ノ計画ニ付提議」

日清戦後経営の骨格が松方正義大蔵大臣から阪谷芳郎に提示されたのは、第八議会終盤の一八九五年三月頃のようである。そこでは、増税対象として営業税、煙草税、登記料、酒税などが示され、また金本位制の実施が指示された。「即ち殆んど此戦後の経営と云ふものは広島の宿屋で侯爵から御下命になった。もう断定して疑ふことはない。どしどし遣れ、えらい元気の御言付でありました」と阪谷は言う。もっとも大本営がおかれている広島の出先において大臣を擁する阪谷が松方との間で重要問題を決めていることへの本省の反発は大きく、わざわざ田尻稲次郎大蔵次官が東京から抗議方々駆けつける、という一幕もあった。(8)

阪谷が起草したという計画案は八月一五日、大蔵大臣松方正義の名で「財政前途ノ計画ニ付提議」として閣議に提出された。それは、「謹ンデ案ズルニ、財政ノ整否ハ実ニ国家盛衰安否ノ関スル所ナリ。昨年日清事件ノ起リテ以来、巨額ノ軍費ヲ要シ、今後軍備ノ拡張ニ要スル所亦少ナカラズ。此時ニ當リ財政ノ経綸一歩ヲ過レバ国家不治ノ禍害ヲ醸シ、国勢ヲシテ永ク萎縮不振ニ陥ラシメントス。豈ニ恐レザルベケンヤ」という前書きで始まり、次の三点に留意して策定されていた。(9)

第一に「今後或年数間ニ新ニ増加支出ヲ要スル経費ノ定度」であり、具体的には軍備の大拡充が中心である。日清戦争の結果、「我国俄カニ強国ノ一」となり「宇内各国ノ猜疑心ヲ増シタルヲ以テ、之ニ応ズルノ兵力」、「新領地ノ防備ニ充ツルノ兵力」、「清国ノ復酬ニ対スルノ兵力」等々が必要であり、しかも「是等ノ兵備ハ、大半三五年ノ内ニ完成」せねばならない。「欧州列国ハ既ニ我国ニ対スル外交ノ面目ヲ改メ三国ノ同盟ヲ訂約セリ。東洋ニ浮ブベキ堅艦ノ建造ニ着手セントスルノ形勢アリ。「サイベリヤ」大鉄道ノ成ルハ正サニ五ヶ年ノ内ニアルナリ。我国軍備ノ拡張ハ一日モ緩ニスベカラズ」だからである。こうして海軍はまずもって二〇万トン、陸軍は砲台建設や兵器改良のほかに現有常備軍の倍増を目標とし、清国賠償金三億円余のうち一億八〇〇〇万円を充てる。このほか「臨時大計画」として製鉄所の設置、鉄道および電話の拡張があげられた。前者には清国賠償金のうち五〇〇〇万円を充当する。事業収入が期待できる鉄道・電話の拡張資金は、鉄道敷設法に基づく事業を除いて、年々一〇〇〇万円を上限とする公債発行により調達する計画であった。

第二に「右経費ノ支弁ニ充ツベキ財源及民力ノ負担如何」である。一八九五年度の「一人別内地税ノ負担額ハ一円五八銭」だが、「一人別負担二円乃至二円五〇銭」に増加しても「決シテ民力負担ニ堪ヘザルノ理アルコトナシ」と担税余力を推定している。増税が期待できるものとして地租、所得税、酒造税、煙草税、海関税、登記料、森林収入、郵便電信収入、鉄道益金などがあるが、酒造税を除けば、各々難点をもつ。一八九六年度は、地方税から国税に移管する営業税と酒造税の増税で対応し、今後の歳入不足には葉煙草専売法の制定等で応じるという計画であった。他方で、軍事公債を向こう一〇年間で「悉皆消却スル」計画が盛り込まれており、このため毎年度一般会計決算残余の公債償還資金への充当、また公債買上消却などを検討することが示された。

第三に「国費ノ増進ニ応ズベキ国力発達ノ方法」である。担税力を高める国力の発達についてその方法は「多々アルベシト雖トモ、就中大ニ交通運輸ノ便ヲ開発シ、以テ農商工業ノ隆盛ヲ計リ、興業銀行農業銀行ヲ起し、資本融通ノ潤沢ヲ充分ナラシムルハ頗ル急務ト信ズル」という。具体的には、官線鉄道の延長、既成官線鉄道の複線化、東京中央停車場の改築、北海道殖民鉄道の延長、台湾での南北貫通線の敷設等々の鉄道事業、また電話事業の拡張があげられた。このほか、一般行政費の対象となる工業学校、農事試験、蚕業講習所、生糸検査所、商品陳列所、商船学校、航路、海員養成奨励、電信線、普通郵便および小包郵便、領事館等々の新設・増設・拡張が計画された。こうした事業とともに、後述(第三節)するように、日本銀行・横浜正金銀行の改革・拡張、普通銀行業務の改善、不動産専門銀行(日本勧業銀行・農工銀行)の新設、動産専門銀行(日本興業銀行)の新設など金融システムの再構築が企図されるのである。

以上のような戦後財政計画の大綱案を示した松方であったが、臨時議会の召集をめぐって辞職するなど、一八九六年度予算が成立するまでには曲折があった。最終的には、歳計約二億円に上る画期的大予算となった。それまでの歳計八〇〇〇万円前後と比較すれば、空前絶後の増加であり、まったく次元の異なる新たな世界に突入したのである。(10)

武装シタル平和

松方正義案と渡邉国武大蔵大臣のもとで編成された予算案のいずれも、国力を充実させ軍備を大幅に拡充することによって日清戦後の東アジア情勢に積極的に対応しようとするものであった。これを「対外恐怖」から説くだけでは[11]、進んで難題に挑む明治社会のパトスを評価することが難しくなるだろう。また財政支出において軍事費をことさら区分し、軍拡財政であるか、どうかを議論することは、第二次大戦後の問題意識が強く投影しすぎており、当時の実態を見損なうように思われる。

戦後経営の計画策定に密接に関わった阪谷芳郎に即してみれば、彼の議論は非常に明快である。それはアームド・ピースである。阪谷は、もともと「軍備と経済と相並して共に其拡張を計る」軍経並行発達論者であったが[12]、日清戦争によって変わった。武官ではない文官の阪谷が「戦争ガ終レバ、後ハ所謂武装シタル平和――「アームド・ピース」デナケレバナラヌ、今迄ハ平穏ノ平和デアッタガ東洋ノ政界ハ日清戦争後ハ「アームド・ピース」デナケレバナラヌ[13]」と主張するようになる。これは「日本帝国の領土と云ふものが広くなり、又欧羅巴諸大国との関係が密接になって来た以上は或る程度までは伸して往かなければならぬ[14]」からであった。後年、阪谷は一九一〇年頃の海軍拡張問題を論じたさいに、「海軍拡張は国家の安全に関する大問題であつて、決して財政問題ではない」と言い切っている。つまり「軍備の問題は堤防を築くやうで、川の向側で一寸でも高く之を築けば、自分の方でも其割合に高くせぬと洪水の際に自分の方へ水が氾濫するから、向で高くすればこつちでも高くしなければならん、であるから列強が海軍を拡張するならば日本でも迷惑ながら亦拡張しなければならぬ[15]」と言う。

日清戦争の結果、日本は欧米の強国と直接対峙するに至った。阪谷は、この現実を直視し、それにふさわしい議論を展開するのである。阪谷が言うアームド・ピースとは、まさに日常としての軍事であり、民業育成と軍事は表裏一体と考えられていたのである。

もっとも国力の伴わない「帝国」を冷めた目で見るのは、ある意味でたやすい。しかし、阪谷が大蔵省に出仕し始めた頃に「社会の逆発達」という発想を提唱したことに注目したい。これは、阪谷がまとめた『北海道開拓論』(一八八六年一〇月発表)のなかで示したもので、次のように外形造りを内実造りに先行させるという考え方である。

今日ノ開拓ハ昔日ト同ジカラズ。ナルホド昔時社会ノ成形スル形状ヲ社会学ニ徴シテ考フル時ハ、堅固ナル道路ヲ造リ鉄道電信ナドヲ造ルノ社会ニ達スルマデハ、頗ル年月ヲ要シ、漸クニシテ発達シタルモノナリ。然シナカラ今日ニ於テハ斯ル順序ヲ追フハ頗ル文明ノ力ヲ軽視スルモノニ似タリ。今日ニ於テ新国ヲ造リ出スニハ、社会ノ逆発達ト云フコトヲ知ラザルベカラズ。逆発達トハ先ヅ最上文明ノ外形ヲ造リ、然ル後ニ内部ニ及ブナリ。(16)

阪谷にとって「帝国」は、まさに先行すべき外形であった。そして外形を意識的に先行させるところに真骨頂があったのである。

一等国志向

東アジアの数にも入らぬような小国において、常に欧米諸国との競争を意識するという精神構造が日清戦後経営の構想を準備し、さらには「一等国志向」とも言うべき意識が構想を貫いている。

たとえば、阪谷は一八九一年に「我日本国をして安全ならしめ我国威をして世界万国に輝さしめんことは私か畢生の願いで御座ります(17)」と大見得を切っている。さらに翌年には、日本も西洋並に進歩できると次のように述べている。(18)

今日日本と云ふ国は。世界各国に比較して見ると。貧乏な国であると云ふことは。公平なる評であると云はなければならない。併しなから此日本はどうしても富むことが出来ないかと云ふ問題に対しては。然りと答ふるに及ばない。方法宜しきを得たならば此国を進めることが出来るに違ない。気候もよし。人民も十分あり。土地も豊饒である。即ち此国の経済を発達する丈けの資格と云ふものを備へて居るから。経済の方法宜しきを得たならば。

西洋各国で進む丈けのことは。日本で進めないと云ふことはない。西洋で進んだよりも最つと進むと云ふことの断言は出来ないかも知れないけれども。西洋の人民の働いて進んだことは日本の人民にも出来る。それを進めるには経済の立て方を直して行かなければならぬと云ふことは。誰でも承知しなければならぬ理屈であらうと思はれる。

そして後年、一九一七年の「金貨本位実施満二十年紀念会」において往時を振り返り、「日本が二十年前に金本位を採用致しましたのは、決して小さな日本だけで満足する考えではない、世界的に進む考である、世界的になった以上日本が一等国として始終世界を導くと云ふ位置に進まなければならぬ。それには金も必要である。鉄も必要であると云ふ其当時の画策の一つであったのでありまして(19)」と「一等国志向」に基づく日清戦後経営であったことを開陳するのである。

この異様なまでの上昇志向、あまりに楽観的な向上心は、ひとり阪谷だけではなく、一般に認知され広く受容されていたと思われる。またそれが明治社会の明暗を織り成す要素でもあった。それだけ立身出世を促すチャンスや回路が豊富であったのかもしれない。もっともその源泉を辿ってみると、たとえば、ある者は貧困からの脱出に、またある者は被差別経験をバネに、そしてまたある者は没落した家名の再建に行き着くのである。

阪谷芳郎の生き様に最も強い影響を与えたのは、幕末において尊王開国論の儒者として著名であった父親、朗盧(素)である。朗盧が督学を勤めていた備中国後月郡西江原村の興譲館は、一橋領代官が設立した郷校であるが、朗盧の名声によって水戸・弘道館、萩・明倫館とともに天下三学館のひとつと評されていた。のちに阪谷芳郎の岳父となる渋沢栄一との縁も、渋沢が尊皇攘夷論を振りかざし一橋慶喜家臣渋沢篤太夫であった頃、朗盧の名声に興味を抱いて訪ねたことから始まる。このように幕末には名声を博した朗盧であったが、洋学が中心となる維新以降ではきわめて不遇であった。芳郎が東京大学文学部に在学中の一八八一年に失意のなかで没した。朗盧の学識・名声にふさわしい阪谷家の再興は、妻・恭の厳しい教導のもとその子らに託された。朗廬と恭には、四男の芳郎を含め五人の男子が誕生した。しかし芳郎が渋沢琴子と結婚した八八年までには、兄弟のすべてが没していた。阪谷家の家運隆盛は、まさに芳郎が担うのである。

阪谷芳郎の気負いは、大蔵省から辞令を受け取った一八八四年七月一二日の日記に「第一次出世」と記したことにも、また出仕後に戯れて作った「大蔵に過ぎたるものが二つあり　人の多きに阪谷の智慧」という狂歌にもよく現れている。[20] これは、家名再興を背負っているからであり、朗廬と恭のプライド教育の影響でもあった。こうして刻苦勉励と上昇志向を宿命付けられた阪谷の立身出世＝「奉公」が始まるのである。

他方で見方を変えれば、朗廬が注目されたのは、厳格な幕藩体制が開港により動揺を増したからである。またその社会的遺産を引き継いだ芳郎が、輝かしい出世の道を歩めたのも、明治政府が開設した高等教育機関という立身出世の回路に拠ったからである。阪谷親子は、分限思想の瓦解の中から出世の機会をつかんだと言える。芳郎が国家の歩みを自らの人生と一体視できたのは、大蔵官吏として行財政の中枢にいたからだけではない。むしろ明治国家の成立が、芳郎の人生に数限りないチャンスをもたらしたからである。明治の時代とは、大なり小なりこうした人物たちによって支えられていたのであり、日清戦後経営もまた、こうした人々によって推進されたのである。

二　金本位制確立と「開国進取」

幣制改革問題の浮上

一八八五(明治一八)年五月、日本銀行(一八八二年開業)は銀貨兌換日本銀行券の発行を開始し、翌八六年には政府紙幣の銀貨兌換も始まった。以後、銀本位貨幣を基礎に、日本銀行券が政府紙幣や国立銀行券に漸次代替していく。他方で金銀比価（金に対する銀の割合）は、八〇年代後半を通じておおむね一対二〇で安定していた。七一年の金本位制採用（新貨条例）、その後の事実上の銀本位制、不換紙幣の増発と整理等々、彷徨を続けた日本の通貨システムも、ここに銀本位で制度的安定をみた。幕末・開港以来の混乱は、三〇年近い歳月をかけて名実ともに終息したのである。

しかし内外の安定も束の間であった。一八九〇年代に入ると対外的安定が崩れた。予想を上回るハイテンポな銀価低落である。金銀比価は、九〇年代に入ると大きく変化し、同年代なかばには一対三〇まで銀価が低落した。これによりいわゆるメキシコドル系銀貨圏の衰退が現実のものになった。[21] 銀価低落は様々な論議を呼び、ついには銀本位制を維持するか、それとも金本位制に移行するか、という幣制改革論議に至るのである。国内的には安定しており問題は対外決済の不安定性にあった。銀価の長期見通しが不確定というなかで決断せねばならず、いずれを選択しても、状況によっては大きなリスクが予想された。

阪谷芳郎は、一時銀価騰貴が見られた一八九〇年において幣制問題を提起している。[22] そして「国内通用の便宜」と「外国取引上の便宜」とを計れば金本位制の採用が至当だが、そのためには最小限の損失での移行、将来にわたっての維持、という二つの大きな問題があると次のように述べている。[23]

今日各国か金若くは銀若くは其両方を本位に採用するは已むを得さる儀にして其何れを採用するも価格の変動は免れす、故に本位を定めんとするには国内通用の便宜と外国取引上の便宜とを計り其最も便なるものを撰むへし、我国に於ては古来久く金を通用し且我国と諸外国との取引の多くは金本位を採用するを以て金を本位に用ゆるの利あるや疑を容れさる所なり。唯疑の存する所は今日損失する所なしに能く銀より金に移り得へきや否、又移り得るとするも能く将来に金本位を維持し得へきや否の点に在り

金本位制を指向しながらも移行と維持に合理的な自信を見出せない阪谷であったが、一八九〇年代の予想を超える銀価低落と日清戦争による国際的プレゼンスの変化、そして松方正義の慫慂と全面的な後援によって、強固な即行論

者に変わった。「銀価の下落と日清戦争とは、全く財政の計画に一新を加へざるを得ざるの必要に迫りたるを発見せり。」このため「一方に於て金本位を主張し、一方に於て増税を断行し、帝国の財政及経済の規模を豁大ならしむることに尽力せり[24]」と阪谷は述べている。金本位制実施が遅れればそれだけ移行コストが巨額化する、何事につけても「便」を「計り」「利」を重視する阪谷からすれば、これは耐えられないことであった。また金本位制を将来的に維持していく要件のひとつが、まさに主要な欧州諸国と共通の貨幣制度にあったのである。

貨幣制度調査会の結論

金本位制への移行を目指す松方正義のもとで、大蔵省の田尻稲次郎(次官)、松屋臣善(主計局長)、阪谷芳郎(主計官)、添田寿一(書記官)らが仕掛けていく。なかでも阪谷と添田はその急先鋒となって活躍した[25]。

先を急ぐ大蔵官吏への反発も加わって、金本位制移行に反対ないし消極的な議論が圧倒的多数を成した。添田寿一の整理によれば[26]、それらの主要な論点は次の四つであろう。①対内的な通貨価値は安定しており、銀価低落(=円安)は輸出促進の好条件である。②果たして日本銀行の金準備を維持していけるのか。③シンガポールなど海外に流出した円銀と国内で通用している洋銀の処理は可能なのか。④金本位制よりも複本位制の方がリスクをより小さくできるのではないか。

こうして「幣制改革問題も一時は反対論に圧せられて、中止の運命に立ち到るらしい傾向を呈したが[27]」一八九五年三月松方が大蔵大臣となり、四月に日清戦後講和条約が締結された頃から潮目が変わる。松方は、同年三月、広島において阪谷に戦後経営の骨格を示した。そのなかで「今度清国から受け取る償金は金で受取るがよい、金で受取って金貨本位にする[28]」と幣制改革断行の決意を明らかにするのである。

清国賠償金の金による受領方針が確定したことは、貨幣制度調査会の結論に強い影響を与えた。この調査会は、幣制改革の要否を調査・審議するために一八九三年一〇月、「貨幣ノ問題ニ関シ最モ経験学識ニ富ム所ノ有力ノ士ヲ集メ」(渡邊大蔵大臣)[29]、勅令をもって設置された。政界、経済界、官界を代表する二二名が委員となり、田尻が副会長を務め、阪谷、添田も委員であった。報告書資料の作成にあたっては、早川千吉郎大蔵省参事官のほか大蔵省職員、在外公館、税関、造幣局、地方官、商業会議所などが大規模に動員されており、本格的な調査会であった[30]。

諮問事項は「一　近時金銀価格変動ノ原因及其ノ一般ノ結果」、「二　近時金銀価格変動ノ我邦経済上ニ及ホス影響」、「三　近時金銀価格ノ変動ハ我邦現行貨幣制度ヲ改正スヘキ必要アルヤ否若其必要アルトスルトキハ新ニ採用スヘキ貨幣本位並其の施行方法」という三項目である。一八九五年七月付けで浩瀚な「貨幣制度調査会報告書」を提出した。

特別委員会方式を採った調査会の議論は、とくに第二と第三の諮問項目をめぐって紛糾したが、最終的な結論は金本位制採用となった。ただし「断然金本位採用然るべしと云ふのが多数でありました」(添田寿一)[31]と言うよりは「殆んどその帰結する処を知らなかった」(渋沢栄一)[32]というのが実態であり、最終盤での強引な議事によって辛うじて金本位制採用らしき結論を出し得たのである。

さて最終結論の採決に参加した一五名のうち、必要なしとした者が渋沢栄一を含む七名であり、幣制改正の必要ありとした者は八名、すなわち阪谷、添田のほか渡邊洪基(衆議院議員)、河島醇(衆議院議員)、栗原亮一(衆議院議員)、益田孝(三井物産専務理事)、荘田平五郎(三菱社支配人)、田口卯吉(東京経済雑誌主筆、衆議院議員)であった。このなかには当面ではなく、「将来ニ改正ヲ期スル者」が含まれている。さらに、このうち即時準備着手としたのは、阪谷、田口、荘田の三名にすぎず、しかも田口と荘田は複本位制の準備をさしていた。ちなみに田口は衆議院での貨幣法案審議のさいに反対意見を述べている。残りは、添田、渡邊、河島、栗原の「準備ニ止ム」か、益田の「時期ノ到ルヲ待ツ」であった。つまり、改正支持に数えられた八名のうち複本位論者を除いて、金本位制即行論者は阪谷だけであり、添田を含む五名が時期尚早と認識していたのである。[33]

金準備の不安と「開国進取」

添田らが時期尚早と考えた最大の問題は、金準備への不安であった。調査会に提出された各自の意見書によれば、添田は「目下ノ如ク本邦ヲ欧米資本流通区域外ニ置キ金融上殆ト鎖国主義ヲ執ルト一般ナラシムルハ決シテ永久ニ望ムヘキ所ニ非ス」としながらも「今日直ニ純然タル金貨本位制ヲ決行スルハ時期尚ホ少シク早キニ過クルノ感アリ」と述べ、物価先行きの不透明、信用の未発達、大取引の未成熟、貿易の未拡張など六項目のほかに「最モ金貨本位ノ急施ニ逆フ所ノ事由ハ目下尚ホ金準備ノ不足ナルニ在リ」、「要ハ唯孜々トシテ金ノ準備額ヲ増加スルニアリ」と指摘している。[34]

また「務メテ本邦ニ金ヲ蓄ヘ」(渡邊)[35]、「根本的急激ノ改正ヲ施行セス漸次ニ金貨ヲ貯蓄シ」(河島)[36]、「金貨吸収ノ策ヲ急施スル時ハ其結果終ニ幣制改革ノ実ヲ挙クルト同一ナレハ最モ深ク注意ヲ要ス」(栗原)[37]、「金貨本位ヲ断行スヘキ地位ニ到達シタリト云フヲ得サルナリ」、「我国ノ経済ハ未タ充分ノ硬貨ヲ蓄積シテ根底ヲ固ムルマテノ余裕ハ之ナカルヘキ」(益田)[38]等々、いずれも金準備に対する不安を表明していた。

こうした不安は、幣制改革を不要とした者にも共有していた。たとえば、強硬な不要論者であり、時期尚早論者でもあった渋沢栄一は、「金貨本位を採用せんとするに就て余が最も懸念に堪えざるは、日本銀行正貨準備充実の一事これなり」と述べ、「回収償金のみに求むるを得べからず」、また「海外貿易上輸出超過の結果に求むるを得べからず」とすれば「公債に依て外資の輸入に求むるの外なかるべきなり」と正鵠を射た指摘をしていた。[39]

唯一の金本位制即行論者である阪谷の意見書には、金準備への不安は微塵もなく、言及さえもない。すなわち「将来我邦幣制ハ現今欧米諸開明国ニ行ハルヽ幣制ト一致ヲ保チ貿易其他一般経済及財政上ノ便益ヲ増進センカ為メ金貨本位制ヲ採用スルヲ可トスル」で始まる。イギリス、フランス、ドイツ、イタリアなど諸大国は金本位制を採っており、銀本位国も銀貨自由鋳造を停止、金貨の吸収に励んでいることを見れば、将来採るべき方向は自明である。また一八九四年における日本の輸出入総計の七割が金本位国との取引であることを考えればよい。複本位制の議論もあるが、歴史的にも失敗しており、「学説トシテモ既ニ陳腐」である。その上で、実施の具体的方法を克明に述べている。(40)

阪谷に、金準備問題の自覚がなかったはずはない。事実、「幣制改革を実施すれば資本共通と云ふものが行はれますから日本は初めて各文明国の金融上の仲間入が出来ます(41)」と語っているし、「金貨本位ノ如キモノヲ熱心主張致シタノモ、実ハ此外資輸入ノ途ヲ開カナケレバナラヌト云フ大ナル論拠ヲ為シタノデアリマス(42)」とも明言していた。阪谷にとって外資導入が鍵であったことは間違いないだろうが、成否不確定な話であり、あたかも将来を担保にするような外資導入論に説得される者は少ないだろう。

この金準備を不安定視する多くの議論をはじめ、さらには銀価低落の輸出促進効果を評価し、それがこれまでの経済発展の重要な一要因と考えるギャレット・ドロッパーズ(慶応義塾)(43)や園田孝吉(横浜正金銀行頭取)(44)の議論などは、経済合理性に基づくものであった。こうした経済的論理が通じない事態を、松方らの「長期の政治的次元」で説く(45)ことは説得力があるように思われる。

しかし、たとえば貨幣法案を審議した一八九七年三月の衆議院において「此議場ノ大勢ハ松方伯ノ彼ノ御上手ナル御演説ガナクトモ大概賛成ヲ表セラレテ居ルヤウニ見受ケル」(田口卯吉)(46)という雰囲気は、松隈内閣のもとでの進歩党の与党化で説明が済むだろうか。また同年一〇月一日の新金貨引き換え開始日に「待ちに待たる金貨本位実施の十月一日は遂に来りぬ」「何れも先を争ふて日本銀行に車を走らすもの多く、執務時間前既に百を以て数ふる群集を見たり(47)」という情景は、単なる好奇心だけで説明がつくのだろうか。

今一度、上述した阪谷の「欧米諸開明国ニ行ハルヽ幣制ト一致」させる、あるいは「日本は初めて各文明国の金融上の仲間入」ができるというフレーズに注目したい。これこそただの謳い文句ではなく、日清戦後の高揚した時代状況の何かとフィットし、手の届く具代的な目標として時代の息吹に支持されたものではないだろうか。金本位制の基礎ができるのは二〇年後、三〇年後だと、阪谷が仰天してしまうことを述べた益田孝も「今回ノ戦勝ハ我国光ヲ発揮シ大ニ宇内ノ信用ヲ博シタリ(48)」と意気が高い。大方が国際的プレゼンスの向上という新たな状況を認めており、それゆえに阪谷が言う「開国進取ノ政策」が新鮮な響きで受け入れられたのではないだろうか。このように考えられるとすれば、松方らが進めた金本位制移行が「長期の政治的次元」のものであり、経済的には非合理的決定であったとしても、当時の沸騰するような時代状況のなかでは優れて「合理的」なものであったと言えよう。

渋沢栄一の「憂慮」と「慚愧」

金本位制実施から二〇年を経た一九一七(大正六)年一一月、東京および各地手形交換所所在地の主な銀行家、百三八名が発起人となり東京銀行集会所において「金貨本位実施満二十年紀念会」が開催された。明治末までには幕末・維新以来の課題を果たし、一応の到達点に達していた日本社会であったが、それは同時に経済的には正貨危機に代表されるような閉塞と呻吟の状態でもあった。しかし第一次大戦がもたらした新たな環境が、重苦しい空気を吹き飛ばし、あらゆる意味で状況を一変させた。この紀念会は、日本の経済力と金本位制に対してまさに希望と自信に満ちた幸せな局面で開催されたのである。

金本位制実施に関わった松方正義、田尻稲次郎、添田寿一、阪谷芳郎をはじめ、渋沢栄一や金貨の流通しない金本位制を理想とする山崎覚次郎などが次々と講演し、功労者の松方を賞賛した。そのなかで注目されるのは、実施当時に時期尚早論を激しく展開した渋沢が、次のように「全く私の短見であった(49)」と誤りを告白したことであろう。

明治三十年に至って完全な金貨制度にすると云うことに就ては、私は貨幣制度調査委員の一人として、大に憂慮したのでございます。金貨制度尚早しと云うことを主張したのでございます。今更私の知恵の無いことを慙愧しますが其際は眞に之に反対致しまして、阪谷氏などゝは事に依ったら縁談を破却してまでもとの覚悟を以て論じたのでございます。(50)

金準備に対する渋沢の「懸念」については上述したとおりである。さらに貨幣制度調査会に提出した意見書(51)をみておこう。これは「一　貨幣制度ヲ論スル宜シク理論ヲ後ニシテ実際ヲ先ニシ虚栄ヲ捨テヽ実益ヲ収ムルコトヲ主トセサルヘカラス」で始まるが、このタイトルに渋沢のすべての主張が凝縮されている。そこでの「理論」とは、「貨幣ハ価格ノ標準ヲ示スモノニシテ標準ハ単独惟一ナルヲ要ストナシテ金貨単本位説ヲ唱フル者」をさし、「純然タル金貨本位制」を指向する添田が想定されていたのであろう。また「虚栄」とは「欧米文明国カ今日概ネ金貨単本位制ヲ採リ銀貨ハ独リ東洋諸国ノ間ニ行ハルヽモノナルカ故ニ我邦モ亦金貨単本位制ヲ採ルヘシト唱フル者」をさし、「開国進取」や「各文明国の金融上の仲間入」を謳う女婿、阪谷が意識されていただろう。そして「実収」とは「金銀比価ノ変動ハ恰モ金貨国ニ対スル輸出ヲ保護セル傾向」をいい、「我邦カ銀貨国タリシ為メニ享ケシ所ノ利益」をさす。この点では、G・ドロッパーズや園田孝吉と同様の見解である。

渋沢は紡績業を中心に対清輸出を考えており銀本位制で何等問題はない、逆に阪谷は戦後経営における西欧からの兵器輸入を進めねばならず金本位制が必須であった、こうした決定的な観点＝立場の違いは無視できない。もっとも渋沢も当然ながら「今日(明治二十九年)以後即ち将来の経済というものは一躍して大いに進まなければならぬ重大責任を齎した。それは申す迄も無く日清戦役の齎した結果である」と日本経済の新しい環境の展開を極めて深く理解していた。問題は戦後経営の進め方であり、「政府当局に対しては、積極政策を取らるるに就いても、余り進み過ぎたやり方をされて当業者を過らしむる様な事がない事を希望する」、「政府はもう少し力を緩かにする様であって欲しい」、事業者に対しても「上調子な時の勢いに迷わされる事なく」、「熱に浮かされるという事を絶対に避け」慎重に経営に当たることを求めている。[52] 要は「急激な進歩」、「急激な発達」の反動を恐れていたと言えよう。明治初頭以来の数々の経験を踏まえた渋沢からすれば、ひたすら先を急ぐ阪谷の言動はことごとく危ないものに映ったのである。

こうした「憂慮」、「懸念」を抱いていた渋沢であったが、それらが誤りであったと認めた。金本位制が「実施された以後を見まするると、どうしても是でなければならぬと云ふことが数年の後に始めて分つてからは松方侯爵は能く果断して。私の言ふことを聴かぬであつたと深く感服した」[53] と言う。『自叙伝』ではより具体的になっている。「日露戦争は我が国運を賭したる大国難であったが、先立つものは軍費である。」「しかも日本は軍費の大部分を外債に俟たなければならぬ苦しい立場にあった。この際においてもし日本が金本位制を採用して幣制を確立して居らなかったならば果して何うであったろうか？ 思うだに肌に粟を生ずる感がある」[54] と述べている。

渋沢は、金本位制移行を金準備への「憂慮」等々から反対した。それは極めて経済合理性に富む見解であった。しかし日露戦争時の外債発行による軍費調達は、金本位制を確立していたから可能になったのであり、その意味で反対は誤りであったと言うのである。「上調子な時の勢い」や「熱に浮かされ」たような時代の息吹に支えられ「開国進取」や「各文明国の金融上の仲間入」に牽引された、非合理的な跳躍が、新たな時代を切り開いたのである。

三　新たな金融システムの構想

金融システム構想と分業論

日本金融システムの形成期にあたる明治の金融機関整備は、大きく二つの時期に区分できる。まず骨格となる金融機関を設立した一八九〇年までである。ここでは国立銀行条例(七二年)、銀行条例(九〇年)によって普通銀行業務が始まり、日本銀行(八二年)と貿易金融機関である横浜正金銀行(七七年)が開業し、大衆貯蓄専門機関である貯蓄銀行

(九〇年)が設けられた。金融のインフラストラクチャーが整備されたのである。そして第二の時期が、まさに日清戦後経営の時期であった。

松方正義は「財政前途ノ計画ニ付提議」において次のように改編の全体像を語った[55]。

資本融通ノ方法ヲ講ズルハ根本的経済政策トシテ最モ急務トスル所ナリ。正義ハ日本銀行及ビ正金銀行ヲシテ各事業ヲ拡張セシムルコトニ付テ既ニ着手スル所アリ。各国立銀行ノ終末ヲ全クセシムルニ付テモ亦胸算スル所アリ。而シテ正義ガ多年唱道スル所ノ興業銀行及ビ農業銀行ノ創立ハ将サニ今日ニ於テ其ノ機運熟スルヲ確信シテ疑ハザル所ナリ。

その後、曲折はあるものの、日本銀行と横浜正金銀行の業務改革、営業満期到来に伴う国立銀行から普通銀行への継承と業務の適正化、そして各種の特殊銀行が設立された。すなわち、農業金融ないし不動産金融を行う日本勧業銀行と農工銀行(一八九六年)および北海道拓殖銀行(一八九九年)、工業金融ないし有価証券金融を行う日本興業銀行(一九〇〇年)、植民地台湾の中央銀行である台湾銀行(一八九七年)が続々と設立された。一九一一年に設立される朝鮮銀行を別にすれば、戦前の金融システムを担う主要機関が、日清戦後に出揃ったのである。

こうした金融システムの設計にあたって根底的な規範となった観念は、真正手形主義(real bills doctrine)と、その結果としての業態分業主義[56]である。もっとも信奉の程度に差はあり、理解の仕方も多様であった。しかし一定の幅をもちながら、これらが当時の政策担当者だけではなく、主要な言論人、銀行家、実業家によって日本の現実を考えるさいの尺度として共有されていたことは直視されるべきだろう。

阪谷芳郎によれば、「手形と申すものは物品の売買に依て、生ずるものである」、こういう「無抵当」の「信用手形」割引の方が普通銀行にとって「安全」であり、「抵当品を取って営業することは甚だ危険である」と言う[57]。さらに阪谷によれば、同じ「経済事業」といっても「物産を造る」農工業と「造た物産を運転販売する」商業とでは「性質」的に異なり、「資本の運転」期間が全く違う。したがって当座預金のような「繁劇な資本を以て繁劇な商業に応じ」、定期預金のような「閑まな資本を以て長い貸付に応すると云ふ方向を執らなければならぬ」と言う。[58]また「今日の銀行で永期の貸付をするならば、甚だ危険である」「何時でも返しますと云ふ金を預て一方で永期に貸付けると云ふは危い」とも言う。[59]

このような手形取引を奨励する考え方、あるいは金融を運転資金と設備投資に区分する、ないし期間の長短で区分する考え方が、日清戦後の金融システム構想においても強い影響力をもったのであり、同時にそれは既存の普通銀行業の方向性を掣肘したのである。

それでは明治の財政家はもとより、銀行家や実業家たちは、なぜに真正手形(商業手形)に固執し、分業論に執着したのか、換言すれば西洋金融システムの何を見ていたのだろうか。それは、わずかな現金で膨大な商取引を可能にしている仕組みであり、それを成立させている商業手形の流通であった。手形取引を普及させ、普通銀行が手形割引を行い、手形交換所で相殺すれば、資金不足も解消する、こういうデザインである。[60]遅れてスタートした日本の経済社会が、高度に発達した仕組みを追求していくというパラドックスこそ、資金不足に伸吟する後発国的現実への対応だったのである。日清戦後における財政と民間の増大する資金需要によってこうした対応への理解は深まった。これが松方正義(阪谷芳郎)の言う「機運熟ス」だったのであろう。

日本勧業銀行・日本興業銀行の設立

公称資本金一〇〇〇万円の巨大な債券発行銀行として一八九七年八月に開業した日本勧業銀行は、松方正義がその構想を示した「財政議」(一八八一年)から一六年を経過して実現したものである。この間、構想内容は幾度も変更され、最終的には九六年の日本勧業銀行法第一条において「農業工業ノ改良発達ノ為資本ヲ貸付スルヲ以テ目的トスル」と定められた。農工業を対象としているが、農業の振興が立法の精神である。その業務は、不動産抵当年賦貸付(五〇ヵ年以内)、不動産抵当定期貸付(五ヵ年以内)、府県市町村等の公共団体への無抵当貸付、農工銀行発行の農工債券引き受けなどであり、それらのために払込み資本金の一〇倍まで債券発行が認められた。また九八年一月開業の静岡農工銀行を皮切りに一九〇〇年九月の阿波農工銀行まで全国各府県に一行ずつ設立された農工銀行の中央機関でもあった。[61]

「農業銀行」である日本勧業銀行・農工銀行は、日清戦後経営のなかで比較的速やかに実現した。数年来の推進者の一人である阪谷芳郎は、日本勧業銀行法案に関して直接の関係はなかったが、法案提出を「愉快ニ堪サル所ナリ」(一八九五年『日記』)と記している。[62] しかし、他方の動産銀行である「興業銀行」の実現は難航した。何より阪谷の銀行像も一定していない。一八九二年頃には「支店を倫敦に開いて　倫敦に於て安い処の資本を募って　之を日本に運用する」[63]という銀行像を抱いていたが、九五年頃には「公債となり鉄道となり資本の固着したものをもう一遍現金に振替へる」[64]銀行像に傾斜していた。前者はいわば外資導入銀行であり、後者では松方以来の分業論に基づく動産銀行が想定されている。

後者で進もうとすれば、すでに株式担保金融によってかなりの経営基盤を築いている有力普通銀行との軋轢が不可避である。また前者については、主要な銀行家、実業家たちの反応は冷ややかであった。例えば、一八九八年一〇月から一一月にかけて開催された農商務大臣の諮問機関、農商工高等会議(第三回)に対する一二の諮問事項には「外資輸入ノ要否並其ノ方法如何」も含まれていた。主要な商業会議所の代表、財閥役員のほか添田寿一や阪谷芳郎らも委員である。諮問には、外資嫌いをなんとかしたいとの意図もあったであろう。また幕末に各藩が勝手に外資を取り入れ後始末に難渋した苦い経験も背景にあるだろう。添田や阪谷は熱弁を振るうが、銀行家、実業家たちにはほとんど相手にされなかった。事実上の外資導入の国家管理、隔絶した特権が認められる新銀行等々、これから外資導入の事

業をめぐって競争をせねばならない財閥銀行や有力銀行にとっては迷惑千万な話だったのである。(65)

一八九九年に入ると金子堅太郎を中心とする外資導入銀行設立推進派の運動が本格化し、ついに「日本興業銀行法案」が第一三議会に提出された。政府もやむなく「動産銀行法案」を提出した。主要な争点は「海外募集債券の元利に対する政府の第二保証」の認否にあった。外資導入にウェイトをおく「日本興業銀行法案」ではこれを絶対必要としており、逆に国内の有価証券金融に力点をおく「動産銀行法案」では絶対不可としていた。両者の溝は深く、結局、議会解散・閉会により廃案となった。そして次の第一四議会において政府が「日本動産銀行法案」を提出、再度審議されたが、ようやく両者の妥協が成立した。名称を日本興業銀行とし、債券発行を定めた条文に「但シ外国ニ於ケル債券発行ノ規定ハ別ニ法律ヲ以テ之ヲ定ム」との曖昧かつ重要な但書きが加わった。法案は一九〇〇年三月に成立、難産の末に動産銀行と外資導入銀行を折衷させた日本興業銀行が誕生するのである。(66)

阪谷芳郎が構想した興業銀行・農業銀行は、動産や不動産に固定させている普通銀行の投融資を流動化するものであり、同時に商業金融機関としての普通銀行に適合的ではない長期金融を担当するものであった。つまり間接金融に全面的に依拠しており、直接金融や証券の流通市場という観点はまったくない。ましてや証券市場の成長を待つという発想は微塵もない。待てないどころか限りなく急ぐ、これが強く出てくるのが日清戦後経営期における金融構想の特徴であった。

この点は、外資導入問題でも同様である。先の農商工高等会議の議論のなかで三菱の荘田平五郎が述べた次の見解は、問題の性格を見事に指摘していた。(67)

当然這入ルベキモノナラ、国家ノ力ヲ籍ラナクテモ、其事業ソレ自身ノ信用デ、外国ノ資本ガ這入ツテ参ルノデゴザイマスカラ、自然這入ラヌモノヲ無理ニ入レタナラバ、無理ニ入レタダケノコトハ、必ズ何処カニ予期スルベカラザル弊害ガ現ハレルト云フコトハ、間違ヒアルマイト思ヒマス自成的な進展の重要性を語る荘田たちに対して、自儘に委ねることはできない、無理を承知で無理をする、しかしそのなかでも最大限の合理性を追求するというのが、阪谷たちの基本的な姿勢であった。

一八九七年日本銀行の改革構想

一八九六年一一月、日本銀行総裁川田小一郎が病没し、岩崎弥之助が総裁に就任した。日清戦後経営期における日銀改革と政策運営は、この岩崎のもとで河上謹一発券局長兼文書局長、薄井佳久出納局長兼国庫局長、山本達雄営業局長兼証券局長、鶴原定吉大阪支店長らが担っていくことになる。

日清戦後における日本銀行の政策課題は、これまで以上に多様かつ複雑になった。第一に一元的な発券銀行として金貨兌換制の維持が至上の使命とされた。第二に日清戦時に強まった「国庫金銀行」的状況の継続が要請された。そして第三に貿易金融を含めて民間資金需要の増大への対応が求められた。しかもこれらは相互に関係し合い、時には激烈に矛盾した。

何より金本位制への移行が、開業以来となる本格的な金融調整を必要とした。銀本位制下の為替低落は、一八八〇年代後半以降における新旧産業の順調な発展をもたらした要因のひとつである[68]。日本銀行においても、銀価低落のもとでは兌換制の危機を招くはずもなく、政府と民間への金融調節は柔軟かつ穏便に実施できた。金本位制の確立はそうした環境を棄てることであった。

こうして一八九七年六月、日本銀行の改革が実施された[69]。直接には岩崎総裁自らが「日本銀行営業の革新」と評した個人取引、担保品付手形割引の廃止・保証品付手形割引制度の新設、公定歩合の体系変更など民間金融に対する金利・貸出制度の改革をさす。しかし、この改革構想を性格付けるには、同年四月から年末にかけて行われた松方正義大蔵大臣・大蔵省と岩崎総裁・日本銀行との応酬[70]総体を含めて考察せねばならない[71]。

第一に、改革にあたって大蔵省も日本銀行も金本位制の自動調節作用を通念として前提にしていた。例えば、松方「内達」(四月)において「若シ金貨準備在高減額ノ傾キアリト認ムルトキハ勉メテ兌換券ノ収縮ヲ量ルコト」[72]と指摘されている。また一八九七年改革に論及した松方が、中央銀行というものは「貨幣の外国に出づるときは之を制止せんが為に割引の利子を昂ぐる者」であって、これは「銀行の本色として最も肝要の事と総裁も考へ松方も考へたるが故に今回の改正を断じたる次第なり」[73]と述べている。

第二に、対政府金融の軽減は不可能であった。岩崎「意見書」(五月)において海外金融拡張のために政府貸上げ二二〇〇万円の返済を日本銀行が求めたが、松方「内達」(六月)によって「過日詮議スヘシ」と事実上拒否された。もっともこの「内達」原案では、しばらくは「財政上成シ得ヘカラサルコト」と明言されていた。[74]

第三に、清国賠償金の回送は政府(償金特別会計)と横浜正金銀行によって担われており、日本銀行はこのシステムから排除されていた。このため岩崎「意見書」(五月)では「正貨準備ノ増減ハ職トシテ外国貿易輸出入ノ如何ニ由ル」と敢えて述べざるを得なかった。同「意見書」のかなりの部分は、財政上の必要から貿易入超を活用して賠償金回送を行う政府への実質的批判であった。[75]

第四に、以上の結果、日本銀行が政策的柔軟性を確保するルートは、専ら民間金融の調節に依存せねばならなかった。そのさい大蔵省も日本銀行も「金利歩合の高低」を活用することが「最緊要」と考えていた。このためには、取引先銀行が恒常的に日本銀行借入に依存するような事態から早急に脱却させねばならず、その手段として個人取引開始、担保品付手形割引制度、真正手形の優遇を打ち出した。さらに、一八九八年七月から「貸出限度額」が設定されたことは金利政策の補完という意味で重要であった。[76]

一八九七年の日本銀行改革構想はこうしたものであり、民間金融調節に対する過度の依存が最大の特徴であった。したがって様々な軋轢を行内外で生み出した。九八年一〇月の岩崎総裁辞任、[77]九九年二月のいわゆる「日銀ストライキ事件」[78]もそうした産物であった。とくに後者は、河上謹一(理事)、薄井佳久(理事)、鶴原定吉(理事)、片岡直輝(大阪支店長)、志立鉄次郎(西部支店長)、町田忠治(大阪支店副支配役)など改革を担うべき一一名が「連袂辞職」したもので、九七年改革の無理を象徴していた。もっとも、この事件によって日銀幹部はがら空き状態となり、横浜正金銀行での経営改革を評価された高橋是清が副総裁でもどった。高橋は、低金利を志向しており、金利操作に代替する貸出政策を重視していた。これ以降の改革は、岩崎の金利活用論を継承する山本達雄総裁と高橋副総裁のラインによって進められる。両者の金利政策観は全く異なっていたが、とくに一九〇〇・〇一年金融恐慌への対応など、山本らしい伝統的な金利政策運営と高橋が進める貸出政策の改編が同時並行的に展開された。日本銀行の外部から見れば、両者はあたかも一体のように映るが、実は呉越同舟そのものだったのである。[79]

銀行経営の改善とビジネス・モデル

一八九五年末に一三三行存立していた国立銀行は、各々二〇年の営業満期を迎え、九六年から九九年にかけて第一国立銀行を皮切りに一二二行が普通銀行に転換した。他方で日清戦後には普通銀行設立が急増し、九五年末の七九二行から国立銀行の転換も含めて九九年末には一五六一行、一九〇一年末では一八六七行と二・四倍に増加した。この結果、九五年末(国立・私立合計)と〇一年末を比較すると、払込資本金は約一億円から二億五〇〇〇万円、二・五倍、預金(官公預金含む)は約一億六〇〇〇万円から四億五〇〇〇万円、二・八倍に急増した。[80]興味深いのは預金/払込資本金の倍率であり、一・六倍から一・八倍に上昇している。日清戦後における銀行資力の増大は、単に銀行数や規模が増大しただけではない。それは着実な預金銀行化という質的変化を伴うものであった。

これら二〇〇〇近い普通銀行は、同じく銀行といっても財閥銀行から地方資産家の個人銀行まで、規模と営業地域、支店数、経営内容、経営方針に様々な相違があり、一様に把握することは不可能であった。そこではまさに種々雑多な業務が銀行の名のもとに行われていた。しかしそうした銀行業に巨額の資金が集まってくる。これを有効に活用できるかどうかは、民間経済に過重な負担を求める日清戦後経営にとって帰趨を決する重要な問題であった。一八九七年前後に松方正義、添田寿一などが銀行家に提示していたビジネス・モデルはある意味分かり易く、単純であった。松方は「銀行の本務は手形に依りて金融を敏活にするに在り」と次のように語る(81)。

従来銀行は多く抵当貸をのみ業とする傾きあり、信用なき時代に在ては詮方なきも、已に十分に銀行の業務を発展せしめんとせば、抵当貸にのみ汲々たるは決して其本務にあらず、手形の流通を十分にし互に信用を保つは銀行家の本務なり、然らざれば質屋の業と異ならずして銀行は質屋の大なるものゝ如き観あり

松方から見れば、商業手形の割引に尽力せず、抵当貸で満足している銀行は質屋と同じであった。さらに松方は、次のように述べ銀行家と事業家の分業を勧める。

銀行家は成るべく他の事業を兼ねず専ら其業をとらざるべからず、是迄の形勢にては会社銀行など兼務も出来しなれど、今後は到底兼務のために其業を執るの時間を少なくする様の事に堪ゆるを得べからざるに至らん、故に成るべくは銀行家も事業家も互いに分業して力を専らにせんことを希望す、是は実に事業の発達を促すの根本たるべし

添田寿一も「将来は対人信用や商業手形の割引」に全力を注がれたい、その場合必要になるのが「鑑別力」だと言う。また土地抵当の貸出は、それが専門の勧業銀行・農工銀行に譲り「商業銀行は自身当然適当の方向に傾くべきであり、それが「分業の原則」においても「至極結構」なことだと述べる(82)。

日本勧業銀行と農工銀行の新設は、多くの地方銀行が関わっていた不動産担保金融の軽減を意図していた。また日本興業銀行の新設は、普通銀行による株式担保金融を解除することが当初の狙いであった。さらに日本銀行の一八九七年改革には、日本銀行に依存した銀行経営からの脱却を促すことが企図されていた。消去法で考えれば、普通銀行

に期待されている方向は、自ずと明らかである。

真正手形、対人信用、兼業不可、そして分業が期待される商業銀行モデルのキータームである。もっとも、(一)真正手形の流通が乏しくビジネスとして成立するのか不明、(二)手形の利用と普及は個別銀行の経営努力を超え、社会的取組みが必要、(三)商業銀行と預金銀行との区別が曖昧である、といった実際上の難点はあった。とくに(三)の問題は重要である。

例えば、一九〇〇・〇一金融恐慌の余燼が残るなかで高橋是清日銀副総裁は「商業の機関たるべき銀行は、常に商業上に於て其職責を完うせられん事にして、若し誤て商業に運用すべき資金を工業の資金に運用し、万一固着に流れしめんか、実に本分を尽さざるものと言うべし」と一見、松方や添田と同様のことを語っている。しかしこの後が異なる。肝要なことは調達資金の性質に適合した運用であるかどうかであり、そして安心が確認できるほどの徹底的な調査(審査)に基づく貸出なら問題はない、と次のように述べる[83]。

「銀行も亦世の進歩と共に専門的なるべきものにして」「有価証券を抵当に取るもの、土地を担保にするもの、若くは工業に資金を運用するもの、等も各其専門的調査をなし、安心して之に資金を運用する方針を取ること最も肝要なり」。銀行は「他人の資金即ち預金を其又他人に運用せしむるものなれば」「貸出に就ては最も慎重の態度を取りて、徒に利慾に走らず、能く資金の性質を覈査して」運用しなければならない。「資金の性質」が重要であり、例えば当座預金は「臨機使用」の資金なのだから「其性質と合適するの方法を取るの必要あり」、為替の他店借も「一時的のもの」であり「常時の借用金」のように使用してはならない。また当座貸越は「何時貸出の請求」にあっても契約した極度額まで貸さねばならず「銀行家たるものは己が資力を計りて」貸越極度を定めなければならない。

つまり高橋は、商業銀行モデルではなく、短期・長期の預金が集まる預金銀行モデルを語っているのである。前者は運用面を重視し、後者は調達面からのモデルである。そして両者は、必ずしも一致するわけではない[84]。

日清戦後の金融システム構想は、分業主義が色濃く投影され、次第に明確となる二つのモデルの相違に無自覚であった。そして現実的には預金銀行が定着・普及しながら、行政的には商業銀行が追求されるという乖離を生むのである。

おわりに――アジアで日本が輝いていた時代

陳舜臣の日清戦争を描いた名作『江は流れず』は、最終章が「終幕と開始」である。戦争は一八九五年四月一七日の講和条約調印によって終結した。しかし、それは新たな展開のまさに始まりであった。北京では康有為が「公車上書」を起こし戊戌変法(百日維新)へと向かう。広東挙兵に失敗した孫逸仙(孫文)は辛亥革命への歩みを本格化させる。そして天津に戻った袁世凱もまた再起へのスタートを切るのである(85)。こうした革命家たちにとって、日本は進むべき一つのモデルであり、東アジアにおいてまぶしい光を放つ国であった。そうした魅力的な明治日本を支えたのが、阪谷芳郎のような分限思想から開放され立身出世の時代を生きる人々であった。

衰微した家運の再興を負託された阪谷芳郎は、刻苦勉励を続け、父母の期待に応えて明治政府が設立した高等教育機関という立身出世の回路をつかみ、大蔵省官吏になった。日本は「世界各国に比較して見ると。貧乏な国である」しかし経済的発達の条件は備えているのだから「経済の方法宜しきを得たならば。西洋各国で進む丈けのことは。日本で進めないと云ふことはない(86)」との信念は、日本と自らを重ね合わせた肉声であった。

日清戦争と三国干渉は、そうした阪谷と日本を一層促迫した。緊迫する東アジア情勢のなかで欧米列強との直接的なパワーバランスの維持が必要となり、「アームド・ピース」のもとで関連する政府事業、民間産業の戦略的な育成が始まった。他方で、ハイテンポな銀価低落が軍事力強化の阻害要因となり、金本位制移行を推し進めた。これは対清貿易を中心に勃興する紡績産業にとって大きな痛手になった。阪谷の「開国進取」、「文明国の金融上の仲間入」といったスローガンは、日清戦争の異常な高揚によって心地良い響きに変わり受容された。金本位制が威力を発揮したのは、日露戦争の軍費調達においてであり、改めて制度改正の意義が認識された。国内諸産業の成長を促進するには資金不足の解決が最重要課題であった。しかし新たに設立された特殊銀行は、期待された働きが出来ず、日本銀行を頂点とする普通銀行に重圧がかかるのである。

大蔵大臣を辞任した阪谷は、一九〇八年に初の外遊を行い、一一年にも外遊に出た。阪谷の目に映った欧米社会の物心両面での豊かさは、改めて日本の貧困さを思い知らせるものであった。それは二〇年前に阪谷が認識していた貧乏とどこが違っていたのであろうか。

文明ノ程度ニ付テハ日本人ノ大ニ注意スヘキ点ナリ。悲哉日本ハ以上ノ諸国ニ比シ甚ダ劣レルヲ見ル。只ニ物質文明ニ於テ劣レルノミナラス、精神的ニ於テモ大ニ劣レル。……或者ハ曰ク、日本人ハ大和魂ヲ有セリ、之レアル以上、日本国ノ生命ハ永遠ナリト。然ラハ大和魂トハ何ソヤト云ハルヽモ、之レ又明確ニ答フル能ハサルヘシ。此思想ノ点ニ付テハ大ニ覚悟シテ、国運ヲ誤ル事ナキ様注意セサルヘカラス(87)

然し如何にも此三年間を比較致しました所では、欧羅巴の進歩と云ふものは実に激しい。亜米利加の進歩も亦非常に著しい。今日日本が長足の進歩をしたと云ふけれども、日本の長足の進歩は、明治維新に較ぶれば長足の進歩には相違ないが、欧米の進歩と比較すると日本がズッと後れて居る。それに日本は貧乏であるが、向の国々は経済財政の状態が大変宜い(88)。

阪谷は、太平洋戦争のまさに直前、一九四一年一一月に亡くなった。自らと一体視できたはずの日本が、次第に分離していき、ついには手が届かない存在になった。戦前社会の無残な終末を見ることなく逝ったのが、せめてもの慰めであろうか。

注

（1）さしあたり小風秀雅「アジアの帝国国家」同編『アジアの帝国国家』吉川弘文館、二〇〇四年、所収、参照。

（2）日清戦後経営に関する研究蓄積は厚い。さしあたり、次の文献をあげておく。高橋誠『明治財政史研究』第三章、青木書店、一九六四年。中村政則「日本資本主義確立期の国家権力」『歴史学研究』別冊特集、一九七〇年一〇月。石井寛治「日清戦後経営」『岩波講座　日本歴史　一六　近代三』岩波書店、一九七六年、所収。大石嘉一郎「日清「戦後経営」と地方財政」大内力編『現代資本主義と財政・金融　二　地方財政』東京大学出版会、一九七六年、所収。中村隆英「日清日露「戦後経営」」同『明治大正期の経済』東京大学出版会、一九八五年、所収。室山義正『近代日本の軍事と財政』第二編、東京大学出版会、一九八四年。神山恒雄『明治経済政策史の研究』第三章、塙書房、一九九五年。石井寛治『日本の産業革命』朝日新聞社、一九九七年。神山恒雄「財政政策と金融構造」石井寛治・原朗・武田晴人編『日本経済史　二』東京大学出版会、二〇〇〇年、所収。

（3）中村政則前掲論文。同「日清「戦後経営」論――天皇制官僚機構の形成」『一橋論叢』第六四巻第五号、一九七〇年一一月を参照。

（4）石井前掲書、第二章、第三章。武田晴人『世紀転換期の起業家たち』講談社、二〇〇四年。竹内洋『立身出世主義［増補版］』世界思想社、二〇〇五年、などを参照。

（5）以上の略歴は、故阪谷子爵記念事業会編『阪谷芳郎伝』同会、一九五一年、による。

（6）『阪谷芳郎伝』二〇五頁。

（7）同前、四六一頁。

（8）同前、一五九頁。

（9）「財政前途ノ計画ニ付提議」伊藤博文編『秘書類纂　財政資料』中巻、五五―六九頁。

（10）「戦後財政始末報告」一九〇〇年三月、一頁、『明治後期産業発達史資料』第五六八巻、所収。

（11）石井前掲書、「第二章　対外恐怖からの対外侵略」を参照。ちなみに、この第二章のタイトルと内容が一致しているとは思えない。

(12) 阪谷芳郎「軍備と経済との関係」『東京経済雑誌』第五七七号、一八九一年六月二〇日。
(13) 『阪谷芳郎伝』一六〇頁。
(14) 阪谷芳郎「戦時及戦後経済」『東京経済雑誌』第七九八号、一八九五年一一月二日、七〇〇頁。
(15) 阪谷芳郎「海軍拡張論」『東京経済雑誌』第一五五〇号、一九一〇年七月九日、五四頁。
(16) 『阪谷芳郎伝』九九頁。
(17) 阪谷前掲「軍備と経済との関係」八六〇頁。
(18) 阪谷芳郎「現時の経済策」『東京経済雑誌』第六五三号、一八九二年一二月一〇日、四四八頁。
(19) 「阪谷男爵の演説」金貨本位実施満二十年紀念会記事、一九一七年一一月一日開催、『日本金融史資料　明治大正編』第一七巻、所収、六八一頁。
(20) 『阪谷芳郎伝』八四頁、九一頁。
(21) 小野一一郎『近代日本幣制と東アジア銀貨圏』ミネルヴァ書房、二〇〇〇年を参照。
(22) 阪谷芳郎「銀価騰貴に付我国貨幣制度上の疑問」『東京経済雑誌』第五三七号、一八九〇年九月六日、三一三―三一四頁。
(23) 阪谷芳郎「貨幣制度に就て」『東京経済雑誌』第五四一号、一八九〇年一〇月四日、四四七頁。
(24) 『阪谷芳郎伝』二〇三頁。
(25) 金本位制移行のプロセスについては、さしあたり小野一一郎「日本における金本位制の成立」小野前掲書、所収。山本有造「金銀本位制論」『両から円へ』ミネルヴァ書房、一九九四年、所収。中村隆英「金本位制の採用」中村隆英前掲書、所収を参照。
(26) 添田寿一「金貨本位実施満二十年紀念会　演説」『日本金融史資料　明治大正編』第一七巻、六五五―六六四頁。
(27) 「渋沢栄一自叙伝[抄]」、『渋沢栄一』日本図書センター、一九九七年、三五四頁。
(28) 『阪谷芳郎伝』一五九頁。
(29) 「貨幣法制定及実施報告」『日本金融史資料　明治大正編』第一七巻、一八頁。
(30) 杉山伸也「明治日本の貿易環境――「貨幣制度調査会報告」を読む」『三田商学研究』第四八巻第五号、二〇〇五年一二月を参照。
(31) 添田前掲「金貨本位実施満二十年紀念会 演説」六五七頁。
(32) 前掲「渋沢栄一自叙伝[抄]」三五四頁。
(33)「貨幣制度調査会報告」『日本金融史資料 明治大正編』第一六巻、五七七—五八〇頁。
(34) 同前書、九〇七、九〇八頁。なお貨幣制度調査会における添田の言動には不可解さが残る。これについては、中村隆英前掲論文「金本位制の採用」。西川俊作「添田寿一——明治のテクノクラート」『経済セミナー』一九八四年一月号。山本有造前掲論文を参照。
(35) 前掲「貨幣制度調査会報告」九一二頁。
(36) 同前、九一四頁—九一五頁。
(37) 同前、九一五頁。
(38) 同前、九二五、九二六頁。
(39) 前掲「渋沢栄一自叙伝[抄]」三五五—三五六頁。
(40) 前掲「貨幣制度調査会報告」九〇一頁。
(41) 阪谷芳郎「金貨本位に就て」『東京経済雑誌』第八六六号、一八九七年三月六日、三七九頁。
(42)「農商工高等会議議事速記録 一」(一八九八年一〇月)『明治前期産業発達史』補巻二九、一二一頁。
(43)「金貨本位に就て」『東京経済雑誌』第八六五号、第八六六号、一八九七年二月六日、三月六日。また西川俊作「G・ドロッパーズ——その日本経済研究」『経済セミナー』一九八三年一一月号。中村隆英前掲論文「金本位制の採用」を参照。
(44) 前掲「貨幣制度調査会報告」九四七—九五一頁。
(45) 中村隆英前掲論文「金本位制の採用」を参照。
(46) 前掲「貨幣法制定及実施報告」五九頁。
(47)「金本位制実施 当日の日本銀行」『時事新報』一八九七年一〇月二日。『新聞が語る明治史』第二分冊、一〇五頁。
(48) 前掲「貨幣法制定及実施報告」九二七頁。
(49) 前掲「渋沢栄一自叙伝[抄]」三五五頁。『阪谷芳郎伝』一九三—一九四頁も参照。

(50)　前掲「金貨本位実施満二十年紀念会記事」、七〇三頁。
(51)　前掲「貨幣制度調査会報告」九四四―九四六頁。
(52)　前掲「渋沢栄一自叙伝[抄]」三五二―三五三頁。
(53)　前掲「金貨本位実施満二十年紀念会記事」七〇三頁。
(54)　前掲「渋沢栄一自叙伝[抄]」三五五頁。
(55)　伊藤博文編『秘書類纂　財政資料　中巻』六七頁。
(56)　銀行分業主義については麻島昭一「日本の金融制度における分業主義の系譜」『経営学論集』(専修大学)第三六号、一九八三年七月を参照。
(57)　阪谷芳郎「現今の金融に就て」『東京経済雑誌』八五二号、一八九六年一一月二一日、八九五頁。
(58)　阪谷前掲「現時の経済策」八四四頁。
(59)　阪谷前掲「戦時及戦後経済」七〇一頁。
(60)　阪谷前掲「現今の金融に就て」を参照。
(61)　日本勧業銀行調査部編『日本勧業銀行史』同部、一九五二年。加藤俊彦『本邦銀行史論』東京大学出版会、一九五七年、第二章第四節。寺西重郎『日本の経済発展と金融』岩波書店、一九八二年、一五九―一六四頁。池上和夫「明治・大正期の勧銀・農銀論」加藤俊彦編『日本金融論の史的研究』東京大学出版会、一九八三年、所収、等を参照。
(62)　『阪谷芳郎伝』一八〇頁。
(63)　阪谷前掲「現時の経済策」八四五頁。
(64)　阪谷前掲「戦時及戦後経済」七〇一頁。
(65)　「第三回農商工高等会議議事速記録」一八九八年一〇月、『明治前期産業発達史資料』補巻二九、七六一―一六二頁。また浅井良夫「成立期の日本興業銀行」『土地制度史学』第六八号、一九七五年七月。同「日清戦後の外資導入と日本興業銀行」『社会経済史学』第五〇巻第六号、一九八五年二月。同「日本興業銀行」加藤俊彦編前掲書、所収、を参照。
(66)　浅井前掲論文「成立期の日本興業銀行」、また波形昭一「日本興業銀行の設立と外資導入」『金融経済』第一一七号、一九六九年八月を参照。

(67) 前掲「第三回農商工高等会議議事速記録」一一八頁。浅井前掲論文、三四頁。
(68) 中村隆英「明治前期の経済発展と通貨制度」中村隆英前掲書、所収を参照。
(69) この改革の概要は日本銀行百年史編纂委員会編『日本銀行百年史』第二巻、一九八三年、一五一―五九頁を参照。また研究史の動向は、佐藤政則「金融政策」石井寛治編『日本銀行金融政策史』東京大学出版会、二〇〇一年、所収、を参照。
(70) 「日本銀行将来ノ営業方針意見開申ノ件」(一八九七年六月一〇日)、『松尾家文書』第八二冊五二項。「金融機関拡張方日本銀行ヘ内達ノ件」(一八九七年四月)、『松尾家文書』第八二冊第五三項。「日本銀行個人取引開始見返品制度創設ニ関スル件」『松尾家文書』第八二冊五四項。「日本銀行業務に関する意見書」(一八九七年五月二六日)、岩崎家伝記刊行会編『岩崎弥之助伝 上』巻末資料第四、東京大学出版会、一九七九年復刻、所収。
(71) 詳しくは、靎見誠良「成立期日本信用機構の論理と構造(上)」『経済志林』第四五巻第四号、一九七七年一二月。石井寛治「第一次大戦前の日本銀行」加藤俊彦編前掲書、所収。平智之「第一次大戦前の国際金本位制下における横浜正金銀行(上)」、『金融経済』二〇八号、一九八四年一〇月。佐藤政則「明治三四年前後における高橋是清の日銀金融政策」『社会経済史学』第五〇巻第五号、一九八五年二月。同「明治三〇年代の日銀金融政策と岩崎弥之助」『地方金融史研究』第一七号、一九八六年三月。靎見誠良「終章　日本における信用機構の確立」同『日本信用機構の確立』有斐閣、一九九一年、などを参照。
(72) 前掲「金融機関拡張方日本銀行ヘ内達ノ件」。
(73) 「大阪に於ける松方大蔵大臣の演説」『銀行通信録』第一四〇号、一八九七年七月。
(74) 前掲「日本銀行将来ノ営業方針意見開申ノ件」。前掲靎見『日本信用機構の確立』四三九頁。
(75) 平智之前掲論文、五三―五八頁。前掲「日本銀行業務に関する意見書」。「岩崎日本銀行総裁演説」『銀行通信録』第一五〇号、一八九八年五月。
(76) 靎見前掲論文、靎見前掲書、終章、佐藤前掲論文「明治三〇年代の日銀金融政策と岩崎弥之助」を参照。
(77) 日本銀行百年史編纂委員会編前掲書、九二―九六頁。
(78) 田口卯吉「日本銀行の内訌」『東京経済雑誌』第九六八号、一八九九年三月四日、『日本金融史資料　明治大正編』第五巻、六二二―六二四頁。吉野俊彦「日本銀行ストライキ事件」『別冊中央公論　経営問題』秋季号、一九六五年。日本銀行百年史編纂委員会編前掲書、一〇一―一〇三頁。
(79) 佐藤前掲論文「明治三四年前後における高橋是清の日銀金融政策」。
(80) 数値は日本銀行統計局編『明治以降本邦主要経済統計』同局、一九八頁。
(81) 「京都に於ける松方首相の演説」『東京経済雑誌』第八八三号、一八九七年七月三日、三五頁。
(82) 「添田監督局長の演説」『銀行通信録』第一五〇号、一八九八年五月、七七七―七七八頁。
(83) 高橋是清「演説 西部同盟銀行招待会席上に於て」『東洋経済新報』第一九四号、一九〇一年五月五日、二二頁。
(84) 日本の預金銀行化については、靎見前掲論文、同「成立期日本信用機構の論理と構造(完)」『経済志林』第四七巻第四号、一九七九年一二月。粕谷誠「日本における預金銀行の形成過程」『社会科学研究』第四三巻第三号、第四号、一九九一年一〇月、一二月、を参照。
(85) 陳舜臣『江は流れず』全三冊、中公文庫、一九八四年。また同『中国の歴史(七)』講談社文庫、一九九一年を参照。
(86) 阪谷前掲「現時の経済策」四四八頁。
(87) 『阪谷芳郎伝』三二一頁。
(88) 同前、三四一頁。

第三章　経済法の整備
――条約改正の政治経済学

小沢隆司

はじめに

日清戦後経営期は、日英通商航海条約をはじめとする新条約の実施を迎え、商法・経済法の整備がなされた時代である。民法典・商法典の実施は最後まで新条約実施の担保とされ、さらに居留地撤廃に伴う内地雑居を控え外国人関係規定の整備が求められた。このようにこの時期、日英通商航海条約の調印に至る初期議会期に続き、商法・経済法の整備は条約改正と関連しながら進められた。そこで本章では、「帝国」日本の経済システムを支えた法的フレームワークの整備について(1)、条約改正との関連を中心に検討する。

明治初年の岩倉使節団派遣にあたり「従前ノ条約ヲ改正セント欲セハ列国公法ニ拠ラサルヘカラス、列国公法ニ拠ル我国律、民律、貿易律、刑法律、税法等公法ト相反スルモノ之ヲ変革改正セサルヘカラス」との方針が示されたように、近代日本における国内法整備は条約改正と密接な関連をもって展開した(2)。「泰西主義」に基く法典の編纂と外国人裁判官の採用を約した井上馨・大隈重信両外相の条約改正案が相次いで国権を侵害する屈辱的外交だとして葬り去られた後、今度は近代的私法の基軸たる民法典・商法典——いわゆる旧民法・旧商法——が帝国議会における法典論争に巻き込まれた。

これまでの研究では、条約改正と法典編纂の関連性は、この法典論争を物語のクライマックスとして描かれてきたといえるのではないだろうか。そして、日英通商航海条約の調印以後は、法典の施行を新条約実施の通知の条件と定めた条約実施期限の問題だけが残されたというのが、これまでの一般的な理解ではなかったろうか。

しかし、欧米諸国との対等条約の締結はひとつの時代の終わりを告げるものであるとともに、新しい時代の始まりを告げるものでもあった。居留地制度の廃止は日本社会が本格的に外国人社会と向かい合う時代——同時代人はこれを「内地雑居」と称した――の始まりである。そして条約上法権の回復、税権の回復を果たした後、これに伴う国内法の整備が着手された。いわゆる条約実施準備である。まさに条約改正は「単に失われた国権を回復するという側面に止まるのでなく、諸制度の欧米への平準化と内地開放を伴う、いわば完全開国への途だった[3]」ことを看過してはならない。そうであるならば、この時代の商法・経済法の整備過程は、条約改正問題が国内立法権を制約・束縛したという消極面のみならず、外国人の私権享有に応じた積極的な国内法整備をも視野に入れてはじめて、その全体像をとらえることができるのではないだろうか。

もちろん外国人居留地の廃止・内地雑居の有する法史上の意義が、これまで無視されてきたわけでは決してない。四〇年前に刊行された『岩波講座　現代法』第七巻「経済と法」に収録された利谷信義論文「戦前の日本資本主義と法」は、「外国人の居留地廃止・内地雑居を前提とする治外法権の撤廃は、国内法の関係と外国における法関係とが直結されることを意味する[4]」とはやく指摘していた。

しかし、このときアジア隣国に対する植民地支配や不平等条約の問題が力説されたにもかかわらず[5]、外国人の私権享有を定めた明治民法第二条[6]や中国人労働者の日本国内での居住・労働を制限した明治三二年勅令第三五二号[7]など、条約実施準備期における外国人関係規定の整備過程にきめこまかく分析が及ぶようになったのは、比較的近年のことに属する。確かに、植民地法制の検討なくして「帝国」日本の国制は語り得ない。しかし、内地の外国人法制の内にもまた、改正条約と植民地法に枠づけられた「帝国」国制の形成過程を首尾一貫して描くための一つの鍵が潜んでいるのではないだろうか[8]。なぜなら、条約実施準備で問われていたのは、国境を越えて移動する労働力や資本の法的規制であり[9]、同時代の商法・経済法の整備過程はこうした歴史的課題への応答と看做すべきものだからである。

憲法制定・議会開設直後の法典論争から民商法典の全面施行と新条約の実施までを、いわば通商航海条約の国内法化のプロセスとして一貫して描くこと。本稿はそのささやかな試みである。

もっともこの時代の膨大な数の経済立法の立法過程を一つ一つ、そのつどの政治・経済の文脈に位置づけながら分析しこれを総合するのは、一朝一夕に果し得るものではない。本稿では以下、第一に、初期議会期の商法典論争ならびに内地雑居論の経過を、第二に、日清戦後経営期における明治商法の制定ならびに条約実施準備が進められた経過を振り返り、条約改正との関連性がどのような形で国内経済立法の立法過程に投影されたのかを検証するに留めたい。(10)

一　商法典の編纂と条約改正

(一) 商法典論争と商法の一部施行

旧商法の公布と商法典論争　一八九〇(明治二三)年四月、法律第三二号商法(「旧商法」)が公布された。「総則」以下、第一編「商ノ通則」、第二編「海商」、第三編「破産」の各編からなり、全一〇六四条の大部の法典である。あわせて商法施行条例のほか銀行条例・貯蓄銀行条例等の商法関連法も公布された。沖縄県を除き、九一年一月一日から施行するものとされた。

一八九〇年には商法のほか、裁判所構成法、民法(「旧民法」)、民事訴訟法、法例等の重要法令が相次いで公布されていた。第一回帝国議会の召集を控えて政府が主要な法典の公布を急いだ理由の一つが、条約改正問題であった。前年大隈重信外相による条約改正交渉が失敗した直後とはいえ、帝国議会の審議のために法典の施行が遅延することを政府は恐れたのである。しかも、旧民法が九三年施行予定であったのに対して、旧商法は九一年一月一日から直ちに施行する予定であった。民法の特別法たる商法の先行実施に政府が踏み切ったのは、商業社会への法規制の必要性を痛感していたからであった。(11)

しかし、旧商法は帝国議会の反対のため、施行を延期されることになった。いわゆる商法典論争である。一八九〇年一一月二五日召集された第一議会では、旧民法の施行期日まで旧商法の施行延期を求める「商法及商法施行条例施行期限法律案」が上程され、貴衆両院を通過し、旧商法の施行は延期されることになった(12)。商法関連法延期法案の閣議では山田顕義法相は施行断行を唱えて天皇の不裁可権の行使を求めたが容れられなかった(13)。

このとき条約改正との関連性は議会ではどう論じられたのか。衆議院では延期派が、この商法は「外交上ノ必要上カラ起ツタモノ(14)」(元田肇)、「日本人ノ商法デナクシテ、外国人ノ為ニ拵ヘタ商法デアル(15)」(関直彦)、「[断行派は]大坂ヤ神戸辺ノ、外国人居留地ノアル向ニ住ムお方ガ多イ(16)」(今井磯一郎)と、商法典が条約改正のために日本の慣習を無視して外国人向けに作られた法典であると批判した。

これに対し断行派は「外ニ対シテ対等ノ条約ヲ急グト与ニ、内地制度ノ整理ト云フコトハ致サネハナラヌ(17)」(菊池侃二)、「外国ノ規律アル商業家ト商業ノ取引ヲスルニ、規律ナクシテ之ト対等ヲ企望スルト云フモノハ、是又木ニ縁ッテ魚ヲ求ムルト同ジ(18)」(宮城浩蔵)と条約改正の達成の意義を説いた。貴族院においても「税権ノ回復ヲ望ムニモ」「治外法権ヲ買受ケルニモ価ガイル(19)」(岡内重俊)と条約改正の意義が強調されたほか、地理上の日本は「あじあノ東極ニ僻在シテ」いるが「経済上ノ日本ト云フモノハ欧州ノ版図ノ中ニアル(20)」(瀧口吉良)、今日の商業は「決シテ一国ノ商業デハナイ」、「各国ニ跨ル所ノ大商業ノ妨害ヲスル如キハ、甚ダ遺憾(21)」(末松三郎)と外国貿易への影響が指摘されていた。

このように商法典論争においては、資本主義世界市場に編入された日本経済の国際的地位を背景として、欧米の資本主義法制への平準化を支持するか日本固有の旧慣を尊重するか、この二つの立場のせめぎ合いがみられた(22)。特に外国貿易と連結した経済活動を規律すべき商法の国際性が、外国人本位の立法だとの批判を呼んだことが注目される。外国資本への敵愾心は対外硬派による内地雑居反対論に通じるものである(23)。

第一議会では「議会の外交質問演説の第一声」として衆議院において新井章吾ほか三三名が治外法権や税権、外国人の雇用、内地雑居、不動産所有の問題をただす質問書を提出し、貴族院では商法案は、谷干城・富田鉄之助らが提出した海関税回復に関する建議案に引続き審議されている。[24] 財政問題・条約改正問題という初期議会を彩った周知の争点の一環をなすものとして商法典論争は始まった。

商法の一部施行　一八九二年五月二日に召集された第三議会では、旧商法を旧民法とともに施行断行すべきかさらに施行延期をすべきかが争われた。五月一六日、貴族院議員村田保は民法商法をその修正をおこなうために九六年一二月三一日まで施行延期するという「民法商法施行延期法律案」を提出、貴族院では「但修正ヲ終リタルモノハ本文期限内ト雖モ之ヲ施行スルコトヲ得」との但書を付加し、六月一〇日、衆議院はこの修正案を可決した。

第三議会においても延期派、断行派の両派が条約改正との関連性に言及した。貴族院では「此問題ハ実ニ条約改正ト余程密接ノ関係ガアリマス」と榎本武揚外相自ら「彼ノ忌ムベキ厭フベキ領事裁判ヲ撤去スルニ必要ナル弾薬トモ器械トモ申スベキ法典[25]」の実施断行を訴えた。また衆議院でも「対等条約ヲ希望シテ」民法商法の施行延期を主張するは「自己撞着ノ甚ダシキモノ[26]」(宮城浩蔵)、「是ナクバ条約改正ハ出来ナイ[27]」(島田三郎)と条約改正達成に必須であると強調された。しかし、榎本外相の演説は延期派を説得できなかった。「外国人ノ気ニ入ル様ナ法律ヲ行ハナケレバ条約改正ハ出来ヌト云フ様」な外相演説は悲しい、新法典を理解できるのは「官員社会代言社会」に限られ「世ノ中ハ代言人ノ食料トナル[28]」(三浦安)との反発を招き、衆議院でも「私ハ法典ヲ以テ条約改正ニ関係ハナイト思フ[29]」(安部井磐根)と榎本演説への批判は続いた。

第一次松方正義内閣は施行延期法案の処理を決することができないまま退陣し、八月八日、第二次伊藤内閣が発足した。伊藤内閣はこの問題に決着をつけるため、一〇月五日、民法商法施行取調委員会の設置を閣議決定した。西園寺公望委員長らはまず民法商法の施行についての調査を進め、次いで「略々商業会議所調査ニ係ル修正案ノ範囲ヲ出サルヲ以テ基トシ討議スルコト[30]」との方針を確認した上、商法および商法施行条例の改正案を作成した。[31] 調査結果をふまえ西園寺委員長は「商法ハ第一編第六章(商事会社及ヒ共算商業組合)同第一二章(手形及ヒ小切手)第三編(破産)ヲ他ノ編章ヨリ分割シテ之ヲ施行スルヲ可トス」との方針を伊藤首相へ報告した。[32]

こうして商法典は会社法・手形法・破産法の先行実施が決した。第四議会が開会すると政府は「商法及商法施行条例中改正並施行法律案」を貴族院へ提出、貴衆両院はこれを修正のうえ可決、九三年三月六日法律第九号として公布し、七月一日から施行された。

一般に条約改正問題は法典編纂の「速度」と法典としての「成熟度」を左右したといわれるが[33]、商法典の場合、商法草案の起稿をロエスレルが命じられて以来、商法典の全面実施を待つか会社法の先行実施に踏み切るべきか、政府の編纂方針の動揺を招くことになった。[34]また、民法典をボアソナード、商法典をロエスレルとの分担起草の体制は、二大法典の早期完成をもたらした反面、民法商法間の抵触問題をもたらした。[35]

民法典とは異なり、商法典はその一部施行をみたことも重要である。一八九三年に会社法・手形法・破産法の施行をみたのは、第一次企業勃興と近代的恐慌を相次いで迎えた日本経済が「無法律ノ弊害」[36]の除去を強く求めたからに他ならない。その限り、条約改正の影響力を過大に評価すべきではない。[37]そして、この第四議会における商法修正案の可決・成立は、条約改正上奏案の可決とともに陸奥外交の本格化を促してゆくことになった。

(二) 内地雑居論と日英通商航海条約の調印

商法の一部施行と陸奥外交　第四議会は条約改正の一画期となった。星亨の主導する自由党は内地雑居を容認する条約改正上奏案を可決、これを契機として政府と自由党は条約改正問題で協力関係を深め、日清戦争開戦を目前に政府は日英通商航海条約の締結に成功する。この間、対外的には、商法の一部施行の実績を掲げたものの法典実施の保証問題で譲歩を重ね、国内においては、条約上の外国人の内国民待遇と外国人の私権享有を定めた民法とに枠づけられながら、国内法上の外国人の権利制限の意義が問われていった。

第四議会における施政方針演説で政府は「條約改正ノ主要ハ凡ソ国トシテ有スヘキノ権利ヲ得凡ソ国トシテ盡スヘキノ義務ヲ完クスルニ在リ」(38)との条約改正方針を明らかにした。陸奥宗光外相は、第四議会において条約改正上奏案のみならず、「商法中主要ノ部分即チ最モ外国人ニ関係アル部分ヲ実施スヘキ法律ニ対シ両議院トモ殆ト全会一致ノ多数ヲ以テ之ニ協賛シタルカ如キハ」(39)国権回復を求める国民の意向を明らかに示すものだとして、条約改正案の閣議提出へ踏み切った。(40)

英国との予備交渉では、法典実施の確固たる保証を求める英国側に対して日本側は「帝国ハ決シテ無法ノ国ニ非ラス」と反駁し、「殊ニ通商貿易ニ必要ナル商法中ノ会社法手券法及破産法ノ三部ハ本年七月一日ニ至リ已ニ実施セラレタリ」(41)と商法の一部施行の実績を訴えた。さらに、陸奥外相は「今日ハ昔時ノ状態ト事変リ立憲制度ノ下ニ在ル義ニ有之候ヘハ将来ノ立法事項ニ関シテハ如何ナル事情アリトモ政府単独ノ意思ヲ以テ保障ヲ与フルカ如キコトハ万為シ能ハサル次第ニ有之候」(42)として、日本でも憲法が制定され議会が開設された以上、法典予約は不可能だと主張したが、結局は、法典の実施までは条約実施の通知をしない旨の外交文書を交わす譲歩を強いられることになった。

条約改正案調査委員会　大隈条約案失敗後の条約改正交渉では右の通り明治憲法との整合性が問題となったが、さらに外国人の私権享有を認める民法との整合性も同時に意識された。ここで第一次松方内閣時代に榎本外相の主催した条約改正案調査委員会を振り返っておきたい。同委員会は短期間ながら新条約案を精力的に検討し、次期の「陸奥交渉の基礎」を準備したといわれる。(43)その際、「外国人ハ法律又ハ条約ニ禁止アルモノヲ除ク外私権ヲ享有ス」と定めた一八九〇(明治二三)年公布の旧民法人事編・第四条の存在が問題となっていた。

一八九二(明治二五)年四月二一日、井上毅枢密顧問官は、条約案が不動産所有権の文言を削除したのみで積極的に禁止の明文を掲げていないと批判し、「我民法ハ正文ヲ以テ之ヲ禁ゼザルノミナラズ翻テ推理的ニハ之ヲ許可シタリ」という国内法の現状に注意を呼びかけた。各国では「外国人は法律の許可する限り私権を享有する」(享有は狭い)主義と「外国人は法律において禁止しない限り私権を享有する」(享有は広い)主義があり、日本の民法が後者の主義に従っていることを問題にしたのである。(44) これをふまえ伊藤博文は「外国人タル者ノ工業農業運輸山林牧畜等ノ事ニ関シ内国人同様ニ営業ノ権利ヲ有スルヤ否ヤ」(45)の問題の講究が必要であると認めた。このように外国人の私権享有の是非は土地所有権のみならず工業・農業等広く諸産業における営業の権利一般に関わって問題となっていた。

なお、ロエスレル商法草案第二条は「外国人モ亦前条ニ記載シタル諸例規ニ服従スヘキモノトス但シ現行国際条約ニ於テ特例ヲ定メタルモノハ此限ニ在ラス」との規定を置くよう求めていた。(46) しかし、領事裁判制度が存続しており、従前の刑法・治罪法においても外国人関係規定は省いたことや、(47) 民法・国際私法に譲るべき問題であることを理由に、その後の商法・会社法案ではこの提案は採用されていない。(48) こうして国内経済法の整備の基軸として民法の存在が浮かび上がっていったのである。

内地雑居と外国人の権利　第四議会における条約改正上奏案可決は非内地雑居論を刺激し、第五、第六議会を通じて内地雑居反対・現行条約励行を掲げる対外硬派と政府の衝突が繰り返された。しかし、国内法における外国人の権利制限は、内地雑居容認派・反対派の双方から当然の所与とされた。以下、第四議会に至る内地雑居論争を振り返っておきたい。

一八九一(明治二四)年四月、自由党の条約改正調査委員会は自由党の条約改正方針を決議した。以後の自由党の条約改正論の基調となった報告書では「治外法権ヲ撤去スル事、海関税権ハ直ニ之レヲ回復スル事、海関税率ヲ定ムルハ国会ノ協賛ヲ経ベキ事、沿海貿易ハ許サヾル事」四点が決議されていたが、「治外法権ヲ撤去スル事」では「内地雑居ハ居留地ノ制撤去ト同時ニ之ヲ許ス事」とされ、「法律ヲ以テ、外国人ハ土地、鉱山、鉄道、銀行、船舶、船渠、造船所、水道、運河等ヲ所有シ、若クハ之ヲ抵当ニ取リ、其他外国人カ是等会社ノ組合人又ハ株主トナルコトヲ禁スヘキ事」という付帯決議がなされた(49)。

一八九二年五月二四日、第三議会において条約改正研究会派は条約改正上奏案を衆議院に初めて提出した。それは、内地雑居は外国人の自由に任ずるが、北海道・沖縄県その他の島嶼を例外地域とし、また土地の所有、鉱山、鉄道、運河、船渠、造船等の所有権および営業は認めない、とするものであった(50)。

こうした内地雑居を容認する動きに危機感を高めた内地雑居尚早論者は、六月一二日、内地雑居講究会を発足した。第四議会召集後、一二月七日、内地雑居講究会は大会を開いた。このとき現行条約の厳正執行等のほか、「民法人事編第一章第四条を外国人は法律又は条約に規定あるもの丶外、権利を享有することを得ずと改正する事」との方針が決定されたのが注目される(51)。しかし、自由党は内地雑居を許容する条約改正上奏案を提出し(52)、一八九三年二月一五日、衆議院は内地雑居を許容する条約改正上奏案を秘密会で審議、可決した(53)。

ここで注意すべきは、内地雑居容認派も外国人の権利制限を全廃せよとまで主張していたわけではないことである。例えば梅田又次郎は第四議会の上奏案を注釈して「我国ノ全土ヲ挙ケテ、無制限ニ何レノ島嶼、何レノ土地ニモ外人ヲ混住雑居セシムヘシトイフニ非ス」と述べ、こうした厳格な権利制限は「国各主我ノ不羈独立ヲ保タサルヘカラサルヲ以テ、自国ノ利害ニ関スル事ハ、自国ノ意志ニヨリ之レヲ定ムル固ヨリ其ノ自由タレハ也(54)」と、まさに独立主権国家の有する当然の権能として正当化されたのである。

日英通商航海条約の調印　一八九四(明治二七)年四月から英国との正式交渉が始まり、七月一六日、日英通商航海条約は調印された。日英通商航海条約は全二二条からなり、日英両国は裁判に関する内国民待遇と住居・旅行・動産所有における内国民・最恵国待遇（第一条）、通商・航海・営業の自由（第三条）を相互に認め合った。外国人の内国民待遇を相互に保証し合った点は、領事裁判制度を伴う旧条約にみられない新たな条項である。[55] そして通商・航海・営業の自由を定めた条項は、いうまでもなく国境を越えた人や商品の移動を保証する国際的な通商条約網の核心をなす規定であり、[56] 以後の日本国内の経済立法の整備にあたり国際的枠組みをなすものとなった。

関税自主権は原則として回復されたが（第五条）、別に附属税目三八品目が定められた。また、工業所有権ならびに版権の保護に関する国際条約への加入を約した。条約実施の日より従来の不平等条約は廃止される（第二〇条）。条約実施は署名後四年たてばなしうる日本の通知の一年後であるが（第二一条）、附属外交文書には「目下未ダ実施中ニ之ナキ法典ノ実施セラルルニ至ルマデハ」実施の通知をしないとの法典実施の担保が約された。

こうして第二次伊藤内閣は、日英通商航海条約の調印に成功したが、商法の一部施行後も法典実施の保証問題では譲歩を強いられ、以後、新条約の実施に至るまで、国内法の整備には法典実施期限の制約が伴うことになった。さらに、内地雑居・私権享有の承認を伴う対等条約案の決定は、外国人の私権享有を原則とした外国人法制の整備を迫ることになった。明治憲法の公布は国内立法権を過度に侵害する法典予約を不可能にしたが、施行には至らなかったとはいえ公布された民法典もまた、国内経済法制の整備の方向性を強く規制したのである。

二　日清戦後経営と条約実施準備

日清戦争後、清国からの賠償金を原資とした軍備拡張、産業育成の戦後経営が本格化した。政局は第二次伊藤内閣と自由党の提携、第二次松方内閣と進歩党の提携が進むが、地租増徴問題を争点として第三次伊藤内閣は政党との提携に失敗、憲政党を基盤とした第一次大隈内閣（隈板内閣）を経て、第二次山県内閣が成立、一九〇〇年には立憲政友会の発足に至る。[57]

この間、貨幣法制定による金本位制への移行をはじめ、航海奨励法・造船奨励法をはじめとした海運業の保護奨励、日本勧業銀行法・農工銀行法・北海道拓殖銀行法・日本興業銀行法による特殊銀行の設立等、戦後経営を進めるための経済立法が続々と議会を通過していった。[58] 法典論争によって施行が延期された民商法典も一八九九年までに修正案が全面施行され(いわゆる「明治民法」「明治商法」)、近代六法の法体系は完成を迎える。

条約改正との関連性では、法典の実施が新条約実施の担保とされていた条約実施期限のみならず広く条約実施準備に目を向けるべきであろう。例えば関税定率法・関税法が整備され国定関税制度の基礎が築かれたのはまさにこの時期である。そして、外国人の内国民待遇を定めた新通商条約の受容のプロセスにおいて国内法整備の基軸となったのが、日本国内における外国人の私権の享有を原則として許容した明治民法第二条であった。

さらに、ここで見落としてはならないのは、日本の条約改正が東アジアにおける不平等条約体制そのものを清算したわけではないことである。それどころか、日本は日清講和条約に基づき台湾を植民地として領有し、清国に対して日清通商航海条約に基づき欧米各国並みの特権を片務的に行使してゆく。そして国内では在日中国人が条約上の保護を失った。

(一)商法典の全面施行

条約実施期限と商法典　法典調査会における商法修正案の審議は一八九五(明治二八)年九月二七日に始まり、九七年一二月一七日に一応議事を終え、第一一議会が開会されると商法修正案(全六六六条)は貴族院へ提出されたが、衆議院解散のため廃案となった。第一二議会へ提出された商法修正案(全六八五条)は貴族院を無修正で通過、衆議院の第一読会を経たところで、衆議院解散のため再度成立を阻まれた。そして第一三議会において商法修正案(全六八九条)

は政府提出案通りに可決、九九年三月九日、法律第四八号として公布された。

明治商法の成立についても条約改正との関連性が指摘されてきた[59]。確かに、議会では「(九八年六月)三十日マデニハ法典ノ全部ヲ施行セシメタキ見込[60]」、「差迫ッテ居リマス所ノ改正条約ノ実施ニモ関係ノアル所[61]」と繰り返し指摘があり、条約実施期限の問題は最後まで政府・議会を拘束していた。民法前三編(財産法)が第九議会を、民法後二編(家族法)が第一二議会を通過し、商法修正案の成立は法典整備の最後を飾る形になった。

しかし、改正条約発効のための通知がなされた九八年七月一七日時点では、商法修正案はまだ議会を通過していなかった。にもかかわらず、当時の大隈内閣が各国への通知に踏み切ったのは、七月一六日に民法全編の施行をみたことに加え、施行期限延期法の期限切れに伴い七月一日から旧商法が施行されたことによる[62]。

一八九八年六月四日、第一二議会では商法修正案外二件審査特別委員会の席上、政府委員が「法典ノ良イ悪イハ法律ノ問題ニナッテ実施スルニハ妨ゲナカラウ[63]」(岡野敬次郎)、「条約改正ノ実施ニ付イテドノ商法デモ宜イ[64]」(梅謙次郎)と述べ、条約改正との関連では、商法典の内容を問われるおそれはなく旧商法の施行でも差し支えない、との認識を示している。明治民法と矛盾抵触する旧商法の施行が商法修正案の一日も早い成立を促したとはいえるが[65]、新商法の公布・施行そのものが条約改正の条件だったのではない[66]。

外国会社法と海商法　明治三二年商法は第一編「規則」、第二編「会社」、第三編「商行為」、第四編「手形」、第五編「海商」からなり、旧商法は第三編破産を除き廃止された。第二編として独立した会社法の内容は、第一章総則、第二章合名会社、第三章合資会社、第四章株式会社、第五章株式合資会社、第六章外国会社、第七章罰則というもので、株式合資会社規定の新設・設立準則主義の確立・会社合併規定の新設など重要な改正が加えられたが[67]、条約改正との関連で注目されるのは外国会社規定の新設である。

商法第二編第六章「外国会社」は、「外国会社カ日本ニ支店ヲ設ケタルトキハ日本ニ成立スル同種ノモノ又ハ最モ之ニ類似セルモノト同一ノ登記及ヒ公告ヲ為スコトヲ要ス」(第二五五条第一項)、「外国会社カ日本ニ支店ヲ設ケタル場合ニ於テ其代表者カ会社ノ業務ニ付キ公ノ秩序又ハ善良ノ風俗ニ反スル行為ヲ為シタルトキハ裁判所ハ検事ノ請求ニ因リ又ハ職権ヲ以テ其支店ノ閉鎖ヲ命スルコトヲ得」(第二六〇条)と、外国法に基いて設立された外国会社に関する規定を新設した。

商法修正案参考書によれば、これからは外国会社が日本に支店を設け営業をはじめる例が増え、公の秩序または善良の風俗に反する行為を取り締まる必要もあるので、外国人に関する民法の規定を斟酌し外国の諸立法例に倣い規定を整備した(68)、とその立法趣旨を述べている。そしてこれは、九八年六月四日、第一二議会において鳩山和夫委員長の報告が「改正条約ガ行レタ後ニ、外国ニ於ケル会社ガ、日本ニ於キマシテ会社トシテノ法律行為ト云フヤウナモノニ附イテ、規定ノ必要ガアル(69)」と説明している通り、新条約施行後に備えた規定であった。

会社法以外では海商法の成立が注目される(70)。第五編「海商」は、第一章船舶及ヒ船舶所有者、第二章船員、第三章運送、第四章海損、第五章海難救助、保険、船舶債権からなるが、明治商法の海商法は、旧商法の規定のあり方を見直して公法的・手続法的規定を船舶法・民事訴訟法に譲り、その適用範囲を商行為船に限定した。あわせて海事法令の整備がなされ、船舶検査法、海上衝突予防法、水難救護法、船舶職員法、海員の資格等を定めた船舶職員法、海員の船内規律や海難審判について定めた海員懲戒法、船員法等が制定された。

外国人株主を含む会社が日本船舶を所有できるとした旧商法第八二四条は、法典論争時に外資導入を警戒する延期派からしばしば批判された条文の一つである(71)。実際、ロエスレル商法草案は「外国人ノ日本ニ於テ設ケタル会社ニ日本船舶ノ所得ヲ禁スルノ理由ナカルヘシ」「今ヤ航海及海商ヲ振起スルハ日本最大ノ利益ニシテ外国ノ資本ヲ之ニ用ユルトキハ其振起一層ノ大ヲ加フルヤ必セリ(72)」と本条を位置づけていた。それだけに海商法の成立もまた、「完全開国」へ向けた積極的な法整備の一環として位置づけられよう。

(二) 条約実施準備と経済法制

戦後経営期における条約実施準備　日英新条約が締結された時点で既に、居留地外での外国人の土地所有の禁止をはじめ(明治六年太政官布告第一八号)、鉱業の禁止(鉱業条例)、特殊銀行の株式取得の禁止(日本銀行条例・横浜正金銀行条例)等、外国人の権利を制限する法令は多数存在し、そのうち帝国議会開設後に議会の同意を得て整備されたものも少なくなかった(73)。さらに、日清戦後経営期に新設された航海・造船・遠洋漁業・生糸直輸出等の各種奨励金制度において、その給付の対象が「帝国臣民又ハ帝国臣民ノミヲ社員若ハ株主トスル商事会社」に限定されたのはいうまでもない(航海奨励法第一条・造船奨励法第一条・遠洋漁業奨励法第二条・生糸直輸出奨励法第一条等)。

新条約の実施が目前に迫ると、条約上外国人に認めたはずの権利を制限する国内法規が残っていないか、逆に条約・法律が明示的に禁止していないために、外国人に認めるべきでない権利が認められてしまうおそれはないのか、現行国内法における外国人関係規定を包括的に調査、検討することが必要となった。実際、日英条約で承認された旧居留地における永代借地権をめぐる問題が後年国際仲裁裁判へと発展したように、国内法上の措置如何では深刻な外交問題になり得たのである。

こうして歴代政府は、条約実施準備委員会、さらにはこれを継承した法典調査会第二部を中心に調査を進め、必要な法案作成に努めた。

一八九六(明治二九)年一一月一一日、第二次松方内閣は、条約実施関係各省の次官・局長を委員に任命し、「内閣総理大臣ノ監督ニ属シ条約実施ノ順序及方法ヲ調査審議」(条約実施準備委員規則第一条)する条約実施準備委員会が発足した(74)。九七年一二月八日、松方首相へ樺山資紀委員長より条約実施要項が提出された。これは平田東助・道家斉が中心となってまとめたもので、内閣・外務省・内務省・大蔵省・司法省・文部省・農商務省・逓信省の各省調査事項が集成されている。(75)

一八九八年七月一六日、第一次大隈内閣は条約実施準備委員会を廃止。七月一七日各国公使に九九年からの新条約実施の通知をした後、七月一八日大隈が法典調査会総裁に就任、旧実施準備委員会からも委員を任命し、八月二日、法典調査会規程を改正し条約実施の調査は第二部が引き継ぐことになった。(76)

第一三議会では商法修正案・商法施行法案をはじめ、第二次山県内閣が提出した多くの条約改正関連法案が通過をみた。(77) すなわち、帝国臣民たる法的要件を定めた国籍法案、日英・日独条約等で認められた諸物権を定めた外国人の抵当権に関する法律案・外国人又は外国法人の物権の登記に関する法律案、工業所有権に関する国際条約加入に備えた特許法案・意匠法案・商標法案・著作権法案、関税制度の整備のための関税法案、改正商法の海商法とも関連が深い船舶法案・船員法案・水難救護法案、その他所得税法改正法律案・営業税法中改正法律案・噸税法案・海港検疫法案・薬品営業並薬品取締規則中改正法律案・戎器火薬類取締法案・煙草専売法中改正法律案等、居留地行政権の回収に備え、大蔵・内務・逓信等の諸省の管掌する関連法案が新設ないしは改正されたのである。そして、議会閉会後の九九年七月一七日、日英通商航海条約をはじめとする新条約は実施された(日仏、日墺条約は八月四日実施)。

第三回農商工高等会議　条約実施準備は政府のみの取り組みではない。一八九七年七月貴族院議長近衛篤麿が主唱者となり両院議員や官吏、大学教授、実業家等を会員として発足した「条約実施研究会」をはじめとして諸団体の活動がみられた。(78) ここでは農商務省の諮問機関である農商工高等会議が内地雑居問題を審議した第三回会議に注目したい。(79)

一八九八年一〇月二〇日から一一月四日まで開催された第三回会議では農商務省から一二件の諮問がなされたが、このうち第三諮問が条約改正に伴う外国人の国内事業への進出に対し日本の開放の方法・程度を問うた「農商工業ニ関シ新条約実施準備ノ件」であった。諮問は「改正条約実施ノ期ハ期年ニ迫レリ、之ト共ニ外国人ハ新ニ内地企業ノ権利ヲ獲得シ、其ノ他私法上ニ於テ本邦人ト同様ノ権利ヲ有スルコトトナルナリ」との認識のもとに、①北海道の農業・水産業・林業の禁止、②「鉄道其ノ他国家ノ休戚ニ特別ノ関係ヲ有スル企業」についての権利の制限、③「外国人ノ侵略ヲ蒙ルヘキ」内地事業の有無、④内外商人間の紛争に関して「適当ニシテ且敏活ナル裁判ヲ与フル為」の商事裁判所・商事仲裁所の設置の必要性、⑤商業会議所への加入資格を具体的に例示して会議の意見を求めるものであった。(80)

これに対し鳩山和夫・濱岡光哲・横井時敬・山本達雄・廣海二三郎が第三諮問案の調査委員に選出された。委員会報告は、①北海道における農業・漁業は禁止する必要はない、水産業は地方について制限しない、製塩業・養殖業は制限する必要がある、②鉄道会社・勧業銀行・台湾銀行等は株の所有は認めるが重役となることは禁止、日本銀行・横浜正金銀行・日本郵船会社・取引所・移民会社等は現行法の制限を存続させる必要がある、③外国人の侵略を蒙るであろうものは見出せない、ただし樟脳業については特別の規定を設けるべきである、④商事裁判所・商事仲裁所を新設する必要はないが、商業会議所の仲裁判断権限を拡張する必要がある、⑤商業会議所に外国人が加入するのは構わない、というものであった。(81)

委員会の報告案に対し末延道成から「新条約実施ノ為メ商工業ニ関シテハ一切準備ノ必要ヲ認メズ」(82)との修正案が提出され、荘田平五郎らが賛成した。荘田は「林業デモ、農業デモ、鉱山業デモ少シモ怖イコトハナイ」「外国ノ新工業モ入レタイ、外国ノ資本モ入レタイ、知識モ入レタイ」と外国人の内地事業進出を歓迎する姿勢を示した。(83)これに対し添田寿一は「日本人ガ皆所謂労力者ニナッテ資本家ハ外国人ニナッテ仕舞フ」可能性を訴え、(84)金井延は開放された外国の国内市場から利益を得るだけの力が日本の資本にはないので「多少の制限は設ける必要がある」「万国主義と云ふことはいけない、国家主義でなくてはいけない」(85)と述べ、委員会の報告案に賛成した。

こうして会議は、外国人の制限方針を支持する添田・鳩山ら政府官僚や金井ら大学教授と、これを「鎖国主義」「攘夷主義」「排外主義」だとして批判する末延らの実業家や田口卯吉が対立したが、[86]最後に末延提出の修正案「新条約実施ノ為メ農商工業ニ関シテハ特ニ外国人ニ対シ制限ヲ設クルノ必要ヲ認メス」が過半数の賛成で会議の確定決議となった。[87]こうした結果は、実業家の外資への期待感のあらわれといえようが、同時に「此決議ハ直チニ外国人ノ批評ヲ受ケル」「貿易上ノ事ニ関係シタ此農商工高等会議ノ意見ガ外国人排斥ノ意見デアッタナラバ、随分是ハ外国トノ交際上ニ響ク」[88]との田口の発言にみられるように、外国世論への配慮が強く働いていたことも見落としてはならない。

外国人の株式所有問題　第三回農商工高等会議では外国人の株式所有問題も審議された。例えば私設鉄道会社の株式を外国人が多数購入し会社の経営を支配してしまうおそれはないのかが問題となったのである。この問題は既に、前述した条約実施準備委員会の実施要項(一八九七年一二月)においても大蔵、農商務、逓信、外務各省から提起されていたが、一二月九日に開催された第四回条約実施研究会で渋沢栄一が、外国会社の問題とともにあらためてこの問題を提出し、外務・大蔵の間で見解が分かれているとして明快な解釈を求めた。[89]

翌一八九八年一月一三日の第五回研究会で報告者の梅謙次郎は、旧条約下の現行国内法の法文はあいまいで「外国人ニハ禁ズル積デ有ルカ、無イカ、一向分ラヌ」場合が多く、立法者の意思を慎重に見定める必要があるとして次のような商法の解釈を展開した。すなわち、旧商法は第八二四条において一定数の日本人社員からなる会社でなければその船舶が日本の国旗を掲げることができないと定めるが、これは「外国人ノ事ヲ考ヘテ出来タモノト私ハ信ズル」。そして一般の商事会社について特に明文で禁止されていないのであるから「商法ノ立法者ハ矢張リ外国人ト雖モ日本ノ会社ノ社員トナルコトヲ得ルト認メタモノト解釈スルノガ穏当」である、[90]と。

こうして第三回農商工高等会議への諮問となった。会議では株式会社の制限は必要なく「其会社々ニ放任シテ宜シイ」「山陽鉄道ノ株主ガ外国人ヲ交ゼテ営業シタ方ガ利益ダト云フナラ、サウサセテ差支ナイ」[91]（末延道成）、日本銀行、正金銀行等は現行法で禁じており「禁シタルモノヲ解クト云フノデハナクシテ、今日ノ儘デ宜シイ」[92]（高橋是清）と、新たに法律で外国人の株式所有を禁止する必要はないとの意見が出された。

そして、一八九九年二月二五日、外国人の内国商事会社株式所有を認める旨の閣議決定がなされた。すなわち、民法第二条の意義を確認したうえで、日本銀行・正金銀行・農工銀行・国立銀行・採鉱会社・取引所等を除き「原則トシテハ外国人ハ株式ヲ所有スルヲ得ヘシ」[93]と、特に明文で禁止されている場合を除き所有を認めるとされたのである。

(三) 中国人の内地雑居と勅令第三五二号

条約改正の二面性　条約改正交渉の懸案の一つは清国との条約改正問題であった。日清修好条規は最恵国条項を挿入せず領事裁判権についても双務的な内容を定める等、欧米各国との不平等条約とは異なる相互対等な条約であった。しかし、清国を除外したまま条約改正を進めても最恵国条項による均霑を欧米各国が主張するおそれがあり、仮にこれを外交上防いでも清国に対して欧米各国よりも不利な現状は変わらない、という外交上の難問を日本は抱えていたのである。日清戦争はこうした困難を排除した[94]。

一八九五（明治二八）年四月一七日調印された日清講和条約は、朝鮮国の「完全無欠ナル独立自主」の承認（第一条）、遼東半島、台湾および澎湖列島の割譲（第二条）、軍費賠償金二億両の支払い（第四条）、さらに欧米と同一の基礎に立つ通商航海条約および陸路交通貿易に関する約定の締結（第六条）等を定めた[95]。九六年七月二一日北京で署名された日清通商航海条約は、在清国日本人に対する領事裁判権を確保しながら在日清国人に対する領事裁判権を否定し、北京、沙市、重慶、蘇州、杭州等の新開市港場の開設、新航路の開設、輸入品への抵代税税率の設定、在清国製造業従事権等の通商特権を定めた。[96] ここに日本は、欧米各国との不平等条約体制から脱却し、逆にアジア隣国に対して欧米各国とともに不平等条約体制を強要してゆく側に転じた。

こうして日本は早熟的に東アジア世界において帝国化の道を進んでゆくが、その際、この地域に広く通商ネットワークを展開していた中国商人（華商）との対抗を促したばかりではなく、国内においても在日中国人の処遇が問題となっていった。

日清修好条規の廃棄と勅令第一三七号　日清戦争の際に日清両国の国交が断絶し日清修好条規は廃棄されたため、居留地の外国人人口の過半を占める五〇〇〇人余の在留中国人は条約による保護を失った。日本政府は一八九四（明治二七）年八月五日、勅令第一三七号「帝国内居住ノ清国臣民ニ関スル件」を公布し、在留中国人に対してその住所職業氏名の登録を義務づけたうえで、日本の裁判管轄下に服することを条件に日本国内の居住や平和適法の職業従事を許し身体財産の保護を約した。[97]

ここで在留中国人の経済活動が容認されたのは、日清戦争を「文明戦争」と位置づけ国際社会に向かって国際法の遵守を印象づけようと努めていた日本政府が、この勅令制定にあたっても「文明国」間の戦時慣例を調査検討し、戦争は国家間の事件であり戦時下における通商の自由は原則として認めるとする国際法上の理論を採用したためであるが、その背景として、上海・香港への日本炭の輸出に代表される日清両国間の通商関係の発展を看過することはできない。[98] また、在留中国人は外国商館の経営に買弁や会計役として深く関わっており、居留地の欧米人社会の混乱や反発を招く中国人の強制退去や商業活動禁止を日本政府が命令することは困難であった。しかし、日清戦争は「「非文明的な清国」に対する「文明国日本」という特殊な優越的意識」[99]を日本の国民感情に培い、在留中国人に対する警察的監視の強化とこれに伴う清国人社会の萎縮は「中国人蔑視の風土」[100]を築く大きな要因となったのである。

中国人の内地雑居問題　日清両国間の講和の成立、そして新たな通商航海条約の締結はこうした国内状況に変更を迫るものではなかった。新条約は、居留中国人に対する身体・財産の保護を定める(第一条)のみで、滞在・居住・営業・旅行等の自由については保障しなかったからである。まさに「我国内に於ける支那人は我意思のまゝに支配することを得るに至れる(101)」ことになった。こうした状況の下に、居留地の廃止に伴い中国人に対して欧米人と同様内地雑居を認めるべきかが問題となった。

当時の日本国内では、欧米人の内地雑居は認めるが、中国人については制限ないしは禁止すべきだとする意見が強かったが、これに対して田口卯吉・原敬らが反論を加えた。例えば一八九七(明治三〇)年一〇月一四日、第二回条約実施研究会において田口は、中国人のために特別の居留地制度を設けるべきではない、確かに博奕・阿片等の風俗習慣の違いによる衛生警察上の問題は生じるが、中国人の内地雑居が経済上日本に悪い影響を及ぼすことはない、また「金持」が公債や株券を買うのは居留地で買うのと変わらず「労力者」間の競争は日本経済全体の発展に資する、との趣旨の報告をおこなった(102)。

また、一八九八年四月に新聞連載をまとめて『新条約実施準備』を刊行した原敬は、中国人排斥論の論拠として労働者問題・商人問題・風俗問題をとりあげ、日本人労働者と賃金は大差がなく、日清両商の競争をおそれず、中国人の資本を共用する覚悟をもつべきであり、さらに、少数者である中国人は日本の風俗に感化されるとして、勅令第一三七号を廃止し中国人の内地雑居を認めるべきだと主張した(103)。

一八九九年七月、政府は「労働者及行商」に限り行政官庁の許可を要するが、原則として内地雑居を可とするという勅令案を作成した。枢密院では、こうした中国人排斥政策は外国における日本人労働者に対する差別待遇への批判と両立しないとの指摘もなされたが、最終的には原案中「行商」については制限対象から除外することで決着し(104)、七月二二日、勅令第三五二号「条約若ハ慣行ニ依リ居住ノ自由ヲ有セサル外国人ノ居住及営業等ニ関スル件」が制定された。

勅令第三五二号は、「条約若ハ慣行ニ依リ居住ノ自由ヲ有セサル」外国人についても、一定範囲の「労働者」を除き、従前の居留地以外での居住・移転・営業等の行為をなすことができると定めた(第一条)。行政官庁の許可がなければ居住・労働ができない「労働者」の範囲は、同勅令の施行細則によれば、農業漁業鉱業土木建築製造運搬挽車仲仕業その他雑役に関する労働に従事する者とされた。この勅令は、文言上は広く無条約・無国籍外国人労働者一般を対象としているが、その主眼は「清国労働者ヲ取締ル」ことにあるとされ、中国人労働者排斥立法としての性格は明らかであった(105)。

おわりに

以上、本稿では、明治立憲制の確立過程と並行しながら進んだ商法・経済法の整備過程を、新たな通商航海条約の受容のプロセスとして振り返ってみた。

初期議会の商法典論争では、外国貿易に連結した商法の国際性が、外国商人向けの立法だとの反発を招いた。第三議会から第四議会にかけて民法典の全部・商法典の一部の施行延期そして会社法の先行実施をみると、条約改正の政治問題化のなかで内地雑居派・非内地雑居派の双方は国内経済立法における外国人の権利制限規定の意義に着目していった。

日英通商航海条約の締結そして日清戦争の勝利は大きな変化をもたらした。藩閥と政党の提携が重ねられるなか、戦後経営立法が相次いで議会を通過した。民法典は一八九八年、商法典は九九年に全面施行され、憲法を中心とする近代六法の法体系は完成した。このとき条約実施期限の問題は最後まで立法者を拘束したが、対外的には施行延期中の旧法典の実施でも構わない以上、実質的にはもはや条約改正の外圧は雲散霧消したに等しい。

むしろ戦後経営期における重要課題は条約実施準備であった。一八九九年からの新条約実施をにらみ国内の外国人法制の総合的、体系的な整備が着手された。その際、外国人の内国民待遇を保証した通商航海条約のいわば国内法化の受け皿となったのが、外国人の私権享有を認めた明治民法第二条であった。この時期の政府、民間の条約実施準備をめぐる議論では、しばしば民法第二条が言及される。民法第二条は国内市場の開放のシンボルとして、国内法整備の指導理念と受けとめられていたのである。

第一〇議会で対外硬派が明治民法第二条修正論を提起したのは、こうした背景があった。民法第二条を「法令又ハ条約ニ認許シタル場合ニ限リ」外国人の私権享有を認めるという内容へ修正するこの案は、東京専門学校に貴衆両院議員八十有余名を集めた「早稲田議会」にて穂積陳重らが論駁するなどして阻止されたが[106]、ここにみるべきは「今の世に在りて競争を恐るゝ者は世に立つを得ず[107]」と唱えられる時代のなかで、「非関税障壁[108]」たる居留地の撤廃が現実化してゆくのに応じ、外国商人・外国資本の流入が国民生活にいかなる影響を与えるのかを危惧する感情が高まり、そこから時に過激な外国人排斥の言説が再生産されるという構図である。法典論争といい、内地雑居反対論といい、明治民法第二条修正論といい、そこに吐露された外国人排斥感情の不合理をわらうことは極めて容易だが、議会の論戦の向こう側に広がる世界経済の大波を見落としてはならないであろう[109]。

このように第一議会が商法典の施行延期を議決して以降、商法・経済法の整備をめぐり議会内外で社会諸階層の利害が錯綜し、時に感情的な外国人排斥の言説が浴びせられるなか、いわば通商条約を背にして日本の近代的な民商法典は誕生した。帝国議会における条約改正関連法案の審議は、天皇の外交大権に条約締結権を奪われた議会にとって「議会が政府の秘密外交の独走を制せんとする一抵抗[110]」たり得たのはもちろんであるが[111]、それだけではなく、商法・

経済法の整備を通じていわば国民経済の法的輪郭を描こうとしてゆく「経済ナショナリズム」[112]の発露でもあったのではなかろうか。

通商条約とは国境を越えて展開する国民の経済活動を個々の主権国家間の合意によって保障してゆく法的システムであり、「経済の論理」に規律される機能性と「政治の論理」に基づく権力性の複合がそこにはみられた[113]。資本主義世界経済への編入と近代国民国家の形成――「その二つを集約した形で表象したものこそ、他ならぬ通商条約だった」[114]といえるのならば、近代日本における商法・経済法の整備もまた、まさにこの「二重の規定」[115]の結節点を織り成していたといってよい。こうして、「通商条約―商法・経済法―民法」からなるいわば近代経済法制の三層構造に留意しながら、商法・経済法の整備過程を明らかにすることが本稿に課せられた課題であった。

そもそも一九世紀の国際社会は、一方では、国内の外国人の地位を自由に決定できる国家主権の絶対性を明らかにし、他方では、これにより不安定になる外国人の権利を確保するため、二国間の通商航海条約を通じて外国人の内国民待遇を相互に約した[116]。近代日本の場合、まさにその通商航海条約の改正交渉を通じて主権国家としての自立を目指さざるを得なかったため、民法第二条はその存在自体に重い政治的負荷がかけられていった。

しかし、それは決して既存の外国人の権利制限の撤廃を意味するものではなかった。むしろ条約に特段の定めがない場合に国内法上いかなる制限を設けることも自由だという国家主権の論理が――中国人労働者の居住・労働を規制する勅令第三五二号の発令のごとく――すみやかに受容されたのである。その意味で、欧米世界へ向けて国際法の遵守をうたいながら戦われた日清戦争が、「不平等条約之標本」[117]たる日清通商航海条約の締結に結果したことの歴史的意義はやはり重い。

近代日本は、通商航海条約の受容を通じて、通商の自由そして内外国人を平等に扱う法原則のみを学んだのではなかった。「文明国」を標榜した欧米人が非西洋社会をみつめるまなざしをもそこから学び取ったのである。しかし、アジアの隣人からの信頼をいかに培ってゆくことができるのか、それは学知としての国際経済法にとっていまなお難問である。

注

(1)「経済法」という概念は、歴史的には資本主義経済の高度化に伴う統制経済法の出現を分析するために誕生し、現在一般的には独占禁止法を中心とした法領域の総称として用いられる。根岸哲「経済法の歴史的展開――第二次大戦後を中心として」日本経済法学会編『経済法講座』第一巻、三省堂、二〇〇二年、一―二頁。この意義における経済法史の叙述として高田源清「日本経済法史」菊池勇夫編『社会法綜説』下巻、一九五九年、四六七頁以下、金沢良雄『経済法の史的考察』有斐閣、一九八五年、一頁以下等がある。

(2) 利谷信義「近代法体系の成立」『岩波講座 日本歴史』一六巻、岩波書店、一九七六年、九八頁、利谷信義「戦前の日本資本主義経済と法」『岩波講座 現代法』七巻、岩波書店、一九六六年、長谷川正安・利谷信義「日本近代法史」『岩波講座 現代法』一四巻、一九六六年等、利谷信義の一連の仕事は「帝国」日本の法構造の総体を描いた先駆的業績である。

(3) 永井秀夫『明治国家形成期の外政と内政』北海道大学図書刊行会、一九九〇年、四二四頁。

(4) 利谷前掲論文「戦前の日本資本主義経済と法」一三〇頁。なお、日本近代法史の概説書では井ヶ田良治・山中永之佑・石川一三夫『日本近代法史』法律文化社、一九八二年が条約実施準備に説き及ぶ。

(5) 利谷前掲論文は、民商法の全面施行、欧米諸国との条約改正ならびにアジアに対する植民地支配と不平等条約を指標として産業資本確立期に照応する明治三〇年代初頭に戦前日本の法体制の確立を見出した。この明治三二年体制論ならびに植民地法制を含む近代法史像の系譜につき小沢隆司「植民地法制――法史における帝国主義」石川一三夫・中尾敏充・矢野達雄編『日本近代法制史研究の現状と課題』弘文堂、二〇〇三年、二六五頁以下参照。

(6) 大河純夫「外国人の私権と梅謙次郎(一)(二)」『立命館法学』二五三、二五五号、一九九七、一九九八年。

(7) 橋本誠一「近代日本における外国人処遇――外事警察を中心に」『法経研究』四四巻四号、一九九六年、村上義和・橋本誠一編『近代外国人関係法令年表』明石書店、一九九七年。

(8) 浅野豊美は「帝国」内の異法地域間の連絡事項を定めた「共通法」に着目し、そこからひるがえって国際私法の基本法たる法例のみならず工業所有権法・海事法・保険業法等広く経済・行政諸法の意義に光をあてている。浅野「植民地での条約改正と日本帝国の法的形成——属人的に限定された「単位法律関係」と「共通法」の機能を中心に」浅野豊美・松田利彦編『植民地帝国日本の法的構造』信山社出版、二〇〇四年、浅野「国際秩序と帝国秩序をめぐる日本帝国再編の構造——共通法の立法過程と法的空間の再定義」浅野豊美・松田利彦編『植民地帝国日本の法的展開』信山社出版、二〇〇四年参照。

(9) 松井芳郎「条約改正」福島正夫編『日本近代法体制の形成』下巻、日本評論社、一九八二年、二五一頁。なお利谷前掲論文「戦前の日本資本主義経済と法」は商法典のみならず民法典をも「外国貿易と国内の商品流通を結ぶ線上において」(一三三頁)定位していた。

(10) 「条約関係の形成を市場関係の形成と等値」して「条約そのものを検討すること」には大きな限界があることはいうまでもない。濱下武志『近代中国の国際的契機』東京大学出版会、一九九〇年、六頁。国内経済法についてもその理は変わらないが、本稿では一国法史に内在して外国人関係規定等の「帝国」国制の偏差を探るに留めざるを得なかった。

(11) 福島正夫『日本資本主義の発達と私法』東京大学出版会、一九八八年、一一五頁。

(12) 以下、商法史の記述は、福島前掲書、三枝一雄『明治商法の成立と変遷』三省堂、一九九二年、志田鉀太郎『日本商法典の編纂と其改正』(復刻版)新青出版、一九九五年、高倉史人「商法典の成立」『ジュリスト』一一五五号(一九九九年)、今井潔・淺木愼一「法典論争と国産会社法の成立」浜田道代編『日本会社立法の歴史的展開』商事法務研究会、一九九九年、淺木愼一『日本会社法成立史』信山社出版、二〇〇三年、を参照した。

(13) 佐々木隆『藩閥政府と立憲政治』吉川弘文館、一九九二年、一三八頁。

(14) 『帝国議会衆議院議事速記録』一、東京大学出版会、一九七九年、九二—九三頁、福島前掲書、一一九頁、三枝前掲書、九三頁。

(15) 前掲『帝国議会衆議院議事速記録』一、一二二頁。

(16) 同前一、一二六頁。

(17) 同前一、一〇〇頁。

(18) 同前一、一〇八頁。

(19) 『帝国議会貴族院議事速記録』一、東京大学出版会、一九七九年、九六頁。三枝前掲書、九八頁。

(20) 同前一、一一八頁。
(21) 前掲『帝国議会衆議院議事速記録』一、九七頁。三枝前掲書、九五頁。
(22) かつて福島正夫は「商法の国際性・啓蒙性」にかんがみ、資本主義的な「商法の世界」と非資本主義的な「民法の世界」の対抗として維新法の混沌から近代的私法が構築されてゆく歴史を描いたが、資本主義世界経済の規定性の下に一国法史を構想する問題提起として貴重である。小沢隆司「日本近代法史学における商法史の地位――福島正夫の初期構想とその射程」倉澤康一郎先生古稀記念論文集『商法の歴史と理論』新青出版、二〇〇五年参照。
(23) なお民法典論争を初期議会の政治的・党派的文脈に位置づける試みとして、中村菊男『新版・近代日本の法的形成――条約改正と法典編纂』有信堂、一九六三年、遠山茂樹「民法典論争の政治史的考察」『遠山茂樹著作集』第四巻、岩波書店、一九九二年、参照。
(24) 稲生典太郎「初期議会における条約改正問題」同『条約改正論の歴史的展開』小峯書店、一九七六年、四一七頁以下。
(25) 『帝国議会貴族院議事速記録』四、東京大学出版会、一九七九年、九九―一〇〇頁。
(26) 『帝国議会衆議院議事速記録』四、東京大学出版会、一九七九年、五六四頁。
(27) 同前四、五七二頁。
(28) 前掲『帝国議会貴族院議事速記録』四、一一七―一一八頁。
(29) 前掲『帝国議会衆議院議事速記録』四、五六一頁。
(30) 高橋良彰「「民法商法施行調査委員会」関係資料」『山形大学法政論叢』第一〇号、一九九七年、一一〇頁以下。
(31) 同前、一三一頁。
(32) 同前、一〇七―一〇八頁。
(33) 向井健・利谷信義「明治前期における民法典編纂の経過と問題点」『法典編纂史の基本的諸問題・近代』法制史研究第一四号別冊、一九六四年、二二〇頁、小沢隆司「日本刑法制定史論の新たな視角――「法典編纂の国際的条件」再考」(吉井蒼生夫ほか「ミニシンポジウム・近代日本の法典編纂」)『法制史研究』四七号、一九九八年、一六九頁。
(34) その概略は小沢隆司「日本商法典の誕生」『法律時報』七一巻七号、一九九九年、参照。
(35) 高田晴仁「法典編纂における民法典と商法典――その「重複」と「牴觸」をめぐって」上・下、『法律時報』七一巻七一八号、一九九九年、参照。
(36)『帝国議会衆議院議事速記録』六、東京大学出版会、一九七九年、八五四頁。
(37)例えば大和正史「商法典論争に関する一考察――大阪商法会議所の商法断行決議をめぐって」『関西大学・法学論集』三六巻二号、一九八六年、は「同会議所の断行決議とこれまで重視されてきた条約改正、外国取引との直接の関連は必ずしも見出すことができ」(四五頁)なかったとする。
(38)『帝国議会衆議院議事速記録』五、東京大学出版会、一九七九年、六頁(井上馨内相代読)。組閣直後に伊藤首相は地方官への演説で「条約改正ヲ実行セント欲セハ、内地雑居・私権享有等ハ許容セサルヘカラス」と述べていた。小宮一夫『条約改正と国内政治』吉川弘文館、二〇〇一年、一一九頁。
(39)「新条約草案送付ニ関スル訓令案」『日本外交文書』二六巻、一七頁。
(40)山本茂『条約改正史』高山書院、一九四三年、四七五―四七六頁。
(41)『日本外交文書』二六巻、七四頁。松井前掲論文、二五二頁。
(42)「条約改正に関する件(第九)」『日本外交文書』二六巻、七九頁。
(43)稲生前掲書、四八二頁。
(44)「条約改正意見(第一書)」井上毅伝記編纂委員会編『井上毅伝史料篇第二』國學院大學図書館、一九六八年、四九六頁。井上毅枢密顧問官提出「不動産所有植民地人民貨物に関する質疑(第一書)」『条約改正関係・大日本外交文書』三巻、八二一―八二二頁。稲生前掲書、四六九頁。
(45)伊藤博文「条約改正案に対する第一議」『条約改正関係・大日本外交文書』三巻、八三八頁。
(46)『ロエスレル氏起稿商法草案』上巻(復刻版)、新青出版、一九九五年、六―八頁、ヨハネス・ジーメス/本間英世訳『日本国家の近代化とロェスラー』未來社、一九七〇年、九五―九六頁。
(47)『ロェスレル氏意見書ニ対スル答辨』三頁。利谷信義・水林彪「近代日本における会社法の形成」高柳信一・藤田勇編『資本主義法の形成と展開』三巻、東京大学出版会、一九七三年、八六―八八頁参照。
(48)梅謙次郎『日本商法講義』は「確定本文ニ於テ之ヲ删除セシハ蓋シ対等条約アル国ニ於テハ特ニ之ヲ明定スルノ要ナク又今日ノ如キ未タ治外法権ノ撤去ナキ間ハ直チニ之ヲ適用スルコト能ハス且ツ此等ノ事ハ実ニ法例ヲ以テ規定スヘキモノナ

ルニ由ルナラン」と述べている。『日本立法資料全集』別巻三六〇(復刻版)、信山社出版、二〇〇五年、七七頁。
(49) 酒田正敏『近代日本における対外硬運動の研究』東京大学出版会、一九七八年、三九―四〇頁、小宮前掲書、七八―七九頁。
(50) 酒田前掲書、三五頁、小宮前掲書、九七頁。
(51) 小宮前掲書、一三〇頁。
(52) 小宮前掲書、一二九頁。
(53) 小宮前掲書、一三五頁。
(54) 梅田又次郎「国民之大責任条約改正論」稲生典太郎編『条約改正論資料集成』五巻、原書房、一九九四年、一二九―一三〇頁。
(55) 例えば、寺師宗徳『条約改正之標準』(一八九一年)は「外国人民権利義務に関する条款は、我現行条約中に条文なし。(中略)然れとも裁判権を回復し、之に代ゆるに内地雑居を許すの期に至ては、外国人民の権利を保全し、其義務を規定するの条款なきを得す」と指摘していた。稲生典太郎編『条約改正論資料集成』三巻、原書房、一九九四年、六五三頁。
(56) 中村進午は本条の意義につき「我が日英条約の最も該博なる約定は第三条第一項に在り」「本項は敢て双方国民の共同の地位にあることに付き直接の関係あることなしと雖も、一切の同等地位は源を此項に発するなり」と説いている。中村進午講述『日英通商航海条約釈義・完』東京専門学校蔵版、一二八頁。
(57) 坂野潤治『明治憲法体制の確立――富国強兵と民力休養』東京大学出版会、一九七一年、は日清戦後における積極財政政策を介した政府と自由党の提携に至る過程を明らかにした古典的業績である。近時の業績として大隈系政党の財政・金融政策を丹念に跡づけた五百旗頭薫『大隈重信と政党政治――複数政党制の起源　明治十四年―大正三年』東京大学出版会、二〇〇三年、自由党独自の国家構想や政策を検討した中元崇智「栗原亮一と自由党「土佐派」の「通商国家構想」」『日本史研究』五一六号、二〇〇五年、等参照。
(58) 戦後経営の経済政策とその法的表現の総括的な検討として利谷前掲論文「戦前の日本資本主義経済と法」一五一頁以下参照。
(59) 三枝前掲書、一二三頁。

(60)『帝国議会貴族院議事速記録』一二巻、東京大学出版会、一九八〇年、五頁。
(61)同前一三巻、六一頁。
(62)七月一三日、大隈外相は在欧各公使に宛てて、延期中の商法および民法の施行により「是ニテ新条約ノ実施ニ必要ナル法典ハ悉皆実施可相成義ニ付愈々明年七月十七日ヨリ各締盟国トノ新条約ヲ実施スルコトト致シ各国政府ニ対シ本年七月十七日ヲ以テ右ノ通知ヲナスヘキ義ト相成候」と訓令している。『日本外交文書』三一巻一冊、八頁。
(63)『帝国議会衆議院委員会議録・明治篇』一〇巻、東京大学出版会、一九八六年、四六二頁。
(64)同前、四六二頁。
(65)「施行延期論が唱へられなかったのは、一日も早く旧商法の適用を免れやうと欲したのと、旧商法に比し新商法の完全で缺点少きことが信ぜられたが為であつた」。志田前掲書、一一二頁。
(66)梅謙次郎は「旧商法が施行せられたと云っても有名無実格別それが為めに後日困難を残すやうな問題は起らなかった」「旧商法の施行は一面明治三二年の条約改正に必要であつて旧商法の施行あつたが故に条約改正が早く出来たのは言はば旧商法の功名であつた」と述べている。志田前掲書、八四—八五頁。
(67)淺木前掲書、三三〇頁。
(68)『日本近代立法資料叢書・第二一巻』商事法務研究会、一九八五年、二二一頁。
(69)『帝国議会衆議院議事速記録』一三巻、東京大学出版会、一九八〇年、二八九頁。
(70)谷川久「海事法(法体制確立期)」鵜飼信成ほか編『講座日本近代法発達史』第四、勁草書房、一九五八年参照。
(71)例えば森順正編『法典実施断行論』一八九二年は項目(十)の其九「商法第八百二十四条ハ航海業ノ保護ト背馳セス」で外国資本の勢力に圧倒されるおそれはないと延期派に反論している。村上一博「旧民商法施行断行論(明治法律学校関係)の新資料四編」『法律論叢』七五巻五・六号、二〇〇三年、二七一頁。
(72)前掲『ロエスレル氏起稿商法草案』下巻、五三三—五三四頁。
(73)例えば第四議会で成立した砂鉱採取法(明治二六法一〇)は「帝国臣民ニ非サレハ採取人トナリ又ハ採取業ニ関スル組合員又ハ会社員トナルコトヲ得ス」(第三条)と定める。議会審議では鉱業条例に倣った「又ハ会社ノ株主」との原案の文言では外国人が「役員」等になる余地を残すとして「又ハ会社員」と修正したが、これに対して一議員は「兎ニ角外国人ニハ公共ノ権利ヲ与ヘナイ」というのが本条の精神だと発言した。『帝国議会衆議院議事速記録』六巻、東京大学出版会、一九七九年、一〇〇四頁。
(74) 小林和幸「明治二七年調印の改正条約実施準備について」『日本歴史』五〇九号、一九九〇年、六〇頁。設置の端緒は枢密院での日独通商航海条約・領事職務条約の会議であった。小林前掲論文、五九頁参照。
(75) 「改正条約実施要項」大山梓・稲生典太郎編『条約改正調書集成』下巻、原書房、一九九一年。
(76) 小林前掲論文、六五—六七頁。
(77) 小林前掲論文は、このうち明らかに条約実施関係の法案といえるものとして所得税法改正法律案ほか二三法案を例示している(七四—七五頁)。また宗教法案については小林和幸『明治立憲政治と貴族院』吉川弘文館、二〇〇二年、二一九頁以下、小川原正道「明治期における内地雑居問題とキリスト教対策」寺崎修・五井清編『戦前日本の政治と市民意識』慶應義塾大学出版会、二〇〇五年、参照。
(78) 稲生前掲書、五三〇頁以下。
(79) 原田三喜雄『近代日本と経済発展政策』東洋経済新報社、二〇〇〇年、四六頁。
(80) 『明治前期産業発達史資料』補巻二九、明治文献資料刊行会、一九七二年、一六三—一六五頁。
(81) 同前補巻三一、一九七二年、五八三—五八四頁。
(82) 同前、五八六頁。
(83) 同前、五九三—五九四頁。
(84) 同前、五九八頁。
(85) 同前、六〇四頁。
(86) 原田前掲書、六〇頁。
(87) 前掲『明治前期産業発達史資料』補巻三一、六一六頁。
(88) 同前、六〇六頁。
(89) 「条約実施研究会第三回第四回第五回速記録」稲生典太郎編『内地雑居論資料集成』四巻、原書房、一九九二年、五三九頁以下。稲生前掲書、五三二頁。

(90) 前掲「条約実施研究会第三回第四回第五回速記録」五八一―五八二頁。梅の商法学につき高田晴仁「商法学者・梅謙次郎――日本商法学の出発点」『法律時報』七〇巻七号、一九九八年、三八頁以下参照。
(91) 前掲『明治前期産業発達史資料』補巻三二、五八八頁。
(92) 同前、六一〇頁。
(93) 『日本外交文書』三一巻一冊、二八頁。
(94) 植田捷雄「日本における中国人の法律的地位――幕末より今次大戦に至る」『アジア研究』一巻三号、一九五四年、一四―一五頁。原敬『新条約実施準備』(稲生典太郎編『内地雑居論資料集成』四巻、原書房、一九九二年、三一六―三一九頁)。安井三吉『帝国日本と華僑　日本・台湾・朝鮮』青木書店、二〇〇五年、五五―六二頁。
(95) 講和条約中に通商特権の要求が挿入された理由については、当時の日本資本主義の要請の反映とみる見解があったが、近年は欧米列強特に英国の同調と歓心を得るためのものとみる見解が有力である。堀口修「下関講和談判における日本の通商要求について――特に原敬通商局長の意見書を中心として」『中央史学』二号、一九七九年、四三―四五頁。
(96) 大畑篤四郎「日本における外国人待遇の変遷(二)――通商航海条約を中心として」『アジア研究』一五巻二号、一九六八年、堀口修「「日清通商航海条約」締結交渉について」『中央史学』七号、一九八四年、堀口修「「日清媾和条約」及び「日清通商航海条約」について――条文の背後にあるものを求めて」東アジア近代史学会編『日清戦争と東アジア世界の変容』下、ゆまに書房、一九九七年参照。
(97) 岩壁義光「日清戦時法下の在日中国人問題」東アジア近代史学会編前掲書、橋本前掲論文「近代日本における外国人処遇」二一七―二一八頁。
(98) 岩壁前掲論文、二二一―二二六頁、杉山伸也「日本の石炭業の発展とアジア石炭市場」『季刊現代経済』第四七号、一九八二年。なお、華僑通商網への対抗を通じた明治期日本の通商秩序形成につき、籠谷直人『アジア国際通商秩序と近代日本』名古屋大学出版会、二〇〇〇年、特に緒論・第一章・第二章参照。
(99) 岩壁前掲論文、二一七頁。
(100) 同前、二三七頁。
(101) 原前掲書(稲生編『内地雑居論資料集成』三一九頁)。

(102) 稲生編前掲書、四六〇頁以下。報告書は「条約実施研究会委員報告書」『鼎軒田口卯吉全集』第五巻(復刊)、吉川弘文館、一九九〇年、三八九頁以下に収録。
(103) 原前掲書(稲生編前掲書、六一頁)。
(104) 三谷太一郎「明治期の枢密院」『枢密院会議議事録』第一五巻、東京大学出版会、一九八五年、二八―三一頁。
(105) 橋本前掲論文、二三〇―二三一頁。本勅令の意義は許淑真「日本における労働移民禁止法の成立――勅令第三五二号をめぐって」『東アジアの法と社会　布目潮渢博士古希記念論集』汲古書院、一九九〇年、により明らかにされた。山脇啓造『近代日本と外国人労働者――一八九〇年代後半と一九二〇年代前半における中国人・朝鮮人労働者問題』明石書店、一九九四年、五七―七三頁、安井前掲書、六二―六九頁。
(106) 大河前掲論文「外国人の私権と梅謙次郎(一)」四七七頁以下。第一二議会でも同趣旨の試みがなされた。同、四八〇頁。
(107) 原前掲書(稲生編前掲書、二七〇頁)。
(108) 杉山伸也「東アジアにおける「外圧」の構造」『歴史学研究』五六〇号、一九八六年、一三八頁。
(109) 帝国議会は流質契約の禁止や賃借権の最長期間の延長等、民法法案の経済的自由主義に傾斜しすぎた点について一応の歯止めをかけるかたちになったとされる。小柳春一郎「民法典の誕生」広中俊雄・星野英一編『民法典の百年Ⅰ』(有斐閣、一九九八年)、三三頁。
(110) 稲生前掲書、四四一頁。
(111) 大日本帝国憲法一三条は、条約締結権は天皇大権に属し議会の関与を認めない。また、同六七条にいう「憲法上ノ大権ニ基ツケル既定ノ歳出」には「外国条約ニ依レル費用」を含む。憲法制定過程では通商条約や国民一般の負担にかかるべき条約、領土割譲を定める講和条約等につき議会の関与を認めるべきか否かが争われた。稲田正次『明治憲法成立史』下巻、有斐閣、一九六二年、六一七―六二三頁、等参照。
(112) 五百旗頭前掲書に多用されるこの用語を援用して条約改正問題の構図を分析したものとして大石一男「条約改正問題をめぐる対抗と交錯――一八八七〜九四」『国際政治』一三九号、二〇〇四年、参照。
(113) 村瀬信也『国際法の経済的基礎』有斐閣、二〇〇一年、一五頁。二国間通商条約網の核心をなす最恵国条項の意義を述べたものである。

(114) 山室信一「国民国家形成のトリアーデと東アジア世界」古屋哲夫・山室信一編『近代日本における東アジア問題』吉川弘文館、二〇〇一年、一二五頁。
(115) 山室信一「明治国家の制度と理念」『岩波講座 日本通史』一七巻、岩波書店、一九九四年、一一九頁。
(116) 澤木敬郎「国際人権規約と外人法」『国際法外交雑誌』七九巻五号、一九八〇年、六頁。
(117) 堀口前掲論文「「日清通商航海条約」締結交渉について」三三頁。

第四章　金解禁論争

――井上準之助と世界経済

杉山伸也

はじめに

追悼井上準之助

一九三二年二月九日、井上準之助は、民政党公認衆議院議員候補駒井重次の選挙応援にいった本郷区駒込の駒本小学校で血盟団員小沼正に射殺された。井上暗殺のニュースは、翌二月一〇日水曜日の海外の主要新聞で報道された。『ザ・タイムズ』の長文の追悼記事は、つぎのような文章からはじまっている。

昨夜東京で暗殺された前大蔵大臣井上準之助氏は、銀行家・政治家として日本国内で著名であるばかりでなく、長年にわたり欧米において日本の金融政策の最大の安定要因の象徴として知られている。井上氏は、日本銀行総裁ついで大蔵大臣を歴任し、かれのオーソドックスな健全財政政策についてはさまざまな評価があるにしても、すくなくとも一九二三年の震災および二七年の金融恐慌に際して、日本経済の回復に確信をあたえた。一九三〇年の日本の金本位制への復帰は主として井上氏の指導力によるもので、在職時の勇気と誠実さには疑いの余地もなく、同氏の金本位制にたいする信念は昨年一二月の若槻内閣倒閣の主要な要因でもあった。(1)

『ザ・タイムズ』の追悼記事が井上の経歴にそくして淡々と記しているのにたいして、『ニューヨーク・タイムズ』は、もう一歩ふみこんで、つぎのようにのべている。

井上準之助の死によって、日本は、第一級の銀行家であり、指導的な財政家の一人であると同時に日本国民と多くの国々の友人たちに尊敬された国民的指導者を失なった。井上氏は、将来の展望をもった勇気ある実務家であり、財政に精通しているのみならず、日本の銀行制度の基礎的な法的整備についての展望をもっていた。……同氏は日米両国の友好関係の構築に力をそそぎ、金融問題だけではなく、アジアのさまざまな問題の解決のために

日米協力関係を推進したパイオニアであった。(2)

海外のメディアに、保守主義の政友会《コンサーヴァティヴズ》と自由主義の民政党《リベラルズ》(憲政会)とが対照的にうつしだされるなかで、(3)井上は国際的にも日本の自由主義を代表する金融家として知られていた。

「井上財政」をめぐる二つの評価

「井上財政」のマクロ的な歴史評価が可能になるのは戦間期が歴史分析の対象となる第二次世界大戦後のことで、その評価の中心は「井上財政」の象徴でもある「金解禁」政策の妥当性を問うものであった。『昭和財政史』は金解禁必然論の立場から「井上財政」と「高橋財政」の連続性に着目しながらもともに失敗としてえがいているが、(4)それ以降の「井上財政」の評価は、金解禁が世界恐慌の影響を認識しない「時代錯誤」の失敗とする否定的評価と、(5)一九二〇年代の金解禁の必然性を強調する肯定的な評価(6)の相対立する二つの見解にわかれている。

ここでは、これらの先行研究のうち大きな影響力を有している前者の主流的見解の特徴について検討しておこう。この議論の特徴は、第一に、研究の焦点が金解禁の是非をめぐる経済政策に限定されるために、井上をはじめとする旧平価解禁論にたいして、当時の論調としては限定的で、しかも現実にはならなかった石橋湛山や高橋亀吉などの新平価(平価切下)解禁論を過大に評価する結果におちいっている点である。これは、新平価解禁論の急先鋒であった『東洋経済新報』の重要性を強調するあまり、逆に主流として旧平価解禁論を展開した『朝日新聞』や『エコノミスト』の役割に客観的な評価をあたえられないことにもつながっている。(7)第二に、井上財政の「失敗」と高橋財政の「成功」という対立的側面が強調されるあまり、井上財政期の財界整理や産業合理化政策など「高橋財政」の基礎となる連続的視点がぬけおちてしまい、結果として「高橋財政」の礼賛につながっている点である。とくにこの議論では、政党と軍部との対抗図式からぬけだすことができず、不況からの脱出を評価の基準として高橋を軍部に対立する政党人とみなし、高橋財政後半期における高橋の軍部への抵抗を過大に評価する傾向がつよく、このため日本銀行引受による赤字国債依存の財政構造と軍事費増加による日本の軍国主義化の財政的基礎が高橋財政によってつくられたことにたいする認識に欠ける結果となっている。第三に、金解禁は、浜口内閣の財政緊縮・非募債政策や軍縮・対中国協調外交など一連の政策の一環をなすものであったにもかかわらず、「金解禁」だけを切り離して議論する非歴史的な課題設定におちっている点である。(8)

戦前期の財政政策をマクロ的視点から検討した『昭和財政史』では多面的なアプローチがとられていたのにたいして、こうした一九二〇―三〇年代の財政政策史研究のフレームワークを狭隘化させた研究の発端は、良くも悪くも長幸男『日本経済思想史研究』であった。井上財政批判の多くの研究で頻繁に利用される資料は、深井英五『回顧七十年』(岩波書店、一九四一年)、池田成彬『財界回顧』(世界の日本社、一九四九年)、石橋湛山や高橋亀吉など新平価解禁論者の著作、たとえば高橋亀吉『大正昭和財界変動史』(全三巻、東洋経済新報社、一九五四―五五年)であるが、これらに共通しているのは井上と政策的あるいは性格的に対立・反目しているにもかかわらず、資料的検討がまったくなされないままに引用されていることである。(9) 志なかばにして急逝してしまった井上には、浜口雄幸の『随感録』(三省堂、一九三一年)、高橋是清の『高橋是清自伝』(千倉書房、一九三六年)や『随想録』(千倉書房、一九三六年)、若槻礼次郎の『古風庵回顧録』(読売新聞社、一九五〇年)など多くの政治家や金融家がのこしたような回想録があるわけではなく、『清溪おち穂』(井上準之助論叢編纂会編、一九三八年)など友人・知人が井上を回想したエピソードや人物評論がのこされているにすぎない。『井上準之助伝』(井上準之助論叢編纂会編、一九三五年)にしても贔屓の引倒しの感がないわけではなく、井上には批判の対象とされた政策についてみずから反論する、あるいは弁解する機会はほとんどあたえられていないのである。また、井上の発言は、公職にあるときと野にあるときとの温度差は比較的すくないものの、とくに浜口内閣の蔵相時の発言は公的な制約をうけている可能性もたかく、発言の真意にかんしてもみきわめる必要があろう。

井上準之助は、第一次世界大戦、戦後反動恐慌、関東大震災、金融恐慌、金解禁など日本の金融史の転換点でかならず登場する。これまで井上財政の研究は、金解禁・世界恐慌・昭和恐慌という脈絡のなかで、主として日本の国内問題として議論されてきた。たしかに金解禁は井上の思想の一端をしめすものとして重要であるとしても、井上の思想すべてが金解禁に包含されるわけではない。井上にとって、金解禁はあくまでもそのさきにある国際関係のなかで日本経済をいかに構築していくかという壮大な展望のなかでのひとつのステップにすぎなかった。本稿では、井上の講演や欧米における主要な新聞報道や記事、談話を利用して、国内における時間軸と国際関係という空間軸のなかで、井上の思想を検討し、井上財政の再評価を試みたい。

一　金解禁論争へのプレリュード——井上準之助と第一次世界大戦

日本銀行入行

井上準之助は、一八六九(明治二)年大分県日田郡大鶴村に生まれ、八五年に上京、八七年に仙台の第二高等中学校、九三年には帝国大学法科に入学し、九六年の卒業と同時に二八歳で日本銀行に入行した。日本銀行に入行したのは、当時日本郵船に勤務していた兄の井上良三郎が、同郷の学友であった日本銀行営業局長山本達雄に井上の就職を依頼したことによる。[10]井上は、入行後の翌一八九七年九月から人材養成の目的で土方久徴とともに日本銀行の最初の留学生としてイギリスに留学したが、日本銀行ストライキ事件がおきたために九九年五月に帰国を余儀なくされた。帰国後は大阪支店勤務をへて、一九〇三年に京都出張所長、〇五年には大阪支店長に昇進し、翌〇六年には三八歳の若さで営業局長になった。井上の日本銀行入行後の経歴は、日本が東アジアの国際環境のなかであらたな方向性を模索しつつあった日清戦後経営、日露戦争、日露戦後経営の時期とかさなり、井上の経済論の底流を形成したといえる。井上は〇八年一一月から一〇年一二月までの約二年間、日本銀行代理店監督役としてニューヨークに駐在することになり、このときにつちかわれたモルガン商会のトマス・ラモント(Thomas W. Lamont)やのちのニューヨーク連邦準備銀行総裁ベンジャミン・ストロング(Benjamin Strong)などアメリカ金融界の中心人物たちとの人脈は、その後の井上の国際金融界での活動と信頼の基礎になった。[11]

金本位制と日露戦争・日露戦後経営

一八九七年の金本位制の確立は、日本が欧米列強と対等の地位を得たことの経済的指標であった。日清戦争後の東アジアの国際環境のなかで日本の対外膨張の方向は明確になり、日露戦時公債(第一回および第二回六分利付英貨公債)計七億円の発行を機として、日本の対外経済関係は輸入超過と外資依存を基調とする構造に変化した。この戦時公債の起債を担当したのが当時の高橋是清日銀副総裁で、高橋はこれ以降財政通として知られることになった。日本にとって「一等国」としての地位にふさわしい「軍事力」と「経済力」を維持するために金本位制下での経済運営は不可欠の条件であり、さらに日露戦後の財政的制約条件のなかで植民地経営もふくめて、いかにして軍備拡張と産業開発のバランスを実現していくかが重要な課題であった。正貨準備高は日露戦時外債の発行により補填されたものの、一九一〇年には三億円を切り、国債の債務残高も二億六〇〇〇万円でピークに達し、政府債務額の対GNP比も七〇%強となった(図4-1)。日本の外債発行は飽和点に達し、金本位制の維持が困難になっただけではなく、日本には国際競争力をもつ外貨獲得産業の育成の展望も産業構造の転換の可能性もほとんどなく、日本は日露戦争と日露戦後経営の過程で「国際収支の危機」に集約的に表現される構造的な危機に直面することになった。[12]

金本位制の維持と財政的制約のもとで軍備拡張と産業開発をいかにバランスさせるかという産業政策と金融政策をめぐる二つの対極的な議論は、すでに一九〇一年に公定歩合をめぐる山本達雄日銀総裁と高橋是清副総裁との対立と

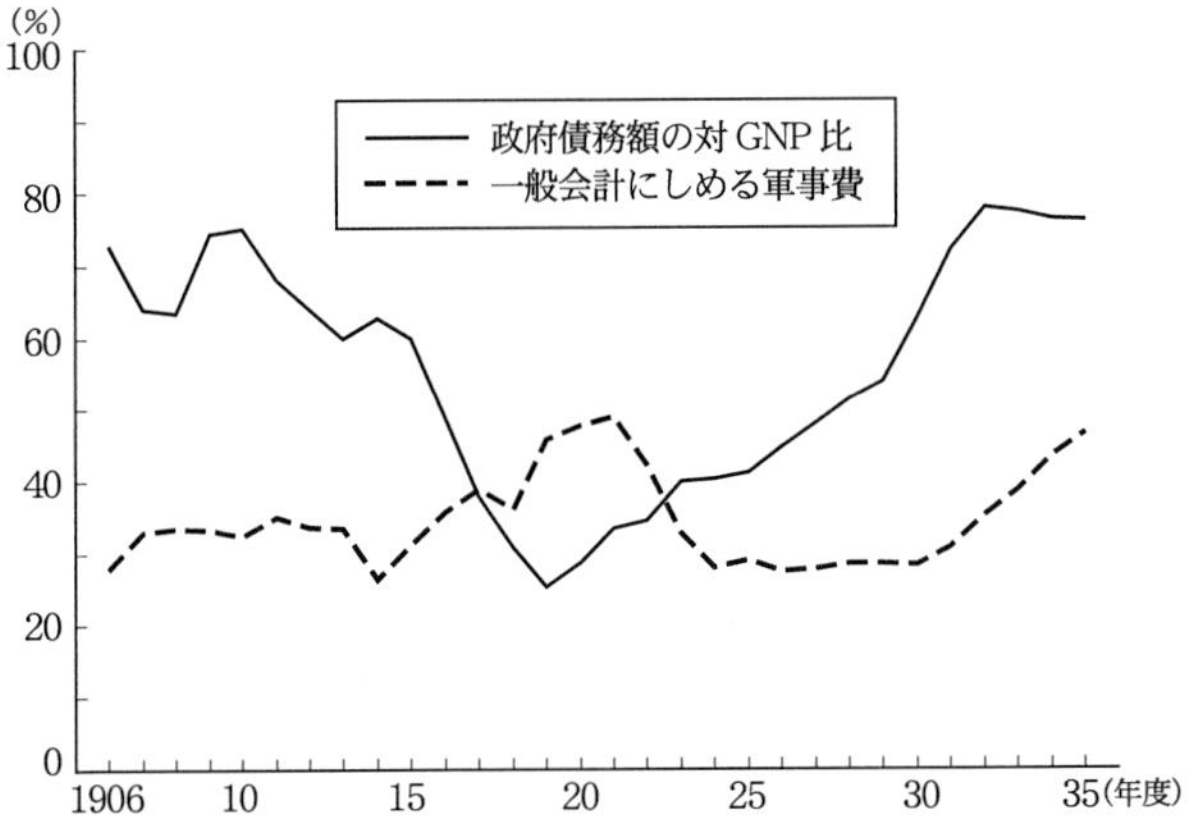

図4-1　政府債務額の対GNP比(%)と一般会計にしめる軍事費

資料）政府債務高は，大蔵省理財局『金融事項参考書』および日本銀行統計局『本邦主要経済統計』1966年，GNPは大川推計(Ohkawa and Shinohara eds, *Patterns of Japanese economic development*, Yale University Press, 1979, pp. 266–268)，軍事費比率は，江見・塩野谷『財政支出』(長期経済統計7)，東洋経済新報社，1966年，より作成.
注）政府債務額は中央および地方政府の合計.

して顕在化し[13]、その後も〇九年の第二次桂太郎内閣の山本蔵相と高橋日銀副総裁、第二次西園寺公望内閣の山本蔵相と高橋日銀総裁の対立として、さらに一八年の原敬内閣の高橋蔵相と山本農商務相との対立としてあらわれたが[14]、この山本と高橋の対立は、二〇年代に憲政会(民政党)と政友会の政策をめぐって明確になる小さな政府と大きな政府、均衡財政と積極財政、軍事費および軍部にたいする姿勢など国内の財政経済政策および外交政策をめぐる相違を象徴するものであった。

井上は、はやくから「国際間の貸借」に注目し、日露戦争以降の国債の増加、とくに「将来の外債の利払問題」が「我国財政、経済上の大問題」になることを指摘し、第二次桂内閣の財政緊縮・非募債・国債償還への方針転換による政策効果を評価していた。井上によれば、日本の外国貿易の重要な点は輸入超過であることで、「其の重大なる原因は外資の輸入である」。日露戦後の国際収支をみると、政府外債および市債・社債計一七億円の利払額八〇〇〇万円にたいして運賃・保険料など貿易外収支は計八〇〇〇—九〇〇〇万円で、輸入超過がなければ国際収支は均衡することになるので、いかにして輸出入の均衡を達成するかが問題となる。輸出入の均衡を達成する主要な政策としては、第一には外債募集を停止し、中央銀行の金利を引上げて通貨を収縮し、輸入を減少させる、第二には日露戦後の積極主義による輸出増加政策を持続させて貿易収支を均衡させる、という二つが考えられる。これは前者が山本達雄の、そして後者が高橋是清の主張である。しかし、井上によれば、両説ともに極端で、実際の政策は「両者の中間」、つまり「有利確実と認めたるものに限り外資を輸入し、其輸入する金高も漸次減少せしめて、遂には政府は一文の外債も募集せざるのみならず、進んで外債償還の途を講ずべし」ということになる。(15)

いずれにしても日露戦時外債の利払いは日本にとって非常におもい負担となり、「大正三年には……支払資金調達問題は窮迫致しまして、公債の利払をする金も足らず、止むを得ぬから借金の利息を支払ふ為めに又借金をするといふやうな有様」になった。(16) しかし、この「国際収支の危機」は、一九一四年八月の第一次大戦の勃発とともにしだいに遠のいていった。井上馨が大戦の勃発を「天佑」といったことはよく知られているが、一五年からはじまる大戦の好況によって財政政策について解決すべきであった根本的な問題は、解答をみいださないまま先送りにされた。とくに重要なことは、大戦の好況にともなって財政的制約条件が緩和されたことにより軍事費の増大が容認されるとともに軍部の発言力が増大し、二〇年代にふたたび国際収支問題が経済的課題として登場してくるとき、陸海軍の存在は大戦前以上におおきな財政政策上の制約条件となったのである。そればかりではなく、日露戦争の戦時公債の発行に端を発する外債の償還は二〇年代になっても容易にすすまず、外債借換問題は日本にとって一貫して対外的な制約条件となり、その意味で金解禁への道程は日露戦争以降の延長線上に必然的にでてきた問題であった。

第一次大戦と金輸出禁止

井上は、一九一一年にアメリカから帰朝して、横浜正金銀行副頭取、ついで一三年九月に同頭取に就任した。井上は、日本の「国際収支の危機」から第一次大戦の好況にともなう国際収支の入超から出超への転換、さらには大戦終

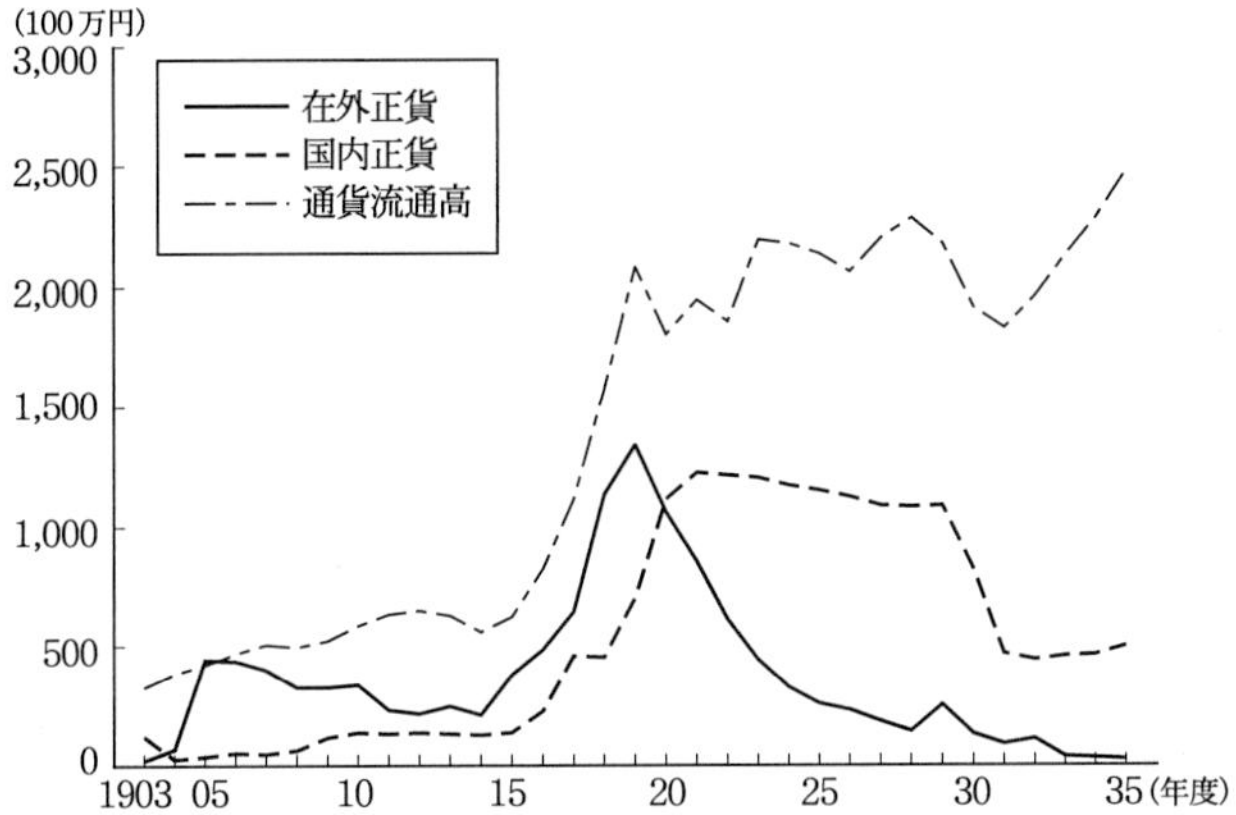

図 4-2　正貨在高と通貨流通高

資料）正貨在高は，山澤・山本『貿易と国際収支』(長期経済統計 14) 東洋経済新報社，1979 年，通貨流通高は，日本銀行統計局『本邦主要経済統計』1966 年，より作成.

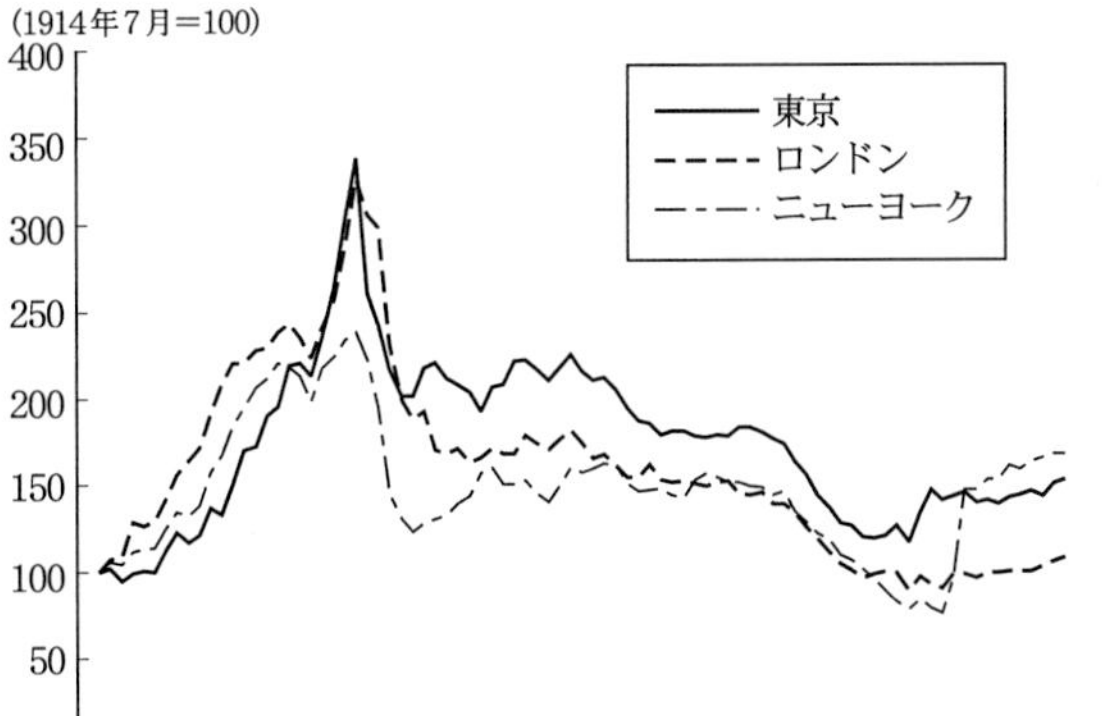

図 4-3　内外卸売物価指数比較表

資料）大蔵省理財局『金融事項参考書』より作成．東京は日本銀行調査月中平均指数，ロンドンは『エコノミスト』社調査月末指数，ニューヨークは米国労働統計局調査全国指数.

了による不況の予兆の過程を正金銀行の責任者として経験した。この間、井上は満洲をふくむ中国各地を視察し、中国政府との五分利善後借款契約や漢冶萍公司との借款交渉に関係するなど、中国問題を通してアジアの現実を直視することによって、井上のそれまでの欧米中心の世界認識は、欧米とアジアをともに射程にとりこむものになった。

日本は、一九一七年九月一二日、寺内内閣(勝田主計蔵相、高橋是清日銀総裁)のときに「金貨幣又ハ地金輸出取締等ニ関スル件」(大蔵省令第二八号)により金輸出禁止措置をとった。大戦の開始にともなってロンドン金融市場が閉鎖された影響で日本の貿易金融はロンドン払からアメリカ払に変化したが、[17]大戦開始以降三年一カ月ものあいだ日本は金本位制下にあり、したがってこの措置も日本固有の経済的理由によるものではなく、一七年四月にアメリカが参戦にともなって金輸出禁止と金兌換停止の措置をとったからにほかならない。当時日本はインド棉花の輸入資金が閉塞しており、また中国の投機家による金輸出の懸念があったために金輸出を禁止したが、井上によれば、この金輸出禁止により「兌換制度の妙用」、つまり「通貨と物価との間の調節運用」ができなくなり、[18]国内通貨量は増大して国内物価は国際物価から乖離して上昇することになった(図4-2および図4-3)。

一九一五年からはじまる大戦ブームは、輸出品価格の上昇を通じて物価騰貴と通貨膨張をもたらした。輸出増加にともない為替銀行は日本銀行からの借入金以外に一般市場から一億—二億五〇〇〇万円の貿易資金を調達したが、[19]正金頭取としての井上は、「此の通貨膨脹を防ぐことは、根本に遡つて輸出貿易を取扱はぬか、或は輸出超過の金を放資するより外に途は無かつた」ので、日本が輸出貿易をやめなかった以上、「通貨膨脹は……止むを得なかつた現象」であったとふりかえっている。[20]日本にとって輸出で得た正貨利用問題は重要な課題であったが、有効な対策が実行できないまま対米為替相場は一六年なかばには五〇ドルをこえ、一八年一一月には五二ドル八分の一にまで上昇した(旧平均は一〇〇円あたり四九・八四五ドル)。為替相場のはげしい変動により貿易業者のリスク負担は増大し、政府は一八年五月に戦時為替調節委員会を設置して検討したものの、一八年一一月の大戦終了の頃には輸出金融は完全に行き詰まってしまった。[21] 井上は、こうした「大正三年の日本の国際金融の窮迫状態が、欧羅巴の開戦によつて一挙にして解決されたと同じく、日本にとりましては又反対の意味に於ける国際金融の窮迫状態が、此の休戦によつて一挙にして解決されてしまった」と大戦の開始と終了をともに「幸運」と表現している。[22]

輸出超過および貿易外収支で獲得した正貨の処分方法としては、内外債の借換、海外放資、外国政府の公債引受・外国証券の買入などが考えられた。井上によれば、内外債の借換案は「非常によかったのでありますが、惜しいかな、政治上の関係からして十分に行はれなかった……若し仮に此の案が十分に行はれて居つたならば、日本の外国の借金を減じ、通貨膨脹も左程させずに済んだらうと思ひます……公債を募つても借金を殖やすのではない、外国の借金を減じて内地の公債を殖やすのであるから、非募債主義には反せぬといふことを極力申しましたけれども、中々政治家は頑として動かないもので、結局其の時には僅か九千万円だけしか此の方法に使はなかった」[23]と、正金銀行頭取としての井上の政策決定過程での政治的な限界にたいして悔しさの念をにじませている。海外放資は、日本には習慣も実力もないので、「実際出来ないものを無理にやらう」とすれば、西原借款のように「全部無駄」になってしまう。[24] したがって日本にとっては、主として短期外国公債の買入をするよりほかにないが、日本には海外の株式や公債を購入する「放資家」がいないので通貨調整ができず、また外国政府の公債引受も英仏露公債計六億五〇〇〇万円にすぎなかった。こうした海外放資はたんに通貨収縮のための方策としてだけではなく、戦後数年後に予想される金融逼迫の際にこれらの債券の回収により不況に対応するための「戦後の予防策」としての意味をもっていた。[25] しかし、高橋是清に代表される重金論にもとづく海外放資に反対する主張がつよく、井上は「此の議論は、或場合には非常な害をしたのであります。……即ち大正六、七年の如きは日本には資金があり余つて、今日の害は其処から来て居る」と政府の政策的失敗をつよく批判している。[26]

井上の金解禁論

井上は、大戦終了後の不況の到来を予想して、「財政緊縮」、「財界整理」、金融引締政策の必要性を主張し、大戦期に膨張した産業の整理や銀行の合併をふくむ金融界の再編の必要性を強調していた[27]。第一次大戦の終了する一九一八年一一月に、井上は物価騰貴抑制のために日銀金利引上げの意見書を提出したが、これは前述の原内閣における高橋蔵相と山本農商務相の対立で、金利引上げは翌一九年秋まで延期された[28]。一九年六月にアメリカが金解禁政策を実施すると、為替銀行は輸入増加を見越して金貨をもちこむなどして一八年末に五億円あった日銀からの借入金を返済したために、これを契機に兌換券が増加し、それまでとは逆に通貨膨張が物価騰貴をもたらすことになった。一九年三月に日本銀行総裁に就任していた井上は、日銀の金利引上げによる引締め政策が採用できなかったために、通貨膨張の抑制政策として銀行引受手形日銀再割引制度とスタンプ手形制度を導入し、為替銀行への輸出為替資金を民間の市中銀行から供給させるようにした。井上はこの措置を「相当の通貨膨脹を防ぎ得た」と自賛している[29]。

井上は、アメリカにつづいて、日本も当然金本位制に復帰すると考えていた。

私は経済上の立場から云へば、当然金の輸出解禁を為すべきものと考へて居つたのであります。……世界の状態は未だ安定して居らぬ……若し世界に事があるならば、必ず東洋にある。……さう考へて見ると……手許に四億円の正貨が在り、外国には十三億円の金がありますが……若し一旦世界に事が起れば、海外の市場に置いてある金は、金として当てにならぬのである。従て海外に在る金は使つてもよいが、手許に在る正貨といふものは使ひたくないといふ考へ、即ち……政治上の考へからして此の輸出解禁は其の時はしない。……敢て不都合ではなかつたらうと考えて居るのであります[30]。

井上は現実問題としてこの高橋蔵相の「政治上の考へ[31]」を受け入れざるをえなかったが、井上はこうした政治的判断が経済のロジックにまさることと政策担当者としての限界を同時に実感したのであろう。

井上のアジア論（一）――中国と「東洋のロンドン」構想

井上が海外放資に関連してもっとも注目していたのは、中国であった。井上は、「日本の製造工業は技術上経営上毫も欧米諸国に比し遜色なしと雖も原料品の供給を外国に仰がざるべからざるに依り往々非常の困難に遭遇することあり」と指摘し、中国における棉花栽培、原毛生産などの開発を通じて、「日本は支那に低廉の原料を仰ぐと共に支那亦日本より精巧の製品を低価にて得るに至らば彼我の経済関係は益々密接し両国の経済同盟は一層強固とな」るとして「両国利益交換」による日中経済同盟を強調していた。[32] しかし、これはたんなる日中経済提携論をこえて、漢冶萍公司をはじめ中国の自然資源の日米両国による共同開発が相互の利益になる「絶対不可欠な協力政策」であるという日米経済提携をもふくむものであった。[33] この正金銀行時代の対中国借款団交渉の過程を通じて、井上は国際的に「先見性、迅速な決断、公益についての幅広い見解をもった信頼にたる銀行家としての評価」を得るにいたった。[34]

井上のアジア論としてしばしば言及されるのが、一九一八年六月の財政経済考究会における井上の講演、「東洋のロンドン」構想である。これは大戦による日本の対外的金融関係の好転を背景に、国際金融市場の中心であるロンドン市場と比較して、「日本は果して東洋の金融の中心となることが出来るや否や」についてのべたものである。金融の中心市場であるための絶対的な条件は、第一に金の自由市場であること、第二に国際取引の決済市場《クリアリング・センター》であると同時に資本調達市場《クレジット・センター》でもあることの二つであるが、ロンドンと日本を比較すると、「殆ど日本をして東洋に於ける倫敦の如くしようといふことは望み難い」ようにおもえる。しかし、東洋の金融はイギリスやヨーロッパから切り離されており、とくに南洋は日本市場を利用しなければ立ち行かなくなるので、この機会に日本の輸出超過資金を政府・民間ともに中国や南洋に投資して輸出入のバランスをとる必要があるとして、日本を中心とする航路網の開設や自由港の必要性を強調する。[35] この井上の議論では、日本が金本位制に復帰し、国際的な決済・調達市場となることが絶対的な条件となっている。しかし、現実には日本の金本位制への復帰は実現をみず、また貿易収支も輸入超過に転じてしまったので、「東洋のロンドン」構想の絶対的な条件は失なわれ、この構想は二度と井上の口からきかれることはなかった。

二　井上準之助と金解禁論争――一九一九年三月―一九二四年一月

金解禁論争

一九一九年三月、井上は横浜正金銀行頭取から第九代日本銀行総裁に就任し、二三年九月までこの地位にあった。井上の日銀総裁任命にあたり、高橋是清は自分が井上を総裁にしたかのようにのべているが、『原敬日記』の記述からみると、このとき高橋蔵相は井上登用案と木村清四郎日銀理事登用案の二案をもって原首相に相談し、原首相が最終的に井上総裁、木村副総裁に決定したようにおもわれる(36)。

第一次大戦は貿易・産業・金融など多くの分野で日本経済に構造的変化をもたらした。大戦期に進展したインフレは大戦後も継続し、国際的に割高な物価水準は輸出競争力を減退させ、貿易収支は出超から入超へ転換した(図4-3および図4-4)。この入超決済のために在外正貨量が減少し、円為替相場も下落したために、日本にとって国内経済と国際経済の関係を再調整する必要がでてきた。なかでも大戦時の金輸出禁止措置を解除して金本位制へ復帰する問題、すなわち「金解禁」は、ワシントン会議以降国際的な規模での軍縮が進展し、またジェノア会議以降欧米主要諸国が金本位制に復帰するなかで中心的な課題となった。この金解禁論争は、大戦後の一九二〇年代に国際的規模で展開された経済論争で、日本においても政界、財界、学界、ジャーナリズムなど官民をまきこんで、はじめて国民的規模で展開された経済論争であった。とくに一九二〇年代には政党政治の本格的な展開がみられたこともあって、立憲

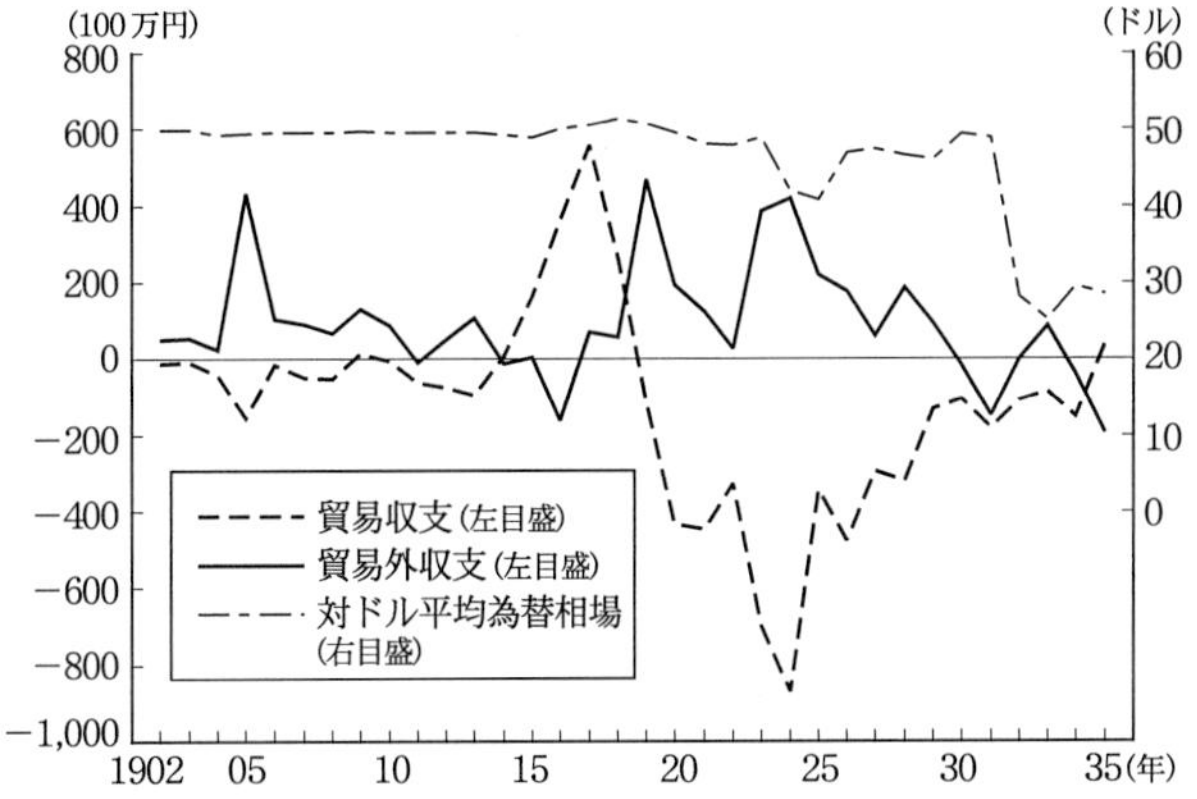

図4-4　貿易・貿易外収支と為替相場

資料)山澤・山本『貿易と国際収支』(長期経済統計14), 東洋経済新報社, 1979年, および日本銀行統計局『本邦主要経済統計』1966年, より作成.
注)貿易収支は台湾・朝鮮をのぞく. 貿易外収支には外債発行分をふくむ. 対ドル平均為替相場は100円あたりのドル相場.

政友会と憲政会(二七年六月に立憲民政党)の二大政党のあいだで各党の経済政策・外交政策と一体化されて議論された。

日本における金解禁論争は、一九三〇年一月の金解禁までの論争と、金解禁実施以降の論争のふたつの時期にわけることができる。大戦後、二一年秋頃から物価調節策として、ついで二四年秋頃からは為替相場回復策として金解禁がとなえられるようになるが、金解禁の必要性・不可避性については、少数の金解禁反対論者をのぞいて、ほぼ共通のコンセンサスが形成されていた。論争の焦点は、いつ、どのような条件下に、いかなる形態(旧平価あるいは新平価)で復帰するかにあった。金解禁後の論争は、金解禁の継続か、金輸出再禁止か、あるいは新平価による出直し再解禁かなどをめぐって展開された[37]。井上準之助はこうした金解禁論争のなかで、たえず積極的な論陣をはり、中心的な役割をはたしてきた。その意味で、井上準之助研究が「金解禁」に集約されることはやむをえないとしても、金解禁論争だけから井上の思想総体を洞察することもできないという限界も同時に十分に認識されるべきである。

井上の経済論—自由主義経済論と銀行資本論

井上は大変な読書家として知られている。かれの「自信」と「信念」は膨大な読書量に裏付けられているといってよい。井上の旧蔵書のうち英書の大部分と和漢書の一部分は井上が初代理事長をつとめていた東洋文庫に一九三六年に寄贈された。これは経済・金融関係書のほか、政治家の伝記や中国・インド・南洋などのアジア関係書をふくむ和漢洋書一六二二部、計四八九〇冊におよぶ膨大なもので、これらの蔵書から井上の経済知識の源泉のひとつが、カッセル、ピグー、ケインズなど同時代の経済・金融関係の新刊書だけではなく、定期購読していた『エコノミスト』や『バンカーズ・マガジン』などの雑誌にあったことがわかる。[38] 井上の議論の特徴は、海外、とくに欧米との比較の視点が強いことであるが、こうした国際比較の視点は、井上が国際社会のなかで日本を相対化させるという視座をもちつづけたことをしめしている。

長幸男は「井上の理論の核心は……貨幣数量説論者によって信奉された金本位制の自動調節作用による国際収支の均衡化、さらには為替相場の均衡化の理論である」[39]と断言し、さらに田中生夫にいたっては、『井上準之助論叢』全四巻にみられるのは、しょせん実務家ないし政治家のときに非論理的な思考である。井上は学問的思考の点では同じ実務家であった後の日銀総裁深井英五に遠く及ばない」と酷評しているが、[40] これらの議論は、資料批判のないことはいうにおよばず、著作や講演の時代背景の検討をも欠いたきわめて乱暴な議論であるといわざるをえない。

井上の経済論の特徴は、金本位制の自動調整機能にもとづく一九世紀的な古典派的な自由主義経済論と、大銀行を経済システムの中心機関と考える二〇世紀的な金融資本主義論を融合したものといえる。井上の金の自動調整機能にたいする信頼と銀行資本の機能にたいする期待は同時代の欧米の多くの金融家に共通してみられるもので、金本位制を「常態」、したがって金輸出禁止の状態を「変態」とみなし、人為的な通貨収縮や為替相場のつり上げ、関税引上げなど人為的な操作を排して「天然自然」を重視する思想は、基本的に小さな政府を志向するものといえる。しかし、同時に市場メカニズムにより「欧米先進国の如く大中小企業を通じて徹底的の企業統制も合理化も行はれず、従て財界は一般に安定」しない日本のような状況下においては、銀行合同や産業合理化の推進など政府による積極的な介入を容認する反古典派的な性格もあわせもっていたのである。[41]

井上の経済論のもうひとつの特徴は、経済システムの中心機関として民間の大銀行資本の役割と機能に大きな期待をよせていることである。井上は、銀行が公共性をもつ重要な基礎機関であることをくりかえし強調しているが、[42]こうした考え方はイギリス留学直後に書いた論稿以来一貫しているもので、井上は、日清戦争後あいつぐ銀行破綻の原因が資本金の寡少にではなく、資本金および預金の運用にあると主張し、解決策として大蔵省による銀行検査の実施や大銀行の小銀行にたいする取引姿勢の是正をあげ、大銀行の連携による共通ルールの確立の必要性を強調していた。[43]大戦後、井上の批判は小銀行の乱立と銀行経営者にむけられ、井上のいう「産業の整理」とはまず銀行の整理・再編を意味していた。井上は、一九一九年六月から二〇年三月恐慌にいたる「全くのスペキュレーション」[44]の背景には銀行による過度の信用拡張、資金の供給による資金の固定化があったと指摘する。井上は、「銀行は重役の銀行に非ざるは云ふまでもなく、又株主の銀行にも非ずして、預金者の利益に最も重きを置きて経営すべき公益機関なり。然るに我国の現状に於ては、往々銀行業者にして銀行が預金者の貴重なる財産の受託者なることを忘れ、其の附託せられたるものを恰も自己の私有物の如く誤解せる者無きに非ず。又銀行の破滅は……一事業の破滅に止まらずして広く財界に大なる影響を与ふるものなること、即ち銀行の信用機関たる所以を十分に理解せざる傾向を認むるは甚だ遺憾とする所なり」[45]とのべ、とくに二流の「不良銀行」の経営者の「実際的知識」だけではなく「徳義心」にも欠ける放漫経営を批判していた。[46]それは同時に、こうした民間銀行にたいする中央銀行としての日本銀行や大蔵省による規制の限界を意味するもので、井上に日本銀行や民間の大銀行主導の金融システムの構築の必要性をとくにつよく認識させたといってよい。二〇年七月の銀行条例の改正による銀行合併手続の簡易化、二一年の勧業銀行・農工銀行の合併、二二年の貯蓄銀行法改正による監督強化など銀行合同の推進や預金協定のルール化を通した金融システムの再建の方向は、まさに井上の意向にそうものであった。

井上の金解禁論の構造

実務家としての井上の金解禁論は、正金銀行頭取として「国際収支の危機」と大戦ブームによる輸出金融の行詰りを経験した日本経済の現実に根ざしている。その核心は、国際経済のなかで日本の対外経済関係と国内の財政経済政策をいかに整合させるかという点にあり、井上は、ストックである在外正貨よりもフローである国際収支の問題を重視していた。井上によれば、日本の国際的信用は為替相場に象徴的に表現され、それは「国際収支」と「財政収支」が指標になる。日本にとって国際的信用が重要なのは、日本が多額の外債をかかえ、外債発行・借換の必要性と利子支払がおおきな課題であるからにほかならない。

井上の経済政策論は大戦以降インフレ体質の日本経済を国際経済のメカニズムのなかで再建するというきわめて明快なもので、井上の金解禁論のロジックはつぎのように要約される。輸出促進のための国際競争力の強化には生産費の低減と合理化による生産性の向上が必要であるが、生産費の低減は物価下落が実現されなければむずかしく、また合理化のためには「財界の整理」あるいは「産業の整理」が必要になる。他方、財政収支問題は、政友会による公債依存の積極財政政策の結果、軍事費の増加にともなう財政規模の膨張と高物価水準が構造的に継続している。また通貨発行量のうらづけとなる正貨準備高は国内正貨と在外正貨に分離され、入超の決済は在外正貨によっておこなわれるために貿易と国内の通貨量との調整がなされず、相対的に高価格での輸入が継続し、在外正貨は減少するものの国内物価の下落はおこらない（図4-2および図4-3）。それどころか高価格での軍需関係品の輸入が継続し、その結果軍事費の増加が財政収支を圧迫することになる。こうした悪循環を断ち切り、輸出増加と物価下落を通して貿易収支と財政収支の問題を一挙に解決し、日本経済を「常態」に復する打出の小槌が「金解禁」であると考えられた。

したがって、井上にとっていかにして物価下落を実現するかが当面の政策目標になる。井上は、一九二一年一一月に物価問題に関連してつぎのようにのべているが、その論調がのちの浜口内閣の蔵相としての井上の政策とあまりにも共通性をもっていることは注目に値する。

国民の精神的弛緩に基く浪費の悪習が此の物価騰貴の主因をなす以上、此の放慢《(ママ)》なる状態を緊縮せしめざる間は、他の具体的方法を如何に考究するも効果は甚だ薄いであらう。国民一般に彌漫《(ママ)》せる弛緩状態は個々別々の具体的方策を以て之れを抑制すること困難にして、国民全体を挙げ断乎たる措置を講じなければならぬ。……此の目的を達成せんが為めには……上は政府の会計より下は一個人の台所に至るまで、大いに緊縮の精神を徹底せしめ、消費の節約を励行するの外はない。一国に於て最大の消費者である政府が先づ事業の整理、緊縮及び経費の節約を行ひ、民間の各種工場、銀行会社総て全般に互りて経費の節減を行ふと共に、国民も亦大いに節約を加へ、勤勉なる態度をとらねばならぬ。……要するに、現在の財界の整理、物価の低下、生活の安定、外国貿易の均衡を得んとするには、官民一致具体的の緊縮策を講ずるより外に途無しと信ずる。(47)

井上にとって、金解禁の条件は「第一には貿易の改善、第二には相場が四十九弗に近づいた時、即ち……余り個人の財産状態に変化を与へなくて済む時代、又兌換制度を恢復しても余り危険の無い時と云ふ、二つの条件(48)」がみたされる時期と考え、金本位制への復帰により為替相場の安定性が保証されれば、「予測することの出来ない海外の投機の為めに、日本全体の産業は常に不安の位置に置かれ、実業家が生産品そのものよりも為替相場の日和見に浮身をやつすやうな気風を馴致するといふ……日本にとりまして実に非常な重大事件」は解決される(49)。

井上は一九二二年九月の市来乙彦蔵相(加藤友三郎内閣)のもとでの金解禁懇談会で時期尚早論を主張したが、それは為替相場が四七ドル台で低いと考えたからにほかならない。そして井上が金解禁への第二回目の最大の好機とみなしたのは、おなじ市来蔵相のもとで、二二年に貿易収支の改善がみられ、さらに二三年四月末には為替相場が四九ドルに上昇し、「其の間に何等人為的の処置も無ければ何等の手加減もせず、天然自然に貿易の改善の為めに此の相場が出て居る」この四月から震災までの時期で、「大正十一年の華盛頓会議が出来た時、殊に大正十二年の為替相場も元に恢復し、貿易も改善した時に金の輸出解禁をやらなかつたといふことは、これは非常な失策であつて、理屈が立たぬ事であると云はねばなりませぬ(50)」ときびしく批判している。

第二次山本権兵衛内閣蔵相就任

井上の予期しなかった政治家への転機は、大震災とともに急遽やってきた。一九二三年九月、関東大震災のさなか、井上は第二次山本権兵衛内閣の蔵相に就任した。関東大震災により東京・横浜の金融機能は麻痺し、経済は混乱状態におちいった。政府は、非常徴発令、暴利取締令を発動して鎮静化につとめる一方、支払能力を喪失した銀行救済のために支払延期令《モラトリアム》を発令し、さらに震災手形割引損害補償令によりいわゆる震災手形を日本銀行が積極的に再割引をして救済融資をおこない、日銀の手形割引にともなう損失を一億円にかぎり政府が補償することになったが、日銀が融通をあたえた震災手形の総額は四億三〇〇〇万円にのぼり、金融機関の整理ができないまま、二七年三月の金融恐慌をむかえることになる。井上は、のちに自戒の念をこめて、つぎのように自分の心情を吐露している。

大正十年、十一年頃に於ては財界の将来に対する見込が立ち兼ねたので、整理は日一日と繰延べられて居たのである。然るに大正十二年に偶々関東大震災が起つて、我事業会社並に銀行等は再び大打撃を被つたので、事業会社中、将来営業を継続し得るものと然らざるものとの区別が截然と別るゝに至つたのであつて、銀行に於ても貸出中、欠損と然らざるものとの別が判然するに至つたのである。それ故に此の時期に於て一大整理を実行すべきであつたが、此の時も亦信用を生命とする銀行のことであるから、減資、減配等を行ふ時は世上の信用を失墜して預金の引出に遇ひ、経営難に陥ることとなる虞れがあるので躊躇して居るうちに、昨年〔一九二七年〕の春期に至り……終に我国未曾有の銀行取付騒ぎを惹起し、多数の銀行が休業せざるを得ざるに至つたのである。[51]

さらに井上は「震災手形の一億円の補償に就ては私は責任者でありますが、あの震災間際の経済界の不安を唯一時に治めるといふことだけが主でもなかつた[52]」といっているが、井上はこれを期に金融界の再編と財政整理を一気に実施しようと考えていたのかもしれない。いやそれ以上に、井上が実現したかったのは金解禁であったとおもわれる。それは、井上が蔵相辞任直後に、「若し九月一日の震災が無かつたら自分は就任の翌日直ちに金の輸出解禁を断行したかも知れぬ。否必ずや断行して居つたらうと思ふ[53]」とのべていることからもうかがえる。しかし、蔵相として震災の処理におわれほとんど実質的な仕事ができないままに、同年一二月の虎の門事件により山本内閣は倒壊し、井上は心ならずも辞表の提出を余儀なくされた。

三　「銀行家」から「政治家」へ
——転機としての在野時代、一九二四年一月—二九年六月

欧米外遊

井上は蔵相を辞任すると、一九二四年二月から八月にかけて欧米、さらに翌二五年五月には朝鮮、七月には北海道・樺太の視察旅行にでかけている。この一連の視察旅行の目的について、井上は「今日の経済界が……非常に行詰つて居りまして、実は解決の道が吾々に附きませぬ……外国に行きましたのも全く其為でありまして、道を求めて歩いたのであります[54]」とのべている。とくに欧米外遊は、「此の機会に大戦後の変つた世界の様子も見たいし、又もう長い間の銀行屋さんで」あったので、今後の自分自身の身の振り方を「感知」すべく外遊を決意したという。[55]この欧

米視察以降、井上の行動はたしかにおおきく変化した。こうした井上の危機意識や焦燥感の背景には、欧米経済が回復の兆しをみせるなかで、「一度び眼を我邦に転ずる時は遺憾乍ら寒心す可き点多く今日直に之が対策を講ずるに非らざれば世界的恢復期の波に乗ずる事も出来ず従つて落伍者として再び立つ能はざる結果に到達するは明かな事実である」[56]という認識とともに、「政府は外国に金が実際入用なのであります。丁度大正二十[一九三一]年には、二億五千万円の四分利付公債の返還をしなければならぬ」[57]という切迫した事情があった。

井上は、ロンドンでイングランド銀行総裁ノーマン(Montague Norman)や旧知のニューヨーク連銀総裁ベンジャミン・ストロングにあい、イギリスの金解禁政策にかんする二人の会話に興味深くききいったという。[58]またアメリカでは旧知のラモントにあってさらに親交をふかめ、この欧米視察で井上の欧米の金融家との関係はさらに強化されたが、とくに井上に大きな影響をあたえたのはドイツの元首相ヴィルヘルム・クーノ(Wilhelm Cuno, 1876-1933)との出会いであったという。[59]クーノは、一九一八年末にドイツ最大の海運会社ハンブルク・アメリカ汽船会社社会長になり、二二年一一月にドイツ首相に就任した。しかし、通貨の大膨張にともなうマルク暴落で国民生活の破壊と社会不安が増大し、また二三年一月のフランス・ベルギー両軍によるルール占領にたいする受動的な抵抗政策で国民からの支持を失なって二三年八月に辞職を余儀なくされ、ふたたびハンブルク・アメリカ汽船会社にもどっていた。[60]井上は帰国後の二四年一一月に松本剛吉につぎのようにかたっている。

実は今回の洋行は自分将来の執るべき途即ち国家に奉公するには如何にしたら良いかと考へ外国に行きたる次第なり、然るに独乙にて会ひたる同国前々宰相クノー氏……同氏の談は自分今回洋行の目的と恰かも符節を合するが如くにして、自分は矢張り独乙にも自分同様の国家に対する考を持つて居る人があるかと思うて非常に愉快に感じた……其抱負の雄大にして其意気の旺盛にして愛国の至誠滂沱たるには何とも云へぬ感に打たれた。[61]

また山本達雄は、帰国後の井上に「君は今後如何なる方針をとつて世の中に立つ積りか、斯様な問を起しました所が、井上君の返答は……今後若し真に自分を信じて用ゐようといふ者があれば、国家、社会のために十分働くことを辞せない考へである」とかたっていたという。[62] この欧米外遊で、井上は英米の友人たちの政治観、経済観にふれ、「日本の政治家が如何なるものであるか、又僕自身がこれ等の友人の意見を聞いて、今後自分はどうすることに決意したかは全く別な問題である」[63] としながらも、井上が一歩脚をふみいれながらも頓挫してしまった政治家への途が、この外遊の過程でかなり鮮明な像としてえがかれるようになり、実業家か政治家かあるいは教育家かどのような方法で国家や社会への貢献できるかは、井上自身の選択というよりも、国家、社会の求めにおうじるべきことを心に決めたようにおもわれる。[64]

その意味で、一九二五年二月の東京商科大学における講演「戦後に於ける我国の経済及金融」および二六年五月の京都帝国大学における講演「我国際金融の現状及改善策」は、二〇年代なかばまでの井上自身をストレートに総括したもので、この二つの講演は、それまでの「銀行家」としての現状対応型の政策思考から、日本経済にたいする危機意識を背景に日本経済再生の政策論を明確にうちだす「政治家」としての未来展望型の政策思考への転換点として位置づけられる。これ以降、井上の思想のなかで、「財政緊縮」、「財界整理」、「金解禁」の必要性と武力によらない「平和的の発展」の方向性がいっそう明確になり、それは政友会とは一線を画する、憲政会の財政緊縮・国際協調路線にちかいものであった。

財界世話業に象徴される企業合同の仲介役としての井上の活動は、合理化による国際競争力の強化の一環と位置づけられ、また一九二四年の日本青年館監事への就任、二六年八月のクーノの心境を語って最終的に承諾した大日本聯合青年団理事長への就任、さらに東京商大や京都大学での講演をはじめ次代の日本をになう青年や学生にたいして積極的なメッセージを発信するなど、井上は教育活動や人材育成の方向を明確にしていった。その意味で、帰国後の一九二四年九月に東京市長への就任要請を拒否したことは、井上の関心がもはやそうしたことにはないことを明確にした象徴的な出来事であったといえる(65)。

政治への接近

井上が横浜正金銀行頭取、日銀総裁に就任していた時期に政友会が政権の座にあり、また高橋是清が日銀総裁のときに井上が正金銀行頭取、高橋が蔵相のときに井上が日銀総裁であったことから、井上は一般的に政友会系とみなされていたが、浜口内閣に蔵相として入閣するまで、井上自身は高橋是清や政党との関係についてほとんど言及していない(66)。研究史をみても、一方で井上が政友会のインフレ政策に協調・迎合したとして高橋是清との思想的同一性が強調されながらも、他方では「井上財政」と「高橋財政」の対立図式が強調され、この二つが井上の浜口内閣への入閣という「豹変」「意外」によってリンクされている。しかし、井上の経済論がそれほどたやすく「豹変」できるようなものであれば、井上がなぜあれほど金本位制へ固執しつづけたのかを十分に説明することができない。井上の経済論は緊縮財政、軍事費抑制、産業合理化を基調とするもので、山本達雄と高橋是清の論争においては山本にちかく、大戦後の基本的な財政政策論としては憲政会の系譜につらなるといってよい。井上は「銀行の経営者が政党、政派に深き関係を持つことは……幾多の弊害を齎す」ので「銀行家は常に政党、政派に対して独立自由の態度を持することが必要(67)」と強調し、また「小生政党ニ縁故無之(68)」というように、井上は金融官僚として政治から一定の距離をたもつことに心がけていたようにおもわれる。しかし、井上のなかでしだいに政友会か憲政会かを意識的に選択しなければならない時期がちかづいていた。

経済政策と金解禁論の展開

関東大震災により金輸出解禁の可能性は遠ざかったものの、大震災を契機として復興資材の輸入急増で輸入超過が顕著となり(図4-4)、輸出増加による貿易収支の改善の可能性が構造的に困難になったために、井上の主張の力点は輸入縮小による貿易収支均衡と、貿易外収支の重要性を強調する方向に変化した(69)。井上によれば、輸出貿易不調の原因は日本の高物価水準にあり(図4-3)、物価問題の解決のためには通貨収縮・金解禁がもっとも適当な方法であるが、「産業立国とか或は非常な積極政策」をとっても、物価高・労賃高の状況では輸出増加により貿易収支の均衡をはかることはできないので、「輸入を減ずより外にはバランスの合ひやうはない(70)」。そして輸出競争力の強化のためには機械化の進展と労働賃金の低下かあるいは労働能率の上昇が急務で、「産業組織を根本的に改める事」、つまり産業合理化の必要性が強調される(71)。

井上は、「私は現政府[加藤高明内閣]のやった精神には賛成して居るのではありますが、方法としては不賛成であります(72)」としながらも、対米為替相場を一九二四年末の三八ドル五〇セントから二五年一月の四三ドル五〇セントにまで自然に上昇させた浜口雄幸の「財政緊縮」「公債整理」政策をたかく評価していた(73)(図4-4)。こうして井上は、二六年五月頃までには金解禁論者として、「今日は金解禁をするとかせぬとかいふ議論の時代に非ずして、金解禁の準備をしなければならぬ」、そして「準備が出来たならば金の解禁はなるべく早く決行すべし」と主張し、このまま準備もせずに貿易の改善をまっていては「金の解禁は未来永劫出来ぬことになる」と浜口蔵相の政策的対応の遅さを批判した(74)。

井上は一九二六年九月に第一次若槻憲政会内閣(片岡直温蔵相)のもとで金融制度調査委員会委員を依嘱され、のちの銀行法(一九二七年三月公布、二八年一月施行)につながる「普通銀行制度ニ関スル調査」特別委員会委員長に就任した。その背景には二六年に円為替相場が上昇して金解禁が現実的な問題になったこともあり、金解禁の前提として経営状況の悪い銀行整理のために震災善後処理法案が提出されることにも理解をしめした。「さうしてあれが通ったならば其の銀行を片端から潰すなり活かすなりして、財界に変動を与へぬやうにして金の解禁をしよう、それより外に途はよい。

無からうと思つて居つた」とのべているように、[75] この段階で井上は憲政会内閣とほぼ同一歩調をとっていたといってよい。

日本銀行総裁就任と金融恐慌の処理

井上は一九二七年四月五日に台湾銀行調査会会長に就任し、台湾銀行の整理に着手していたが、四月一七日に枢密院で台湾銀行救済緊急勅令案が否決されたために若槻内閣は総辞職し、四月二〇日に政友会田中義一内閣が成立、蔵相には高橋是清が就任した。高橋蔵相は事態の鎮静化をはかるために二二日に緊急勅令により三週間のモラトリアムを施行し、全国の銀行は二五日に営業を再開するまで一斉休業にはいった。田中義一は胸中では井上の外相就任を期待していたにもかかわらず、井上がすでに台湾銀行調査会会長であったために井上との交渉にはいたらず、田中首相が外相を兼任することになったというが、[76] 井上に打診して拒否された可能性も多分にのこされている。

井上が、高橋蔵相の懇請により第一一代日本銀行総裁に就任するのは、すでに金融恐慌による混乱が一段落した五月一〇日のことで、前日の五月九日には「日本銀行特別融通及損失補償法」および「台湾ノ金融機関ニ対スル資金融通ニ関スル法律」が公布され、同日には台湾銀行の各支店も営業再開していた。井上が二度目の日銀総裁をひきうけた真意がどこにあったのかわからないが、「蔵相の犠牲的精神に感激した」とも、[77] 高橋老人に泣かれ、「井上の美点でもあり又弱点でもある」「人情に曳かされた」ともいわれるが、[78] たとえ短期間であったにせよ、すでに第二次山本権兵衛内閣で蔵相を歴任した井上にとって、高橋蔵相からの懇請があったとしても二度目の日本銀行総裁を引き受けるにあたっては気がのらなかったらしい。池田成彬は「相談に来た」井上に銀行界の井上待望論をつたえると、井上は一年の約束でひきうけたというが、井上は当時の金融界の事情を熟知しているうえに、こうした問題を他人に相談して決定するような性格ではないので、このエピソードは池田による創作の可能性が高い。[79]

井上は、金融恐慌は一九二〇年三月の反動恐慌と二三年九月の震災に発するもので、「主として我国の銀行の経営振りに大なる欠陥があつたことに帰著《ママ》する」[80]と考え、日本の金融システムの矯正すべき弱点として、銀行間の預金獲得競争による高金利とそれにむすびついた高配当をあげ、配当金が株式の市場価値の唯一の基準になっていることの危険性を指摘している。[81]銀行合同は井上の持論であったが、井上は「今日は我国の銀行業務に於て一大革命を要する時機」[82]で、「金融機関に対し根本的の改善を加へ、之れを立直すの要ある」ことを強調し、その内容として預金利子の引下げや預金取引の改善、無担保貸付の制限、一取引先に対する貸付額の制限、不動産貸付の制限、銀行間および銀行・証券業者間の過当競争の抑制、銀行配当の減少、欠損切捨の慣行化(不良債権の明確化)をあげている。[83]井上が「銀行の制度が改善されねば日本の経済界、金融界は改善されない」と強調していることから考えても、[84]おそらく井上が日銀総裁を引受けたのは、二〇年の日銀総裁期と二三年の震災後の蔵相期に井上がおこなった救済融資が整理すべき対象であった二、三流銀行までも救済する結果となり、金融機関の整備・再編が遅々としてすすまなかったことにたいする反省と責任感の強さから、銀行合同の促進と昭和銀行の設立など金融恐慌後の「銀行界の整理」と金融システムの再構築を自分の使命としたようにおもわれる。[85]それはあくまでも井上の使命感と責任感にもとづくものであったが、二〇年代を通して金本位制への復帰を実現できない日本は世界経済にとって不安定要因であっただけに、井上の日銀総裁就任についての欧米のメディアの論調は好意的で、日本の財政の健全化にたいする井上への期待感はつよかった。[86]

しかし、日銀総裁就任直後の一九二七年五月には第一次山東出兵、六月には東方会議の開催、七月には対支政策綱領による中国における権益自衛方針の明確化、さらに翌二八年四月の第二次山東出兵、五月初めの済南事件など一連の政友会内閣による対中国政策は、武力によらずあくまでも平和的な発展を主張する井上とは相容れるものではなかった。日銀総裁辞任直後の二八年一一月の講演で、井上は「国際信義」の重要性を強調し、「国際的には国際信義といふものを守らなければ国の発展は出来ぬのであります。……今後の国の発展は平和の発展、即ち貿易の増進、放資の増加でなければならぬ」、「私は……今日の日本が……武力を以て海外を征服せよといふやうな考へを持って居る者ではない。……日本の海外進出の現状と相対照して考へて見る時に、実に現在の状態には、余りに残念で仕方が無い点が多いのであります[87]」と政友会の対外膨張政策を批判している。

日本銀行の特別融通法および台湾金融機関にたいする融通法にもとづく日銀の特融の貸出期間は一九二八年五月八日に終了し、その結果金融市場はいちじるしく緩慢になった。二八年六月の銀行整理が一段落したこの時期に井上が日銀総裁を辞任したのは、井上の初期の意図からすればきわめて自然なことであった。井上によれば、この一年のあいだに「金融機関たる銀行の整理は……最早一段落を告げた」が、依然として「日本銀行の通貨の調節力には欠くる所がある」ので、金解禁は補償法による日本銀行の固定貸の回収が相当程度まで実行されたうえでなすべきものであるという[88]。井上はその後ふたたび約一年にわたり在野にくだるが、二九年四月頃には金解禁の条件として井上が重要視していた「財界の整理」はある程度ついたものの、政府の「財政の緊縮」はできていない、財政収支の好転なくして為替相場の上昇はありえないので、「今の政友会内閣といふものは金の解禁をするのには丁度反対の方向に走る政策を持って居る内閣ではないか[89]」とのべているように、井上は政友会のもとでは金解禁の可能性はないと考えていた。

井上のアジア論(二)——人口問題・食料問題と朝鮮開発論

井上は一九二五年五月に二五日間にわたり精力的に朝鮮全道の産業視察をおこない、さらに同年七月には北海道および樺太を視察した。朝鮮視察の動機は蔵相時代の朝鮮事業公債一〇〇〇万円の募集に端を発するもので[90]、欧米や朝鮮の視察を通して、井上は日本が解決しなければならない課題として人口問題と食糧問題の二つの問題を具体的に認識するようになり、その意味で井上の朝鮮、台湾など植民地経済の役割にたいする期待はおおきくなった。井上は結論として、朝鮮の民情は安定しているので資本投資にたいする不安はなく、朝鮮の経済開発による日本と朝鮮との経済的関係の密接化の必要性を強調する。資本投資先としては、鉄道建設（とくに咸南・咸北連絡線、および私設鉄道）、水利施設の改良や新田開発など産米増殖のための土地改良事業、褐炭・無煙炭の開発、綿花、養蚕事業があげられる。朝鮮の産業開発の目的は「物資の供給を潤沢にすること」で、これは「内地の物価問題の解決の一つの手段ともなりうる」だけでなく、「人口増加に対する食糧問題、燃料問題その他に就て生産を増加して経済的に安定を計る」ものである。[91] ただし、ここでの資本投資は、大戦期に正貨の効率的な処理方法として考えられていたよりも、さらに日本が直面している人口問題・食糧問題・燃料問題の解決策としての積極的な意味をもつものとして位置づけられている。また同時に、東洋拓殖会社の移民政策や朝鮮銀行、東洋拓殖会社など朝鮮の金融機関が地域をこえて世界的な規模で業務範囲を拡大したことにたいして、井上が批判的であったことにも注目しておきたい。[92]

井上のアジア論(三)――インドと南洋

大戦期に日本の貿易相手国として重要な位置をしめるようになったのがインドである。インドは日本の対英帝国貿易のなかで最大の貿易相手地域として、とくに輸入品の八〇％強を原料棉花がしめ、大戦期にはイギリスのインド省証券の売出し制限にともなう棉花輸入代金の決済難がおおきな問題となったこともあり、井上のインドへの関心はたかかった。井上の旧蔵書にもインド関係の書籍は多くあるが、なかでもジェボンズの『インド通貨と為替の展望』の書込みや下線をみると、いかに井上がインドの通貨の状況に多大な関心をよせていたかが推測される。[93]

井上は、日銀総裁辞任後の一九二八年八月から一〇月にかけてジャワとスマトラの視察にでかけた。井上は横浜正金銀行時代から日本の南洋貿易、ゴム栽培、移民などに注目し、「東洋のロンドン」構想においても南洋市場は日本にとって密接な資本関係をきずくべき地域として位置づけられていた。二六年九月には南洋貿易会議が開催されるなど日本にとって南洋貿易のもつ重要性が認識されるようになっていたが、井上の南洋視察は、蘭印・マレー半島地域一帯の経済的将来性に注目し、長期にわたりオランダの植民地であった蘭領東インドの政治・経済関係の施設を朝鮮や台湾と比較研究して、将来の経済政策の樹立に役立てるという明確な目的をもつもので、日本の投資対象先と考えられた石油、錫、農産物、ゴム産業を視察した(94)。

四　金解禁——浜口内閣・第二次若槻内閣蔵相時代、一九二九年七月—三一年一二月

浜口内閣の成立

一九二九年七月二日、井上は浜口内閣の蔵相に就任した。浜口は組閣の大命をうけると、即座に井上に蔵相としての入閣を要請した。田中政友会内閣の総辞職にともない民政党へ組閣の大命がくだることは予想されたこととはいえ、浜口のなかでは井上以外の選択肢はなかったものとおもわれる。井上は浜口からの要請をうけて、まさに自分を必要とするときが到来したと感じたに相違ない。井上によれば、「財界の行詰りと国民思想の廃頽、それをこの儘に放任しておくことの出来ないといふことに就いては、浜口氏も俺も全く同感である。浜口氏は、先づ財界の根本的建直策として中央、地方財政の緊縮、公債の整理、金輸出解禁の断行を決意し」、蔵相就任を要請したという。井上が「金の解禁は誰がやってもうまくは行かない」というと、浜口は「それは承知だ、併し我々としては最善を尽すより外はない。自分は既に一身を国に捧げるの(ママ)決心をした。君も亦君国のために我内閣に一枚加つてくれまいか」とこたえた。井上は「断はれば命が惜しいといふことになる、俺は即座に受諾した(95)」という。

浜口内閣の政治的使命は、国際協調路線のなかで山積している国内外の課題の解決をはかることで、成立と同時に民政党のマニフェストとして「対支外交刷新」、「軍縮の促進」、「財政の整理緊縮」、「非募債と減債」、「金解禁断行」

などからなる十大政綱を発表した。金解禁と軍縮は軌を一にするものであり、軍縮による軍事費の削減は財政緊縮政策の核心であった。こうした浜口首相や井上蔵相の政治姿勢にたいする海外の評価は高く、浜口内閣は国際的にも期待された内閣であった。[96] 浜口内閣が金本位制への復帰をいそがなければならなかった背景には、一九二八年にフランスが金本位制に復帰し、さらに二九年のヤング委員会で国際決済銀行設立構想が討議された際、出資国および国際連盟財政委員会の構成国の条件として金本位制国である必要があった。さらに一九三一年一月一日には一九〇五年の第二回四分利付英貨公債二億三〇〇〇万円（起債額二五〇〇万ポンド）の償還期限をひかえ、借換のためには金解禁問題に目処をつける必要があり、日本が「一等国」でありつづけるためには対外的には金本位制への復帰以外の選択肢はなかったといってよい。[97] 国内的にはすでに一九二八年一〇月から金融界をはじめ紡績業界や蚕糸業界などの財界や商工会議所も円為替相場の安定をもとめて金解禁支持の論陣をはり、とくに金融恐慌における特融は結果的に一流銀行への資金の偏在をもたらし、大銀行は遊休資金の海外での運用をもとめていたので、その意味でこの期の金解禁論は、「一流銀行の遊資処分策としての金解禁論」という特徴をもっていたといわれる。[98]

新平価解禁論批判

新平価解禁論、つまり平価切下げによる金解禁にたいする井上の反対論の核心は、第一に新平価で解禁したフランス・イタリア・ベルギーの場合、財政収支バランスの均衡が不可能であったばかりでなく、これらの諸国間ではわずかな為替や価格の差で物資が動いているのにたいして、日本は世界の中心から遠ざかっているので対外価値と対内価値が一致していない、つまり購買力平価説が適用されないということが大きな相違で、平価を切下げたところで国内物価に影響をあたえるわけでも、また輸入超過がなくなるわけでもなく、「財政の緊縮」や「財政の整理」により「一割位為替相場は上る、必ず上るといふことを確信して疑はない」と井上は主張する。[99] 井上にとって「貨幣の平価を改定するといふことは一種の経済革命であって、国家の信用、国民経済及び国民精神の全般に及ぼす影響、実に多大なるものがある、斯くの如き非常措置は他に方法無く且つ絶対の必要あるにあらざれば、之れを採用す可らざることは当然である」というつよい信念があった。平価切下げは「一時を糊塗」し、「従来の虚偽を其の儘永続」させるものであり、「解禁問題解決の一半の目的を没却する結果となる」。なぜならば、「金の解禁は単に為替相場の安定のみが全目的ではない。之れによって国民一般の緊縮気分を喚起し、公私経済の面目を一新し、産業の経営を合理化し、経済の根本立直しを行はんとする理想を包蔵して居る[100]」からである。

金解禁

政府はすぐに金解禁の準備に着手し、貿易収支の改善による正貨流入の可能性が期待できない以上、政府および地方の支出削減・人件費の削減による緊縮財政政策とともに、国民の消費節約キャンペーンを展開した。同時に在外正貨の補充と正貨流出の抑制をおこない、さらに英米におけるクレジット設定交渉にはいった。少数与党である民政党内閣にとって、金本位制復帰を優先するかぎり、貨幣法の改正を必要とせずに大蔵省令で実施することができる旧平価解禁は現実的な選択であり、為替相場が旧平価(一〇〇円あたり四九・八四五ドル)に近いところまで回復してきていたこともおおきな判断要因であった。井上は一〇月に津島寿一をアメリカに派遣し、モルガン商会とクレジット設定の協議にあたらせたが、このクレジットは融資というよりも「モラル・サポート」の性格をもっていた[101]。政府は一九二九年度の一般会計歳出総額を約一億円減の一六億八一〇〇万円とする実行予算を編成し、さらに一九三〇年度の一般会計では総額一六億八〇〇万円の緊縮予算を編成した。こうした金解禁へむけた国内での準備の進展とともに、対米電信相場は六月末の四三・四六ドルから九月には四八ドル台を回復し、一一月初旬には四八・八七ドルになった。二九年六月現在の政府および日銀の正貨保有高は一一億七〇〇〇万円(うち在外正貨八三〇〇万円)であったが、一一月には英米銀行団と横浜正金銀行とのあいだで一億円(一〇〇〇万ポンド)のクレジット契約が成立した。このクレジットの設定が可能であったのは、国際的金融家として海外から高い評価と信用を得ていた井上の存在があったからである。これをうけて政府は二九年一一月二一日に、三〇年一月一一日をもって一九一七年の大蔵省令第二八号を廃止する大蔵省令を公布し、金輸出を解除する旨の政府声明をだした。井上は基本的に期限付解禁論にたいして反対の姿勢をとっていたにもかかわらず、結果的に期限付予告解禁になったのは、この政府声明と同時に産業合理化審議会が設置され、金融機関を別にして鉄・石油・パルプなど重要産業への影響が懸念されていることからみて、政府としてはこの段階ではまだ十分な準備ができていないと判断していたことによるとおもわれる。(103)この金解禁の政府声明は、欧米市場において好感をもってむかえられ、円相場は一二月には四九ドル台に上昇し、金解禁までに通貨発行量一一億円にたいして金準備総額は約一六億円に達し、井上自身も日本の財政的基礎が堅実であることに満足した。(104)

井上が金解禁の影響として懸念していたのは、金貨流出による金利の上昇や為替相場の変動に日本の財界が耐えうるかどうかという点であった。(105)輸出振興のための産業合理化政策は、輸入抑制のための国産品愛用政策とあいまって展開された。産業合理化審議会の設置につづいて、一二月の商工審議会の産業合理化にかんする答申、三〇年一月の臨時産業審議会の設置、三〇年五月の輸出補償法の公布、六月の臨時産業合理局の設置など政府は産業合理化推進のための一連の政策的措置をおしすすめた。輸出補償法は、海運業の発展を奨励するために低金利で資金融通をおこなうもので、井上の「海運業、造船業の奨励を我国の国是」とする必要があるという主張とむすびつくものであった。(106)こうした政府の合理化政策は、さらに三一年四月の重要産業統制法および工業組合法として法制化され、重要産業の統制や中小企業の組織化を強力に推進する政策として具体化された。

世界恐慌の波及

金解禁により日本および円の国際的信用は回復したが、世界恐慌にかさなって金の自動調節機能は井上が期待したようには作用しなかった。井上は投機目的による金の流出額を二億五〇〇〇万円―三億円と予想していたが[107]、一九三〇年一月一一日以降六月末までの金流出額は二億二〇九〇万円で、六月には金の流出も一段落し、二九年および三〇年の入超額は七〇〇〇万円前後で貿易外収支の受取勘定で決済できる範囲内であった。井上は当初「ニューヨークの株価大暴落は安価な資金をもたらし、障害を除去する」ものであり、また英米両国における金利の低落傾向により日本との利鞘がすくなくなるので日本から放資金が流出する余地もなくなると楽観視していたが[108]、世界恐慌の影響は七月頃からしだいに深刻化し、とくに農産物価格の下落が顕著で農業恐慌の色彩が濃くなった。井上はこの不況を、つぎのように分析している。「我国の不景気には世界不景気の影響を受けた点と、我国特殊の事情から来た点と二つがあるが、「今日の世界不景気の直接の動機は農産物の生産過剰と米国の海外投資の激減との二つ」で、「通貨収縮の結果に因る物価低落の大勢とが互に加重して此等の物の価格を極端に下落せしめて居る」。他の大きな要因は「米国及英国の海外放資の減退」で、アメリカの海外投資額は二八年の三〇億円から二九年の一四億円に激減している。世界不況の日本への影響は「輸出の困難」としてあらわれ、中国では銀の下落にともなう購買力の減少と綿布価格の上昇、インドでは外国製品のボイコット、さらにアメリカ向け生糸輸出の減退がみられる[109]。しかし、こうした輸出市場の不調は日本だけでは十分に対処しえない問題であった。

柳条湖事件とイギリスの金本位制停止

浜口内閣は、一九三一年四月に第二次若槻礼次郎内閣に交替していたが、同年九月に二つの不測の事態が生じた。九月一八日の柳条湖事件と九月二一日のイギリスの金本位制停止である。『ウォール・ストリート・ジャーナル』は、のちにつぎのようにのべている。満洲事変とイギリスの金本位制停止までは「日本はかなりうまくいっていた。……井上のデフレ政策はすこしづつではあったが効果をもたらしつつあった。産業合理化も進展し、市場も安定しており、大企業一二五〇社のほぼ八〇％にあたる企業は実際に利益を上げていたし、金利も低かった。将来にたいする通常の楽観主義とまではいかないにしても、金融界、産業界は、不況が「終るのを待つ」ために状況をそのままにしておくだけで十分であった。……九月にすべての混乱《トラブル》が一気にやってきた」[110]。満蒙問題をめぐる軍部の動向や、三一年六月の中村大尉殺害事件や七月の万宝山事件など伏線がないわけではなかったが、政府は状況を十分に把握できていなかった。井上も満洲における軍部の行動を読み違え、くりかえし日本による領土的支配の可能性と戦争の危険性を否定し、満洲事変勃発以降の日本軍の行動を自衛によるものとして擁護している[111]。

井上蔵相は、イギリスの金本位制離脱はイギリスが「対外的信用を失墜した結果」であり、日本の財政的基礎は堅実であって金本位制の維持に支障はないとの声明を発表し、さらに日本はイギリスと直接の金融関係がないことを強調した[112]。「ドル買」は一九三〇年一〇月にもロンドン海軍軍縮会議をめぐる政変の思惑からおきていたが、イギリスの金本位制離脱をうけて、日本の金輸出再禁止をみこした大規模なドルの思惑買いがはげしくなり、一〇月、一一月の二カ月で二億八〇〇〇万円の金が流出した。「ドル買」にたいして日銀は公定歩合の引上げと正貨現送をおこない、井上は「金融梗塞と或は恐るべき財界パニックが勃発しないとも限らない」と懸念し[113]、横浜正金銀行に売り応じて対抗させた。「ドル買」の中心はニューヨーク・ナショナル・シティ銀行などの外国銀行のほか、三井銀行、三井物産、住友銀行、三菱銀行、東洋棉花、三井信託銀行など三井系を中心とする財閥系金融機関であった[114]。金解禁は国際的な環境と財界の要望によるものであったが、井上財政の足をすくったのはほかならぬこれらの財閥系金融機関であった。紡績業界はイギリスの金本位制停止以降対英および対インド為替相場が不利になり、またインド市場において綿業保護法の施行や関税引上げにより経済摩擦がはげしくなったことから金輸出再禁止を主張するようになり、アメリカ市場の不振の影響をうけた蚕糸業界も同様の主張を展開した。また民政党内部でも安達謙蔵内相の挙国一致内閣構想など政友会との連携を模索する動きもあらわれ、民政党内部における若槻内閣の求心力は弱化した。

金輸出再禁止

若槻内閣は中国問題や国内の経済不況に十分な対応策をみいだせないまま一九三一年一二月一一日に総辞職し、犬養毅を首班とする政友会内閣が成立した。蔵相に就任した高橋是清は、一四日に「金貨幣・金地金輸出許可制ニ関スル件」を公布して金本位制を停止した。対米平均為替相場は三二年六月には三〇・二五ドル、一一月には二〇・七五ドルにまで急落し、その後も三〇ドルを回復することはなく(図4-4)、また政府外債の海外市場価格も急落した。[115]「ドル買」には約五億一〇〇〇万円が投資されたと推計されるが、[116]為替相場の急落により三井を中心とする財閥系企業は巨額の為替差益をあげた。井上は、三二年一月の貴族院での演説で、日本にとって金本位制の維持は困難ではなく、金流出はすでに一〇月二五日にはやんでいたので、金輸出再禁止は無意味であるだけでなく、それにより少数の資本家が利益を享受し、為替の下落とインフレの危険性がうまれた、と高橋の金輸出再禁止政策を真正面から批判した。[117]『ザ・タイムズ』は、日本の金輸出再禁止の理由は貿易収支の悪化にともなう金流出にたいする懸念からくる「たんに経済的リアリズムの問題」とし、[118]また『ウォール・ストリート・ジャーナル』は、「政友会は混乱を井上の個人的な責任に帰し、井上が日本から金を流出させたといわれているが、ドルを売却した人々にもまたドルを購入した投機家にもともに責任がある」と指摘している。[119]のちに『ニューヨーク・タイムズ』は、金輸出再禁止は井上蔵相のもとで軍縮と健全財政主義の複合効果により実施された経済効果を犠牲にするものであり、高橋財政による軍事費の増大にともなう「不均衡財政は結果的に信用力の喪失」であると指摘している。[120]

おわりに

井上準之助は、国際派リベラリストであると同時に、国際ルールのなかで「帝国」日本の存在意義を確立しようとした健全なタイプのナショナリストでもあった。井上の経済論や経済政策論にはかれ自身の国際認識がうつしだされており、井上にとって金解禁は国際金本位制のメカニズムのなかで日本経済の再生をはかるためのひとつのツールであった。井上が金解禁の好機とみなしたのは、第一に一九一九年六月にアメリカが金本位制に復帰した直後の時期、第二に二三年四月末から震災までの時期、第三に二六年後半から金融恐慌までの時期であるが、金解禁にたいする井上の立場は大戦以降一貫して準備解禁論であったといえる。それがときに時期尚早論に、ときに即時断行論になるのは、国内の準備状況とともに貿易収支や為替相場などの状況の変化によるもので、井上の金解禁論自体に変化があったわけではない。

「井上財政」にたいする否定的な評価が多いにもかかわらず、対外的および国内的にみのがしてはならない重要な点は、第一に「財政整理」と金解禁の実施による国際的信用の回復の結果、政府外債の借換が可能になり、日本が外債償還という国際収支上の制約からのがれることができたこと、第二に「産業合理化」による「産業の整理」が促進され、日本の輸出競争力強化の基礎が形成されたことの二点である。日本経済はこの二重の桎梏から解放されたことにより、「高橋財政」下で国際的に割高な輸出品価格を円為替相場の下落で相殺させることによって、輸出主導型の不況からの回復が可能になったのである(図4-4)。

井上の国際認識は、対米および対アジア関係をともに射程にいれるものであった。それは、一方でワシントン体制をささえる経済的な要因でもあった日米間の貿易関係の拡大と外債・地方債・社債の発行や外資導入など資本関係の緊密化を通じた日米経済関係の重要性についての認識であり、他方では国内の人口問題・食料問題・燃料問題の解決の場として、また市場および資本の投資先としての植民地をふくむアジア地域の重要性についての認識であった。井上のなかでは、この二つが国際収支の視点から意識的に位置づけられていた。しかし、井上にとって誤算のひとつは、輸入抑制により貿易収支には改善がみられたものの、井上が重視した貿易外収支が世界恐慌の影響で好転しなかったことである。その最大の要因は、アメリカが金本位制にもとづく多角的決済機構のなかでそれまでイギリスがはたしてきた役割と機能に代替することができなかったことであるが、世界恐慌への対応について井上の政策的判断を鈍らせることになったのは、アメリカが金本位制から離脱しなかったこと（アメリカの金本位制停止は一九三三年四月）と、井上の日本経済にたいする認識、つまり日本が「特異の国情多く、主要物資中国際的ならざるもの多く、而も世界の中心市場と隔離」[121]しているというつよい認識にあったことによるとおもわれる。

井上は大戦期から「政治的判断」が経済のロジックにまさることを身をもってしらされ、それが井上に金融から政治に重心を移行させる契機になったが、井上のもうひとつの誤算は、陸海軍部、とくに満蒙問題にかんする陸軍の動向を十分に洞察することができなかった点があげられよう[122]。井上財政の核心のひとつは、軍事費の抑制により軍部の行動に財政的な歯止めをかけることであり、井上が最後まで金本位制に固執したのは、欧米諸国とことなり軍部にたいする文民統制の思想も伝統もなく、また日本銀行の中央銀行としての独立性も十分に保証されていない日本においては、管理通貨制度のもとでは軍事費の膨張に歯止めをかけることはむずかしく[123]、したがって国際的なメカニズムのなかで通貨発行量を構造的に調整する以外に軍事費の抑制は達成できない、と考えたことによるとおもわれる。しかし、第一次大戦期に財政的制約条件が緩和されて以降、軍部の発言力は一段と増大し、若槻では満洲事変以降の政局に対処するための強力なリーダーシップに欠けていた。その意味で、一九三一年八月に井上のよき理解者であった浜口が逝去したことは、井上にとってはかりしれない打撃であった。

満洲事変以降、日本の政治・経済にたいする国際的信用はゆらいでいたが、それに終止符をうったのは、一九三二年の五・一五事件による政党政治の終焉でもなければ、また三六年の二・二六事件でもなく、それは自由主義者として日本の国際的信頼をつなぎとめていた井上準之助の暗殺によってであった。『ニューヨーク・タイムズ』の追悼記事は、つぎのように記している。

　井上は決意の人であり、かれの強い個性と確固たる見解は、多くの政治的敵対者をうみだした。昨年一二月の若槻内閣総辞職のわずか二、三週間前に、あるアメリカ人の友人［トマス・ラモントか］につぎのようにかたっていた。日本がさまざまな経済的困難からぬけだす途は二つある。それは安易な途と困難な途であるが、井上は日本の国家財政の健全な経済的基礎を構築する唯一の方法として後者の途を選択した。(124)

注

（1）'Obituary: Mr. Inouye, a Japanese statesman,' *The Times*, 10 February 1932.

（2）'Inouye long guided Japanese finances'（以下 Obituary）, *The New York Times*, 10 February 1932.

（3）一九三〇年代になると政友会は「保守主義ナショナリスト」('Obituary: Mr Hamaguchi,' *The Times*, 27 August 1931)、さらに満洲事変以降は「軍部の代弁者」とみなされるようになった('Japan profits by Manchuria,' *The Wall Street Journal*, 12 March 1932)。

（4）大蔵省昭和財政史編集室編『昭和財政史』第一巻、東洋経済新報社、一九五四年、一一一―一一三頁。

（5）加藤俊彦「井上準之助についての覚書」『金融経済』第四三号、一九五七年四月、長幸男『日本経済思想史研究』未來社、一九六三年、および同『昭和恐慌』岩波新書、一九七三年、中村隆英『経済政策の運命』日経新書、一九六七年（改題『昭和恐慌と経済政策』日経新書、一九七八年）。三和良一『戦間期日本の経済政策史的研究』（東京大学出版会、二〇〇三年）はきわめて慎重な議論であるが、この流れのなかに位置すると考えてよい。

（6）宮本憲一「昭和恐慌と財政政策」『講座日本資本主義発達史論』三、日本評論社、一九六八年、桜谷勝美「井上準之助の金解禁論」『三重大学教育学部研究紀要』第二九巻第三号、一九七八年三月、橋本寿朗「経済政策」大石嘉一朗編『日本帝国主義史』第二巻、東京大学出版会、一九八七年、山本義彦『戦間期日本資本主義と経済政策』柏書房、一九八九年、吉田賢一「金解禁(昭和五〜六年)の歴史的意義」『経済学研究』(北海道大学)三八巻三号、一九八八年、などがあげられる。

(7) たとえば、日本銀行調査局編『日本金融史資料・昭和編』第二三巻(大蔵省印刷局、一九六九年)の解題および収録雑誌論文を参照。

(8) こうした特徴は、井上財政のデフレ政策にたいしてリフレ政策の有効性を主張する論者にも基本的に共通している。リフレ政策を媒介項として高橋財政と新平価解禁論の共通性をみいだそうとする議論は、両者の金解禁にたいする見解が対極的であることについての理解に欠けている。若田部昌澄「昭和恐慌をめぐる経済政策と政策思想――金解禁論争を中心として」(内閣府社会経済総合研究所ディスカッションペーパー三九、二〇〇三年六月)や岩田規久男『昭和恐慌の研究』(東洋経済新報社、二〇〇四年)をみよ。

(9) 井上と池田との確執については、吉野俊彦『歴代日本銀行総裁論――日本金融政策史の研究』増補改訂版、毎日新聞社、一九七六年、二三七頁。ラモント文書を利用し、井上を国際派自由主義者として位置づけて考察した Mark Metzler, *Lever of empire* (Univ. of California Press, 2006) においても、資料批判はなされていない。

(10) 山本達雄「追悼辞」井上準之助論叢編纂会編『清渓おち穂』同会、一九三八年、二九三―二九四頁。

(11) Obituary, *The New York Times*, 10 February 1932.

(12) 杉山伸也「日露戦後経営と国際収支の危機」東アジア近代史学会「日露戦争一〇〇周年記念シンポジウム」分科会報告、二〇〇五年九月。

(13) 佐藤政則「明治三四年前後における高橋是清の日銀金融政策」『社会経済史学』五〇巻五号、一九八五年二月。

(14) 第二次西園寺内閣の蔵相であった山本達雄は日本経済の実力に不相応な海軍拡張計画や陸軍二個師団増設に反対をとなえ、西園寺内閣瓦解の要因となった。山本は一九二四年政友会総裁高橋と対立して離党し、政友本党をへて一九二七年には民政党に合流することになる(山本達雄先生伝記編纂会編『山本達雄』同会、一九五一年)。

(15) 井上準之助「日本の財政経済」(一九一四年稿)井上準之助論叢編纂会編『井上準之助論叢』(以下『論叢』とする)四、一九三五年、一三一、一四〇―一四七頁。「外国貿易と国際間の貸借関係」(一九一四年七月)『論叢』二、一九三五年、四七―

四八、五二頁(以下、『論叢』所収の井上の論考の著書表記は省略する)。
(16)「我国際金融の現状及改善策」(一九二六年五月)『論叢』一、一九三五年、二六五—二六六頁。
(17)「日米為替関係と印棉買入資金問題」(一九一七年一〇月)『論叢』二、一〇七、一一〇—一一一頁。
(18)「戦後に於ける我国の経済及金融」(一九二五年二月)『論叢』一、一九七—一九八頁。
(19) 前掲「我国際金融の現状及改善策」二九三頁。
(20) 前掲「戦後に於ける我国の経済及金融」一二三、一二八頁。
(21) 前掲「我国際金融の現状及改善策」三〇八、三一四—三一五頁。日本銀行調査局『世界戦争終了後ニ於ケル本邦財界動揺史』一九二三年、四二—四三、四七—五〇頁。
(22) 前掲「我国際金融の現状及び改善策」三一二—三一三頁。
(23) 同前、二九七頁。
(24) 同前、三〇三—三〇四頁。
(25)「戦後の金融」(一九一七年七月)『大阪毎日新聞』一九一七年七月二八日。「戦後に於ける世界の金融」『論叢』二、および「戦後準備講演会」『大阪朝日新聞』一九一七年七月二九日も参照。
(26) 前掲「戦後に於ける我国の経済及金融」一三二頁。
(27)「第十六回全国手形交換所聯合会演説」(一九一九年四月)『論叢』二、二三三—二三五頁。井上準之助論叢編纂会編『井上準之助伝』同会、一九三五年、一二三—一二四頁。
(28) 原奎一郎編『原敬日記』第五巻、福村出版、一九六五年、一二六、一四一、一四四頁。日本銀行百年史編纂委員会編『日本銀行百年史』第二巻(同行、一九八三年)は、大戦中の物価対策が適切でなかったと自省している(同四五一—四五五頁)。
(29) 前掲「戦後に於ける我国の経済及金融」一三三頁。日本銀行調査局前掲『世界戦争終了後ニ於ケル本邦財界動揺史』一八〇—一八八頁。
(30) 前掲「戦後に於ける我国の経済及金融」一九九—二〇〇頁。
(31) 高橋蔵相の主張については、高橋是清氏談「対支投資のため金の保存が必要」(朝日新聞経済部『朝日経済年史』昭和四年版、朝日新聞社、三四二―三四三頁)。石橋湛山もアメリカの金解禁につづいて日本も金解禁をおこなうべきであったとし、この高橋の見解を「実に驚くべき妄想」としている(『金解禁の影響と対策』東洋経済新報社、一九二九年、二三―二五頁)。

(32) 「支那之富源利用」『中外商業新報』一九一七年六月一八日。

(33) 'Japan: Great Nippon banker would have his country and ours partners in China' *The New York Times*, 31 December 1916.

(34) Obituary, *The Times*, 10 February 1932. 対中国借款団については、三谷太一郎「日本の国際金融家と国際政治」佐藤誠三郎・R・ディングマン編『近代日本の対外態度』(東京大学出版会、一九七四年)をみよ。

(35) 「東洋に於ける日本の経済上及び金融上の地位」(一九一八年六月)『論叢』二、一五三―一五九、一八三―一九二頁。

(36) 高橋是清『随想録』千倉書房、一九三六年、五九頁。前掲『原敬日記』第五巻、七六―七七頁。

(37) 金解禁論争の経緯については、銀行問題研究会編『金輸出禁止史――金解禁問題の理論と実際』同会、一九二九年、楠見一正『金輸出解禁問題――その経過と影響』(大阪商科大学経済研究所調査彙報第一輯)一九二九年、および日本銀行調査局「金輸出解禁史」(其一)(其二)(作成日不詳)日本銀行調査局編『日本金融史資料・昭和編』第二〇巻、石橋湛山前掲書、第一章を参照。また金解禁論争の理論的整理については、靍見誠良「両大戦間期の日本銀行」加藤俊彦編『日本金融論の史的研究』東京大学出版会、一九八三年、をみよ。

(38) 岩井大慧編『東洋文庫十五年史』(同文庫、一九三九年)に、「井上準之助氏蔵書寄贈目録」が掲載されている(七三五―八五二頁)。井上準之助旧蔵書の調査に際しては、東洋文庫斯波義信理事長をはじめ職員の方々にお世話になった。

(39) 長前掲書『昭和恐慌』、七七頁。

(40) 田中生夫『戦前戦後日本銀行金融政策史』有斐閣、一九八〇年、一一六頁。

(41) 井上準之助『世界不景気と我国民の覚悟』経済知識社、一九三〇年、一九頁。橋本寿朗は、井上財政が「国際関係からの制約に基づく古典派的性格と日本経済の構造に内在的に制約された反古典派的制約という二律背反的な面」をもつことを指摘している(橋本前掲論文、一〇三頁)。

(42) 「第十七回全国手形交換所聯合会演説」(一九二〇年四月)『論叢』二、二五〇頁、前掲「戦後に於ける我国の経済及金融」四七頁、「現下の金融、経済問題」(一九二六年九月)『論叢』二、四六一頁、「東京手形交換所新年宴会演説」(一九二八年一月）『論叢』三、二八、三三頁。

(43) 「銀行の資本金高制限の議に就て」『論叢』四（一八九九年稿）。

(44) 「財界の現状打開策」（二）（新日本同盟月例会における講演）『台湾日日新報』一九二五年九月八日。

(45) 「東京手形交換所新年宴会演説」（一九二三年一月）『論叢』二、三二〇―三二一頁。

(46) 「経済知識の涵養」（一九二八年五月）『論叢』三、四一―四二、四四、四五頁。

(47) 「第二一回関西銀行大会演説」（一九二一年一一月）『論叢』二、二八三―八四、二八七頁。

(48) 前掲「戦後に於ける我国の経済及金融」二三四頁。

(49) 「刻下の財界所感」（一九二六年五月）『論叢』二、四五八頁。

(50) 前掲「戦後に於ける我国の経済及金融」二〇二―二〇三頁。前掲「我国際金融の現状及改善策」三五八頁も参照。

(51) 前掲「経済知識の涵養」四一―四二頁。

(52) 前掲「現下の金融、経済問題」四八二頁。

(53) 「産業界革新の時機」『大阪朝日新聞』一九二四年一月一一日。

(54) 「財界の現状打開策」（一）『台湾日日新報』一九二五年九月六日。井上はこれにつづけて「日本の此行詰った経済界を解決する道は求め得なかった」と心情を吐露している。

(55) 「政治と経済」（一九二六年一一月稿）『論叢』四、二三七頁。

(56) 「覚醒の急に迫る産業界」（日本経済連盟会における講演）『時事新報』一九二四年九月一四日。

(57) 前掲「我国際金融の現状及改善策」四四七頁。

(58) 「ノルマン」（一九三〇年七月稿）『論叢』四、二六六―二六八頁。イギリスの金解禁は一九二五年四月に実施された。

(59) 前掲『井上準之助伝』二七七―二八〇頁。

(60) David Evans and Jane Jenkins, *Years of Weimar & the Third Reich*, Hodder & Stoughton, 1999.

(61) 岡義武・林茂校訂『大正デモクラシー期の政治――松本剛吉政治日誌』岩波書店、一九五九年、三四二頁（一九二四年一一月三日）。

(62) 山本達雄「追悼辞」前掲『清渓おち穂』二九九頁。

(63) 前掲「政治と経済」二四〇頁。
(64) 「青年教育」前掲『清渓おち穂』一〇二頁、山本達雄「追悼辞」同前書、二九九頁。
(65) 前掲『井上準之助伝』二八四—二九一、三三一—三五三頁。松浦正孝『財界の政治経済史——井上準之助・郷誠之助・池田成彬の時代』東京大学出版会、二〇〇二年。
(66) 高橋是清は金融恐慌後、井上が日銀総裁を辞任したあとまで、「私と井上君との意見の相違なぞはなかつたので議論などした事はなかつた」(『東京朝日新聞』一九三二年二月一〇日)とのべているが、津島寿一は、井上と高橋のあいだには「大きな問題でも意見の相違があった」と指摘している(安藤良雄編著『昭和経済史への証言』上、毎日新聞社、一九六五年、六八頁)。
(67) 「第二十四回全国手形交換所聯合会演説」(一九二八年五月)『論叢』三、五八頁。
(68) 大正八年一〇月一三日付森山寅太郎宛書簡『論叢』四、四一八頁。
(69) 前掲「戦後に於ける我国の経済及金融」二三三頁、前掲「我国際金融の現状及改善策」四九二頁。
(70) 前掲「財界の現状打開策」(一)。
(71) 前掲「産業界革新の時機」。
(72) 「人口問題」(一九二五年五月)『論叢』二、三六四—三六五頁。
(73) 「金輸出解禁問題」(一九二九年四月)『論叢』三、一三八—一四三頁。「好景気来には二要件がある」(実業家新年懇親会における演説)『中外商業新報』一九二六年一月一三日。浜口は、一九二四年六月から二六年六月まで第一次および第二次加藤高明内閣、第一次若槻内閣の蔵相をつとめた。
(74) 「金輸出解禁の時機及び方法と国際収支の改善に就て」(一九二六年一〇月)『論叢』二、四八八頁、前掲「我国際金融の現状及改善策」四三九、四五三—四五四頁。
(75) 前掲「金輸出解禁問題」一五二頁。片岡直温氏談「一応整理が必要……解禁が遅れては」『朝日経済年史』昭和四年版、三五九—三六一頁。
(76) 田中義一伝記刊行会編『田中義一伝記』下巻、同会、一九六〇年、五六七—五六八頁。
(77) 前掲『井上準之助伝』三六七頁。

(78) 馬場恒吾「井上準之助論」『中央公論』昭和五年八月号、二三六頁。

(79) 池田成彬『財界回顧』世界の日本社、一九四九年、一九七頁。この頃、松本剛吉は井上と池田の確執を西園寺につたえたと記している(前掲『大正デモクラシー期の政治』一九二七年四月一〇日、五六三頁)。

(80) 「第二六回関西銀行大会演説」(一九二七年一一月)『論叢』三、一五頁。

(81) 'New bank planned as Tokio solution,' *The New York Times*, 17 May 1927; 'Basis for Japan's financial crisis,' *The Wall Street Journal*, 28 May 1927.

(82) 前掲「第二六回関西銀行大会演説」一五頁。

(83) 「銀行界の改善問題」(一九二七年六月稿)『論叢』四、二四一—二五一頁。

(84) 前掲「現下の金融、経済問題」四六六頁。

(85) 前掲「第二十四回全国手形交換所聯合会演説」五九頁。

(86) 'Inouye takes helm of Bank of Japan,' *The New York Times*, 11 May 1927.

(87) 「昭和青年の進むべき道」(一九二八年一一月)『論叢』三、一一七—一一八、一二一頁。

(88) 前掲「第二十四回全国手形交換所聯合会演説」五四—五六頁。

(89) 前掲「金輸出解禁問題」一三六、一三八、一五三頁。

(90) 「朝鮮の開発は農業立国に限る」『大阪毎日新聞』大正一四年五月二三日。朝鮮視察の日程については、「朝鮮旅行」前掲『清渓おち穂』九六—九九頁をみよ。

(91) 「朝鮮の開発が産業立国の要諦だ　投資せよ何の危険もない　井上準之助氏語る」『大阪毎日新聞』大正一四年五月二三日。前掲「財界の現状打開策」(一)。「朝鮮視察談」(一九二五年六月)『論叢』二、三六八頁以下。

(92) 前掲「朝鮮視察談」三七七—三七八頁。「資本家の奮起を促す　朝鮮へ投資せよ　井上準之助氏の意見」(下)『大阪時事新報』大正一四年六月二四日。

(93) H. S. Jevons, *The future of exchange and the Indian currency*, London: Oxford University Press, 1922 (東洋文庫 XII-20-1-3). たとえば、同書五頁には「金兌換制度ハ金価ヲ暴騰セシム」という書込みがある。日本銀行前掲書『日本銀行百年史』第二巻、三七四—三七八頁。

(94) 「南遊所感」(一九二八年一〇月)『論叢』三。前掲「朝鮮旅行」一〇〇―一〇一頁。

(95) 「浜口内閣の大蔵大臣」前掲『清渓おち穂』一一五―一一六頁。井上は「浜口内閣が出来る前から私は数回往復をし、此の経済界に対する政策の如きも、浜口君と一から十まで考へが合致して居るのであります」(同一一九頁)とのべている。浜口雄幸『随感録』三省堂、一九三一年、一五三―一五四頁も参照。

(96) 'The Japanese crisis', *The Times*, 3 July 1929; 'Japan's fiscal policy', *The Wall Street Journal*, 3 July 1929; 'Foreign exchange: market quiet, Yen quotations respond to promise of gold ban removal', *The Wall Street Journal*, 8 July 1929; 'Retrenchment Japanese plan', *The Wall Street Journal*, 6 August 1929.

(97) 井上は、この外債の借換について「其の時の体験から申しますと財政のバランスも合はず、金の解禁もせずに居つたらば、在外資金の補充の為に外債を募ると云ふことは絶対不可能であつたと誠に遺憾乍ら私自身は確信して居るのであります」(井上前掲『世界不景気と我国民の覚悟』二九頁)とのべている。

(98) 前掲『朝日経済年史』昭和四年版、三七一頁。

(99) 前掲「金輸出解禁問題」一五七―一六三頁。「旧平価解禁論」(一九二九年八月稿)『論叢』四、二六二頁。

(100) 前掲「旧平価解禁論」二五五、二六四頁。

(101) 'No Japanese credit', *The Wall Street Journal*, 9 November 1929; 'Credit for Japan is discussed here', *The New York Times*, 10 November 1929.

(102) 前掲「金輸出解禁問題」一六三―一六四頁。

(103) 井上談話「在外正貨は兌換準備にくり入れず」(『東京朝日新聞』一九二九年一一月二〇日)前掲『日本金融史資料・昭和編』第二一巻、七七〇―七七一頁、'Japan is prepared for gold standard', *The Wall Street Journal*, 12 November 1929.

(104) 'Japan and gold embargo', *The Times*, 11 January 1930.

(105) 前掲「金輸出解禁問題」一五一、一五三頁。

(106) 前掲「我国際金融の現状及改善策」四九八頁。

(107) 'Japanese gold embargo policy', *The Wall Street Journal*, 18 September 1929.

(108) 'Tokio minister hints end of gold ban soon', *The New York Times*, 15 November 1929. 井上談話「正貨流出の憂な

し」(『東京朝日新聞』一九二九年一一月一八日)前掲『日本金融史資料・昭和編』第二一巻、七七〇頁。ラモントも米国経済界の前途について楽観している(「何等不安なき米国経済界」『中外商業新報』一九二九年一一月三日)。

(109) 前掲『世界不景気と我国民の覚悟』八—一七、六〇—六一頁。

(110) 'Pressure within affected Japan', *The Wall Street Journal*, 28 January 1932. 満洲事変を契機とする日英米仏四国借款団の反応については、三谷太一郎「国際金融資本とアジアの戦争」近代日本研究会編『近代日本と東アジア』(年報・近代日本研究二)山川出版社、一九八〇年を参照。

(111) 'Japan to contest League invitation', *The New York Times*, 17 October 1931; 'Inouye says Japan is eager to retire', *The New York Times*, 22 October 1931; Obituary, *The New York Times*, 10 February 1932.

(112) 前掲『井上準之助伝』七八五—七八六、八〇七頁。深井が、理論的には金本位制の維持は不可能とはいえなかったとしていることは興味深い(深井英五『回顧七十年』岩波書店、一九四一年、二五一—二五四頁)。

(113) 前掲『朝日経済年史』昭和七年版、二八頁。

(114) 日本銀行前掲書『日本銀行百年史』第三巻、一九八三年、五〇六—五〇八頁。池田前掲書、一三五—一三八、一四六—一四七頁。

(115) 『金融事項参考書』昭和八年調、四四頁、および同、昭和十年調、四〇、三二四—三二五頁。

(116) 前掲『朝日経済年史』昭和七年版、四四—四五頁。

(117) 前掲『井上準之助伝』八三六—八五〇頁。井上準之助『金再禁止と我財界の前途』千倉書房、一九三二年、一—六二頁。

(118) 'City notes: Japan's gold suspension', *The Times*, 14 December 1931.

(119) 'Japanese gold policy puzzling', *The Wall Street Journal*, 4 February 1932.

(120) 'Japan's new budget, 70% above revenue', *The New York Times*, 25 December 1932.

(121) 前掲「旧平価解禁論」二六二頁。

(122) 井上が日本側代表として招致に尽力した一九二九年一〇月の第三回太平洋問題調査会京都会議では、満洲問題が共通論題としてとりあげられている('East and West to meet in council at Kyoto', *The New York Times*, 27 October 1929)。

(123) 一万田尚登伝記・追悼録刊行会『一万田尚登 伝記・追悼録』徳間書店、一九八六年、四六頁。

(124) Obituary, *The New York Times*, 10 February 1932.

第五章　日本資本主義論争

――制度と構造の発見

中林真幸

はじめに

一八八〇年代以降、産業化を急速に進めた日本経済は、一九世紀的な市場経済制度の下に急速な成長を遂げた。その経済制度は、民生近代産業部門に注目する限り、大日本帝国憲法二七条に根拠を持つ「財産権の不可侵」と「契約の自由」から構成される「営業の自由」を強く保護する一九世紀的な資本主義の制度であった。「営業の自由」は、窃盗や詐欺瞞着に対しては国家の警察当局および司法当局から保護され、同時に、国家の介入からも保護されるべきものであった。

しかし、一九二〇年代に入ると、繰り返し生じた金融危機に象徴されるように、日本経済は動揺し始めた。そして人々は、日本経済が何らかの「改造」を必要としていると考えた。日本経済の「改造」をめぐる現実の政策論争において最も重要なそれは、「金解禁」論争であった。官僚出身者を多く有した立憲民政党は、二〇年代における日本経済の動揺の原因を、第一次世界大戦中における金本位制からの離脱、そして戦後に繰り返された政策的な救済金融によって日本経済が市場の規律から逸脱し、産業競争力を低下させてしまったことに求めた。したがって、マクロ金融政策においては金本位制の復帰を含む原則的な政策への回帰を、一方、マイクロ産業政策においては、むしろ積極的な政府介入を含む産業合理化推進を求め、それらの組み合わせによって改革を推進しようとした。

対する立憲政友会には民政党のような体系的な経済政策論があったわけではないが、金融危機に際しては拡張的な財政金融政策の組み合わせによって恐慌の激発を防ぐ裁量的な政策運営を行ってきた。

しかし、当時のアカデミズムにおいては、第一次世界大戦後における日本経済の動揺をこれら政策担当者とはまったく異なる角度から検討した議論がなされていた。

一八八〇年代以降、第一次世界大戦期までにおける日本経済の安定を担保してきたのは、実は民生近代産業部門そのものではなく、農業を中心とする在来産業部門の安定的な成長と、在来産業部門から近代産業部門に対する間断なき無制限的な労働供給であり、それら両部門を政治的に統合する統治機構の存在であった。しかも、農業部門の安定を支えていた小作契約関係は近代的な財産権に基づく自由主義的なそれではなく、農村社会に近世以来の伝統として形成されていた権威主義的、温情主義的なそれであり、さらに、在来部門から近代部門に放出された労働者を組織していた原理もまた、近代的な雇用契約だけでなく、しばしば、義理と人情が重視される親分子分関係を内実とする間接雇用に支えられていた。

ところが、第一次世界大戦後、農業部門の成長を実質的に支えていた養蚕業が世界恐慌によって壊滅的打撃を受けるとともに温情主義的な農村社会秩序も崩壊の危機に瀕し、一方、第一次世界大戦後に推し進められた産業合理化は、中間管理層へのレント(余剰)[1]の帰属を許してきた間接雇用を徹底的に解体しつつある。地主の温情と親分の人情から見放された我が国の勤労者たちは、初めて、裸の個人として労働市場に放り出されつつあり、つまり我が国史上、初めて国民経済規模の近代的な、統合された労働市場が出現しつつある。すなわち、これまで安定してきたかに見える擬制的な市場経済は、ようやく完全競争的な市場経済に移行しつつある……。

およそ、こうした観察が、岩波書店から刊行された『日本資本主義発達史講座』に集ったマルクス経済学者とマルクス法社会学者によって提示され、その議論の核心的な部分は、マルクス経済学者山田盛太郎の『日本資本主義分析』[2]とマルクス法社会学者の平野義太郎による『日本資本主義社会の機構』[3]にまとめられた。それらの主張の是非、とりわけ、小作契約関係の性格が、山田の主張するように明治維新以後も一貫して、権威主義、温情主義を残した「半封建的」なものであったのか、それとも、明治維新を経た農村の小作契約関係は、近代的な財産権取引の制度、ひいては市場原理に基づくものに改革されたのかを巡り、「講座派」マルクス主義者と、「労農派」マルクス主義者の間において闘われた論争が、いわゆる「日本資本主義論争」である。

この論争がとりわけ熱を帯びた理由のひとつは、それがマルクス主義者たちの革命戦略に関わるからであった。マルクス主義者たちは、経済社会が、封建主義体制から資本主義体制へ、そして社会主義体制へと単線的に発展してゆくと考えていた。仮に講座派の主張する通り、ようやく封建制の残滓たる在来部門が解体しつつあるとすれば、日本経済にまず必要とされるのは、価格原理の貫徹した競争的な市場機構に基礎を置く資本主義体制の建設、すなわち「ブルジョア革命」であり、「社会主義革命」はその後に上る日程ということになる。一方、労農派の主張する通り、日本社会が農村を含めて既に価格機構の作用が貫徹した資本主義社会であるとするならば、必要な改革は「社会主義革命」ということになる。

このような当時の政治的な文脈を押さえた論争史の整理については、長岡新吉『日本資本主義論争の群像』に譲り(4)、本稿では、山田の『分析』における主たる論点をなるべく経済学的に検証しようと思う。『分析』の誕生は、日本における経済思想の形成史を今日から振り返り、考察する上で興味深い出来事に思われるからである。

既に述べたように、一九二〇年代において、日本社会には経済の改革を求める声が溢れていた。反面、インフレーション政策によって名目成長率を引き上げることを先決とする主張も、政友会を中心に強かった。その点、一九九〇年代から二〇〇〇年代前半にかけての日本と経済論壇の状況はある意味、似通っていたのである(5)。そのなかにあって、『分析』は、明治維新以来、第一次世界大戦期までの日本経済を、在来産業部門における制度と近代産業部門の制度とが補完的な関係にある「構造」を持ったそれとして捉え、そして在来部門における制度の動揺が、「構造」全体の動揺を招いていると理解した。一方、九〇年代における「構造改革」論議は(6)、メインバンクシステムに代表される間接金融制度と、長期的な雇用関係に象徴される日本的な企業統治との補完関係から成る構造が、間接金融から直接金融への移行に端を発して動揺しているという認識を基礎にしていた(7)。経済が長期的な困難に陥ったとき、それを補完的な諸制度から成る「構造」の動揺として捉え、「構造改革」によってその困難を克服しようとするこうした発想を日本人が手にした最初の経験が、おそらく「日本資本主義論争」だったのである。(8)

そうであるとすれば、その議論を経済学的に再検討することは、現代の私たちの自己認識を深めるためにも、無意味なことではないはずである。もっとも、こうした作業としては、既に安場保吉による優れた仕事が提出されている。(9)本稿においては、安場が再検討を行った後に発達したゲーム理論に基づく誘因《インセンティブ》とリスクの配分問題を中心に、安場が言及しなかったいくつかの論点を織り込みつつ、安場の議論を拡張してみたい。

ところで、この時代、日本人が日本経済を理解するために独創的な着想を得たとしても、それは偶然ではなく、また日本に固有の現象でもない。世界恐慌に象徴される一九世紀的な自由主義の動揺は、古典派経済学という当時の標準的な経済政策思想への懐疑を生んだ。その結果、アメリカにおいては、ニューディール政策に対する一九三七年の連邦最高裁判決を転換点として、司法府の権限を背景とした適正手続きという「法の支配」の透明性を維持しつつも、行政府と立法府が機動的に市場の制度設計に関与し、「失敗」のより少ない市場経済を再構築する改革が進み、今日に至っている。(10)一方、日本やドイツはソビエト連邦における行政府主導の計画経済を参考にしつつ、「法の支配」を緩和し、立法府と司法府を超越する行政府による経済統制によって世界恐慌を克服した。(11)アメリカの影響下に進められた両国の戦後改革によって、超越的な行政府による経済統制は解除されたが、その歴史的な経路に基づく特有の性格は第二次世界大戦後の経済構造にも看取することができる。(12)一九三〇年代の苦境は、アメリカ、日本、ドイツという、二〇世紀後半の世界経済を支配することになる三大国に、それぞれに独創的な改革を模索することを余儀なくさせた。「日本資本主義論争」もまたその一齣としてあったのである。

第一節においては安場の議論を踏まえて『分析』の主張が整理される。第二節においては安場の議論に欠けていたリスクと誘因の配分問題が議論に組み込まれる。第三節においては『分析』における制度変化を巡る見通しの妥当性を検討する。最後に、『分析』におけるいくつかの重要な問題点が簡単に整理される。

一 「二層穹窿」の静物画

「半農奴制」下における労働の無制限的供給

『日本資本主義分析』に対しては「発展がない」という批判が「日本資本主義論争」当時から繰り返されてきた(13)。しかしながら、この批判は経済学的な批判としてはあまり意味がない。ここに言う発展とは、市場取引が支配的ではない封建制から市場取引が支配的な資本制への「発展」を含意するが、そうした制度変化を記述する理論は今日に至るまで得られていないからである。現代の経済学においても、理論的な分析とは、いくつかの変数からなるモデルを設定し、そのなかの一変数の限界的な変化にともなう均衡の変化を分析する比較静学か、もしくは、時間tを含むモデルを設定し、このtを無限大に飛ばした場合の極限値としての定常的な均衡状態を分析する、いわゆる動学のいずれかであって、すべての変数の関係が同時的に変化してゆく制度変化を記述するという意味での経済動学理論の構築は、なお今後の課題に残されている(14)。

したがって、検証されるべきは、『分析』の静学的分析としての整合性ということになる。そして、その静学的分析において中心的な位置を占めているのは、農業を中心とする在来部門における貧困と工業部門における低賃金とが日本経済の均衡となっており、前者から後者への労働移動が低賃金を固定化し、ゆえに資本節約的な技術進歩を含む発展ではなく、労働集約的な技術の下における成長が続いてきた、とする主張である(15)。

こうした発展途上経済の理解は、言うまでもなく、在来部門から近代部門への労働の無制限的供給を説明する、第二次世界大戦後にルイス・モデルとして知られることになる二重構造モデルに等しい。安場が「二重構造モデルはい

わゆる「日本資本主義論争」の過程でまず日本で展開され」たことを強調するのもそのためである。(16)

二重構造モデルの説明のために安場は、賦存する労働が均質で、かつ在来部門と近代部門の生産関数がともに労働について収穫逓減的な、次のような経済社会を想定する。

L_e：労働の賦存量.

$Y_a=F_a(\cdot, L)$：在来部門の生産関数.

$Y_i=F_i(\cdot, L)$：近代部門の生産関数.

$\frac{\partial F_a}{\partial L}\equiv mp_a(L)$：在来部門労働の限界生産性(逆需要関数). $\frac{\partial mp_a(L)}{\partial L}<0$.

$L_a=(mp_a)^{-1}$：在来部門労働の需要関数.

$\frac{\partial F_i}{\partial L}\equiv mp_i(L)$：近代部門労働の限界生産性(逆需要関数). $\frac{\partial mp_i(L)}{\partial L}<0$.

$L_i=(mp_i)^{-1}$：近代部門労働の需要関数.

$D_L=L_a+L_i$：労働需要関数.

w_s：生存賃金.

労働供給関数は完全に非弾力的、すなわち、

$S_L=L_e$　　(1)

と仮定しよう。このとき、

在来部門か近代部門のいずれかに雇用される。在来部門の雇用量と近代部門の雇用量は、

$$D_L = L_e \qquad (2)$$

を満たすように賃金w^*が決まり、そしてこの経済社会において労働は均質であるから、この賃金w^*の下に、全人口が

$$mp_a = mp_i = w^* \qquad (3)$$

を満たす点において与えられる。

ところが、近代的な経済発展が始まって間もない生産性の低い経済社会においては、(2)を満たす均衡賃金w^*が極めて低く、満足な暮らしにはとても足りないということが起こりうる。一方、十分に近代化されていない経済社会はしばしば家父長制的である。そうした社会においては、家長は自らの権威を守るために、自らの保護下にある者に対して、均衡賃金によって可能な水準を上回る、ある程度の暮らしを保障しようとするかもしれない。たとえば、「食い扶持を減らす」ために娘を身売りする、ということが第二次世界大戦以前の日本社会には見られた。家長がなぜ、「食い扶持を減らす」ために娘を身売りする誘惑にかられるかと言えば、在来部門を構成する農家経営における当該娘の限界生産性が、当該娘を自己の家において生活させるために必要な生活資料の費用を下回るからである。すなわち、娘の身売りという「新古典派[17]」的な解決に頼ることなく家長としての権威を保っている父は、当該娘に限界生産性を超える生活資料を与えている、すなわち、限界生産性を超える生存賃金$w_s(>w^*)$を支払っていたことになる。

娘が身売りされた場合に得られる生活水準は、性病や結核によって遠からず死亡してしまう生存以下的な水準であったと思われる。換言すれば、すべての家長が権威主義から自由であり、自己の子女を労働市場に供給する場合には、生存以下的な賃金$w(<w_s)$のみを与えうる、生産性の低い産業に対しても労働が供給され、在来産業の成長が促されることになる。

ところが、相当数の家長が自己の権威にかけて生存賃金 $w_s(>w^*)$ を支払った場合、この社会の賃金は w_s 以下には下がらず、社会全体の賃金水準が w_s に張り付くことになる。このとき、生存以下的な賃金 $w(<w_s)$ の水準において始めて成り立つ産業は存在しえず、この経済社会の労働需要は社会の労働賦存量 L_e を下回ることになる。この過剰人口部分は家長などの権威ある経済主体から生存賃金 w_s の分配を受けて生き長らえることになる。家族を「食わせてやる」家長の権威とは、まさに競争均衡賃金 w^* が生存賃金 w_s よりも有意に低い時、w^* による生活に「身を落とす」ことなく生活する糧を与えることによって生じていたわけである。

こうした関係は家族内にとどまるものではない。たとえば、ある年の天候が悪いか、もしくは小作の経営判断が悪く、小作地の作柄が非常に悪かったとしよう。そのような場合、家父長制的な社会秩序が残っている地域であれば、地主は小作料を減免し、したがって小作人に限界生産性以上の生活資料を与えるであろう。

かくして、家父長制的な秩序が残っている農村社会にあっては、小作関係においても家族関係においても、自らの限界生産性以上の生活資料を受け取る寄食者が滞留することになる。彼／彼女らが受け取っている賃金 w_s は既に自らの限界生産性を超えているので、近代部門が自らの限界生産性に等しい賃金 $w^*(<w_s)$ を提示をしても、近代部門には移動しない。したがって収穫逓減的な生産技術を有する近代部門は、近代部門の限界生産性と w_s とが一致する点において生産の拡大を止め、過剰人口は引き続き農村に滞留し寄食することになる(18)。

このような社会においては、資本蓄積と技術進歩によって近代部門が成長しても、農村に寄食している過剰人口が消滅するまでは、近代部門の賃金水準は w_s に張り付いたまま動かない。すなわち、近代部門に対する労働供給のみを観察すれば、労働供給の価格弾力性が w_s において無限大、すなわち、労働が無制限的に農村から流出してくるように見えることになる。ここに挙げた例に則して言えば、家父長制的な社会秩序なかりせば競争均衡 w^* において労働需要曲線と交差すべき労働供給曲線が、L_e と交差する点までは水平な $S_L=w_s$ として現象するわけである(図1)。これが、

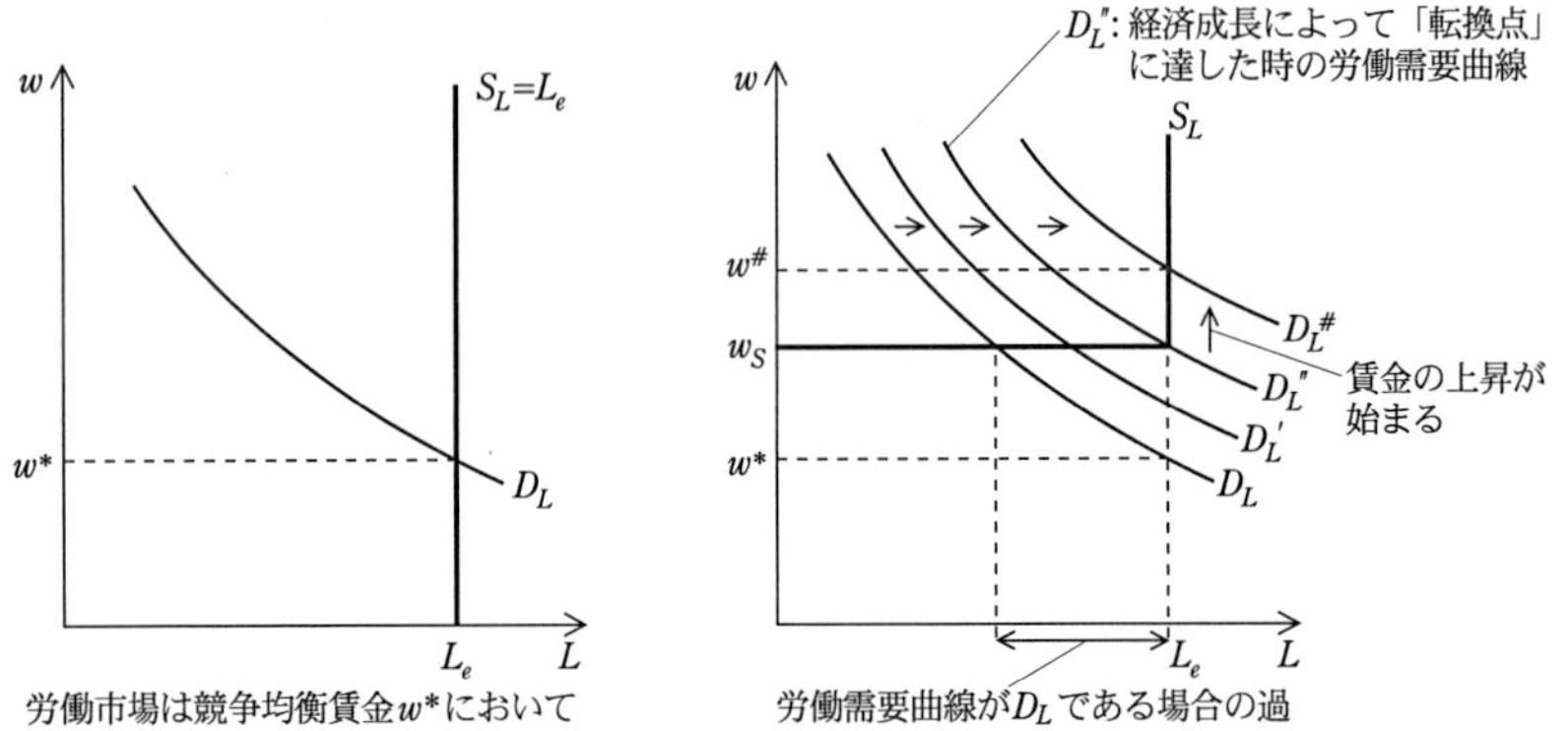

労働市場は競争均衡賃金w^*において均衡する．過剰労働は存在しない．

(1) 権威主義的な社会制度が存在しない場合

労働需要曲線がD_Lである場合の過剰労働．賃金がw_Sに高止まっているため，雇用されない．

(2) 権威主義的な社会制度によって生存賃金w_sが保障される場合

図1　労働の「無制限的供給」

いわゆる「労働の無制限的供給」であるが、その背後にある現実は、権威主義的な社会が、過剰人口に対してその限界生産性に比して高すぎる生活資料を支払っているということにほかならない。また、このように賃金水準一定の下に工業化が進む際には、資本節約的な技術進歩への選好は当然に弱まる。

しかし、近代部門の成長が労働需要をD_LからD_L'へと押し上げ、そして、ついに過剰人口を吸収し尽くしてD_L''に達すると、この社会は労働稀少社会に移行し、労働供給は$S_L=L_e$となるので、さらなる経済成長によって労働需要が$D_L^{\#}$に移動すると均衡点もL_eに沿って移動し、賃金は$w^{\#}$へと上昇する（図1）。一方、農村社会において地主や家長たちが提示する生存賃金w_sは、もはや都会に出たならば得られる賃金$w^{\#}$を下回る水準に過ぎなくなるから、その給付によって保たれていた家父長的権威も瓦解する。この労働過剰社会が労働稀少社会に移行する点、すなわちこの例においてはD_L''に達した点を「転換点」と呼ぶ[19]。

そのように整理した上で、安場は、『分析』の言う「半農奴」的零細耕作における過剰人口が受け取る生活資料w_sが、ルイスによる古典派的な二重構造モデルにおいて想定されるように、過剰人口に対する家父長制的給付として決まると想定されている（図

1）のか、それとも家父長制的な社会秩序とも異なる権力的、経済外的な強制によって決まると想定されているのかを吟味し、後者の場合の二重構造モデルを「講座派」モデルとして定式化する。「講座派」モデルにおいても労働の無制限的供給は説明できるが、古典派的な二重構造モデルとは異なり、賃金上昇の始まる転換点は、近代部門がすべての労働を吸収し尽くすまで、すなわち在来部門が消滅するまでやってこない[20]。

安場は、このように解釈した上で、経済外的強制によって制度的賃金の決まるモデルは論理的には成り立ちうるものの、その日本社会の現実への当てはまりについては疑問を呈し、日本においても家父長制的に制度的賃金が決まっていたと解する方が現実に近いであろうと結論づける。特に、「前近代性」、すなわち山田の強調する日本経済の「半封建的」性格は、むしろ古典派的な二重構造モデルによってよりよく説明されうると結論づける[21]。

この点は、『分析』を整合的に理解しようとする際に直面する困った点のひとつである。本稿もまた、安場の主張する通り、日本経済の現実は古典派的な二重構造モデルに従って理解されるべきであると考えるが、加えて、そもそも『分析』の理解として、経済外的強制によって賦存労働量とは無関係に賃金が決まるとする安場の解釈そのものにも無理があると考える。そのように解釈してしまうと、『分析』を一貫する論理を読みとることができなくなってしまうからである。

山田は、民生近代産業の基礎の弱い日本がともかくも産業化を進め、帝国へと発展してゆくにあたって、その基礎としたのは、「ナポレオン的観念」と「家長的家族制度」という「二層穹窿《きゆうりゆう》」であったと言う[22]。「ナポレオン的観念」とは、言うまでもなく、フランス大革命において第一帝政の旗の下に集い、ヨーロッパ大陸を制覇しようとしたフランス国民軍兵士、そして普仏戦争においてフランス軍を撃破し、第二帝国を建国したプロイセンのユンケルにも通ずる、帝国陸海軍兵士の忠誠そのものにほかならない。この忠誠「観念」は自作農上層をその「精髄」に持ちつつ、農村社会に強固に確立されていた[23]。

すなわち、「半農奴」制下の帝国農民は、実は、フランス国民軍兵士やドイツ第二帝国将官と同様に、生命を賭けてでも守るべき利益を保有していたと想定されているのであり、したがって農民の手許には少なくとも徴兵に応ずるに値するレント(余剰)が残されていたと想定されていることになるのである。しかし、一方、米作のみでは守るべき余剰の生ずる余地が極めて小さいことも強調されている。[24] ここにおいて重要な役割を与えられるのが生糸(絹糸)の原料となる繭を生産する養蚕業である。アメリカの旺盛な生糸需要を背景とした養蚕業の成長から生ずる余剰が農家経営を解体から救い、そして農家の家長に守るべき利益をもたらし、皇軍兵士たらしめる。[25]

家長たちの「ナポレオン的観念」、すなわち帝国への忠誠が〝二層のアーチ〟の上層部であるとすれば、下層部は「家長的家族制度」であった。家長的家族制度とは家長たちが自家の経営(「惨苦の茅屋」)を統治する秩序である。これを支えているのは、養蚕業に加えて問屋制家内工業である。産業革命の進行にともなう近代紡績業の発展は、棉作、紡糸、織布の分業から成る近世以来の農村工業に打撃を与えたが、これにかわって綿織物業および絹織物業における問屋制が展開したため、農家経営は徹底的な分解を免れることとなった。[26] これらの副業は、「微弱ナル」女性労働をも用いる養蚕業をはじめ、[27] 生産性の低い家族構成員の遊休労働を用いうる点で特に重要であった。

さらに、小作制度についても、後述するように、現物小作料という慣習は、地主により多くのリスクを転嫁し、小作経営を安定化する意味を持っていた。詳しくは後述することとして、ここでは山田の強調する東北と近畿のそれぞれの地主制の差異に注目しておこう。近畿地方においては地主が「高利貸的」で、土地を細分化し、農家経営を分解してしまう傾向があり、また大地主が形成されないとする一方、東北地方においては大地主に農地が集中し、「半農奴制」が「再出強化」されるとする。[28] これは、近畿地方の地主が土地の利回りに敏感であるというよく知られた事実[29]の指摘であるが、ここで重要なのは、東北に典型的な「半農奴制」が、徹底した収奪というよりもむしろ、競争均衡以上の生活資料を小作人の手に残すという意味で家父長制的であることを示唆しているという点である。

一八九六年民法は当然、近代的な市場原理を基礎とした賃借契約関係を規定していたが、現実の小作関係においては地主は村落共同体の構成員として「義理」に縛られ、不作時の小作料減免や小作人の生活および教育の支援といった「温情」的措置を余儀なくされた。なかでも、不作時の小作料減免として発揮されるリスク負担機能こそは、村落共同体における地主の権威を支える根幹と認識されていた(30)。こうした温情主義的な、その意味で「半封建的」な小作関係は全国に見られたと思われるが、特に東北において顕著であったということであろう。

以上を整理してみよう。

温情的な小作契約の下に置かれている農家の家長は、養蚕業と、織物工業などの問屋制家内工業という、自家に滞留する子女の遊休労働を用いることのできる副業収入をも得ることによって、かろうじて、その子女を市場価格で売り飛ばす新古典派的解決を思いとどまり、「家長」としての権威を保ち、「家長的家族制度」を維持した。そして主として養蚕業がもたらす余剰は、帝国臣民としての農家経営を、血によって購う価値のあるものとして家長に認識させ、そのような「ナポレオン的観念」を強固に持つに至った家長たちは、軍事的にも帝国を支え、日清戦争、日露戦争を闘うことになる。

このように、日本経済は、産業革命が進行する過程にあっても、近世以来の農村社会制度を完全には破壊することなく存続させ、農業、養蚕業、織物業という在来部門の主要産業から生ずるレントによって零細農家に安定を提供してきた。そして、零細農家経営がレントを得ることによって、そこに滞留する遊休労働は限界生産性以上の、そして、自分が売り飛ばされた場合に実現される市場価格以上の、生活資料を得る。それゆえ、近代部門に対しては、彼／彼女たちが家長から与えられる生活資料に等しい生存賃金を少しでも上回る賃金に対しては労働が無制限的に供給され、またそれゆえに資本集約的な技術進歩は遅れるという、古典派的二重構造モデルが成立することになる。

第一次世界大戦まではこの安定した「構造」が日本経済を支配していた。しかし、第一次世界大戦後、その幸福な「構造」が動揺し、日本経済は「転換点」を迎えつつある。

これが、『分析』を一貫した論理として読む場合に可能な解釈であると思われる。もちろん、こうした古典派的二重構造モデルによる解釈は従来、一般的ではなかった。その第一の理由は『分析』全体を覆う悲愴な修辞であろう。第二には、そのことと関わって、農業を扱う「第三編 基柢」が、もっぱら、養蚕業と問屋制家内工業の失われた第一次世界大戦後の米作専業経営をモデル経営として論じており、必然的にレントの残らない農家経営像が強調されていること、が考えられよう。この第三編のみを抽象化すれば、先にあげた安場の解釈による「講座派」モデルが導かれることになるが、しかし、そのように理解してしまうと、はじめから安定的な構造など存在しなかったことになってしまい、「構造」の「危機」を示すという『分析』の目的が見失われてしまう。そして、第三の理由は、山田自身が小作契約について「全剰余労働吸収の地代範疇」という認識を強調していることであるが[31]、『分析』を一貫した論理の下に理解しようとするならば、すくなくとも第一次世界大戦後に「危機」がやって来る以前の「構造」安定期には、農家にもレント(余剰)が残されていたと見なさなければならない。そして、そもそも家長が支えるべき過剰人口そのものが、農業経営の生産性増大を背景とした余剰がなければ、生存しえない。最近の人口史研究によれば、北東北地方においては、一九〇〇年代における農業生産性の増大を背景としてようやく人口が増加し、過剰人口が生み出されることになったようである[32]。したがって、「全剰余労働吸収」説が、養蚕業等の副業を含む小作経営全体に余剰が残されないことを含意していたのであるとすれば、それは論理的にも実証的にも放棄されなければならない。

二部門の「均衡成長」と社会構造

産業革命以降、移植産業を中心とする近代部門が発展を遂げる一方、農業と問屋制家内工業による在来産業から成る在来部門が、近世期からの「連続的」な、すなわち労働集約的な技術の下における成長を続けており、こうした二部門の均衡的な成長が第一次大戦期まで続いた。こうした理解を『分析』は採っていることになるが、言うまでもなく、そのような理解は、中村隆英をはじめとする在来産業論者のそれと一致する(33)。

日本経済の「転換点」については諸説がある。最も遅い時点に求める代表的な見解は南亮進によるそれであり、日本は一九六〇年前後、すなわち高度成長に突入する時期に労働過剰社会から労働不足社会に転換したとする(34)。中村隆英も、「均衡成長」は第一次世界大戦期を境に動揺するものの、本格的な「労働力不足」によって「二重構造」が解消されるには高度成長期を待たねばならなかったとする(35)。これに対して、山田の二部門成長像に整合的な見解が、フェイ＝ラニス、そして近年においては斎藤修によって唱えられている第一次世界大戦期転換点説である(36)。

中村や斎藤による研究は労働過剰社会がすくなくとも第一次世界大戦期まで継続したことをマクロ的な概観から示唆するものであるが、その下における権威主義的な家族構造や労働組織に具体的な検討を加えた研究が谷本雅之や友部謙一、東條由紀彦らによるそれである。

在来綿織物業の問屋制を分析した谷本は、斎藤や友部の農家供給労働に関する研究(37)に学びつつ、賃機業を営む農家の労働供給が合理的であったことを確認する(38)が、同時に、それが「家」の存続を制約条件としていること、すなわち、農家には、その子女を労働者として家計外に放出する方が純所得を増加させうる場合においても家計内にとどめおき、その範囲内において所得を最大化するようにその子女の労働を配分する傾向が見られることを強調する(39)。所得の損失を甘受してその子女を家計内にとどめおくわけである。

これに対して、友部は家長が農家のライフサイクル全体を通じた異時点間の最適化行動を採っていると考える。たとえば、幼小の者を養うことは、単なる扶養と権威の交換ではなく、将来に向けた人的資本投資と解される。この場合、家長の主たる役割は、不完全な外部金融市場を代替し、家族に人的資本蓄積の機会を提供することに求められる。[40]

このように、家族構成員への所得移転や人的資本投資を引き受ける家長たちの行動が、「家長的家族制度」を成り立たせていたのである。

一方、東條は、北海道の土工夫部屋、すなわち「タコ」部屋の労働組織に検討を加え、一九一〇年頃には北海道の土工夫部屋は三大親分のいずれかの系列に属し、そして各部屋は、「飯台取締」という、工夫たちに「慕われると同時に恐れられも」する代表者を頂点に体系的に運営される組織であったと指摘する。[41]「タコ」部屋のような、極限的な状況に思われる職場にさえも、「親分乾分の関係」[42]に基づく間接管理に支えられた安定が存在した。その安定は、雇用者が「親分」的間接管理者、すなわち「労働貴族」[43]へのレントの給付と、その間接管理者による労働者へのレントの再分配を是認することによって成り立っていた。しかし、労働過剰社会が終焉を迎える両大戦間期、日本企業はそれら間接雇用者に給付してきたレントに切り込む「日本型合理化」に踏み切り、[44]「半封建的」な仁義が労働組織を安定させていた牧歌的な時代は終わりを迎えるのである。

斎藤らの世代以降の日本経済史研究者は、近世日本の連続的延長としての近代日本を暗く描いた講座派に対する挑戦を試みてきた。しかし、彼らが「見直し」を主張するとき、その力点はむしろ講座派が暗く描いた事実を明るい修辞によって描き直すことに置かれており、必ずしも事実認識の変更を迫っているわけではない。山田と斎藤がともに産業革命を経た民生近代産業の発展を小さく見積もっていることは偶然の一致ではないのである。彼らのそうした近代日本経済史理解が日本経済全体に適用できるか否かは別として、第一次世界大戦期までの日本には労働の過剰な地域があり、そのような地域では労働過剰という条件の下、農家経営においても労働組織においても、家長や間接雇用者がレントの配分を行い、その傘下にある者を価格機構の荒波から保護する権威主義的な制度が見られたということは否定できないようである。

農業を中心とする在来部門の制度も、そして近代部門の制度も、いずれも労働過剰社会に適応した制度であった。「高率小作料」と「低賃金」の組み合わせはこうした要素賦存に適した資源配分だったのである。しかし同時に、近代部門においても在来部門においても権威主義的な制度が機能していたことは、前者の拡大が後者をただちに動揺させるのではなく、部門間の労働移動を介して補完的に強め合うことを可能にした。「構造」が安定的であった所以である。

経済制度と政治制度

ところで、山田の『分析』のみならず、「講座派」のひとつの特徴が、第一次世界大戦以前の日本経済を、その経済的な機構のみならず、政治的な機構からも解釈しようとした点にあることに異論はないであろう。山田の「日本資本主義の軍事的半農奴制的性質」という修辞は、まさにその点を象徴している。では、経済制度と政治制度とは、具体的にはどのような関係を持つものとして理解されていたのであろうか。

ひとつには、「常備軍および警察の結集(45)」が政府の執行能力を強化し、体制の安定性を高めた点、さらには政府によって主導された軍事工業の発達が主権国家日本の自立をもたらした点が指摘されうるが、軍事警察力を独占する、強い強制執行能力を持つ中央政府の出現は日本に限らず近代主権国家一般の必要条件であるし、そもそも、軍事警察費という統治費用の増大によって統治機構の安定性が強まるという関係は技術的に自明な関係であって、日本の政治経済「構造」を解明しようとした『分析』を読む際に取り立てて重視されなければならないことでもない。

むしろ注目すべきは、「軍事的」制度と、「半農奴制的」制度との間の関係、「ナポレオン的観念」と「家長的家族制度」とから成る「二層穹窿」の「二重の基礎原理」が何を意味すると考えられていたのか、であろう。

既に述べたように、「ナポレオン的観念」とは、権威主義的な体制の下においてささやかながらもレントを獲得し、そのレントを寄食する家族たちに分け与えていた農家の家長たちが、そのレント、すなわち自らの家長的権威の源泉を守るために生命を賭して国家に尽くす観念にほかならない。すなわち、山田にとって、近代日本とは、共同体の分解によって生じた自然人個人が契約によって創り出した社会ではなく、共同体たる家父長制的家族を率いる家長たちが主権国家の基礎たる国防を担う家長個人主義の社会として捉えられていたわけである。(46) しかし、労働過剰社会が労働不足社会に転じ、家長的権威の根拠が揺らぐとともに、養蚕業の崩壊によって家長のレント源泉が消滅すると、「「ナポレオン的観念」の基礎」は破壊される。(47) そのことがもたらす「二層穹窿、二重の基礎原理の壊頽《かいたい》」(48) が重大な「危機」と認識されるのも、単にそれが小農家族の危機にとどまらず、その家長たちの忠誠を国防の基礎として成り立っていた主権国家日本の動揺をもたらすからである。

言い換えれば、共同体たる家族を分解せず、家族構成員にレントを分け与える家長を頂点とする家父長制、そしてそのレントを守るために兵役に応ずる誘因を持つ家長たちに支えられた帝国陸海軍という「二重の基礎原理」から成る統治機構は、単に労働過剰社会に適した仕組みであったばかりでなく、兵士の忠誠を担保するための国家による給付を節約する、その意味では「小さな政府」を可能にする仕組みであったことになる。

一九二九年に始まる世界恐慌は、養蚕業の崩壊を通じて、日本帝国の統治機構における「二重の基礎原理」を支える農家経営を破壊してしまった。それにともなって、農家出身の兵士に支えられる帝国陸軍に動揺が走ることを最も恐れたのは、繰り返されたテロルが示すように、他の誰よりも帝国陸軍少壮幹部であり、そして、その動揺は、最終的には高橋是清の「時局匡救事業」に代表されるケインズ的な財政金融政策、すなわち、「大きな政府」への歴史的転換によって静められなければならなかったのである。(49) 翻って言えば、世界恐慌後におけるケインズ的な拡張政策によって農村に投入された財政支出が、世界恐慌による「二重の基礎原理」解体以前において節約されていた政府支出ということになる。

労働過剰社会においては、過剰人口を寄食させうる共同体を早期に解消させることは、生存以下的な競争賃金に落ち込む人口を急激に増大させ、社会的な不安を招くであろう。家父長制的共同体の温存はその意味でも現実的な選択であったが、同時に、そこにおけるレント配分をめぐる誘因の仕組みを整備することによって、政府は安価に、家長たちの愛国心を引き出すことができた。経済制度と補完的なこの政治制度は、経済制度が安定している限り、帝国主義政策に必要な兵士の調達と、彼らの愛国心の確保に要する政府支出を節約する効果がある。しかし、経済制度との補完関係ゆえに、経済制度の動揺はただちに政治制度の動揺に帰結してしまう。それが、『分析』の捉えた「軍事的半農奴制的」統治機構の構造的な特徴であり、世界恐慌後におけるその「危機」であった。

しかしながら、潔く兵士の本分を尽くす家長たちの「ナポレオン的」観念を強調する山田の理解は、帝国陸軍を、ひいては戦前日本社会を「無責任の体系」と切り捨てた丸山眞男のそれ[50]とは明らかに異る。もとより、帝国膨張期に書かれたがゆえに日本軍と日本の軍事技術に対する過大評価が随所に見られる『分析』と、敗戦後に書かれた丸山の「軍国支配者の精神形態」とが、日本の軍事的能力に対する認識において異ったとしても驚くには値しない。しかし、丸山は帝国陸軍をプロイセン的合理性には程遠い、「すべてが騒々しいが、同時にすべてが小心翼々としている」烏合の衆と見なしていたのであり[51]、兵士個人の心性を「ナポレオン的」と理解することと、「無責任」と理解することとの間には、単に戦闘能力に関する評価の相違にとどまらない懸隔がある。

そもそも、丸山が「無責任の体系」と呼んで告発したのは、対米宣戦布告にともなうリスクを引き受ける主体が、昭和天皇以下末端兵士に至るまで、日本には存在しなかったという事実であった。第三帝国のように堂々たる戦をしなかったことが指弾されているのであって、戦をしたことそのものではない。精緻に組み立てられているかに見える『分析』になお残されている重要な問題点、おそらくは山田が捉えようとして十分に捉ええなかった点のひとつが、このリスク回避性向を制御する仕組みなのである。

二　リスク分散的な「半農奴制」と「半労役制」

リスクと誘因の背反

山田は小作料が一般に高率かつ現物納付であったことを主たる根拠として、日本の小作契約が「半封建的」であったと主張した。これに対し櫛田民蔵は、小作料が現物納か貨幣納かの相違は重要ではなく、その点を捉えて「封建的」か否かを論ずるのは誤りであり、さらに、高率小作料は小作債権市場における小作間の競争の結果に過ぎないと主張した(52)。

たしかに貨幣の取引か現物の取引かによって封建制と資本制を分けること自体は説得的ではない。その限りで櫛田の主張は筋が通っているように聞こえる。しかし、両者の相違が何らかの重要な実態を映していると感じた山田の直観までが誤っていたと言ってよいのかとなると、より慎重な吟味が必要となる。

小作料が貨幣納である場合、小作人は生産した米を市場において販売してから小作料を納める。定額小作契約であれば、契約に定められたその金額を支払うわけである。現物納である場合は、定額小作契約であれば生産した米の一定量、刈分(分益)小作契約であれば一定割合を地主に収める。今、米穀市場の価格は需要と供給を一致させる均衡価格を中心に上下(正負)方向に変動しているが、この変動を平均すると正負打ち消し合って零になると仮定しよう。このとき、小作料率が同一ならば、平均的には、すなわち期待値においては、貨幣納の場合も現物納の場合であっても小作人の受け取りは同一である。しかし、それはあくまでも期待値の話である。貨幣納の場合、小作料部分の販売の際における市場価格の変動そのもの、すなわち変動部分の分散から生ずる効用の減少は小作人に帰属する。

封建制か資本制かという修辞をめぐる議論を取りあえず措くとして、実態面における相違として山田が強調しているのもまさにその点であった。徳川期に現物納付であった租税は、地租改正によって定額貨幣納となった。このことによって、地租を納付する義務を負う自作農は市場における不断の価格変動にともなうリスクを引き受けることになる。そして、このリスクを負担しえなかった経営が所有権を手放し、小作人となる。[53] そのことの必然的な帰結として、小作農は、小作料納付を貨幣納とした場合の市場取引にともなうリスクに敏感であり、それゆえに地主は現物納付を選択する。[54]

さて、現物納付と貨幣納付を同一に扱ってはならないのはいかなる場合か。ここの仮定においては小作人の受取額の期待値は同一であり、異なるのは受取額の変動である。変動の相違、すなわち価格変動の分散の大小が意味を持つのはいかなる場合か。小作人側がリスク回避的である場合、そして、小作人が引き受けることのできるリスクに限度のある場合(有限責任制約 limited liability constraint が効く場合)である。[55] 引き受け可能リスクに限度のある場合とは端的に言って貧しい場合であり、リスク耐性も概して保有する富の量に依存するから、小作農家が貧しい場合には貨幣納付と現物納付の相違は実質的な意味を持つことになる。小作料の現物納付は貨幣納付であれば小作人に帰属する価格変動リスクを地主に転嫁し、小作人のリスク負担を減ずる機能を持っていたのであり、現物納付と貨幣納付の選択は重要な問題だったのである。

「ナポレオン的観念」と危険回避

地主が小作料を最大化するためには、小作人の努力水準を高めるために誘因を与えなければならない。誘因を与えるとは、小作人の受取を収量の増減に依存させ、努力した場合に正の確率で小作人の受取も増えるように契約を設計することである。定額小作料はそのために最適な契約である。無条件に定額小作契約が適用される場合、定額小作料分を差し引いた部分はすべて小作人の受取額となるから、小作農家は自作農家と同様に、自己の努力の限界費用と限界利得が一致する点まで努力を拡大する。しかし、小作人が概して貧しく、したがってリスク回避的である場合、不作のリスクは誘因を弱める効果を及ぼすから、その努力水準を維持するためには小作人側の受け取り分をその分だけ増やすか、もしくは小作人のリスク負担を減らす必要が生じてくる。有限責任制約が効いている場合にも、もちろん地主が一定以上のリスクを引き受ける必要がある。かくして、日本の農村においては、小作料を現物納付として小作人のリスク負担を減らすとともに、定額小作契約が選択されるときには、明文契約によるせよ慣行によるにせよ、多くの場合、不作時の減免特約をともなっており、そして特に自然条件が厳しい場合には分益(刈分)小作契約が選択されていた。(56)

山田は東北地方において「半農奴制」的小作契約が絶えず再生されるとしたが、東北地方において不作のリスクが特に大きかったことは言うまでもない。なかでも、「やませ」の被害を受ける北東北地方の太平洋側におけるそれは深刻であった。そのリスク水準においては、減免特約付き定額小作契約によっても、効率的な、すなわち小作人の意欲を損ねない契約を設計することは不可能であり、しばしば分益小作契約が選択されていた。刈分とは収量にかかわらず一定の割合、たとえば「四対六」等の割合で収穫物を分け合う契約である。この場合、定額契約に較べて小作人が与えられる誘因は減殺されるが、小作人が引き受けるリスクによる努力の減殺を防ぐことができる。有本寛らの研究によれば、岩手県における減免特約付き定額契約と刈分契約の分布は、リスク、すなわち収量の変動に有意に依存していた。(57)

農家の家長には養蚕業などの副業を主たる源泉とするレントが帰属し、それが「ナポレオン的観念」の基礎となっていた。しかし、山田がこだわっているように、現物納付の小作料が一般的であったことは、農家の家長の存立基盤にもうひとつの意味を与えることになる。小作農家が地主制に従い、ひいては当時の社会秩序に従っていた理由は、自らの稼ぎから発生するレントを守るためだけではない。彼らには担いえないリスクから、地主によって守られていたからでもあった。不作のリスクから守られないとは、不作の際には娘を売り飛ばさなければならないことを意味する。その意味では、不作のリスクから守られることは、翻って家族内における寄食者をリスクから守り、自らの家長的権威を維持するためにも絶対に必要なことであった。

一兵卒として帝国陸軍を支える家長たちを体制に依らしめていたひとつの理由が、そのレントを守ろうとする積極性にあったことは間違いない。しかし、それに劣らず重要な要因は、おそらく、そもそも個人として引き受けえないリスクを他者に転嫁し、もって家族をリスクから守り、家長的権威を守りたいという追い詰められた衝動であった。前者は「坂の上の雲」を目指した明るい絵にふさわしい側面であり、後者は、誰もその責任を引き受けない泥沼の戦争を描く暗い絵にふさわしい。おそらく山田は日本社会のこの重さを摑もうとして苦闘し、暗い修辞を重ねたのであろうが、その山田が捉えたかった核心的な事実とは、要するに家長たちのリスク回避性向であったと思われる。

世界恐慌によってレント給源が消滅するとともに地主たちのリスク引き受け能力も低下し、ゆえにそのショックが家長たちを直撃し、家長たちが娘の身売りという禁じ手を打つところまで追い詰められた時、期待されたのはケインズ的な「大きな政府」によるショックの吸収であった。上から下までリスク耐性の低下していた日本人は、「大きな政府」の命ずるままに銃を手に取ったのである。丸山はそのリスク分散の体系を、冷笑的に「無責任の体系」と呼んだのであった。

レント分与とリスク分散の労働組織

一方、山田は近代部門においても、第一次世界大戦以前には「半封建的」(58)な労働組織と労働市場が支配的であったと考えていた。農村社会の理解と同様、この「半封建」性の指す内容もさして特別なものではない。近代的な労働組織を企業と労働者が直接に結んだ雇用契約からなる直接雇用による組織とし、そして近代的な労働市場を統合された競争的な労働市場とするならば、その対局にある組織と市場が第一次世界大戦前における日本経済の近代産業部門を支えていたと山田は捉えていた。

鉱山業を典型として、職場は業種別の中間団体によって組織されており、労働者は中間団体を統治する「親分」との間に、「子分」としての「報恩」の念を忘れずに「粉身専心勉励」する雇用関係を結び[59]、企業はその「親分」との間に業務の請負契約を結ぶ間接雇用が成り立っていた。鉱山であれば「納屋」や「飯場」、建築現場であれば「人夫部屋」が現業職場における労働組織であり、そこに属する労働者を雇用しているのは「納屋頭」や「飯場頭」、「部屋頭」であって、事業を経営する企業ではなかったのである。さらには金属鉱山の「友子同盟」のように、企業横断的な中間団体が存在することもあった。そして「納屋頭」など中間団体を統治する間接管理者と労働者との関係は、単なる労働と賃金の交換とは認識されておらず、「職親子」、すなわち「親分子分」の関係、「報恩」と「交誼義務」の関係にあると観念されていた[60]。そしてこうした間接管理は鉱山業のみならず、第一次世界大戦以前には軍工廠や造船所をはじめとする重工業にも広く見られた。職場の管理は「組長」、「伍長」などと呼ばれる間接管理者によって請け負われていたのである[61]。

そして、労働組織の分断性を反映して、労働市場もまた、「孤立的」、「分散的」であり、統合された競争的な労働市場において同種の属性を持つものとして取引される一般的な存在としての労働者、すなわち「プロレタリアート」は存在しなかった[62]。炭礦夫は炭礦夫、人夫は人夫であって、彼らは共通の労働市場に属する存在ではなかったのである。

職場における労働の監視が技術的に困難である場合、企業は間接雇用を選択することがある。この場合、賃金を一括して受け取り、労働者の管理を請け負う間接雇用主体は、企業が直接雇用を選択したならば負担しなければならなかったであろう監視費用を上限とするレントを企業から得るであろう。そして、間接雇用主体は賃金とレントを配分する権限を行使することによって労働者の誘因を制御する。

もっとも、そうした間接雇用の選択自体は、労働の監視が技術的に困難であることに帰因するものであって、今日の企業においても、たとえば監視が技術的に困難な国外の事業所を支社とし、その支社と現地採用労働者との間に雇用関係を結ばせる「間接雇用」は広く見られる。しかし、山田が注目したのはもちろんそのような「間接雇用」ではない。

何よりも、金属鉱山の「友子同盟」に典型的に見られたように、間接雇用主体と労働者との関係が、「子分」による「親分」に対する「報恩」として認識されていたことが、「半封建的」な労働組織と呼ばれるゆえんであった。しかし、この「報恩」と認識される組織に単に「半封建的」という修飾語をかぶせて済ませてしまったことによって、おそらく、山田は重要な点を見逃すことになった。そもそも山田が典型的な事例として取り上げている「友子同盟」は、周知のように、元来、鉱山工夫の共済組織であった。「親分」は賃金とレントの配分者であるだけでなく、鉱山労働にともなう傷害などのリスクを分散し、リスク耐性の小さい個々の労働者を守る役割をも担っていたのであり、それゆえに、その命令に従うことは「報恩」たりうるのである。間接雇用主体は賃金の分配のみによって「親分」になりえたわけではない。

第一次世界大戦以前の間接雇用組織が、現代企業内に設置されるような単なる支社にとどまらない、「親分子分」関係という濃密な人間関係から成るものとして認識されていたのは、おそらく、その下にある労働者が、「親分」の支配によってリスクが分散されることを強く期待していたからなのである。

そしてこのリスク分散的な労働組織は、リスク分散的な農村社会制度と補完的でもあった。

三　制度変化の予感

「家長的家族制度」の動揺

日本資本主義を支えてきた安定的な「構造」は、第一次世界大戦後に危機を迎えたと山田は理解していた。その動揺は近代部門と在来部門の双方に及ぶわけであるが、日本社会全体に与える影響に鑑みて特に深刻であると考えられたのが、農村社会の動揺であった。

「ナポレオン的観念」の基礎を支え、もって「二層穹窿」を構成するのは「家長的家族制度」であったから、「家長的家族制度」の動揺は「ナポレオン的観念」の動揺を意味する。第一次世界大戦後、植民地および勢力圏各地域の民族運動が高まりを示していたその時に[63]、第一線の兵士が志気を喪失する、すなわち「ナポレオン的観念」を喪失するとすれば、ことはまさに帝国の統治機構を根幹から揺るがす可能性を持っていた。

近代部門の成長によって労働が稀少となる「転換点」を越えることによって競争均衡賃金が上昇し、したがって、家族内に寄食する家族が家長から得る給付の市場賃金に対する相対的な有利性が低下し、ついには逆転すると、家長から市場賃金以上の給付を受けるがゆえに家長の権威を認めていた寄食家族は、市場に雇用を求め、家長の権威を否定するであろう。他の条件に変化がないならば、「家長的家族制度」が崩壊に向かう経路はこのようなものになったはずである。実際、産業化の進展とともに、繊維産業における女性労働者の心性に変化が生じていたことは確認されている[64]。

しかし、山田が注目したのは経済発展とともに漸進的に進むそのような変化ではなく、家長による給付を支えていたレント給源そのものの消滅であった。地主制の下、作柄変動のリスクや米価の変動リスクから守られていたとはいえ、米作農業そのものからの収益は寄食家族を養い、家父長的権威を認めしむるには不十分であった。それを補っていたのが養蚕業であったが、そこからのレントの確保が動揺するのが第一次世界大戦後の時期であった。その最初の波は第一次世界大戦直後の恐慌の後に見られた、製糸企業と養蚕農家との間の特約取引である。特約取引とは年度初めに製糸企業が個別の農家と原料繭の一手買い取り契約を結ぶ取引であるが、これは養蚕農家から市場取引における余剰獲得の機会を奪うものであり、したがって、その余剰に基礎を置く「ナポレオン的観念」を解体に導くものとされた。[65] そして、一九二九年の世界恐慌に始まるアメリカ経済の収縮は、輸出産業である製糸業の瓦解を通じて帝国に経済的危機をもたらすだけでなく、皇軍兵士の「ナポレオン的観念」を成り立たせるレントの余地を完全に消滅させることによって、軍事的、政治的にも打撃を与えることになる。そのなかにあって「家長的家族制度」における家父長的権威を維持しようとするせめてもの試みが、地主に対して分配の再調整を求める小作争議であったということになろう。帝国陸軍兵力の基盤である農村経済の窮迫を政府もまた重大視し、自作農創設維持政策を強化した。しかし、現実には、多くの家長たちにとってレント給源の確保は成らず、彼らの少なからぬ部分が、娘を市場価格で女衒に売り飛ばすという「新古典派的」解決を迫られた。それは家父長的権威が根幹から解体されることを意味する。

そして、自らの扶養する家族に対するレントの分配によって保たれる自己の権威を守るために兵士となることを受け入れた「ナポレオン的観念」もまた、その「支柱」が消滅した以上、動揺せざるをえないことになる。[66] 世界恐慌を経て、帝国陸軍を支える家長個人主義の「二層穹窿」は崩壊の危機に瀕していたのであった。

間接雇用の解体

一方、第一次世界大戦後における近代部門の「危機」は、「日本型合理化」による間接雇用の解体として現れる。「半封建的な労役型」を規律する「制規的隷従形式」は、たとえば、入職に際し、「「世話人、職親子及ヒ兄弟分」、数十人の立会の前で、「報恩」と「交誼義務」とを宣誓」することによって「免状」を受けることを求められる金属鉱山の「友子同盟」の労働組織に典型的であるとされた。[67]

産業革命当初、手掘りによって営まれていた金属鉱山に間接雇用が採用された理由は、そもそも坑内労働の監視が困難であったため、直接管理よりも、間接管理者を置き、その者との雇用関係によって工夫を管理する方が組織内の取引費用総額を小さくしうるからであった。別の言い方をすれば、労働現場における情報の非対称の存在を所与として、それをよりよく監視しうる間接雇用者たる「職親」が企業からレントを受け取り、そしてそのレントの一部を含む賃金を自身の統制する「飯場」に所属する工夫に配分する権限を得ることによって工夫の誘因を制御していたということである。ところが、実質賃金の上昇にともなって労働節約的な技術の導入、すなわち機械採掘への移行が進行すると、工夫ごとの採掘量と採掘の品位を企業が直接に監視することが可能になる。実際、鉱山企業は機械化の進展とともに飯場の生産請負機能への依存を解消してゆく。一九〇〇年代後半に始まったこうした変化は第一次世界大戦後に急速に広まり、金属鉱山の採鉱労働組織は直接雇用を前提として企業が直接に誘因制御を行うそれへと移行し、さらにそれにともなって労働市場における友子同盟の機能もまた衰退していったのである。[68]

もとよりこうした間接雇用の解体は金属鉱山にとどまるものではなく、炭礦においても機械化の進展にともなう直接雇用への移行は一九〇〇年代後半に始まり、第一次世界大戦後に急速に拡大して、炭礦夫たちはそれぞれの炭礦企業の「従業員」に再編されていった。[69]

こうした再編は重化学工業においても一九〇〇年代後半に始まり、さらに第一次世界大戦後の不況下には全体的な傾向として広がった。そこに共通に見られた現象は、「役付職工」、すなわち「親分」に当たる旧間接管理者ほど「解雇率が高位に上る」という「労働貴族層の地盤壊頽」現象であった。[70] 労働組織の安定のために企業が間接管理者に与えてきたレントの剝奪が広範に進んだのである。

基本的にはこうした変化は、労働過剰社会から労働稀少社会への「転換」、それにともなう実質賃金の上昇、実質賃金の上昇に対応した技術と組織の組み合わせへの移行として進行したと考えられる。『分析』において、それらの関連が明確に整理されているとは必ずしも言えない。しかし、労働節約的な技術への移行と、間接雇用の廃止という「日本型合理化」とが同時に進行した「最鋭の設備と規格化との集約的密集地点」である「鶴見川崎地帯」の重化学工業における変化を「典型的な構成を完成」した例として特記していること[71]から、すくなくとも直観的には、労働稀少社会への移行にともなう資本集約的な技術進歩への移行と、間接雇用から直接雇用への移行とが同時に進行することが第一次世界大戦後における「半封建的」労働組織解体の本質と捉えられていたと考えてよい。

第一次世界大戦以前、過剰労働を扶養する家父長制的秩序の支配する温かい農村共同体から都市に流出してきた人々は、任侠的秩序の支配する職域団体に身を寄せ、レントを分配するとともにリスク分散を司る「親分」に忠誠を誓う職人として働いていた。「親分」は間接管理を請け負うことによって企業側が節約する取引費用の一部をレントとして獲得し、その分配権限を「親分」的権威の源泉としていた。しかし、今や企業は対するレントの移転を解消し、労働者と直接に雇用契約を結び、労働者の誘因を直接に制御し、そして労働者の求める賃金とその労働成果とが合致しないと判断すれば直接に解雇する。

中間団体を介さない個人の労働が取引される競争的な労働市場が出現し、そして、雇用契約を結ぶ際に個人は直接に企業と対峙する。こうした、中間団体が排除されているという意味における近代的な労働市場の形成を前提として、近代的な直接雇用関係が支配的となること、そしてそれは労働稀少社会への移行にともなう技術進歩の必然的帰結であること、それが、「危機」の進展にともなう「プロレタリアートの客観的必至[72]」という言葉で語られている事実の具体的な内容である。

完全競争市場への前哨と帝国の影

「日本型合理化」による間接雇用の解消にともない、「地域」、「産業部門」、「作業工程」の各面における労働市場の分断も解消され、統合された競争的な労働市場が出現する。そして、互いに顔の見える濃密な関係を構成する「半封建的」、すなわち任侠的な中間団体から競争的かつ匿名的な労働市場に解放された労働者は、その匿名的な取引関係において自由に行動する存在、つまり「工夫」や「人夫」ではなく、労働者階級一般、「不撓」なる「プロレタリアート」を構成することになる。[73]おそらくは、それが山田の想定した展開であった。

しかし、第一次世界大戦後の日本経済において、間接雇用組織や村社会といった中間団体が解消に向かったことまでは歴史的事実として納得しうるとしても、そこから放出される個人がどうして完全競争労働市場への「不撓」なる前哨として立ち上がるのか、その部分の因果関係は明らかではない。

さらに今日から振り返って明らかに言えることは、世界恐慌のさなかに中間団体から解放された普通の日本人は、村でも都市でも個人として競争市場を闘って価格変動のリスクを引き受ける能力を持たず、ケインズ的な財政金融政策によってかろうじて生計の安定を確保し、そして最終的には、農家を市場経済のリスクから完全に隔離する食料管理制度をはじめとして、戦時統制期における国家社会主義的な計画経済の建設に積極的に加わっていくことになる。[74]「半封建的」、任侠的中間団体から自由になったはずの個人は、ついに自立した個人となることを得ず、大日本帝国臣民として自己を再定義し、究極の代紋たる菊の御紋への奉公に安住の場を再発見したのである。さらに、山田が完全競争市場への前哨として期待した機械工業部門のエリート労働者たちは、戦時統制期の単位産業報国会をひとつの契機として企業別労働組合を形成し、賃金の二重構造をむしろ固定化する方向に進んだ。[75]

山田がその展開を予想できなかったのはなぜであろうか。その理由はおそらくふたつに分けられる。

ひとつは、山田の労働過剰社会に関する理解がおそらく不確かであったことである。労働過剰社会において、家族をはじめとする家父長制的な組織に扶養されている人口は限界生産性以上の生活資料を受け取っている。他の条件が一定であり、労働需給のみが次第に逼迫して労働稀少社会に転じる過程において家父長制的な組織が解消されていくとすれば、家父長制的組織から労働市場に放出される個人の実質所得は上昇するので、個人は家父長制的信念を相対的に容易に脱ぎ捨てることができるであろう。しかし、世界恐慌のような外生的なショックを受けて家父長制的組織の扶養能力が一時的に急低下することによって個人が労働市場に放出される場合には、実質的所得の減少がともなうことがありうる。そのように否応なしに放り出された個人はむしろ、大樹の陰を慕い続けるであろう。

もうひとつには、第一の点と関連することであるが、中間団体がリスク分散の機能を担っていたことに山田が必ずしも自覚的ではなかったことが挙げられよう。地主制であれ「友子同盟」であれ、小作農や工夫のリスク負担を軽減し、あるいは分散することを主要な機能のひとつとしていた。そのリスク分散機能を有する中間団体が消滅し、放り出された個人が、中間団体に代わって安全網を提供する大いなる国家を待望することも、事後的に振り返って見るならばむしろ当然の帰結であったと言えるかもしれない。(76)

第一次世界大戦前の日本経済の「構造」に関する山田の分析は、すくなくとも首尾一貫した静学として読むことができる。しかし、市場経済のリスクを遮蔽する機能を果たしてきた家父長制的な中間団体が崩壊してゆく時、その社会が進みうる経路は単一ではない。山田が想定した、統合された競争的な労働市場の出現も可能的なひとつであったとは思われるが、歴史的必然ではなかったのである。

ある経済が労働過剰経済から労働稀少経済への「転換点」に近づいていく際にたどる制度変化の経路は様々でありうること、たとえば、大企業の労働組合が主導する社会改革がもたらす労働貴族の固定化もまたそのひとつの経路でありうることは、既に安場によって指摘されている。(77)いかなる制度的条件がいかなる経路を導き出すのか、その厳密な考察は今後の課題とせざるをえないが、すくなくとも、「構造」の崩壊に始まる制度変化が、山田の想定した単線的な経路ではありえなかったことは、歴史的事実が示すところである。

おわりに

まず、これまでの議論を整理しておこう。山田の『分析』は、第一次世界大戦以前における労働過剰経済の制度分析としては一貫した議論として構成されており、分断的な労働市場と過剰人口を扶養する中間団体を当該期の経済制度における重要な構成要素と見なした理解も、農民や労働者に余剰がまったく残らない「全剰余労働搾取」が成立していたとする誤った仮定を捨てるならば、説得的な議論として成り立ちうる。しかし、同時に、山田は中間団体の機能としてリスクの分散が極めて重要であったことを事実としては指摘しながら、それを制度分析の議論には明示的に組み込んでいないこと、さらに、第一次世界大戦後における「構造」の動揺にともなう制度変化を説得的に記述することには成功していないと考えられることは、主要な問題点として指摘されなければならない。

最後に、なお残されたいくつかの論点について、手短かに触れておきたい。

日本の特殊性とアメリカの特殊性

山田が「半封建的」等々の晦渋な用語を用いて表現しようとした対象は、つづめて言うならば、村社会や職種別労働組織といった中間団体が労働者の移動を妨げることを通じて、労働市場における価格機構の機能を妨げ、最適な技術選択と資源配分を妨げているという事実にほかならない。途上国が経済発展を遂げるには、価格機構の機能を妨げるそのような制度的「障壁」を除去しなければならないという主張は、新古典派的な成長理論の観点からもしばしば提起されている。(78)

ところで、労働市場が分断されており、しかも、外部との遮断の程度が部門間において異なっている状況の下に成長が持続する場合、産業間に生産性の格差が生じることがある。たとえば、自動車をはじめとする機械工業に代表される貿易財生産部門と非貿易財／サービス生産部門との間に生産性格差が生じるということが起こりうるわけである。機械工業を中心に生産性を飛躍的に高める製造業に対して、小売業や農業といった非貿易財／サービス部門の生産性上昇ははるかに遅れ、にもかかわらずそれら非効率的な産業部門に人口が滞留しているという現実は、第二次世界大戦後にも一貫して存在したし、現在も存在している。(79)その意味では労働市場の統合を妨げる非効率な制度は、今日の日本経済においても「構造」的な問題として残っていると言ってもよいかもしれない。しかし、製造業の生産性上昇に対して、非貿易財／サービス部門の生産性が停滞するという構造的な問題は、しばしば指摘されるように、ヨーロッパにも共通している。(80)言い換えれば、山田が日本に特殊と考えた問題を克服していると言える経済は、おそらく現在においてもなお、アメリカに限られるのである。もちろん、日本もヨーロッパも将来はやがてアメリカになるということであれば、アングロ＝サクソンモデルを終着点とする議論を立てることに問題はない。しかし、たとえば、小売業の生産性を増大させ、生産性格差を解消するとは、具体的には街の商店が消滅して郊外型大規模小売店のみが残るという、生活様式の激烈な変化を受け入れることである。大企業に勤務する高額所得者は、少なくとも近い将来においても、そのような大変化を受け入れるよりも、近所の店に買い物に行くことによってそこに勤務する人々に均衡賃金以上の生活資料を与え、もって日本的な暮らしから得られる効用を守ろうとするのではないか。山田は、暗黙裏に、すべての国の経済はやがてアングロ＝サクソン経済になるという仮定を置いていたのであるが、その仮定には若干の無理がある。

マクロ的接近の妥当性

山田の主張は、第一次世界大戦後に「転換期」を求める見解と一致することは既に述べた。しかし、本稿が大きく依拠している安場は、実は両大戦間期「転換期」説を採っていない。近代産業において実質賃金が上昇し始めるのははるかに早く、一九〇〇年代に日本は労働稀少社会への「転換点」に達したと安場は主張し、さらに、産業革命によっても日本経済の構造は大きく変わることはなかったとする山田の事実認識を退けている[81]。筆者自身の調べた近代製糸業においても、労働生産性と実質賃金は既に一八九〇年代に著しい上昇を開始しており[82]、両大戦間期まで労働過剰状態が一般的に存在したと想定することは誤りであると筆者も考えている。しかし、局所的に労働の過剰な「低賃金ポケット」が存在したことも否定はできないし[83]、そうした「低賃金ポケット」に依拠しつつ、両大戦間期まで労働集約的な在来産業の成長が見られたことも事実である。そうであるとすれば、両大戦間期の日本経済におとずれた変化は、一般的な労働過剰から一般的な労働稀少への転換ではなく、労働市場の統合による一般的な労働稀少の顕在化と言うべきかもしれない。

しかし、そのような理解が成り立ちうるとすれば、両大戦間期以前の日本経済を国民経済単位で捉える際には慎重な配慮が必要となる。労働市場が産業別、地域別に分断されていた第一次世界大戦以前において、日本国境内部の諸地域を単一経済圏につないでいたものは、国営事業である郵便と電信、政府の支援を受けて整備された沿岸海運網、国有化によって一元的に運用されるようになった鉄道、集権的な通貨制度と金融制度の整備によって統合された金融市場など、いずれも政府の産業政策に強く依存するサービス部門であった。あえて日本国民経済全体の絵を見ようとすると、どうしても、それら政府の支援によって統合された側面と、そして、マクロ経済に大きな構成比を占める在来部門が目立つことになる。それが、産業革命を主導し、労働稀少社会への転換の原動力となった民生製造業部門の発展の意義を見失わせ、政府による介入と巨大な在来部門の存在の意義を過大に評価する「講座派」的日本資本主義像を導くわけである。もっとも、このような誤解は山田に限られたものではなく、たとえば、国民経済に占めた在来部門の構成比の大きさをもって産業革命を相対化しようとする「在来産業論」の主張にも通ずるものである。

ナッシュ均衡としての制度とその変化

第一次世界大戦以前には安定的であった日本の経済制度が両大戦間期に変化し始めていたこと、それを捉えた山田の慧眼は改めて強調されるべきであるが、制度変化の経路が複数ありうることを見逃していた問題点は既に指摘した通りである。そのひとつの背景として、おそらく山田にとっては、制度が重要な役割を果たすことは資本主義経済の常態ではなかったことを指摘しうるのではないだろうか。日本の資本主義の分析が制度分析でなければならないのは、日本の資本主義が諸々の制度によって歪んでいるからであって、その制度という障害が取り除かれたならば、技術的に最適な資源配分を一意に実現する均衡に移行する、そう考えていたとすれば、変化の先は複数存在しうる制度の選択ではなく技術と要素賦存によって唯一に決まる競争均衡であるから、そもそも変化の方向を考察する必要はない。林＝プレスコットの戦後改革理解をはじめとして(84)、そうした主張は新古典派的に書き換えられた上で広く共有されている。

一方、制度として実現される均衡が現実経済の均衡であると考えるゲーム理論的な立場は、制度を、いずれの経済主体も逸脱の誘因を持たないナッシュ均衡と考える。この概念は制度の安定性を説明する場合には極めて強力であり、たとえば、第一次世界大戦以前の家父長制的な制度が安定的であったのは、農家の家長も、その扶養する家族も、そこから逸脱することによって得をすることはなかったからである、と説明される。

ナッシュ均衡概念そのものは、資源配分の効率性とは無関係の概念であり、さらに均衡が一意に定まるとも限らず、条件によっては複数の均衡が成り立ちうる。山田がこのような考え方に、すなわち、いかなる経済制度もナッシュ均衡として成立しているという考え方に近い立場を採っていれば、「危機」後の変化の先を単線的なそれとして想定しはしなかったであろう。やはり山田は、日本の資本主義がその歴史的経路に固有の経済制度として分析されなければならないのは日本の資本主義が歪んでいたからであり、その歪みが解消されるならば一意の終着点に辿り着くと、新古典派的に考えていたものと思われる。

しかし、人類社会の発展をより巨視的に捉えるならば、ノースの指摘する通り、前近代社会においては自然環境に由来する不確実性の制御が死活的に重要であったのに対し、近代社会の重要な特徴は、社会環境から生ずる不確実性の制御、すなわち、人々の誘因を制御する制度の形成が経済発展の成否を分けるようになる点に求められると思われる。[85] 所有権を領域的に保護する近代国民国家はそうした制度の典型であり、その下において発展した経済制度が近代資本主義にほかならない。そのように理解する立場からは、いかなる国民国家の近代資本主義の分析も本質的に制度分析たらざるをえず、制度という「歪み」の存在しない状態を想定した分析は経済発展の歴史分析としては意味がないということになる。

そのように山田や新古典派を批判することはたやすいが、克服することは容易ではない。現代の経済学教育においては、資源配分の効率性を考察するための一般均衡理論と、ナッシュ均衡概念によって経済制度を分析するゲーム理論という、二つの経済理論が存在し、それらが事実上、別々に教えられている。ある歴史的な時間を切り取り、その瞬間の経済制度の静止画像をナッシュ均衡として分析しつつ、そして、長期的には様々なナッシュ均衡としての経済制度がより効率的な資源配分を実現する制度へと変化してゆく過程を総合的に分析する方法の確立には、経済学のさらなる発展に待たねばならないのである。

＊本稿の作成にあたっては宮本又郎先生に有益な御教示をいただき、また高槻泰郎君および結城武延君の助言を得た。しかし、

本稿が大きく依拠している安場保吉先生は二〇〇五年四月一三日に逝去され、残念ながら、本稿に対する御批判をいただくことはできなかった。先生にいただいた数々の御教示、御批判への感謝の意味を込めて、御叱正を恐れずに本稿を先生に捧げたいと思う。

なお、本稿は二〇〇六年度日本学術振興会科学研究費補助金(No. 18203024)による成果の一部である。

注

(1) レント(rent)の原義は「地代」であるが、ここでは、ある活動にともなって得られる収益からその費用を差し引いた残余、すなわち余剰を一般的に指す(Paul Milgrom and John Roberts, *Economics, Organization and Management*, Englewood Cliffs (NJ): Prentice Hall, 1992 (奥野正寛・伊藤秀史・今井晴雄・西村理・八木甫訳『組織の経済学』ＮＴＴ出版、一九九七年), p. 603)。完全競争市場においては、レントが消滅するまで新規参入が続くので、レントは存在しない。言い換えれば完全競争的ではない関係においてレントは存在する。

(2) 山田盛太郎『日本資本主義分析――日本資本主義における再生産過程把握』岩波文庫、一九七七年(初版岩波書店、一九三四年)。引用は一九七七年版による。以下『分析』と略す。

(3) 平野義太郎『日本資本主義社会の機構――史的過程よりの究明』岩波書店、一九六七年(初版、一九三四年)。

(4) 長岡新吉『日本資本主義論争の群像』ミネルヴァ書房、一九八四年。

(5) 「強い円」政策を堅持した速水優日本銀行総裁の退任を迎えた二〇〇三年を頂点としてインフレーショニストの活発な評論活動が見られたが、彼らの多くは一九二〇年代における民政党の産業合理化政策と橋本―小泉政権の「構造改革」政策の共通性を指摘しつつ、論難した(岩田規久男編著『昭和恐慌の研究』東洋経済新報社、二〇〇四年)。なお、小泉純一郎内閣総理大臣はインフレーショニストの主張を容れず、通貨価値の安定を優先する福井俊彦を次期日本銀行総裁に任命した。

(6) 二つの制度が「補完的」(complementary)であるとは、一方の制度における効率性の増大が、もう一方の制度における効率性の増大をもたらす関係にあることを言う。

(7) Masahiko Aoki, *Toward a Comparative Institutional Analysis*, Cambridge (MA): The MIT Press, 2001, pp. 329–345. 間接金融から直接金融への移行に焦点を当てた分析としては、Takeo Hoshi and Anil K. Kashyap, *Corporate Financ-*

ing and Governance in Japan: The Road to the Future, Cambridge (MA) : The MIT Press, 2001, が極めて説得的である。

(8) 稲葉振一郎『経済学という教養』東洋経済新報社、二〇〇四年、一一九—一二二頁。

(9) 安場保吉「経済発展論における〝二重構造〟の理論と〝日本資本主義論争〟」『社会経済史学』第三四巻一号、七九—九二頁、一九六八年。Yasukichi Yasuba, "Anatomy of the Debate on Japanese Capitalism," *The Journal of Japanese Studies*, 2(1), pp. 63-82, Autumn 1975. 安場保吉『経済成長論』筑摩書房、一九八〇年。

(10) 高柳信一「戦間期における違憲審査制の機能転換——ニューディールとエホヴァの証人」東京大学社会科学研究所編『ヨーロッパの法体制』(ファシズム期の国家と社会5)、東京大学出版会、一九七九年、三三九—三六四頁。松井茂記『アメリカ憲法入門』第五版、有斐閣、二〇〇四年、五—八頁。

(11) 広渡清吾「第三帝国期におけるブルジョア法の「転換」」東京大学社会科学研究所編前掲書、一九—三三頁。

(12) 岡崎哲二・奥野正寛編『現代日本経済システムの源流』(シリーズ現代経済研究6)、日本経済新聞社、一九九三年。

(13) 長岡前掲書、一九六—一九九頁。

(14) 青木昌彦は静学分析に長じた古典的なゲーム理論による分析と、変化の記述に優れた進化ゲーム理論による分析のそれぞれが発展し、最終的には統合されることによって制度変化の理論が構成される可能性を指摘している。Aoki, *op. cit.* pp. 194-197.

(15) 『分析』三三、四六、八八—九一、一六五、一九七—二〇一、二一九頁。この点は様々に繰り返し言及されるが、要点は、「半農奴制的零細耕作から流れ出る厖大なる半隷奴的賃銀労働者群を消磨的に用いうるがために技術進歩は阻止せられ」(一六五頁)、技術が労働集約的なそれに固定されたままの成長が持続するということである。

(16) 安場前掲書、一五四頁。

(17) 同前、一三三頁。

(18) 「しからば、土地を収奪せられた無産農民の一部は、都会の工業のプロレタリアに転化したのであるけれども、工業資本が当時なおこれらの農村過剰人口を収容しうるまでに発展しない(この特徴は資本主義発展の後の段階にも適用される)かぎりは、これらの無産農民の大部分は、従来、封建社会からすでに分化し続けて来た半封建的小作人に転化せざるをえなかった」、平野前掲書、四九頁。

(19)　安場前掲書、一二一―一三〇頁。
(20)　同前、一三一―一三二頁。
(21)　同前、一五四―一五六頁。
(22)　『分析』一七〇頁。
(23)　『分析』五七―五八頁。
(24)　『分析』二一四―二六一頁。
(25)　『分析』五七―五八、七三頁。
(26)　『分析』五二―五四、五七―五九、六九―七一、八八―九一頁。
(27)　『分析』五七―七三頁。
(28)　『分析』二四一頁。
(29)　中村政則『近代日本地主制史研究――資本主義と地主制』東京大学出版会、一九七九年、一五七―一五八頁。
(30)　川口由彦『近代日本の土地法観念――一九二〇年代小作立法における土地支配権と法』東京大学出版会、一九九〇年、九〇―一〇〇頁。川口由彦『日本近代法制史』新世社、一九九八年、二九九―三〇二頁。
(31)　『分析』二三五―二三六頁。
(32)　白井泉「乳児死亡からみる戦間期東北地方の生活環境――農家女子の労働強度を通じた乳児死亡の改善」二〇〇六年七月暦象研究会(慶應義塾大学経済学部)。
(33)　中村隆英『戦前期日本経済成長の分析』岩波書店、一九七一年、四三―一一七頁。
(34)　南亮進『日本経済の転換点――労働の過剰から不足へ』創文社、一九七〇年、九五―一八六頁。
(35)　中村隆英『明治大正期の経済』東京大学出版会、一九八五年、一八九―一九〇頁。
(36)　John C. H. Fei and Gustav Ranis, *Development of the Labor Surplus Economy: Theory and Policy*, Homewood (IL): Richard D. Irwin, 1964, pp. 125–131. 斎藤修『賃金と労働と生活水準――日本経済史における一八―二〇世紀』岩波書店、一九九八年、二五―五六頁。
(37)　斎藤前掲書、五九―八〇頁。友部謙一「小農家族経済論とチャヤノフ理論――課題と展望 上」『三田学会雑誌』(慶應義塾大学〕第八一巻三号、五〇五—五二九頁、一九八八年。同「小農家族経済論とチャヤノフ理論——課題と展望　下」『三田学会雑誌』第八一巻四号、七一五—七二三頁、一九八九年。

(38) 谷本雅之『日本における在来的経済発展と織物業——市場形成と家族経済』名古屋大学出版会、一九九八年、二二一—二三七、四二九—四五九頁。

(39) 谷本雅之「在来的発展の制度的基盤」社会経済史学会編『社会経済史学の課題と展望』、有斐閣、二〇〇二年、二八三—二八六頁。

(40) 友部謙一『前工業化期日本農村における小農家族経済と市場経済』有斐閣、近刊。

(41) 東條由紀彦『近代・労働・市民社会——近代日本の歴史認識Ⅰ』ミネルヴァ書房、二〇〇五年、三二三—三七一頁。

(42) 『分析』一八三頁。

(43) 『分析』二二二頁。

(44) 山田『分析』二〇九—二一三頁。

(45) 山田『分析』九六頁。

(46) 村上淳一『ドイツ市民法史』東京大学出版会、一九八五年、五頁。村上淳一「団体と団体法の歴史」芦部信喜・星野英一・竹内昭夫・新堂幸司・松尾浩也・塩野宏編『岩波講座　基本法学2　団体』岩波書店、一九八三年、三—四頁。

(47) 『分析』五七、七九頁。

(48) 『分析』一九九、二〇一頁。

(49) 中村隆英・尾高煌之助「概説　一九一四—三七年」中村隆英・尾高煌之助編『二重構造』(日本経済史6)、岩波書店、一九八九年、五七—六一頁。中村隆英「景気変動と経済政策」中村・尾高編前掲書、三〇六—三一六頁。岡田靖・安達誠司・岩田規久男「昭和恐慌に見る政策レジームの大転換」岩田編前掲書。

(50) 丸山眞男「軍国支配者の精神形態」(初出一九四九年)『現代政治の思想と行動』増補版、未來社、一九六四年、一二九頁。

(51) 同「超国家主義の論理と心理」(初出一九四六年)同前、一七—二〇頁。

(52) 櫛田民蔵「わが国小作料の特質について」『大原社会問題研究所雑誌』第八巻一号、一九三一年六月、七一—七六頁。

長岡前掲書、一一二―一一八頁。
(53)『分析』二五二頁。
(54)『分析』二五九頁。
(55) 梶井厚志・松井彰彦『ミクロ経済学――戦略的アプローチ』日本評論社、二〇〇〇年、二〇六―二一二頁。伊藤秀史『契約の経済理論』有斐閣、二〇〇三年、一九八―二〇四、三九三―三九五頁。たとえば、年収五〇〇万円を保障する雇用契約と、年収零と年収一〇〇〇万円をそれぞれ確率二分の一で実現する雇用契約がもたらす年収の期待値はいずれも年収五〇〇万円である。このとき、前者からより大きい効用を得る者をリスク回避的、無差別ならばリスク中立的、後者を好むならばリスク愛好的であると言う。
(56) 有本寛「小作料減免慣行と取引費用」『農業史研究』第三九巻、二〇〇五年、六〇―六八頁。
(57) Yutaka Arimoto, "State-contingent Rent Reduction and Tenancy Contract Choice," *Journal of Development Economics*, 76(2), 2005, pp. 355–375. Yutaka Arimoto, Tetsuji Okazaki, and Masaki Nakabayashi, "Risk, Transaction Costs, and Geographic Distribution of Share Tenancy: A Case of Pre-War Japan," CIRJE Discussion Papers 2005-CF-322, University of Tokyo, 2005. 有本寛・岡崎哲二・中林真幸「小作契約の選択と共同体」澤田康幸・園部哲史編著『市場と経済発展――途上国における貧困削減に向けて』東洋経済新報社、二〇〇六年、九三―一二五頁。
(58)『分析』二〇九頁。
(59)『分析』一九〇、一八三頁。
(60)『分析』一一二―一二〇、一八二―一八三、一九〇―一九三頁。
(61)『分析』一八一―一八二、二一二―二一三頁。兵藤釗『日本における労資関係の展開』東京大学出版会、一九七一年、五五―一一三頁。尾高煌之助『労働市場分析――二重構造の日本的展開』岩波書店、一九八四年、一九五―一九九頁。西成田豊『近代日本労資関係史の研究』東京大学出版会、一九八八年、二三―三一、八四―九一頁。
(62)『分析』一九八頁。
(63)『分析』一五一頁。
(64) 中林真幸『近代資本主義の組織――製糸業の発展における取引の統治と生産の構造』東京大学出版会、二〇〇三年、四

一四—四二〇頁。Janet Hunter, *Women and the Labour Market in Japan's Industrialising Economy: The Textile Industry before the Pacific War*, London: RoutledgeCurzon, 2003, pp. 270–296.

(65)『分析』七八—七九頁。

(66)『分析』五八—五九頁。

(67)『分析』一一八頁。

(68) 武田晴人『日本産銅業史』東京大学出版会、一九八七年、一二二—一九二、二六一—三三二頁。

(69) 隅谷三喜男『日本賃労働の史的研究』御茶の水書房、一九七六年、九一—一〇九頁。荻野喜弘『筑豊炭鉱労資関係史』九州大学出版会、一九九三年、二五五—三二七頁。市原博『炭鉱の労働社会史——日本の伝統的労働・社会秩序と管理』多賀出版、一九九七年、六五—二四三頁。

(70)『分析』二二二—二二三頁。兵藤前掲書、二一五—四七九頁。尾高前掲書、二〇九—二二四頁。西成田前掲書、一一五—一一八頁。

(71)『分析』二二一—二二三頁。

(72)『分析』二〇一、二二三頁。

(73)『分析』一九六頁。

(74) 中村政則前掲書、二九七—三八三頁。Andrew Gordon, *Labor and Imperial Democracy in Prewar Japan*, Berkeley (CA): University of California Press, 1991, pp. 123–330.

(75) 岡崎哲二「戦時計画経済と企業」東京大学社会科学研究所編『現代日本社会』第四巻、東京大学出版会、三六三—三九八頁、一九九一年。岡崎哲二「産業報国会の役割」岡崎哲二編『生産組織の経済史』東京大学出版会、二〇〇五年、二〇三—二二八頁。

(76) さらに山田がそのような誤解に傾いた背景について述べるならば、やはり山田を含む講座派が、任侠的中間団体を、克服すべき「半封建」遺制と見なし、一方、匿名的な市場取引が支配的な社会を正しく近代的な社会と考え、その実現を政治的目標としていたこと、それが理解に歪みを与えたことを指摘しうるであろう。

これに対して東條由紀彦は、山田と同様に閉鎖的な中間団体が重要な役割を担った近代日本社会の考察を重ねつつも、山田とは異なり、匿名的、競争的な市場取引が支配的な経済への移行を進歩と見なすことを拒否し、顔の見える任侠的中間団体が実現していた濃密な人間関係から成る社会こそ、将来において再建されるべき理想的な社会であると考える。東條の場合には、この山田とは逆方向に歪んだ政治的姿勢に助けられて、労働過剰社会において中間団体が担っていた扶養機能やリスク分散機能を具体的に掬い上げることに成功している。さらに東條は、そのような中間団体が担っていた機能に空白が生じた時、民衆が大いなる福祉国家の出動を望むこともまた的確に指摘している。東條前掲書、一六五―二三六頁、東條由紀彦『製糸同盟の女工登録制度――日本近代の変容と女工の「人格」』東京大学出版会、一九九〇年、三七五―三八六頁。

(77) 安場前掲書、一二七―一二八頁。

(78) Stephen L. Parente and Edward C. Prescott, "Barriers to Technology Adoption and Development," *The Journal of Political Economy*, 102(2), April 1994, pp. 298–321. Stephen L. Parente and Edward C. Prescott, "Monopoly Rights: A Barrier to Riches," *The American Economic Review*, 89(5), December 1999, pp. 1216–1233.

(79) Kyoji Fukao, Tomohiko Inui, Hiroki Kawai, and Tsutomu Miyagawa, "Sectoral Productivity and Economic Growth in Japan, 1970–1998: An Empirical Analysis based on the JIP Database," ESRI Discussion Paper Series No. 67, 2003.

(80) Bart van Ark, *International Comparisons of Output and Productivity: Manufacturing Productivity Performance of Ten Countries from 1950 to 1990*, Groninngen: Groningen Growth and Development Centre, University of Groningen, 1993. Marcel Timmer and Robert Inklaar, "Productivity Differentials in the U.S. and EU Distributive Trade Sector: Statistical Myth or Reality?," Research Memorandum GD-76, Groningen Growth and Development Centre, University of Groningen, 2005.

(81) 安場前掲書、一五四―一六三頁。安場保吉「産業革命の時代の日本の実質賃金――比較経済史的アプローチ」『社会経済史学』第七一巻一号、二〇〇五年五月、四九―六〇頁。

(82) 中林前掲書、三九―四三、四八七―四九〇頁。

(83) 斎藤前掲書、一〇九―一三四頁。

(84) Fumio Hayashi and Edward C. Prescott, "The Depressing Effect of Agricultural Institutions on the Prewar Japa-

nese Economy," Discussion Paper No. 056, 21COE Interfaces for Advanced Economic Analysis, Kyoto University.

(85) Douglass C. North, *Understanding the process of economic change*, Princeton: Princeton University Press, 2005（瀧澤弘和・中林真幸・高槻泰郎・棚橋あすか・結城武延訳『制度変化の経済学』（仮題）東洋経済新報社、近刊）, pp. 7, 16, 87–145.

第六章　「帝国」の技術者

——供給・移動・技能形成

沢井　実

はじめに

周知のように原敬内閣期における高等教育機関の大拡張計画の実現および戦時期の急拡張によって、高等工業教育を修了した技術者の数は急増する。こうした高等工業教育機関の整備拡張の具体的内容、卒業生の初職市場の動向、その後の移動の実態を検討することが本章の第一の課題である。考察の対象を日本国内に限定せず、朝鮮、台湾、関東州・「満洲」における高等工業教育機関の動きについても検討し、日本帝国圏内における技術者の供給と移動の実態に迫ってみたい。次に日露戦争後から本格化し、第一次世界大戦期の好況を背景に急増し、その後も日中間の政治外交関係に大きく左右されながら満洲事変後になって急減する中国人留学生の動向についても概観する。

最後に技術者の技能形成について考えてみたい。戦前期以来、生産現場に疎い技術者、設計と生産現場の距離の遠さが常に問題にされてきた。そうしたなかで高等工業教育機関を卒業した技術者は就職後いかなる内容の導入教育を受け、その後のＯＪＴ・再教育の実態がどのようなものであったのか、この点を探ることがここでの課題である。

一　日本帝国における技術者の供給と移動

工業専門学校卒技術者の供給

大学・工業専門学校を卒業した技術者の数（官民合計）は一九一〇年に五〇七八名、二〇年に一万四一六二名、三四年に四万一〇八〇名、四二年に六万一二〇八名（民間部門のみ）と急増する。(1) 当然のことながら高等工業教育機関の拡充が技術者供給の急増を可能にした。明治末までに東京・京都・九州・東北(2)の四帝国大学（以下、帝大と略記）が工学系学部を有するようになり、工業専門学校としては東京高等工業学校(以下、高工と略記)、大阪高工、京都高等工芸学校、名古屋高工、熊本高工、米沢高工、秋田鉱山専門学校(以上、官立学校)、早稲田大学理工科、私立明治専門学校が存在した。

一九一五年には桐生高等染織学校(二〇年に桐生高等工業学校に改称)が設立され、続いて原敬内閣期における高等教育機関の大拡張計画の一環として二〇年に横浜・広島・金沢の三高工、二一年に東京高等工芸学校と神戸高工、二二年に浜松・徳島の二高工、二三年に長岡・福井の二高工、二四年に山梨高工がそれぞれ新設され、さらに二一年には私立の明治専門学校の官立移管があった。その結果二〇年代半ばまでに工業専門学校の数は二〇校に達した。[3]

のちにみるように一九二九年度に東京・大阪の両高工は東京工業大学および大阪工業大学に昇格するが、この措置にともなって両高工にあった学科廃止に対応して、同年度に京都高等工芸に陶磁器科(三七年度に窯業科と改称)、名古屋高工に電気科、桐生高工に機械科、横浜高工に造船工学科、広島高工に醸造学科、神戸高工に土木科、秋田鉱山専門学校に鉱山機械科と燃料学科の合計八学科が増設され、翌三〇年度には仙台高工に建築学科が増設された。

続く工業専門学校の大増設は戦時期に実施された。一九三九年度には室蘭、盛岡、多賀、大阪、宇部、新居浜、久留米の七官立高等工業学校が一挙に新設され、機械・工作機械・精密機械・原動機械・鉱山機械・電気・工業化学・採鉱・冶金・金属工業の各科が各校五科ずつ配置される一方、京都高等工芸ほか一五校に人造繊維・航空・精密機械・化学機械・工作機械・電気・通信・工業化学・金属工業など合計二二学科が増設された。[4]学科の新増設はその後も続き、四二年度には京都高等工芸、名古屋高工、広島高工、東京高等工芸、神戸高工の官立五校に第二部(夜間課程)が設置される。その結果、表6-1に示されているように工業専門学校を卒業する生徒数は一〇年度には六九七名であったのが、大正期の大拡張が終わった後の三〇年度には二三三七名に上り、三九年度新設の七高工が加わる四四年度には八五九八名に急増した。

表 6-1　年度別・学校別・工業専門学校卒業生数

（人）

学校名＼年度	設立年度	1910	1915	1920	1925	1930	1935	1940	1944
東京高工	1881	175	215	207	237	272			
大阪高工	1896	157	168	182	159	199			
京都高等工芸	1903	60	124	77	58	89	110	109	250
名古屋高工	1905	96	87	102	139	131	181	175	441
熊本高工	1906	88	143	141	137	128	132	214	455
仙台高工	1907	121	119	103	98	110	164	201	373
米沢高工	1910		35	59	93	105	94	193	323
秋田鉱山専門学校	1911		32	61	50	53	94	184	466
桐生高工	1915			33	69	91	125	243	385
横浜高工	1920				101	136	159	242	402
広島高工	1920				93	111	138	185	335
金沢高工	1920				92	102	122	152	371
明治専門学校	1921				81	82	88	160	256
東京高等工芸	1921				83	112	118	160	182
神戸高工	1921				119	100	130	182	348
浜松高工	1922				120	107	117	173	434
徳島高工	1922				77	109	113	187	368
長岡高工	1923					107	107	140	345
福井高工	1923					106	105	152	355
山梨高工	1924					87	105	152	397
室蘭高工	1939								158
盛岡高工	1939								364
多賀高工	1939								342
大阪高工	1939								407
宇部高工	1939								343
新居浜高工	1939								200
久留米高工	1939								298
合　計		697	923	965	1,806	2,337	2,202	3,204	8,598

出所）文部省編『文部省年報』各年度版.

注）(1) 卒業期改正のため 2 年度分の卒業生数が表掲されている場合がある.

(2) 東京・大阪高等工業学校の 1930 年度は，東京・大阪工業大学附属工学専門部の数値.

(3) 仙台高等工業学校の 1915・20 年度は，東北帝大工学専門部の数値.

(4) 京都高等工芸学校は第一部（中学校卒業者等）と第二部（工業学校卒業者）の合計値.

(5) 夜間部は除く.

この間に工業専門学校卒業生数の学科別構成にも大きな変化が生じた。一九二〇年代に新設・移管された工業専門学校の多くは機械・電気・応用化学の三学科を有しており、一〇年代半ばまでに設立された諸学校のように色染・紡織といった繊維関連学科や採鉱冶金学科を持っておらず[5]、戦間期における産業構造の重化学工業化の進展に対応した学科構成を採用した点に特徴があった。先にみたように戦時期に新設された官立七高工の設立意図は明らかであり、機械工業の各分野や電気・化学・金属・採鉱冶金といった戦時期の技術者需要の高まりに対応した学科編成を敷いていた。卒業生数でみると一九一〇年度には繊維関連諸学科は機械学科に次ぐ地位を占めていたが、二五年度になると卒業生数上位三学科は機械・電気・応用化学によって占められるようになり、太平洋戦争末期の四四年度では石油・石炭といったエネルギー需要の急増を反映して採鉱冶金関連学科の躍進が著しく、さらに航空や電気通信・通信工学といった新たな分野が登場するようになっていた[6]。

以上のような官立工業専門学校の拡張の結果、教員数も大幅に増加した。一九一〇年度の六校合計で教授八〇名、助教授五八名、嘱託・雇九一名(非常勤)、外国人教師四名であったのが、二〇年度には一〇校合計で教授一四二名、助教授八二名、嘱託・雇一二六名、外国人教師三名、三〇年度には一八校合計で教授三五八名、助教授一二七名、嘱託・雇三三四名、外国人教師五名、四〇年度には二五校合計で教授六一三名、助教授二三一名、嘱託・雇八〇九名、外国人教師五名となった[7]。帝大卒の学士が奏任官である教授としてその職歴を開始できたのに対し、専門学校卒の場合は判任官である助教授から出発したため、伝統ある高等工業学校の助教授の多くは自校出身者が占めることになった[8]。新設校教員の場合は新卒理・工学士とともに他の工業専門学校からの転任者の比重も高く、二〇年設立の横浜高工では東京高工、桐生高工、秋田鉱山専門学校などから教員を受け入れていた[9]。しかし三九年度のように七官立高工が一挙に新設されるような年には理工系教員の調達に苦労する学校もあった[10]。

最後に工業専門学校のカリキュラムについて簡単にみておくと、例えば一九二〇年制定の横浜高工機械工学科のカ

表 6-2　年度別・学校別・大学工学部卒業生数

（人）

大学別	1910	1915	1920	1925	1930	1935	1940	1944
東京帝大工学部	209	191	220	267	306	334	338	372
東京帝大第二工学部								375
京都帝大工学部	71	78	144	145	165	155	203	347
東北帝大工学部			29	55	59	70	87	151
九州帝大工学部		61	134	72	104	103	134	201
北海道帝大工学部					82	83	100	113
大阪帝大工学部						106	133	186
名古屋帝大理工学部								84
7帝大・小計	280	330	527	539	716	851	995	1,829
東京工業大学						163	178	321
早稲田大学理工学部				106	207	226	220	394
日本大学工学部						166	271	455
藤原工業大学								126
私立大学・小計				106	207	392	491	975
総　計	280	330	527	645	923	1,406	1,664	3,125

出所）　表 6-1 に同じ.

リキュラムでは物理は第一学年のみ履修、英語・数学は第二学年までであり、第二学年以降専門科目が増えるが、「機械設計法製図及学科実習」と「工場実習」のウェイトが大きく（第三学年三学期では前者は全体時数の四六％を占めた）、第三学年では三学期にわたって「経済原論」と「工場経営法」も履修することになっていた。二〇年に改訂された大阪高工機械科のカリキュラムでも「機械設計製図」・「実験及実習」の比重が高く、三年間で全体時数の四七％を占め、第三学年では「工業経済及簿記」も学ぶことになっていた。(11)

大学卒技術者の供給

表6-2にあるように一九一〇年度に卒業生を送り出した帝大工学部(12)は東京・京都の両帝大のみであったが、一一年度に九州帝大工学部、一九年度に東北帝大工学部、二四年度に北海道大学工学部が新設され、二九年度には東京・大阪両高工の東京・大阪両工業大学への昇格が実現し、その後大阪工業大学

は三三年度に大阪帝大(三一年度創設、医学部と理学部の二学部から構成される)に編入されて同大学工学部となる。一方一八年の新大学令によって公私立の大学が認められるようになったため、慶應義塾、早稲田、明治などが相次いで大学令による大学となった。工学部関係では〇九年に開設された早稲田大学理工科が二〇年に機械工学・電気工学・採鉱冶金・建築・応用化学の五学科を擁する理工学部となり、表6-2にあるように東京帝大に次ぐ多くの卒業生を輩出するようになる。続いて二八年度に日本大学に工学部(土木・建築・機械・電気工学の四学科、予科二年、工学部三年)が新設され、初代学部長には佐野利器東京帝大教授が就任した。

一九三九年度には名古屋帝大が創設され、翌年度から理工学部が授業を開始し、四二年度の理学部の独立によって同学部は工学部となり、機械・電気・応用化学・金属・航空の五学科がおかれた[(13)]。また三八年に古稀を迎えた藤原銀次郎は王子製紙社長引退を機に私財八〇〇万円を投じて工業大学の創設を計画し、その結果藤原工業大学予科が三九年度、学部(機械・電気・応用化学の三学科)が四二年度に開校するが、同大学は四三年一〇月に閣議決定された「教育ニ関スル戦時非常措置方策」を機に藤原の母校である慶應義塾大学に寄付され、四四年八月から同工学部となった[(14)]。

太平洋戦争中における大学工学部拡張の動きのなかで注目すべきは、一九四二年度の東京帝大第二工学部の設置であった。東京帝大工学部では三八年度から二回の臨時増募を行ったが技術者需要の急増に対応しきれず、恒久的な拡張案が検討された。四一年に入ると平賀譲総長が海軍当局に働きかけ、また第二学部を設置することを求める科学振興調査会の答申(四〇年八月)の影響もあって、四一年一月には企画院において大学、文部、大蔵、陸軍、海軍、企画院の関係協議会が開催され、東京帝大に第二工学部を設置することが決定される。設置のための資材は陸海軍が折半して引き受けることが確認され、四二年度を初年度とする第二工学部(学生定員四二〇名、土木、機械、船舶、航空機体、航空原動機、造兵、電気、建築、応用化学、冶金の一〇学科)が千葉市の協力と陸海軍の援助によって創設された[(15)]。

大学の学科別卒業生数の推移をみると一九一〇年度から三〇年度にかけて全体で三・三倍の増加であるが[(16)]、この伸び率を上回ったのは建築、電気、工業化学等、機械などであった。三〇年度から四〇年度にかけては一・八倍、四〇年度から四四年度でも一・八倍の伸びを記録しているが、四四年度では電気通信・通信といった新しい学科が登場しただけでなく、航空学科の伸びが著しいが、これは戦前には東京帝大工学部にしか設置されていなかった航空・航空機学科が戦時期には北海道帝大を除くすべての帝大工学部および東京工業大学に設置されたためであった。

初職市場の動向

高等農林学校・高等工業学校の就職先開拓に関して、一九二五年の中央職業紹介事務局調査は「毎年十一月頃ヨリ各関係官庁会社ニ採用依頼状ヲ発送シ又ハ各方面ノ個人知己ニ対シ依頼状ヲ発ス」と報告しており、帝大生については「各大学トモ積極的ニ開拓方法ヲ講ゼザルガ如シ。唯工科理科ニテハ各教室ニ於テ官公署会社銀行等ニ採用方ヲ依頼スル所アリ又各担任教師個人的ニ採用方ニ付キ依頼スル所アリ」と指摘していた[17]。帝国大学工学部の場合、指導教官もしくは所属教室が就職斡旋の機能を果たすことが戦間期にはすでに制度化されていたのである。一方、大学専門学校卒業生採用に関する三三年のある調査によると、「新卒業生ニ限ル」が八〇社、「原則トシテ新卒業生(成ルベク新卒業生)」が八三社、「制限ナシ」が六四社であった[18]。三〇年代には大企業における新卒者選好が進みつつあったとはいえ、なお全体の三割弱は新卒採用にこだわっていなかったのである。

戦時期になると労働市場に対する統制が強化された。初職＝新規入職者市場についても一九三九年七月には第一次労務動員計画が策定され、義務教育を終えた新規入職者については職業紹介所の行政指導を通じてその配分を図ることになり、新卒の理工系学卒者を採用するために各企業は厚生省に対して希望人員数を申請しなければならなかったが、それが充たされることはなかった。

表6-3にあるように工業専門学校卒業生の就職先の筆頭は「会社等ノ技術員」であり、次に「技術官吏」、「自営」

表 6-3　大学専門学校卒業生の進路(卒業次年度末現在)

(人)

進路先	1910	1915	1920	1925	1930	1935	1940	1943
技術官吏	181	183	93	322	392	511	404	316
学校教員	27	15	25	118	63	24	20	92
会社等ノ技術員	315	378	548	677	1,032	1,218	1,239	5,595
自　営	63	40	31	103	87	47	16	22
研究生・他学校入学	2	10	11	30	133	79	249	424
外国留学	10	3	1	1	8	4	12	
兵　役	60	106	69	139	124	191	336	976
未　定	67	69	15	73	361	62	38	101
死　亡	6	7	5	3	17	13	29	11
合　計	731	811	798	1,466	2,217	2,149	2,343	7,537
官　庁	79	79	151	142	211	211	190	
教　員	12	17	43	60	48	34	26	
民間企業	124	114	268	240	272	693	638	
その他の業務者	1				3	17	51	
自　営		1		2	3		1	
大学院生	7	3	7	3	16	4	17	
他学部学生・研究科	1	2	7	1	1		8	
外国留学	1		2	5		2	3	
兵　役		7	7	5	14	26	118	
未定・不詳	63	106	46	78	139	26	4	
死　亡	2	1	1	2	2	1	2	
合　計	290	330	532	538	709	1,014	1,058	

出所)　表 6-1 に同じ.

注)　(1)　上段は工業専門学校，下段は帝国大学工学部・東京工業大学.

(2)　工業専門学校の 1910・15 年度，帝大の 1925 年度までは卒業年度末の数値.

(3)　帝大工学部・東京工業大学の 40 年度は 39 年度の数値.

(4)　帝大工学部の 39 年度の「その他の業務者」は「外国政府・会社等の招聘に応じた者」を含む.

あるいは「学校教員」の順であったが、戦時期になると「技術官吏」・「学校教員」の割合が低下し、代わって「会社等ノ技術員」と「兵役」の比率が急上昇する。帝大工学部および東京工業大学の場合、「民間企業」の割合は昭和恐慌期には「未定・不詳」の比率上昇の影響から低下するものの、一九三五年度には六八％に達し、代わって一〇年度には二七％を占めた「官庁」の割合は三五年度に二一％、三九年度に

表 6-4　大学専門学校卒業生就職率の推移

（人，%）

学校種別	1924 年度			1925 年度			1926 年度		
	卒業生数（①）	就職者数（②）	就職率（②/①）	卒業生数（①）	就職者数（②）	就職率（②/①）	卒業生数（①）	就職者数（②）	就職率（②/①）
法経文学校	3,671	2,077	56.6	7,651	4,044	52.9	4,459	2,930	65.7
理工学校	2,044	1,647	80.6	2,499	1,996	79.9	2,195	1,673	76.2
農林学校	1,070	618	57.8	1,226	773	63.1	1,366	829	60.7
医薬科学校	1,450	1,096	75.6	1,971	1,164	59.1	2,070	1,515	73.2
師範学校	552	536	97.1	411	329	80.0	452	405	89.6
美術工芸学校	75	37	49.3	200	79	39.5	209	66	31.6
雑種学校							590	336	56.9
女子専門学校	346	122	35.3	1,193	574	48.1	1,453	547	37.6
合　計	9,208	6,133	66.6	15,151	8,959	59.1	12,794	8,301	64.9

学校種別	1927 年度			1928 年度			1929 年度		
	卒業生数（①）	就職者数（②）	就職率（②/①）	卒業生数（①）	就職者数（②）	就職率（②/①）	卒業生数（①）	就職者数（②）	就職率（②/①）
法経文学校	7,165	3,322	46.4	11,165	4,255	38.1	10,367	3,885	37.5
理工学校	2,718	1,993	73.3	3,153	2,397	76.0	3,130	1,907	60.9
農林学校	1,723	853	49.5	1,799	1,054	58.6	1,810	1,034	57.1
医薬科学校	2,359	1,633	69.2	3,071	2,164	70.5	3,287	1,494	45.5
師範学校	221	190	86.0	537	381	70.9	884	499	56.4
美術工芸学校	334	177	53.0	224	90	40.2	461	216	46.9
雑種学校	597	320	53.6	612	419	68.5	115	103	89.6
女子専門学校	1,901	683	35.9	2,398	764	31.9	3,948	988	25.0
合　計	17,018	9,171	53.9	22,959	11,524	50.2	24,002	10,126	42.2

学校種別	1930 年度			1931 年度			1932 年度		
	卒業生数（①）	就職者数（②）	就職率（②/①）	卒業生数（①）	就職者数（②）	就職率（②/①）	卒業生数（①）	就職者数（②）	就職率（②/①）
法経文学校	13,656	4,160	30.5	15,819	4,842	30.6	16,294	5,959	36.6
理工学校	3,038	1,591	52.4	4,576	2,699	59.0	4,178	2,733	65.4
農林学校	1,929	987	51.2	2,066	1,070	51.8	2,115	1,320	62.4
医薬科学校	3,766	1,826	48.5	4,253	2,094	49.2	4,405	2,050	46.5
師範学校	672	174	25.9						
美術工芸学校	469	217	46.3	489	236	48.3	513	256	49.9
雑種学校									
女子専門学校	3,463	755	21.8	4,447	1,152	25.9	4,154	1,195	28.8
合　計	26,993	9,710	36.0	31,650	12,093	38.2	31,659	13,513	42.7

出所）中央職業紹介事務局編『最近五ヶ年間大学専門学校卒業生就職状況』昭和 4 年 8 月，および同編『大学専門学校及甲種実業学校卒業生就職状況調(査)』各年度版.

注）(1) 就職率＝就職者数／卒業者数.

(2) 就職者は自営を含まない.

一八％にまで低下した。満洲事変期以降大学卒業生の民間企業就職者が急増し、その結果三七年度には東京帝大工学部ですら官庁技術者の割合は二割を下回ることになった[19]。

表6-4には大学理・工学部と高工を卒業した者のうち就職した者の割合(就職率)が示されている[20]。「理工学校」の就職率は一九二四年度卒業生の八〇・六％から二七年度の七三・三％まで年々低下したのち二八年度にやや回復、二九・三〇年度と大幅に落ち込み、三一年度以降回復に向かう。昭和恐慌まっただなかの三一年三月に卒業した者は卒業直後には二人に一人が就職先未定であったことが分かる。しかし一方で「理工学校」の就職率は二七年度までは師範学校に次いで高く、二八年度以降は各種学校群のなかで基本的にもっとも恵まれていた点にも留意する必要がある。

技術者の移動

先に工業専門学校および大学工学部卒業生の最初の就職先として官公庁関係の割合が低下し、代わって民間企業の比重が高まったことを確認した。ここではいったん就職した者のその後の勤続状況を検討してみよう。東京・大阪両高工卒業生の卒業四・五年後の勤続率をみた表6-5によると、東京高工の場合、第一次世界大戦期の好況期を含んだ一九一三年卒業生の五年後の勤続率は四八・二％、二〇年恐慌を挟んだ一八年卒業生の四年後の勤続率は五八・五％、関東大震災後に卒業した二四年卒業生の四年後の勤続率は六七・六％と時期をおって上昇したのに対し、大阪高工の場合は五七・七％、五〇・〇％、五四・四％と推移しており明確な上昇傾向は確認できない。また同じ学校でも学科間の違いが大きく、例えば大阪高工の醸造科卒業生の勤続率は学校全体の数値を一貫して上回っているが、これは醸造科卒業生の多くが家業の醸造業(清酒・醤油)を継ぐ自営業者の子弟であったためであった。また東京・大阪両高工と比較して後発の桐生高工を一九二一・二六・三一年に卒業した者の五年後の勤続率は四一・七％、六二・二％、六一・七％であり[21]、二六年卒業生と三一年卒業生の間に大きな違いはなかった。

表 6-5　東京・大阪両高等工業学校卒業生の卒業 5 年後の勤続率

（人，％）

学校名	学科別	1913 年卒業 比較可能人数 (A)	1913 年卒業 勤続者数 (B)	1913 年卒業 勤続率 (B/A)	1918 年卒業 比較可能人数 (A)	1918 年卒業 勤続者数 (B)	1918 年卒業 勤続率 (B/A)	1923 年卒業 比較可能人数 (A)	1923 年卒業 勤続者数 (B)	1923 年卒業 勤続率 (B/A)
東京高等工業学校	色　染	7	3	42.9	7	5	71.4	9	6	66.7
	紡　織	14	6	42.9	22	14	63.6	18	11	61.1
	窯　業	9	4	44.4	9	4	44.4	12	5	41.7
	応用化学	16	8	50.0	27	14	51.9	20	14	70.0
	電気化学	4	1	25.0	7	3	42.9	8	7	87.5
	機　械	49	22	44.9	40	24	60.0	28	18	64.3
	電　気	44	27	61.4	34	22	64.7	32	20	62.5
	工業図案	8	1	12.5						
	建　築	19	10	52.6	18	10	55.6	18	17	94.4
	計	170	82	48.2	164	96	58.5	145	98	67.6
		比較可能人数 (A)	勤続者数 (B)	勤続率 (B/A)	比較可能人数 (A)	勤続者数 (B)	勤続率 (B/A)	比較可能人数 (A)	勤続者数 (B)	勤続率 (B/A)
大阪高等工業学校	機　械	37	26	70.3	31	21	67.7	29	15	51.7
	応用化学	12	4	33.3	12	3	25.0	19	10	52.6
	窯　業	4	2	50.0						
	醸　造	29	20	69.0	30	16	53.3	22	14	63.6
	採鉱冶金	13	3	23.1	19	3	15.8	12	6	50.0
	造　船	11	8	72.7	15	9	60.0	12	7	58.3
	舶用機関	9	4	44.4	15	9	60.0	15	7	46.7
	電　気	15	8	53.3	20	10	50.0	16	9	56.3
	計	130	75	57.7	142	71	50.0	125	68	54.4

出所）『東京高等工業学校一覧』各年度版，『東京工業大学一覧』各年度版，『大阪高等工業学校一覧』各年度版．

注）(1)　卒業年の就職先と 5 年後の就職先を比較できる「比較可能人数」は，卒業年における就職未定，兵役，その後の死亡等により，各年の卒業者数を大きく下回る．

(2)　東京高等工業学校の場合，1918 年(7 月卒業生)と 22 年，24 年と 28 年を比較した．

表6-6によると東京帝大工学部の場合、卒業五年後の勤続率の推移は六五・二%、六六・〇%、七六・〇%、八二・八%と上昇を続け、三一年卒業生の場合は昭和恐慌時に不本意な就職先に勤務することを余儀なくされたためであろうか、それとも準戦時期の好況を反映した結果であろうか、勤続率は七六・〇%と二六年卒業生と比べて若干低下した。京都帝大工学部の場合は五九・一%、五四・五%、七五・九%、八一・一%、七七・八%と推移し、東京帝大と同様に一九一〇年代の卒業生と二〇年代の卒業生

表 6-6　東京・京都帝国大学工学部卒業生の卒業 5 年後の勤続率

（人，％）

学校名	学科別	1911 年卒業 比較可能人数	1911 年卒業 勤続者数	1911 年卒業 勤続率	1916 年卒業 比較可能人数	1916 年卒業 勤続者数	1916 年卒業 勤続率	1921 年卒業 比較可能人数	1921 年卒業 勤続者数	1921 年卒業 勤続率
東京帝大	土　木	18	13	72.2	15	8	53.3	10	7	70.0
	機械・舶用機関	29	23	79.3	31	24	77.4	31	24	77.4
	造　船	9	5	55.6	6	5	83.3	9	8	88.9
	航　空									
	造　兵	7	6	85.7	4	4	100.0	3	3	100.0
	電　気	5	1	20.0	19	13	68.4	24	17	70.8
	建　築	3	1	33.3	9	3	33.3	9	3	33.3
	応用化学	5	3	60.0	5	3	60.0	14	9	64.3
	火　薬	2						1	1	100.0
	採鉱冶金	14	8	57.1	14	8	57.1	28	26	92.9
	計	92	60	65.2	103	68	66.0	129	98	76.0
京都帝大	土　木	5	2	40.0	6	2	33.3	1	1	100.0
	機　械	14	11	78.6	10	6	60.0	7	5	71.4
	電　気	11	5	45.5	8	5	62.5	7	6	85.7
	採鉱冶金	10	7	70.0	6	3	50.0	4	3	75.0
	工業化学	4	1	25.0	3	2	66.7	10	7	70.0
	建　築									
	計	44	26	59.1	33	18	54.5	29	22	75.9

学校名	学科別	1926 年卒業 比較可能人数	1926 年卒業 勤続者数	1926 年卒業 勤続率	1931 年卒業 比較可能人数	1931 年卒業 勤続者数	1931 年卒業 勤続率
東京帝大	土　木	18	14	77.8	21	19	90.5
	機械・舶用機関	33	29	87.9	31	23	74.2
	造　船	6	2	33.3	5	5	100.0
	航　空	3	3	100.0	7	5	71.4
	造　兵	4	4	100.0	6	4	66.7
	電　気	20	20	100.0	20	15	75.0
	建　築	10	6	60.0	5	2	40.0
	応用化学	9	8	88.9	11	8	72.7
	火　薬	2			3	2	66.7
	採鉱冶金	17	15	88.2	16	12	75.0
	計	122	101	82.8	125	95	76.0
京都帝大	土　木	19	15	78.9	9	6	66.7
	機　械	10	8	80.0	12	9	75.0
	電　気	16	15	93.8	11	10	90.9
	採鉱冶金	2	1	50.0	6	3	50.0
	工業化学	2	1	50.0	6	6	100.0
	建　築	4	3	75.0	1	1	100.0
	計	53	43	81.1	45	35	77.8

出所）『学士会会員氏名録』各年度版.

では顕著な差があった。二〇年代に東京・京都帝大工学部を卒業した者の勤続率は七・八割台に達し、高工卒業生とは大きな格差を示した。高工卒業生と帝大工学部卒業生の勤続率格差は二〇年代になってより明確化するのである。

続いて就職後の社内キャリア＝職能経験を三菱電機を例にみてみよう。[22]一九三六・三七年の在籍者で『職員録』掲載五年以上の同社神戸製作所勤務者(工業学校卒業者を含む)を対象とした調査によると、設計課に所属した六九名の技術者のうち五一名が全在籍期間を通して設計部門に所属していた。こうした職能経験の専門性の高さは製造部門である工作課所属の技術者でも同様であり、四九名中三八名が全在籍期間を通して製造(工作)部門で勤務していた。次に神戸製作所で各種機器の設計職務に従事した期間が全在籍期間の七割を超える技術者を対象に設計職能内での職務経験の幅についてみてみると、総数八九名のうち単一の機器設計のみを担当した者は五五名、二機器担当が二九名、三機器担当が五名であり、製品分野による設計職務の専門性の程度はかなり高かったといえよう。また製造職能のなかでは比重の高かった工程職務と試験職務もキャリアとしては基本的に分離しており、試験職務経験者四二名のうち工程職務経験者は二名にすぎず、工程職務経験者二一名のうち試験・検査職務を経験した者は三名にとどまった。

朝鮮・台湾・関東州・「満洲」の動向

戦間期の朝鮮における高等工業教育機関は一九一六年四月に設立された京城工業専門学校(前身は〇六年創立の工業伝習所)一校であり、[23]同校は二二年三月に改正朝鮮教育令に基づいて京城高工(職員定員は教授一一名、助教授一一名、書記三名)と改称した。修業年限三年の京城工業専門学校は染織科、応用化学科、窯業科、土木科、建築科の五科から構成され、同校附属の工業伝習所(修業年限二年、一八年から修業年限三年)には木工科、金工科、織物科、化学製品科、陶器科の五科がおかれた。一七年三月には京城工業専門学校に鉱山科が新設され、二二年三月には附属工業伝習所を分離して京城工業学校とした。京城高工は紡織、応用化学(窯業・色染・応用化学の三部)、土木、建築、鉱山の五学科

表 6-7　京城高等工業学校卒業生の就職先(1935 年現在)

（人）

	学科別／進路別	官庁	自営	会社	教員	上級学校	家事その他	死亡	不明	合計
朝鮮人	紡　織	15		9	2		6	1	7	40
	応用化学	23		7	13	1	4	2	12	62
	窯　業	1			4		1			6
	土　木	24		3	3		1	4	5	40
	建　築	9	1	3	2			1	3	19
	鉱　山	3	1	17	4		1	2	2	30
	計	75	2	39	28	1	13	10	29	197
日本人	紡　織	24	2	18	7	2	1	7	4	65
	応用化学	29	2	39	7	1	3	3	10	94
	窯　業	2		2	1				4	9
	土　木	113		9			1	5	6	134
	建　築	69	1	35	8		1	7	5	126
	鉱　山	15		41	3		1	5	10	75
	計	252	5	144	26	3	7	27	39	503
合計	紡　織	39	2	27	9	2	7	8	11	105
	応用化学	52	2	46	20	2	7	5	22	156
	窯　業	3		2	5		1		4	15
	土　木	137		12	3		2	9	11	174
	建　築	78	2	38	10		1	8	8	145
	鉱　山	18	1	58	7		2	7	12	105
	計	327	7	183	54	4	20	37	68	700

出所）京城高等工業学校編『京城高等工業学校一覧』昭和 10 年度版，1935 年，52-77 頁より集計.

を擁し、同校卒業生は二三年七月に高等普通学校および女子高等普通学校教員資格の指定を受けた[24]。

京城高工には日本国内の多くの工業専門学校におかれた機械・電気の両科がなく、鉱業関連学科としても採鉱冶金科ではなく鉱山科であった点など、帝国内における植民地朝鮮の位置づけを反映する学科編成をとっていた。しかし京城高等工業学校の講義科目は一九二四年に全面的に改訂され、その結果基本的に日本内地の工業専門学校と同レベルとなり、同校の卒業生は初職市場において技手として処遇された[25]。日本内地の工業専門学校と比較して京城高工の規模は相対的に小さく、一九二七年度以降卒業生が増加するが、二七・二八年度を除くと朝鮮人卒業生は毎年一〇名前後と変化がなく、一九三五年時点で日本人卒業生総数は五〇三名(全体の七一・九%)、朝鮮人卒業生は一九七名(二八・一%)であった。表6-7から三五年現在の学科別就職先状況をみると、日本人、朝鮮人ともに最大の就職先は官庁であり、次いで民間会社であった。朝鮮人の場合は相対的に教員比率が高いのも特徴の一つであった。[26] 官庁勤務者をもっとも多く輩出しているのは土木科であり、民間会社員では鉱山科出身者が一番多かった。比較可能人数が少ないため大きな限界があるが(日本人で二九名、朝鮮人で七名)、二九年度卒業生の五年後の勤続率をみると日本人で五八・六%、朝鮮人で五七・一%であり、[27] 少なくとも日本人に関しては二六・三一年に桐生高工を卒業した者と大きな差がある訳ではなかった。

戦時期には朝鮮においても高等工業教育機関の拡充がみられた。一九三八年に私立の大同工業専門学校(四四年に官立平壌工業専門学校に改組)、三九年に京城高工の鉱山科を母体にして京城鉱山専門学校がそれぞれ設置され、四一年には京城帝大(二四年設立)に理工学部(物理・化学・土木・機械・電気・応用化学・鉱山冶金の七学科)が設置された。京城帝大理工学部在籍学生数は四一年度で日本人二三名、朝鮮人一四名、四二年度で日本人六四名、朝鮮人二三名、四三年度で日本人九五名、朝鮮人三八名であった。[28]

台湾における高等工業教育機関の設立は朝鮮よりも遅れ、戦間期には一九三一年度に開校した台南高工(当初職員定員は教授九名、助教授五名、助手三名)が唯一の存在であった。同校は機械・電気・応用化学の三学科から構成され、三一年度の入学志願者は四〇九名(入学許可者は七二名)、三二年度は二二四名(八五名)、三三年度は一九五名(七五名)、三四年度は一九四名(六七名)、三五年度は二三八名(七一名)、三六年度は二九七名(六六名)に上った。[29]

一九三三―三七年度の卒業生総数は三二七名、その内訳は日本人二三一名(全体の七〇・六%)、台湾人九六名(二九・四%)であり、機械・応用化学と比較して電気科卒の台湾人比率が若干高めであった。[30] 表6-8に示されているように

表 6-8　台南高等工業学校卒業生の就職先(1938 年現在)

(人)

		官庁	会社工場	教員	自営	上級学校	死亡	不明	合計
台湾人	機械	2	23	2			1	7	35
	電気	2	24	3	1			3	33
	応用化学	3	11	1		1		12	28
	計	7	58	6	1	1	1	22	96
日本人	機械	20	57	3		1	1	5	87
	電気	17	51					1	69
	応用化学	22	41			7	2	3	75
	計	59	149	3		8	3	9	231
合計	機械	22	80	5		1	2	12	122
	電気	19	75	3	1			4	102
	応用化学	25	52	1		8	2	15	103
	計	66	207	9	1	9	4	31	327

出所）台南高等工業学校編『台南高等工業学校一覧』昭和 13 年度版，1938 年，116−129 頁より集計.

三八年時点での民間会社工場技術員は全体の六三・三％(日本人では六四・五％、台湾人では六〇・四％)、官庁関係者は二〇・二％(日本人では二五・五％、台湾人では七・三％)であり、京城高工業学校卒業生の官庁優位とは大きく異なっていた。就職先として台湾では民間企業のウェイトが高いものの、官庁技術者では台湾人比率は一〇・六％であり、京城高工卒業生の朝鮮人比率二二・九％よりも低位であったが(表6−7および表6−8参照)、これは京城高工の朝鮮人卒業生の場合、道郡庁をはじめとする地方官庁勤務者が相当数いたためであった。三三年度卒業生の卒業四年後の勤続率をみると(比較可能人数は日本人二一名、台湾人一一名)、日本人は七六・二％、台湾人は四五・五％と相当の差があった[31]。

戦時期になると日本帝国内における技術者の払底が深刻化するが、事情は植民地台湾においても同様であった。一九四〇年度における技術者の充足率(割当決定数／需要数)は、大学卒で一三・一％、専門学校卒で一一・五％、実業学校卒で一二・五％にすぎず[32]、技術者供給の増加が切望されていた。こうした事情を背景に工学部の設置が決定された結果、四一年四月に台北帝大(一九二八年設立)予科が設置され、工学部(機械・電気・応用化学・土木の四学科)に第一期生が入るのは四三年一〇月であった(33)。

続いて関東州・「満洲」の動きについてみてみよう。一九〇九年五月一〇日に官制公布された旅順工科学堂は翌一〇年四月に開学し、初代学長には関東都督府民政長官白仁武が就任した。同学堂は機械、電気、採鉱冶金の三学科から構成され、工業専門学校としては珍しく修業年限は四年であった。中国語が必須であり、日本国内の高等工業学校と比較して「製図実験実習」時間数が際立って多いなど実学的・実践的性格が濃厚であった(34)。学科構成に長らく変化はなかったが、三六年度になって応用化学科、三九年度に航空学科が開設された。旅順に所在しながら中国人留学生の受け入れに消極的ではないかとの批判に応える意味からも、一六年三月に関東都督府によって中国人留学生のために旅順高等学堂が創設され、その一部に旅順工科学堂予科(修業年限二カ年、一九年四月に旅順工科学堂附属予科となる)が設置された。旅順工科学堂は二二年三月に旅順工科大学に昇格し、従来の学堂本科を継承する附属工学専門部(二六年三月廃止)が発足する。東京・大阪両高工の工業大学への昇格は二九年四月であったから、日本内地よりも七年も早い工業単科大学の成立であった。二三年四月には予科一回生(予科の修業年限は三カ年)を受け入れ、六年後の二九年三月に大学一期生五四名を送り出した(35)。

表6-9にあるように旅順工科学堂(含む附属工学専門部)は開校以来一九二五年までに九〇九名の卒業生を送り出したが、そのうち外国人(中国人)は五〇名にとどまり、大学卒業生を含む三七年度までの卒業生総数は一三三三名、うち外国人は九八名(全体の七・四%)であった。中国人留学生の場合、選抜試験をへて旅順工科大学予科附属予備科にまず入学し、一年間の予備科で日本語を習得したのち予科の日本語授業に備えたが、予科三年間のうち二回落第すれば日本人予科生と同様に退学(「回家」)となった(36)。旅順工科学堂から大学への昇格に際して、関東庁は大学設置の理由の一つに「回顧スレバ十数年前支那青年ノ日本留学ノ洵ニ翕然《きゅうぜん》タルモノアリシガ、我同胞ニ先見ノ識ナク、徒ニ戦捷新興ノ餘光ニ眩惑シ、彼等ニ対スル待遇宜シキヲ得ズ、精神的ニ彼等ヲ感傷シタルコト著シク、結果ニ就テ之ヲ観レバ

多ク排日鼓吹者ヲ造リタルノ感アリ。(中略)然ルニ南満洲ノ地ハ彼等支那学生ニ取リテハ真ニ楽天地ナリ。現ニ旅順工科学堂及南満医学堂ノ支那学生ノ如キ、日本人学生ノ間ニ介在シテ嘗テ不快ノ念ヲ起シタルコトナク、悠々トシテ修学シツヽアリ。(中略)将来支那ニ於テ牛耳ヲ執ルベキ人物ヲ南満洲ヨリ輩出セバ延テ我ガ国ヲ裨益スルコト知ルベキナリ」[37]として国策的観点からの中国人教育の重要性を掲げていた。しかし表6-9から明らかなようにこの大学設立意図が十分に達成されたとはとてもいえなかった。

旅順工科学堂・大学卒業生の就職先についてみると、一九四二年時点での卒業生総数は一三三七名(除く死亡者)に達したが、その内訳は大連・旅順を含む「満洲」(以下、括弧省略)が六六〇名(全体の四九・四%)、中国一三七名、朝鮮七六名、台湾二四名、海外四名、「外地」合計が九〇一名(六七・四%)、日本内地が四三六名(三二・六%)であった。[38]

一方、南満洲鉄道株式会社は一九一一年に工業学校規定に依拠して入学資格を高等小学校卒業者とする南満洲工業学校を大連に設立したが、同校は土木、建築、電気、機械、採鉱の五科を有し、修業年限は四カ年であった。[39] 一七~二五年度における卒業生総数は五七六名であり、そのうち中国人は七名のみであった。学理や経営管理に通じた現場監督技術者に対する需要増加に対応して、二二年四月に満鉄は南満洲工業学校を廃止し、その設備を引き継ぐ形で同年五月に南満洲工業専門学校が開校する。修業年限三年の同校は建設工学科(建築、土木、鉱山、農業土木の四分科)と機械工学科(電気、機械工作、鉄道機械、鉱山機械の四分科)の二工学科から構成され、三六年二月には建設と機械の両工学科を廃止して、土木、建築、鉱山、農業土木、電気、機械の六学科に改めた(表6-10参照)。

一九二六年には満鉄の経営不振の影響から南満洲工業専門学校の中等工業学校への還元問題が議論され、「昭和六、七年の如きは七十名余りの卒業生の中から満鉄が数名程採用して呉れた以外には殆んど就職を見る事が出来なく」なったものの、満洲事変勃発後の三二年夏以降になると「それまでの不況時代に朝鮮や内地に就職して居つた卒業生の大部分は満洲に活躍の舞台を求めて戻つて来ると云ふ有様」であった。[40] 建設工学科の農業土木分科卒業生の動向についてみると、「第一回の卒業生を出す頃（一九二五年三月――引用者注）既に満洲に於いては驥足を伸ばす余地もなく、本来の使命達成に邁進することも不可能となり、僅かに朝鮮に卒業生を送つて産米増殖計画の達成に参画し得たに過ぎない状態で、昭和六年満洲事変当時迄は実に惨憺たる辛苦をなめた」のであり、「農士卒業生にして満洲国又は其の

（人）

	年度	応用化学			航空			合計		
		日本人	外国人	小計	日本人	外国人	小計	日本人	外国人	小計
旅順工科学堂	1913							73		73
	14							68		68
	1915							46		46
	16							71		71
	17							61		61
	18							68		68
	19							54		54
	1920							71	1	72
	21							72	2	74
	22							74	7	81
	23							65	9	74
	24							69	12	81
	1925							67	19	86
	小計							859	50	909
旅順工科大学	1929							50	4	54
	30							48	5	53
	31							44	5	49
	32							37	3	40
	33							42	5	47
	34							33	6	39
	1935							43	6	49
	36							41	3	44
	37							38	11	49
	38							51	4	55
	39	13	1	14				61	4	65
	40	11		11				49	9	58
	41	21	2	23	7		7	123	19	142
	42	13		13	12		12	76	10	86
	43	15	1	16	10		10	76	8	84
	44	14	1	15	11		11	87	6	93
	45	24	2	26	27		27	218	15	233
	小計	111	7	118	67		67	1,117	123	1,240
	合計	111	7	118	67		67	1,976	173	2,149

表 6-9　旅順工科学堂・旅順工科大学学科別卒業生数

	年度	機械			電気			採鉱			冶金		
		日本人	外国人	小計	日本人	外国人	小計	日本人	外国人	小計	日本人	外国人	小計
旅順工科学堂	1913	24		24	26		26	17		17	6		6
	14	25		25	22		22	14		14	7		7
	1915	14		14	17		17	12		12	3		3
	16	26		26	24		24	15		15	6		6
	17	17		17	22		22	15		15	7		7
	18	27		27	20		20	18		18	3		3
	19	26		26	11		11	11		11	6		6
	1920	22		22	22	1	23	19		19	8		8
	21	28		28	23	1	24	14	1	15	7		7
	22	27	3	30	24		24	17	3	20	6	1	7
	23	27	1	28	22	3	25	12	2	14	4	3	7
	24	34	5	39	21	4	25	7	3	10	7		7
	1925	25	7	32	22	6	28	14	3	17	6	3	9
	小計	322	16	338	276	15	291	185	12	197	76	7	83
旅順工科大学	1929	22	2	24	21	1	22	4	1	5	3		3
	30	28	4	32	17		17	3	1	4			
	31	20	4	24	16	1	17	5		5	3		3
	32	16	2	18	13	1	14	4		4	4		4
	33	24	4	28	8	1	9	4		4	6		6
	34	23	2	25	8	2	10		1	1	2	1	3
	1935	22	2	24	14	3	17	4		4	3	1	4
	36	23	2	25	12		12	3	1	4	3		3
	37	21	8	29	10	3	13	4		4	3		3
	38	30		30	9	2	11	5		5	7	2	9
	39	23	1	24	15	1	16	5		5	5	1	6
	40	23	3	26	8	4	12	4	2	6	3		3
	41	48	7	55	24	6	30	12	4	16	11		11
	42	22	5	27	13	1	14	8	4	12	8		8
	43	25	3	28	8	2	10	9	2	11	9		9
	44	29	2	31	14	1	15	6		6	13	2	15
	45	60	9	69	30	2	32	35	2	37	42		42
	小計	459	60	519	240	31	271	115	18	133	125	7	132
	合計	781	76	857	516	46	562	300	30	330	201	14	215

出所）旅順工科大学同窓会編『平和の鐘』2000 年，資料編 28 頁.

表 6-10　南満洲工業専門学校学科別卒業生数

（人）

年度	建設工学					機械工学						合計
	建築	土木	鉱山	農業土木	小計	電気	機械	機械工作	鉄道機械	鉱山機械	小計	
1924	11	10	6	5	32							32
25	14	14	6	5	39	10		9	4	4	27	66
26	12	12	3	5	32	12		11	6	4	33	65
27	13	9	4	4	30	14		8	6	3	31	61
28	10	10	5	3	28	13		11	7	3	34	62
29	17	13	4	3	37	13		14	7	4	38	75
1930	13	15	4	7	39	12		9	4	5	30	69
31	13	15	5	9	42	10		13	4	5	32	74
32	10	9	4	5	28	16		8	4	4	32	60
33	11	11	3	2	27	13		15	3	5	36	63
34	10	12	5	5	32	11		11	5	5	32	64
1935	16	15	7	9	47	11		15	7	6	39	86
36	12	12	6	4	34	15	21				36	70
37	12	17	7	7	43	15	31				46	89
38	14	14	6	7	41	13	26				39	80
39	11	15	10	7	43	19	23				42	85
合計	199	203	85	87	574	197	101	124	57	48	527	1,101

出所）奥藤多威編『南満洲工業専門学校創立三十年誌』南満洲工業専門学校，1942年，320頁.

注）1936年2月に従来の建設工学・機械工学の2工学科制を廃止して，建築，土木，鉱山，農業土木，電気，機械の6学科をおく.

他に於て本格的に農業土木事業に従事するに至ったのは昭和十二年度以降」であった(41)。なお二四―三六年度卒業生総数八四七名のうち卒業と同時に満鉄に就職した者は三〇五名（全体の三六・〇%）であった(42)。

最後に「満洲国」（以下、括弧省略）における状況をみておくと、ハルビンにおいて一九二〇年一〇月から鉄道・建築学科と電気・機械学科の二学科を有する五年制の露中技術専門学校が授業を開始するが、同校には中国人学生のために一年制の予備課程（二三年に二年制、二五年に三年制に改編）が併設されていた(43)。同校は二二年四月に露中工業大学と改称するが、二学科・五年制には変化がなかった。二八年二月に工業大学は中国側に強制的に移管され、東省特別区立工業大学となり、学長には東省特別区教育庁長であった劉哲が就任するものの、同年一一月に中ソ双方の代表から構成される理事会が組織され、校名はふたたび「ハルビン工業大学」と改称される。

一九三二年三月の満洲国の成立は中国東北部のロシア人社会にも大きな政治的・社会的影響を与え、亡命系教員の発言力が拡大することを恐れた東支鉄道ソ連側管理当局が機先を制する形で一部教員を解任する。しかし解任された元教員たちは三二年九月にハルビンでキリスト教青年会立北満工業大学を設立し、以後二つの工業大学が存在することになった。さらに三四年秋にはハルビンで聖ウラジーミル大学が設立されるが、同大学は神学部、東洋学部とともに工学部を有しており、ハルビンでは高等技術教育機関の三校鼎立状況が生まれた。三五年三月のソ連と満洲国の間での東支鉄道売却(以後は北満鉄路)を機にハルビンではソ連国籍者の大量帰国が発生し、同年にはキリスト教青年会立北満工業大学が満洲国当局の圧力によって閉鎖され、学業の継続を望む学生はハルビン工業大学と聖ウラジーミル大学工学部に収容された。一方東支鉄道の接収に際して満洲国に移管されたハルビン工業大学ではロシア人学生の募集が停止され、三六年四月には校名を哈爾濱高等工業学校(官制公布は三七年五月)[44]と改称する。同校では既存の二学部を廃止して建築、工学・鉄道、電気・技術、機械、鉱山・冶金および化学の六学科編成とした。三七年五月の入学者は全員中国人であったが、三八年からは日本人も入学するようになり、以後日本人のための学校としての性格を強めていく。

哈爾濱高等工業学校は一九三八年五月に満洲国立哈爾濱工業大学となり、哈爾濱工業大学ロシア人別科に収容されていたロシア人学生の同年一二月の卒業をまって別科制度は廃止された。また同年三月には哈爾濱俄僑学院と聖ウラジーミル大学工学部を統合して満洲国北満学院が設立され、同学院は三年制の商学部(定員は各学年三〇名)と四年制の工学部(六〇名)から構成された。

一九三八年二月新京において国立満洲工鉱技術員養成所(鉱山、電気、機械、土木、建築、応用化学の六科構成、入学資格は日本中学校卒業程度以上、満洲国高級中等学校卒業程度以上、修業年限二年)が開設され、日本人生徒一二九名、満洲系生徒二一名が入学した[45]。同所は三九年一月に国立大学新京工鉱技術院と改称され、同年度に修業年限が三年に延長されるとともに冶金科が増設された。同年一二月に修業年限は四カ年(予科一年・本科三年)となり、四〇年九月に新京工業大学と改称し、四一年三月には第一回卒業生を送り出した。同じく一九三八年一二月奉天において国立大学工鉱技術院が開設され、四〇年九月には奉天工業大学(採鉱、冶金、電気、機械、応用化学の五学科)と改称した。

二　中国人留学生の動向

高等技術教育を受けた技術者の供給という面では戦間期の日本の高等教育機関に留学した外国人生徒・学生、とくに中国人留学生の存在を無視することはできない。工業専門学校・大学を卒業した外国人留学生を一覧した表6-11に明らかなように、中国人学生の留学先として東京高工・東京工業大学の意義がきわめて大きかった。一九一〇—三〇年度に工業専門学校本科を卒業した外国人は一〇四五名であり、学校別の内訳は東京高工六五二名、大阪高工一四七名、名古屋・仙台両高工各六三名、明治専門学校三八名、京都高等工芸三六名、秋田鉱山専門学校一六名、横浜高工一三名、熊本高工一〇名、米沢・桐生・広島高工および東京高等工芸の四校合計で七名であった[46]。外国人留学生のほとんどは中国人であったが、第一次世界大戦期の好況を背景にわが国に留学する中国人学生が増加し、その傾向は二〇年代も持続するものの、満洲事変期以降になると急減する状況がうかがわれる。

そうしたなかでもっとも多くの中国人留学生を受け入れたのが東京高工であった。初代校長の手島精一がアジア諸国からの留学生受け入れに熱心だったこともあり、一九〇六年以降同校は多くの中国人学生を受け入れてきた[47]。そうしたなか〇七年八月には清国の学部(科挙制度の廃止後、全国の学校を統括するために設けられた中央の教育行政機関)とわが

表 6-11　年度別・学校別・留学生卒業者数

（人）

学校別	1910	1915	1920	1925	1930	1935	1940	1944
東京高工	21	33	50	41	42			
	51	40	43	22				
大阪高工	11	8	6	5	4			
京都高等工芸	3	4	2					
名古屋高工	5	5	2	2	3	1	1	5
熊本高工							1	
米沢高工				1			1	1
桐生高工							2	4
横浜高工				1	1		1	
広島高工							2	
金沢高工								3
仙台高工		1	1		6		2	4
明治専門学校				11		3		
東京高等工芸				1				
秋田鉱山			1	2			2	4
徳島高工							1	3
長岡高工								1
小　計	40	51	62	64	56	4	13	25
東京帝大工学部	1	3	3	1				
京都帝大工学部	4	1	5	6				
東北帝大工学部				1	1	1		
九州帝大工学部			1	1	3		6	10
大阪帝大工学部						1		
東京工業大学						22	14	18
早稲田大学理工学部					1	2	6	1
小　計	5	4	9	9	5	26	26	29
合　計	45	55	71	73	61	30	39	54

出所）　表 6-1 に同じ.

注）　(1)　東京高工の下段は特別予科(25 年度は特設予科).

(2)　仙台高工の 1915・20 年度は東北帝大工学専門部の数値.

(3)　工業専門学校の小計は東京高工の特別予科を含まない.

国の文部省の間で文部省直轄五校(第一高等学校、東京高等工業学校、東京高等師範学校、千葉医学専門学校、山口高等商業学校)が毎年官費留学生一六五名を受け入れるという「五校特約」が結ばれ、特約各学校の入学試験に合格した中国人留学生は官費生として採用され、清国政府の補助を受けることができた。(48) 辛亥革命後も五校特約は継続し、一三―一六年についてみると東京高等工業学校への入学志願者が一八二名、三〇三名、二五七名、二四三名であったのに対し、入学許可者は四五名、四五名、五一名、五六名であり、入学倍率は四・〇―六・七倍に達した。この時期の中国人留学生は全員中華民国公使館推薦の官費生であり、特別生と呼ばれた。難関の入学試験に合格した者はまず一年間の特別予科に入って「日本語及ヒ数学、物理化学、製図等ノ基礎」を学び、その後予科試験に合格した者が特別本科で「本邦生徒ト同一ニ教授」された。一六年時点での調査であるが、それまでの「卒業者ハ我国ヘ渡来以後最モ短キモノニテモ七年ニシテ其大部分ハ九年十年ノ長歳月ヲ我国留学ニ費セシ者」であり、一六年七月の卒業生三〇名のうち三分の一は「帰国後実業界ニ入ルヲ明言シ他ハ実地未タ不十分ナルヲ以テ尚一ヶ年内外我国ニ居残リテ相当ノ工場ニ入リテ練習センコトヲ希望」していた。第一次大戦中には中国人留学生の進路に大きな変化が生じていた。従来は「帰国後ハ会社長或ハ主任技師トシテ実業界ニ雄飛スル者ハ極メテ少数ニシテ其ノ多クハ育英ノ任ニ当リテ各種工業学校長或ハ各省ノ実業課局長等トナリ官海ニ身ヲ委ネシ者多カリシニ昨年ニ至リ俄カニ其ノ趨勢ヲ一変シテ何レモ実業界ニ入ランコトヲ明言スル」ようになった。

特別本科では「本邦生徒ト同一ニ教授」されたとはいえ、制度上は通常の本科とは別扱いであり、一九二六年三月になって修業年限一カ年の特設予科をへたのち本科に入る「特設予科生規程」が制定された。(49) この規程によってはじめて東京高工での本科における留学生と日本人生徒との制度上の区別がなくなったのである。なお東京高工本科(特別本科)卒業生六五二名の学科別内訳は、応用化学一二〇名、機械一一九名、電気九一名、紡織八五名、建築七一名、色染六〇名、電気化学五一名、窯業四八名、工業図案七名であった。(50)

ところで中国における繊維関係学術団体の嚆矢ともいうべき紡織学会が一九三〇年四月に上海で設立され、その後順調に発展して三五年度の正会員は三四五名に達した。正会員の出身校別内訳をみると第一位は南通学院紡織科・南通紡織専門学校の一一二名であり、第二位が東京高工・東京工業大学の三八名、第三位が浙江工業の一九名であった[51]。中国繊維産業における東京高工出身者の存在の大きさをうかがわせる数字である。

日本で高等技術教育を受けた中国人留学生の帰国後の活動舞台としてとくに重要であったのが民族紡績業であった。主に一九三〇年代の民族紡で活躍した技術者二四名の事績を紹介している最近の研究によると、そのうちの一一名が日本からの帰国留学生(九名が東京高工、二名が京都高等工芸と桐生高工に留学)であった[52]。そのほとんどが民族紡において工場長や工務長といったポストを与えられたが、なかには経営トップ陣にまで上りつめる者もいた。例えば一九二一年に桐生高工を卒業したのち和歌山紡織で工場実習をおこない、帰国後は上海の在華紡大康紗廠の技師となった童潤夫は二九年に民族紡鴻章紗廠の工場長に就任し、さらに三五年には誠孚紡織公司常務取締役兼副総経理に招聘され、上海新裕第一・第二紡織廠の最高責任者となった。

一九二一年に文部省に移管された明治専門学校(〇九年四月開校、予科一年、本科三年の四年制)も中国人留学生受け入れにきわめて積極的であった[53]。その最大の理由は創立者の安川敬一郎が日中「国交の連鎖」たりえる留学生の役割を重要視したためであった。同校では台湾・朝鮮総督府からの入学問合わせが絶えなかったにもかかわらず、満洲国成立までは中国人留学生のみを受け入れた。一七年から「五校特約」該当校として中国人留学生を受け入れはじめた明治専門学校では、中国人留学生は日本語、英語などの基礎科目の補習を目的とする一年三カ月の予科をへたのち本科に進み、そこでは制度上の区分もなく日本人生徒と同じ専門課程の教育を受けた。しかし留学生が卒業に至るのは決して容易なことではなく、明治専門学校では三七年までの入学者百数十名のうち卒業できた者は六二名に留まった[54]。

工業専門学校の外国人留学生受け入れと比較して帝国大学工学部への留学は少数に留まった(表6-11参照)。一九一〇―三七年度の間でもっとも多くの外国人留学生（ほとんどが中国人）を受け入れたのは東京帝国大学工学部の六一名であり、次に京都帝大の五八名、九州帝大の三六名、東北帝大の一四名、大阪帝大の四名、北海道帝大の二名が続いた。一方三一―三七年度の東京工業大学の外国人卒業生は高等工業以来の伝統を引き継いで五七名に達した。東京・京都帝大工学部ともにもっとも多くの留学生を受け入れた学科は採鉱（鉱山）・採鉱冶金学科であり、次に東京帝大では土木工学科・造兵学科、京都帝大では土木工学科、工業化学科であった。[55]

一九〇五年四月の文部次官木場貞長の「清国人等ノ直轄学校入学希望者収容人員並設備等ニ関スル取調方」照会に対して、東京帝大工科大学が「外国人ノ入学志望者ヲ収容スルノ余地全然之レナシ」と回答したことからもうかがわれるように同大学は留学生の受け入れに消極的であった。[56] しかし〇八年には正規入学の途も開かれ、第一次世界大戦期から二〇年代半ばにかけて毎年数名の卒業生を出すものの、満洲事変勃発後は入学者がほとんど皆無となった。[57] なお戦時期になると留学生の数が増加しているが（表6-11参照）、これは満洲国、王克敏の中華民国臨時政府および王兆銘の中華民国維新政府が日本政府の要請によって留学生を派遣したためであった。[58]

三　技術者の技能形成

導入教育

工業専門学校・大学を卒業した技術者の企業における導入教育の実態はいかなるものであったのだろうか。例えば住友財閥の場合、増加する新入職員に対する研修の必要性を痛感した住友合資会社人事課では各店部・連系会社とも協議を重ねたうえで一九二七年三月に「合資会社実習内規」を制定し、各店部・連系会社に対しても本社に準じてそれぞれの実習内規を制定するよう求めた。実習期間は「事務六箇月以上技術一箇年以上」であり、「住友ノ歴史、伝統精神其ノ他ノ訓話、住友及市内一般ノ工場施設等ノ見学及実務(事務及技術、本社ニ於テハ技術実習ハ行ハス)ノ講習等」が実習の主な内容であった[59]。この導入教育は太平洋戦争勃発時まで継続され、住友本社では四一年一二月九日に繰り上げ卒業による四二年一月入社予定者に対して実習停止を通知し、同月一六日にはすでに実習中であった四一年四月入社技術系職員に対して実習の打ち切りを通知した[60]。

東北帝大工学部金属工学科を卒業して一九三九年四月に芝浦製作所・鶴見工場に入社した川口寅之輔氏の回顧によると、「芝浦製作所(現、東芝)への就職については、三年生の四月の初めに所属研究室教授にいわれ、会社の人事部長との面接だけで内定した。これと前後して、同級生のほとんどは、自分の意思というよりも所属研究室の担当教授からの一方的推薦で決まった[61]」。東京電気との合併直前の芝浦製作所には理工系大卒と高等工業卒、合わせて一二〇名強が入社した。導入教育に関しては、「一応、所属は決められたものの、一年間は教習工ということであった。定期的にホールみたいな建物に集められ、それぞれ専門の違う課長級以上の人から講義を受けていた。その講義を受けると、その課長の所属する現場で何日間かの実習があり、一年間で工場全体の知識が習得できるというような社内研修の仕組みになっていた[62]」のである。

日本学術振興会工業改善研究第一六特別委員会(波多野貞夫委員長)は「工場ニ於ケル専門学校以上ノ技術関係卒業生採用直後ニ於ケル教育ニ関スル調査」を一九四一年五—九月に実施し、九三社から回答を得た[63]。まず教育養成の時期であるが、回答六四社のうち入社直後が六三社、採用二カ月後が一社であり、基本的には入社と同時に教育が開始されている。教育養成の期間については、回答五八社のうち一週間二社、一カ月以内九社、三カ月以内一三社、半年以内八社、一年以内二三社、二年以内一社であり、訓練期間半年以上が全体の四一%におよんだ。具体的には「専門学校以上ノ技術関係卒業者ハ約六ケ月乃至一ケ年間、各部門ニツキ輪番的ニ実習サセ、シカル後、本人ノ適性ヲ考慮シテ、工場管理、工場事務、或ハ研究部門ニ隷属サセル」、「会社製品ノ説明、販売、経理、製造、研究、特許、人事管理、労務管理並ニ工場及研究所ノ見学等ニツキ、最初一〇日間位ノ期間ヲ以テ新採用者全員一緒ニ教育シ、シカル後、工業部ノ技術部及研究所ニ夫々配属スル。ソシテ、ソノ配属サレタ者ニツキ真空管及無線電球及放電管、機械器具、有機化学、無機化学並ニ金属等ノ各専門別ニ約三ケ月間実習及専門的再教育ヲ施ス」といった手順が代表的なものであった。[64]先の三菱電機の事例でみたように技術者の各職能の専門性は高く、したがって導入教育の狙いは専門性の高い各職能に分化する前に技術者に工場全体の機能を把握させ、各人の適性と職能の専門性のミスマッチを極小化することにあったといえよう。

しかしすべての企業において導入教育が制度化されていた訳ではもちろんない。むしろ「学校出ノ技術者ヲ採用シテモ、組織立ツタ実習課程ヲ履マセルコトナク、直チニコレヲ現場ノ監督者ニスルノガ通例デアル。我国ノ工場管理ガ進歩シナイ重大ナ原因ノ一ツハコヽニアル」[65]というのが現実であった。大日本産業報国会の一九四二年七月調査(対象は資本金一〇〇〇万円以上会社)によると、「一定の制度があつて必ず教育訓練を行ってゐる」のは全体の三五%であり、「一定の制度はないが現場に配属して其の長の任意の指導に委せる」が五九%にも達した。[66]先の住友の例にもあったように太平洋戦争期になると喫緊の課題に規定されて、各企業では時間をかけた導入教育をおこなう余裕は徐々になくなっていったものと思われる。

なお学卒技術者のための導入教育ではないが、技術者が払底した戦時期には大企業では中学校卒業生や青年学校卒業生に一年間の甲種工業学校程度の教育を行ったり、あるいは二・三年の高等工業学校程度の教育を行う技術者養成所がさかんに設立され、技術者不足の緩和がはかられた。主要技術者養成所のなかでは技術者難が深刻化しはじめる一九三九年に設立されたものがもっとも多かった。例えば三菱重工業株式会社の三菱名古屋発動機製作所技術員教習所では「中学校卒業者ニシテ採用試験ニ合格シタ者」および「青年学校研究科修了者」を入学資格とし、準専門学校程度の教育を一年間行ったが、同所卒業生に対する会社の評価は「甲種工業又ハ商工省機械技術員養成所卒業者ニ比シ勝ルトモ遜色ナシ」ときわめて高いものであった。[67]

再教育・OJT

技術者に対する再教育に関して先の大日本産業報国会調査によると、全体の六八％は再教育を実施していると回答しているが[68]、再教育には時局講演会や社内での研究会・座談会なども含まれているため、再教育の普及度については若干割り引く必要があると思われる。再教育の方法としては相互研究、社外派遣(見学聴講)、外部錬成機関への派遣、講義などが主なものであった。[69]

学卒の技術者が生産現場の実際を知らないこと、設計と生産現場の距離が遠いことが技術者教育の問題点、わが国の技術者の欠陥として戦前期から指摘され続けてきた。[70]「技術者親ラ新規ノ業作ヲ行ヒ然カモ職工ノ面前ニ於テ佳良ナル成績ヲ揚ケ以テ必成ヲ示ス」[71]といった技術者による率先垂範こそが新製造方法を職工が受け入れる要諦であることがくり返し語られながら、これを実行できない技術者の力不足が問題視されてきた。また生産現場の事情に精通することが良き設計者の条件であることも識者によって指摘され続け、鉄道省の山下興家は「設計者は少くも数年間の現場の経験を有するものが、その後に於て才能を伸ばすに都合がよい」とし、「設計する際に、第一に考えなければならないことは工作の容易さである」ことを強調していた。[72]

日立精機においてウィリアム・ゴーハムから指導を受けた村木晋二氏によると、「ゴーハムさんは、設計者の描いた画のあとに機械場と組立て場があることを考えた画にしなくちゃいけないとよくいわれ」、「設計図から現場に出す図面では、研削するんだったら、旋盤でひくときに研削代をつけろと。(中略)同じところへ旋盤とグラインダーの寸法がちゃんと入っていました。それは設計者が書き込みました。(中略)現場に図面が出てから、現場の方で適当にあこれはグラインダーにしようか、旋盤にしようかなんてことを任せてはいかんと言うんですね」といった指導を日常的に行っていた[73]。設計者のOJTはこうして進んでいった。

「まず設計で二年ぐらいかかって、設計が決めている、早くいえば規格です。規格を十分頭のなかに入れ込むことですね。（中略）ドリルの深さは、タップがいくらならば、その下穴はいくらの深さにしないと、切り粉が詰まってタップが折れちゃうから、前加工のドリルの下穴の深さをいくらにしなくちゃいけないと、（中略）自分がはじめて描いてみて、簡単な規格の理由を自分で判断できるようになり、それから少しずつ現場の工程だとか、それを判断して図面を描くように育っていきます。その次は部品の少ない設計にしなさいと。それからなんです、ほんとうの設計は[74]」。工作機械の設計技術者のOJTとはこうしたプロセスを一歩一歩納得しながら歩むことであった。「自分の頭のなかにたくさん入れておいて、今度は頭のなかに入っているものの、どれとどれを引き出して、これを描くかというのが自分の能力にな」ったのである。模倣を重ね、図面の意味を納得し、その作業のくり返しのなかから生まれるものが、設計者のオリジナリティ＝技能形成の核心と呼んでよいものであった。

おわりに

一九二〇年代および戦時期の工業専門学校・大学の増加によって高等工業教育を受けた技術者の数は急増した。二〇年代前半に新設・移管された工業専門学校一一校の多くは機械・電気・応用化学の三学科を有しており、それまでのように色染・紡織などの繊維関連学科や採鉱冶金学科をほとんど持っておらず、産業構造の重化学工業化の進展に対応した学科構成をとっていた。戦時期の三九年度には七官立高工が一挙に新設されるが、その学科構成は戦時期の産業構造の機械工業化・兵器工業化ともいうべき事態にまさに対応したものであった[75]。工業専門学校卒業生の初職市場の動きとしては、官庁技術者・自営業者の比重低下、民間企業技術者の割合増加が基本的動向であった。

大学工学部卒業生の数も一九一〇年度の二八〇名から三五年度の一四〇六名、四四年度の三一二五名へと急増しただけでなく、工業専門学校と同様に戦時期になると航空や電気通信・通信工学といった新しい分野の卒業生の伸びが著しかった。戦間期の高等教育機関の整備拡充が戦時生産を支え、戦時期の新たな分野の拡大が戦後のエレクトロニクス関連諸産業の成長を人的側面から支えるという連続性が明確に確認されるのである。

東京・大阪両高工卒業生の卒業四・五年後の勤続率をみると、前者の場合は一九一三年、一八年、二四年卒業生と時期を追って勤続率の上昇が確認できるのに対し、後者ではそうした傾向は認められなかった。東京・大阪両高工と比較して歴史の浅い桐生高工の場合、二一年卒業生と二六年卒業生を比べると後者の勤続率は大きく上昇するものの、二六年卒業生と三一年卒業生の間では大きな差はなかった。一方二〇年代に東京・京都帝大工学部を卒業した者の勤続率は七・八割台に達し、工業専門学校卒業生とは大きな格差を示した。

戦間期には朝鮮では京城高工、台湾では台南高工が唯一の高等工業教育機関であったが、戦時期の技術者需要の拡大に対応して京城帝大と台北帝大に理工・工学部が設置され、朝鮮では工業専門学校の増加もみられた。関東州の旅順には旅順工科学堂・大学が、大連には南満洲工業専門学校があり、現地とくに満鉄からの技術者需要を満たすうえで大きな役割を果たした。しかし旅順工科大学を卒業する中国人留学生の数は当初の大学側の狙いを大きく裏切る結果となった。満洲国では国立の哈爾濱工業大学、新京工業大学、奉天工業大学、北満学院などが技術者供給の任を担った。

一九〇七年の五校特約を契機に日本に留学する中国人留学生が増加し、第一次世界大戦期の好況がその勢いを加速させたものの、中国人留学生の数はその後の日中間の政治外交関係の帰趨に大きく規定され、満洲事変以後になると急減し、戦時期には満洲国・親日政権からの留学生がふたたび増加するという軌跡を描いた。

戦時期になっても学卒技術者に制度化された導入教育を施す企業は少数派に留まった。しかし住友系企業や芝浦製作所のような大企業では一年間を費やす、充実した内容の導入教育が行われていた。中味を問わなければ、戦時期になると技術者のための再教育は相当の拡がりを示していたものの、技術者の技能形成の基本はＯＪＴにおかれていた。製造現場の実態を踏まえた設計図の作成、円滑な工場管理・生産管理のためには長期間にわたるＯＪＴが不可欠であったのである。

「会社としても現場技士の教育に力を注いだことは特筆に値すると思う。前述の如く電気の習得には研究生として、その母校に再入学せしめ（佐々木、本間、川瀬、深尾、関口、磯崎）また海外の情勢を知るために三菱商事会社に一時移籍の上ロンドン及びニューヨークの支店に三年位駐在させ（佐々木、本間、関川、関口、岩崎、岡野、前田そのうち前田君は三年では商事として迷惑とあって七年にしたので結局重工には帰らなかった）、そのほか直接技術習得には努めてライセンサーに派遣し（戸波、深尾、川瀬、磯崎、小川、李家）又チューリッヒ大学（坂本）にも入学せしめた」[76]といった三菱造船・三菱重工業の例からも明らかなように、明治期以来わが国は欧米先進企業からの技術導入、外国人教師・技術者の招聘、日本技術者の留学・派遣、総合商社機械部・機械商社といったさまざまなルートを通して、欧米の工業先進諸国から技術を学び続けた。[77]こうしたフォーマルな技術学習だけでなく、機械工業のような加工組立型産業などでは輸入品の現物によるリバース・エンジニアリングといったインフォーマルな技術習得もきわめて大きな意味を有した。以上のようなさまざまな技術習得の場の中心に位置したのが、本章で検討した日本で養成された技術者たちであった。国内で養成された技術者は外国技術を咀嚼するだけでなく、導入消化した技術に日本の経営環境に適応した新たな要素を付け加える能力をも有しており、その能力は技術者としての職務の専門性の高さに裏打ちされていた。[78]

国内での技術者養成システムは学校制度の拡充を通して日本帝国域内に伝播していき、現地での技術者需要に対応しただけでなく、日本で学業を終えた中国人留学生が母国に帰国してから民族紡や各種の学校などを主要な舞台に技術者・教員として活躍することによって、東アジア全域における技術者の供給のあり方に大きな影響を与えることになった。その意味で先進欧米諸国からの技術情報を落差の大きい東アジアの諸地域に伝えるうえで、日本の技術者および彼らを輩出する学校制度自体が重要なゲートキーパーとしての役割を果たしたともいえるのである。

注

(1) 一九一〇・二〇年は、内田星美「技術移転」西川俊作・阿部武司編『産業化の時代』上(日本経済史4)岩波書店、一九九〇年、二八一頁、三四年は、同「昭和九年の技術者分布」『技術史図書館季報』一六号、二〇〇一年、四二年は、内閣統計局『昭和十七年労働技術統計調査結果表』昭和一七年六月一〇日現在、内地、一九四三年による。
(2) 東北帝大の場合、仙台高等工業学校(一九〇七年設置)が一二年に移管されて附属工学専門部となり、一九年に工学部が設置されると二一年に附属工学専門部がふたたび独立して仙台高等工業学校となった。
(3) 拡張計画については、国立教育研究所編『日本近代教育百年史』第一〇巻、産業教育二、一九七三年、一三二一一三七頁参照。
(4) 戦時期の工業専門学校の拡張については、国立教育研究所編前掲書、二五一―二五四頁参照。
(5) 一九二〇年代に新設・移管された一一校のうち、繊維工業科を有したのは福井高工のみであった。
(6) 文部省編『文部省年報』各年度版。
(7) 同上書。
(8) 天野郁夫『近代日本高等教育研究』玉川大学出版部、一九八九年、二四〇―二四一頁。
(9) 布雄吉編『横浜国立大学工学部五十年史』横浜国立大学工学部、一九七三年、八―九頁。
(10) 山口大学工学部創立五十周年記念事業会記念史部会編『山口大学工学部五十年』東洋図書出版、一九九〇年、四六頁。
(11) 各校のカリキュラムの詳細については、教育史編纂会編『明治以降教育制度発達史』第八巻、一九三九年、一―三八二頁参照。
(12) 従来の工科大学の名称が工学部に改称されるのは一九一九年からである。
(13) 以上、大学工学部の動向については、国立教育研究所編前掲書、一三七―一四七、二五四―二五八頁、および作道好男・江藤武人編『東京工業大学九十年史』財界評論新社、一九七五年、四一五頁参照。

(14) 藤原工業大学の詳細については、慶應義塾編『慶應義塾百年史』中巻(後)、一九六四年、六六七―七八九頁、および山田隆一「藤原銀次郎と工業教育」(上)・(下)『百万塔』九八、九九号、一九九七、九八年参照。
(15) 第二工学部の詳細については、東京大学百年史編集委員会編『東京大学百年史』部局史三、東京大学出版会、一九八七年、五六七―六三六頁参照。
(16) 以下、文部省編前掲書、各年度版による。
(17) 中央職業紹介事務局『大正十四年三月卒業全国各大学専門学校卒業生就職状況調査』一九二五年、「総論」の部。
(18) 中央職業紹介事務局『会社銀行ニ於ケル定期採用状況調査』昭和八年五月一日現在調、一九三三年、二三頁。なお本調査の対象は公称資本金一〇〇〇万円以上の大企業である(ただし、保険会社は公称資本金一〇〇万円以上、新聞通信社は払込資本金一〇〇万円以上)。
(19) 文部省編前掲書、各年度版。
(20) 例えば一九二八年度の卒業生三一五三名のうち帝大卒は七九七名、高工卒は二三五六名であった。また同年度の帝大理・工学部に対する採用申込数は五五四件(紹介件数は七八六件)、高工は二四四二件(紹介件数は三五六五件)であった(以上、中央職業紹介事務局『全国大学専門学校卒業生就職状況調』一九二九年による)。
(21) 桐生高等工業学校編『桐生高等工業学校一覧』各年版より集計。
(22) 以下、市原博「三菱電機の技術者の社内キャリア(一)(二)」『駿河台経済論集』第一四巻第二号、第一五巻第一号、二〇〇五年による。
(23) 同校の前史については、李吉魯「日本統治下朝鮮における高等工業教育の成立と展開――京城工業専門学校を中心に」『アジア教育史研究』第一三号、二〇〇四年七月、八八頁参照。その他の朝鮮における技術者形成に関する近年の業績として、姜雄「京城高等工業学校と植民地朝鮮の技術者養成」『科学史研究』第Ⅱ期、第三五巻第一九七号、一九九六年四月、李吉魯「近代朝鮮における技術者養成の一考察――『朝鮮技術家名簿』を手がかりとして」日本大学『教育学雑誌』第三九号、二〇〇四年などがある。
(24) 以上、京城高等工業学校編『京城高等工業学校一覧』昭和一〇年版、一九三五年、一―二頁による。
(25) 同校のカリキュラムの変遷の詳細については、姜雄前掲論文、および李吉魯前掲論文、二〇〇四年七月を参照。

(26) 姜雄前掲論文では『京城高等工業学校一覧』昭和一二年度版に掲載された「卒業生現在状況」に基づいて学科別、日本人・朝鮮人別の詳細な進路分析が行われている。ただし、同論文では原資料の現況欄に現住所のみ記載されている者を「自営」とみなして集計している。筆者には自営とみなす根拠が判然としないため、表6-7では現住所のみ記載されている者は「不明」として数えられている。
(27) 京城高等工業学校編前掲書、および同編、昭和五年度版より集計。
(28) 呉天錫/渡部学・阿部洋訳『韓国近代教育史』高麗書林、一九七九年、二九二頁。
(29) 台南高等工業学校編『台南高等工業学校一覧』昭和一三年度版、一九三八年、三一八頁。
(30) 台南高等工業学校編前掲書。
(31) 台南高等工業学校編前掲書、および同編、昭和九年度版より集計。
(32) 拓務省「台湾ニ於ケル昭和十五年度技術者需給状況」(JACAR[アジア歴史資料センター]、Ref. A02030192800 公文類聚、第六十四編、昭和十五年、第四十八巻、国立公文書館)。
(33) 法制局「台北帝国大学官制中ヲ改正ス」昭和一九年三月三〇日(JACAR[アジア歴史資料センター]、Ref. A03010166800 公文類聚、第六十八編、昭和十九年、第二十六巻、国立公文書館)。
(34) 石田文彦「旅順工科大学の教育と日中共学」『日本産業技術史学会第二〇回年会講演概要集』二〇〇四年、一八頁。
(35) 旅順工科大学同窓会編『平和の鐘 旅順工科大学開学九十周年記念誌』二〇〇〇年、資料編、二一三頁。
(36) 旅順工科大学同窓会編前掲書、二三頁。
(37) 関東庁「旅順工科大学設置理由書」一九二二年(JACAR[アジア歴史資料センター]、Ref. A01200214100 公文類聚、第四十六編、大正一一年、第七巻、国立公文書館)。
(38) 旅順工科大学同窓会編前掲書、一七八頁。一九二四年までの日本人卒業生総数六三二名(除く死亡者)のうち一九一名(全体の三〇・二%)が満鉄に就職し、日本内地勤務は三一〇名であり、中国人卒業生一八名のうち満鉄勤務は一名、その他一七名は中国・「満洲」各地に就職した(関口吉彌編『興亜寮史』旅順工科大学興亜寮、一九四〇年、二一四—一五頁)。また一三—四一年の日本人卒業生一五〇五名のうち満鉄およびその系列会社への就職者は総計四八三名(全体の三二・一%)に達し、四三年五月時点での満鉄の課長以上役職者二二四名(理・工・農専攻のみ)の出身学校別内訳は、東京帝大五九名、旅

順工大四五名、京都帝大三二名、東北帝大一七名、九州帝大一二名、南満洲工業専門学校一〇名、その他の順であった(石田文彦「旅順工科大学と南満州鉄道株式会社」、『技術史教育学会誌』第五巻第一・二号、二〇〇四年、一三—一四頁)。

(39) 以下、南満洲鉄道株式会社編『南満洲鉄道株式会社第二次十年史』一九二八年、一一六二—一一六二、一一八〇—一一八四頁、および奥藤多威編『南満洲工業専門学校創立三十年誌』南満洲工業専門学校、一九四二年、一—八頁。

(40) 奥藤多威編前掲書、六—七頁。

(41) 奥藤多威編前掲書、一七八頁。

(42) 南満洲鉄道株式会社編前掲書、一一八四頁、および南満洲鉄道株式会社編『南満洲鉄道株式会社第三次十年史』下巻、一九三八年、二一八〇頁。

(43) 以下、中嶋毅「ハルビンのロシア人教育——高等教育を中心に」原暉之編『ロシアの中のアジア/アジアの中のロシア(I)』所収、北海道大学スラブ研究センター、二〇〇四年による。

(44) 国務院総務庁企画処第二部科学審議委員会編『満洲科学技術要覧』一九四三年、四一頁。

(45) 以下、同上書、三六—四一頁による。

(46) 文部省編前掲書、各年度版より集計。

(47) 以下、東京高等工業学校編『東京高等工業学校一覧』大正五年度版、一九一六年、一七四—一七八頁による。

(48) 東京大学百年史編集委員会編『東京大学百年史』通史二、東京大学出版会、一九八五年、一四七頁。各校の受け入れ予定人数は第一高等学校六五名、東京高等工業学校四〇名、東京高等師範学校二五名、山口高等商業学校二五名、千葉医学専門学校一〇名であり、この五校特約は一九二二年まで一五年間継続した(石田文彦「理学・工学を専攻した中国人の留日学生史(一)——留学機関、卒業生数、専攻等」、『日本産業技術史学会第二一回年会講演概要集』二〇〇五年、二一頁)。

(49) 東京工業大学編『東京工業大学百年史』通史、一九八五年、二二九—二二〇頁。なお一九二九年度に東京高等工業学校が東京工業大学に昇格したのちも中国人留学生を受け入れるために学内措置として「特設予科」制度は継続し、三二年九月になって官制による「附属予備部」(修業年限は三ヶ年)が正式に発足する(東京工業大学編前掲書、五一六—五二〇頁)。

(50) 文部省編前掲書、各年度版より集計。

(51) 富澤芳亜「「満州事変」前後の中国紡織技術者の日本紡織業認識——中国紡織学会と日本」曾田三郎編『近代中国と日

本――提携と敵対の半世紀』、御茶の水書房、二〇〇一年、二〇五頁。

(52) 以下、庄紅娟「中国の企業家活動における伝統と革新――一九三〇年代の民族紡績業の経験」『経営史学』第三八巻第四号、二〇〇四年による。

(53) 以下の叙述は、陳昊「大正期における中国人留学生受け入れに関する一考察――明治専門学校を素材として」『アジア教育史研究』第一一号、二〇〇二年による。

(54) 安川敬一郎および学校側の留学生に対する期待、教育実践、および激動する日中間の政治情勢のなかでの留学生の心情などについて、陳昊前掲論文が優れた分析を加えている。

(55) 以上、文部省編前掲書、各年度版による。

(56) 以下、東京大学百年史編集委員会編前掲書、一九八五年、一五二―一五四、七五九―七六一頁による。

(57) 以上、文部省編前掲書、各年度版による。

(58) 石田文彦前掲論文、二〇〇五年、二四頁。

(59) 山本一雄「住友合資会社(中)――大正十五～昭和五年」『住友史料館報』第三一号、二〇〇〇年、一一八、一五二頁。

(60) 山本一雄「株式会社住友本社(中)――昭和十六～十九年」『住友史料館報』第三五号、二〇〇四年、八四、一三〇―一三一頁。

(61) 川口寅之輔『金属を拓く――岐路と偶然と人生と』工業調査会、二〇〇二年、五二、五七頁。

(62) 川口前掲書、五七頁。

(63) 以下、日本学術振興会学術部工業改善研究第一六特別委員会『工場ニ於ケル専門学校以上ノ技術関係卒業生採用直後ニ於ケル教育ニ関スル調査事項報告』一九四二年による。

(64) 日本学術振興会学術部工業改善研究第一六特別委員会前掲書、七、一〇頁。

(65) 商工省生産管理委員会編『工業教育ヲ中心トシテ見タ我国教育制度ノ改善』日本工業協会、一九三八年、五八頁。

(66) 大日本産業報国会編『工場事業場に於ける技術職員の教育訓練並養成に関する調査報告』同会、一九四三年、一〇頁。

(67) 技術院編『事業場附設技術者養成所調査報告』一九四四年(防衛庁防衛研究所図書館所蔵)、九―一〇頁。

(68) 大日本産業報国会編前掲書、一九頁。

(69) 大日本産業報国会編前掲書、二一一―二一二頁。

(70)「採用試験に当つて常に問題になりますのは、卒業生が殆ど工場の実際を知らないことであります。(中略)採用者は一年乃至二年の間、各部門に所謂アプレンティスをさして、適材適所に順次配属するというやうな方法を採つて居られることゝ思ひます。若しその一年二年の知識が、学校教育期間に於て得られることとなれば、人的に考へて何十万の卒業生が、国家の生産増強に盡す所の分量は異常に大なるものがある」(一九四一年一一月に開催された大日本産業報国会技術者会議での東京石川島造船所取締役笠原逸二の発言、大日本産業報国会編『大日本産業報国会技術者会議会議録』同会、一九四二年、一五五頁、[奥田健二・佐々木聡編『技術者会議会議録』日本科学的管理史資料集、第二集、図書篇、第八巻、一九九六年復刻])。

(71) 中澤岩太『工場技術者之心得』一九一八年、四九頁。

(72) 山下興家『技術者の心構』山海堂、一九四三年、二三、二七頁。

(73)『村木晋二氏ヒアリング記録』一九九三年七月一七日。

(74) 以下、前掲『村木晋二氏ヒアリング記録』による。

(75) 戦時期における産業構造の「機械工業化」については、沢井実「戦時経済と財閥」、法政大学産業情報センター/橋本寿朗・武田晴人編『日本経済の発展と企業集団』東京大学出版会、一九九二年、一五二頁参照。

(76)「深尾淳二技術回想七十年」刊行会編『深尾淳二技術回想七十年』同会、一九七九年、四八頁。

(77) 技術移転の多様な形態については、内田前掲「技術移転」参照。また工作機械工業におけるアメリカからのさまざまな学習経路については、沢井実「日本工作機械工業とアメリカ――戦前・戦中期」『大阪大学経済学』第五一巻第二号、二〇〇一年、参照。

(78) もちろん職務の専門性の極度の高さは、「設計も現場も深さをねらって専門化した結果ますます狭くなるという欠陥があった。大学専門学校出身の技師がタービンガバナーとかタービンブレードのように極めて小局部の設計に十年近くも没頭せしめられていたのは余りに極端でどうかと思った」(「深尾淳二技術回想七十年」刊行会編前掲書、九六頁)といった問題も有していた。

第七章　「大東亜共栄圏」における経済統制と企業

——満洲を中心に

疋田康行

はじめに

本稿では、十五年戦争期における日本の経済統制を、その支配領域全体にわたって把握するための方法を検討することを目的とする。ただし、支配領域全体とはいっても、研究対象地域によって研究の進展状況に大きな差があるので、十五年戦争期を通じて経済統制を展開した中国東北部(以下、満洲と記す)を中心とし、適宜、「大東亜共栄圏」(以下「 」を略す)内の適当な事例も取り上げ、比較の便に供することとする。

この研究分野は、J・B・コーヘン『戦時戦後の日本経済』[1]やアメリカ合衆国戦略爆撃調査団『日本戦争経済の崩壊——戦略爆撃の日本戦争経済に及ぼせる諸効果』[2]といったアメリカによる戦時日本経済に関する調査研究の公刊と、井上晴丸・宇佐美誠二郎『危機における日本資本主義の構造』[3]などによって切り拓かれ、一九六〇年代には、安藤良雄『日本資本主義の展開過程——太平洋戦争の経済史的研究を中心として』[4]、大内力『日本経済論(上・下)』[5]、島恭彦「戦争と国家独占資本主義」[6]などが発表された。そして七〇年代には、中村隆英[7]・原朗ら[8]によって、生産力拡充計画や外貨統制、経済新体制などの新資料を基礎としつつ、貿易・金融政策や財界と革新官僚との経済統制方式をめぐる対立と妥協の過程などが、高い実証密度をもって解明された。原は、さらに、本国と植民地・占領地を含む戦時日本経済の全体像を、「「大東亜共栄圏」の経済的実態」[9]で提示した。

一九八〇年代以降は、「経済大国」日本の「強靭性」が着目され、それまでの「立遅れ」と「脆弱性」に焦点を当てた研究から、問題意識や分析方法が転換していった。また、資料の発掘や公開が進められ、「計画化」概念の下に経済統制手法の分析も深化し、市場経済との関わりや経済統制下の企業間競争にも分析が及んだ。こうした研究動向の組織的な成果は、まず近代日本研究会『戦時経済』(年報近代日本研究9)[10]から始まり、原朗編『日本の戦時経済計画と市場』[11]を経て、山崎志郎「経済総動員体制の経済構造」[12]に至っている。[13]

他方、戦時日本がより苛烈な統制の対象とした植民地・占領地の研究は、もっぱら地域別に進められた。原は、「一九三〇年代の満洲経済統制政策」[14]および「「満洲」における経済統制政策の展開——満鉄改組と満業設立をめぐって」[15]により、日本統制経済の出発点ともなった満洲での経済統制の展開過程を、物動計画と満洲重工業開発株式会社の機能を中心にして分析し、その統制目標の未達成を強調している。そのほか、浅田喬二らの『日本帝国主義下の中国』[16]や中村隆英『戦時日本の華北経済支配』[17]、浅田喬二・小林英夫らの『日本帝国主義の満洲支配』[18]、中村政則・高村直助・小林英夫らの『戦時華中の物資動員と軍票』[19]、などがある。

以上のような研究動向のなかで、大東亜共栄圏全体の構造とその変化を把握する方法として、原は貿易と金融の構造に着目し、成功した。これに対して近年の「企業」への着目は、もうひとつの全体像把握の可能性を提供しているといえよう。経済政策の立案・実施主体としての官僚に対して、企業は直接に経済活動を担う最も基本的な経済主体であり、経済政策の立案・実施へも直接・間接に関わるばかりでなく、それ自身の多角化・多地域化を通じて、また、固定的取引関係や業界団体・地域団体などの中間組織を通じて、事業ネットワークを形成するものである。戦時経済統制は、このネットワークの事業構成や地域構成を戦争遂行のために変更するものであり、その変更過程のなかに戦時的要素と日本的特質および植民地や占領地を含む各地域の特徴が現れてくるであろう。

しかし、この方法に基づく研究は、従来の戦時企業研究が主に取り扱ってきた特殊会社や特定の大企業だけではなく、膨大な中小企業群をも対象とする必要があるが、資料上の制約が大きい。さらに、現地限りの統制政策の展開もあるので、経済統制の中枢部の資料だけでなく、遺留資料や日本軍降伏後の引継ぎ資料などの現地での発掘も必要となる。いずれにせよ、個人で取り組むには作業量が大きすぎるという問題があり、プロジェクトなどによって大東亜共栄圏各地にローラーをかけるという、組織的で持続的な研究が不可避となる。植民地・占領地については疋田康行ら[20]の戦時南方研究のほか、小林英夫ら[21]も、対象時期が第一次大戦前後に限られるが、「会社令」規制下での朝鮮における法人形成を描いている。また、波形昭一や柳沢遊・木村健二ら[22]は、商工会議所や居留民団などの中間組織のネットワークとその動向を取り上げ、主要都市部の業種横断的な団体が業種縦断型戦時統制組の拡大の中で所在地方経済レベルの諸調整機能を拡大したことなどを解明した。

しかし、民族系企業を直接の対象とした研究はごく限られており、風間秀人の『満州民族資本の研究——日本帝国主義と土着流通資本』[23]があるくらいである。産業構造レベルにまで広げると、厳中平『中国近代産業発達史——中国棉紡織史稿』[24]や島一郎『中国民族工業の展開』[25]、池田誠他編『中国工業化の歴史』[26]などがある。[27]

一　満洲建国と企業統制の開始

まずは、表7-1により、大東亜共栄圏内の本国以外の各地における日系民間資産の地域分布を確認しておこう。一見して明らかなように、満洲が古くからの植民地のいずれよりも多くの日系民間資産を吸収しており、その中心は交通業とともに鉱工業にあった。交通業の中核は鉄道であり、台湾・朝鮮・樺太では国有鉄道として政府資産に含まれるが、一九三〇年代以後の独立国の体裁をとった事実上の植民地では、日本側によるコントロールのために特殊会社にそれを担わせていた。ただし、満洲では、中国側主権地域の植民地化のために打ち込んだ楔としてロシアが獲得した利権を継承したことによって株式会社の形態が選択され、それが満洲国側鉄道の受託経営のためにも維持されたといえる。また、中国関内のウェイトと台湾・朝鮮・樺太のそれがほぼ拮抗しているが、産業別分布を比較すると、前者が商業の、後者が電力業を中心とする公益事業と鉱工業および農業の、構成比が大きい。満洲は、関内に近い特徴を備えているが、鉱業部門が大きく、また、実効支配のレベルも関内よりは高いので農林業の構成比も相対的に大

表 7-1　日本民間企業の在外資産額推計(1948 年 1 月調査)

(単位：100 万円，%)

	台湾	朝鮮	樺太	南洋	満洲	華北	華中南	海南島	南方	その他	合計
農業	1,565	2,442	95	27	2,825	415	19	158	1,963	371	9,881
林業	20	1,818	110	0	1,236	9	—	78	485	—	3,758
水産業	623	436	61	97	88	2,194	24	56	476	251	4,305
鉱業	1,467	8,847	1,920	162	24,103	4,944	1,086	1,362	2,925	6	46,823
工業	14,531	26,743	3,380	336	35,758	19,623	11,413	250	5,682	24	117,742
金融業	88	696	3	3	2,914	166	875	—	10	941	5,696
商業	2,830	1,508	70	4	17,570	6,520	6,944	277	4,401	1,612	41,737
交通業	409	2,612	140	2	42,545	15,687	8,914	244	803	40	71,397
公益事業	4,766	10,585	125	12	5,466	3,937	488	52	501	—	25,932
建設業	225	143	9	3	—	881	151	—	268	—	1,679
雑業	17	62	—	0	—	279	264	14	53	—	690
その他	5	2	—	—	—	950	670	55	—	—	1,682
合計	26,548	55,894	5,913	647	132,505	55,605	30,849	2,547	17,568	3,246	331,321
構成比(%)	8.0	16.9	1.8	0.2	40.0	16.8	9.3	0.8	5.3	1.0	100.0
調整値	25,885	52,261	5,570	501	128,265	55,326	30,263	2,501	16,537	—	320,080
政府資産	9,292	19,265	3,786	267	2,761	—	—	—	—	—	35,372

出所)大蔵省財政史室編『昭和財政史　終戦から講和まで』第 1 巻，東洋経済新報社，1984 年，564-567 頁.

きいことが特徴として指摘できる。

以上から、大東亜共栄圏における企業展開について、最大の日系企業資産を吸収した満洲を中心に検討することにしよう。ただし、言うまでもないが、日本側が戦時中にコントロールした資産には、傀儡政権の資産や合弁相手の民族系資産のほか、統制政策などを通じて支配した多数の民族系の企業や個人の資産があることを、念頭に置く必要がある。

周知のように、一九三一年九月一八日、関東軍(関東州に駐屯する日本陸軍)の一部幕僚は柳条湖附近の満鉄線路に軽微な損害を与える程度の爆破を行い、それを張学良軍の工作によるものだとして、同軍への攻撃を開始し、朝鮮軍(朝鮮に駐屯する日本陸軍)の応援も得て、急速に東三省を占領していった。そして、翌三二年三月一日に、清朝廃帝の愛新覚羅溥儀を執政とし、建国宣言を発表させた。

この満洲占領の構想は、同年五月に石原莞爾関東軍参謀が作成した「満蒙問題私見」にもまとめられている。この文書はよく知られているものであるが、当面の大恐慌を克服して五大国の最終争覇戦に勝ち残るために速やかに満洲

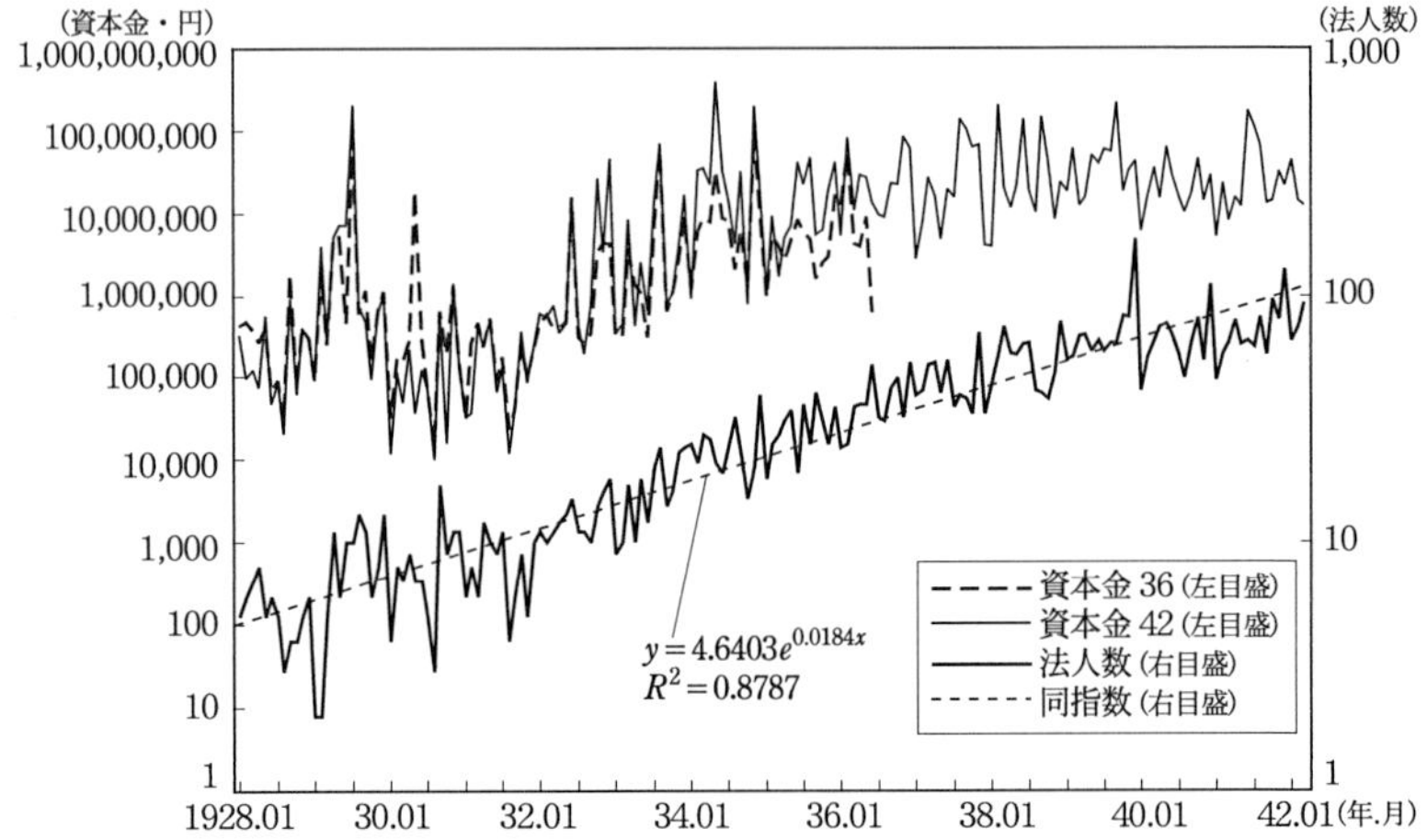

図7-1　在満洲法人設立動向(1928.01-42.04)

を日本に併合することが必要だとし、緒戦の勝利を利用し、あるいは万一戦争が長期化した場合には戒厳令の下で、日本の高度国防国家への「国家改造」を推進して、必要ならば本国および占領地に「計画経済」を断行してでも「先進工業国の水準」に到達させる、そのためには「謀略により機会を作製し軍部主動となり国家を強引すること」も必要だとしている。現実には併合ではなく独立国の形式をとったように、この構想はそのまま実施されたわけではないが、満洲占領にとどまらない「日本改造」の戦略的構想であったことに、注意を払う必要がある。

満洲では、建国宣言が発せられ満洲中央銀行も設立されると、関東州租借地や満鉄付属地などへの日系企業の設立が増加していった。それを中心とする法人設立の概要を、まず図7-1で確認しておこう。ただし、前記の課題への対応からは、個人経営の企業も対象に加えるべきであるが、資料上の制約から目下のところは法人登記簿記載の法人企業にほぼ限定せざるを得ないことを、予めことわっておきたい(28)。

図7-1は、一九三六年五月末現在と四二年一〇月末現在の二時点での登記簿掲載法人のうち、二八年一月から四二年四月までに設立された六一二九社を設立月別に集計したものである。二八

年から三六年五月の間およびその後四二年一〇月の間に設立されたが消滅した企業は、当然ながら補足されていない。しかし、二〇年代前半の在満日系企業の淘汰期においても、月平均解散法人数は、二一年の八・三社を頂点として二四年の五・六社程度に低下したので、昭和恐慌期にもこの程度であろう。[29]資本金額は設立月別合計値と四二年データでの資本金額の一社当り平均とを表示した。したがって、資本金額は集計時点から遡るほど増資や減資の影響が強く現れる。満洲事変以前に設立された法人群では三六年五月末の金額の方がやや大きく、それ以降に設立された法人にはおおむね四二年一〇月末の金額の方が大きい。つまり、満洲事変以前に設立された法人では三六年からの満洲国第二期経済建設という統制下での産業拡大の期間にもかかわらず解散・合併・減資などにより資本金総額の減少が大きく、それ以降に設立された法人では増資を進めた法人が多いことを表している。また、特殊会社などの大規模法人の設立を表すスパイク状のピークによる大きな振幅が三四年ごろまで続くが、三五年以降ではこの変動幅は縮小していく。さらに、全体のトレンドとしては、二九年七月の昭和製鋼所設立[30]のピークから三〇年八月にかけて減少し、満洲事変直前に小ピークを見せ、満洲事変直後から三四年春にかけて急増し、それ以後はほぼ月一〇〇〇万円から一億円の間で推移している。一社平均資本金額の推移も、これとほぼ同様であるが、三五年以降がやや下降傾向を示すのは増資が反映されているものと見られる。法人数は、顕著な増加を示している。ただし、二八年の低迷から二九年にやや回復して三一年末まで月平均七―八社程度で横ばいであり、三二年初めから三五年末まで急増し、三六年から三九年末ごろまでやや増加率をおとし、四〇年以降は月平均七〇―八〇社程度の高水準で横ばいとなった。

以上の諸傾向から、一九二〇年代末には年一社程度の大規模法人を交えながら中小規模法人の設立が持続していたが、満洲事変を経て、三四年ごろまでは平均資本金規模の増加を伴いつつ法人設立が増加し、それ以後も中小規模法人を中心として三九年末まで法人設立数が増加し続け、四〇年以降は高位安定となったことがわかる。ただし、この動向を見る場合、後述のような法人企業の経営環境の変化、とくに貨幣制度の統一と対円等価化および「治外法権撤廃及び南満洲鉄道付属地行政権の調整」の実施までには数年を要したため、それまでは関東州と満鉄付属地での法人設立が多かったことに留意する必要がある。なお、大連から新京(長春)ないし奉天への、法人設立中心地の移動はすでに生じていた。

ところで、関東軍は対中国・対ソ連の戦争の兵站基地となすべく満洲を占領したのであり、先に見たような旺盛な法人設立の動きに対して、本国政府や財界と調整を図りながら、規制を整備していった。

まず、「満蒙事局処理要綱」[31]などをもとに各種政策を審議する対満実行策審議委員会を三二年二月一八日に設置し、満洲国独立宣言後の三月一二日には「満蒙問題処理方針要綱」[32]などを閣議決定、さらに七月二六日には関東軍司令官に関東庁長官と満洲派遣臨時特命全権大使を兼務させる「在満機関統一要綱」も閣議決定した。これにより、関東軍司令官は事実上の満洲総督となった。本国側の政策調整機構としては、前記の対満実行策審議委員会のほかに、対満金融審議委員会や日満産業統制委員会[33]を設けていった。

産業政策立案以前の一九三二年一一月一七日に、すでに新京総領事館から関東軍司令官が兼務する在満洲特命全権大使宛に「各種新設会社認可方に関し請訓の件」が発せられ、翌三三年二月二四日に次の訓令が在満各地領事・総領事に指示された[34]。すなわち、(一)①資本金一〇万円を越える製造業、②「土地鉱山又は森林等の利権及金融業を目的とする会社」、③「極めて局地的」ならざる「交通其の他公共的独占事業を目的とする会社」は大使館側に問合せる、(二)「販売企業」は申請を受理する、(三)「遊興場の設置を目的とする会社」は申請を受理しない、(四)「日本に於て成立し居れる会社の満洲国内支店出張所若は営業所の設置登記申請に関しても上記同様の方針を採用すること」の四点であり、問合せ[35]を受けた大使館は「(関東―引用者)軍と協議し之を決定し重大なるものに付ては内地関係者の議に付し決定する」とした。

大使館指示からほぼ一週間後の三月一日、満洲国政府は建国一周年に合わせて「満洲国経済建設綱要」[36]を発表した。

前述の大使館指示は、基本的にはこの綱要に沿ったものと考えてよい。綱要は、その「根本方針」において、「我国経済の建設に当りては無統制なる資本主義経済の弊害に鑑み之に所要の国家的統制を加へ資本の効果を活用し以て国民経済全体の健全且つ潑溂たる発展を図らんとす」と謳い、「利源開拓実業振興の利益が一部階級に壟断さるるの弊を除」くこと、「重要経済部門には国家的統制を加へ合理化方策を講する」こと、「門戸開放機会均等の精神に則り広く世界に資本を求め」ること、「東亜経済の融合合理化を目途とし先つ善隣日本との相互依存の経済関係に鑑み同国との協調に重心を置き相互扶助の関係を益々緊密ならしむ」ることを四大方針とし、統制方式は「一　国防的若くは公共公益的性質を有する重要事業は公営又は特殊会社をして経営せしむるを原則とす、二　右以外の産業及資源等各般の経済事項は民間の自由経営に委す　只特に国民福利を重んじ其の生計を維持する為に生産消費の両方面に亘り必要なる調節を行ふ」ことと述べた。この国家社会主義的主張、とくに「利益が一部階級に壟断さるるの弊を除く」が、財閥をはじめとする大資本の対満投資を停滞させたことが、当時から指摘されている[37]。

しかしながら、関東軍は、一九三二年一〇月には、三井物産株式会社と㈱大倉組に㈱奉天造兵所に出資させているが、三井物産は、陸軍兵器取扱シンジケートである泰平組合のメンバーであるとはいえ、金輸出再禁止直前のドル買いなどによって財閥攻撃の矢面にたった三井財閥の中核企業である。また、三三年三月には三菱も、国民の募金による軍用航空機「愛国号」の関東軍への納入の折に本社である三菱合資会社の幹部が満洲視察を行い、一一月には新京でのオフィスビルとアパート建設のための土地貸借契約を締結した。住友は、さらに早く三二年に幹部が関東軍と現地で懇談し、満洲航空や満洲電線、満洲通信機などの企業計画を得た[38]。浅野も、非小野田セメント系のセメント会社一〇社とともに三三年一二月に大同洋灰股份有限公司（公称資本金三〇〇万円全額払込、本店は吉林）を設立し、繊維系では原安三郎の朝鮮紡織株式会社が、三井系の東棉紡織株式会社などとともに、営口紡織股份有限公司（三三年三月二四日設立、公称資本金三〇〇万円全額払込、本店は営口）を設立した。

このように、個別資本のレベルでは、対満投資の機会をうかがう行動ないしは現実の投資を開始していた。そして、中小資本にまで視野を広げれば、図7-1に明らかなように、一九三三年は法人設立件数がむしろ急増した年であった。三四・三五年になると、財閥の中核企業の進出も本格化し、住友は三四年九月に満洲住友鋼管株式会社(出資は住友合資会社・住友伸銅鋼管株式会社・住友家)、三六年一二月に満洲通信機株式会社(出資は日本電気株式会社)を、浅野は三五年六月に日満鋼管株式会社(出資は日本鋼管株式会社)を、三菱も三五年一一月に満洲機器股份有限公司(出資は三菱合資会社・三菱重工業株式会社・三菱電機株式会社・三菱商事株式会社)を、それぞれ設立した。傍系会社では、三井物産系の東洋鋼材株式会社が取引先の㈱福昌公司(地場の大手企業グループである相生系の中核企業)と提携して三四年四月に日満鋼材工業株式会社を設立した。住友鋼管や日本鋼管の進出は、昭和製鋼所本社の鞍山移転と満鉄鞍山製鉄所買収および製鋼所建設が三三年四月に承認されたことに対応したもので、同社から供給される鋼塊を原料とする鉄鋼二次加工部門への進出であり、鞍山での製鉄化学コンビナート建設の一環でもあった。

日系資本だけでなく、「昭和七、八年頃一時満洲に対する好奇心より仏、白、瑞典の諸国財団に於て対満投資に関する打診的調査を為[39]」すことも生じた。関東軍の「門戸開放機会均等」は看板に過ぎず、外資の対満投資はできるだけ間接投資に限定するというものであったので、実際に投資に結びつくことはほとんどなかった。しかし、フランス系資本は、若干ではあるが現地法人の設立に及んだ。そのうちの一件は、「東洋に於ける土木建築業の引受を目的として一九一〇年巴里に設立せられたる「ブロッサールモパン」社[40]」と満鉄系の東亜土木株式会社との合弁による㈱極東企業公司(三五年三月一一日設立、公称資本金一〇万円半額払込、本店は大連)であったが、東亜土木はモパン社には資金提供のみを求めたため、モパン社は提携解消を求め、三六年六月二九日に極東企業公司は解散となった。

日本政府は、一九三二年九月一五日に日満議定書により満洲国を正式に承認するとともに、前述の日満産業統制委員会を設置し、昭和製鋼所の製鋼設備や関税改正を検討するとともに、「日満産業統制方策要綱」の審議を行い、三四年三月三〇日にこの要綱を閣議決定した。同要綱は、特殊会社方式で開発を進める産業として、交通及通信、鉄鋼業、軽金属工業、石油業、代用液体燃料工業、自動車工業、兵器工業、鉛・亜鉛・ニッケル・石綿等の原鉱採掘業、石炭礦業、硫安工業、ソーダ工業、採金事業、電気事業、伐木事業の一四業種を、また「奨励助長の主旨に於て適当なる行政的乃至資本的統制の措置を講ず」る産業として、製塩業、パルプ工業、綿花栽培、緬羊飼育、製粉工業、油脂工業、製麻工業の七業種を、さらに「我国産業の実状に顧み制限的主旨に於て行政的統制の措置を講ず」る産業として、織維工業、米栽培、養蚕、汽船トロール漁業、機船底網漁業の五業種を挙げた。

これを踏まえ、満洲国政府は同年六月二八日に「一般企業に関する声明」[41]を発表し、「国防上重要なる事業、公共公益事業及び一般産業の根本基礎たる産業即ち交通通信、鉄鋼、軽金属、金、石炭、石油、自動車、硫安、ソーダ、採木等の事業については特別の措置を講ずることとせるが、其他の一般の企業については事業の性質に応じ時に或種の行政的統制を加ふることあるべきも大体広く民間の進出経営を歓迎する」ことを声明した。しかし、「日満産業統制方策要綱」はより広汎な産業への政府の介入を規定しており、日本国籍法人に対する規制も必要であるので一九三五年八月九日に「満洲国に於ける帝国の治外法権の撤廃及び南満洲鉄道付属地行政権の調整」を閣議決定するとともに、満洲国政府実業部を中心に重要産業統制法の制定準備を開始した。

実業部統制科は、一九三五年一一月の「重要産業統制法制定に関する説明資料」[42]において、従来、実業部では「イ、法人の国籍に関しては主要産業に関する企業にして法人の形態をとるものは原則として満洲国法人たらしめ、ロ、実業部関係の企業にして特別の法令に基くものとしては満洲炭礦、満洲採金、満洲石油、満洲棉花、同和自動車、満洲鉱業開発等、ハ、特に法令に依らさるも支配的地位を付与しつつあるものとしては満洲電業、満洲計器、大同酒精等、ニ、右以外のものに付ても諸般の事情に鑑み企業設立の許可其の他事業経営に関し適宜統制を為しつつ」あるが、「未た法規的根拠を有せず従て統制の形式、範囲及内容に於て明確を欠き各種企業の円滑明朗なる進展に不少支障を来し居るを以て速に之を制度化するの要あり」と立法の必要性を述べている。満洲国政府内部で準則主義か免許主義かの論争もあったが、重要産業統制法要綱は、重要産業の法人を許可制とし、日満経済共同委員会[43]の第一二回会議（一九三六年一二月八日）で決定され、三七年五月一日に公布された。その立案過程（三六年一一月）で、すでに毛・綿・麻などの繊維工業や、製粉・麦酒・製糖・煙草・パルプ・油房・セメント・マッチなどの内外の大手企業を指定業者として網羅すべく検討していた。

また、「一般企業に関する声明」にいうところの「特別の措置」である特殊会社・準特殊会社を一九三六年末でリストアップすると、表7-2のとおりである。この表には、次に見るような日満支生産力拡充計画の先行実施分も含まれている。一見して明らかなように、ほぼ一業一社で重要産業に特殊会社が設立され、その出資者も多くは日満の政府および特殊会社である。しかし、一業一社とするために石油・自動車・ソーダ・製塩・生保では日本の主要事業者を株主に網羅してシンジケート的性格をもたせていること、その中には日満政府・特殊会社側と民間大株主側との折半ないしそれに近い出資比率となっているものがあること、住友財閥は相対的に早期に関連事業に出資していること、などの特徴が見出せる。とくに、満洲曹達股份有限公司は、昌光硝子株式会社が旭硝子株式会社と満鉄の共同子会社であるから、実質的には満鉄と旭硝子の合弁事業である。このように、関東軍の国家社会主義的主張にも関わらず、財閥や大企業は比較的早期から特殊会社に関与しているだけでなく、その持株比率にも高いものがあり、特殊会社をすべて国家資本とみなすことはできない。

しかし、特殊会社は、早くもその非能率性を現し、一九三六年七月二七日には「特殊及準特殊会社の指導監督方策」[44]（関東軍司令部同年七月二四日決定）が関東軍司令部から満洲国総務庁に送付され、善処が求められている。その要点は、「役員数を整理すること」、「中心的人物の選定に意を用」いること、「給与を統制し且つ漸次低下」させること、「独占に基く弊害を芟除」することなどであり、独占利潤を基礎に経営能力の低い過剰な役員が高給をとっていると

表 7-2　1936 年末の在満特殊・準特殊会社(とくに一般企業に関する声明に対応させて)

	会社名	設立日	創立資本金 公称	創立資本金 払込	本店所在地	主要株主
交通通信	**南満洲鉄道**	1906年11月26日	2億円	2億円	大連	日本政府(800万株), 朝鮮銀行(20万0791株), 安田銀行(17万0255株), 第一徴兵保険(15万0851株), 第一生命保険(11万2280株), 三井物産(6.5万株), 日本信託銀行(6万4545株), 遠山偕成(6万株)
	満洲航空	1932年12月16日	385万円	193万円	新京	**満鉄**(3300株), 満洲政府・住友合資(各2200株)
	満洲電信電話	1933年08月31日	5000万円	2938万円	新京	日本政府(30万株), 満洲政府(12万株), **満鉄**(6万9800株), 日本放送協会(3万株), 朝鮮銀行(2万6500株), 他
鉄　鋼	昭和製鋼所	1933年05月02日移転	1億円	7000万円	鞍山	満鉄(全額出資)
	本渓湖煤鉄公司	1935年09月25日改組	1000万円	1000万円	本渓湖	島岡亮太郎(11万9200株), 張維垣(7万9700株), 大倉喜七郎(200株), 他4名は各100株宛
軽金属	_満洲軽金属製造_	1936年11月10日	2500万円	625万円	撫順	満洲政府(20万株), **満鉄**(28万株), 住友合資(1万株), 日本電気工業(8000株), 日満アルミ・日本曹達(各1000株)
金	_満洲採金_	1934年05月16日	1200万円	300万円	新京	満洲政府・**満鉄**(各10万株), 東洋拓殖(4万株)
石　炭	_満洲炭礦_	1934年05月07日	1600万円	1600万円	新京	**満鉄**(16万株), 満洲政府(13万8436株), 満洲中央銀行(2万1564株)
石　油	_満洲石油_	1934年02月24日	500万円	125万円	新京	**満鉄**(4万株), 満洲政府(2万株), 三菱商事・三井物産・日本石油・小倉石油(各1万株)
自動車	_同和自動車_	1934年03月31日	620万円	170万円	奉天	**満鉄**(5万8000株), 自動車工業・東京瓦斯電工・日本車両・三菱重工業・川崎車両・戸畑鋳物(各9200株), 日本自動車(6800株), 満洲政府(4000株)
硫　安	満洲化学工業	1930年05月30日	2500万円	1250万円	大連	**満鉄**(25万6900株), 全購連(4万9800株), 東洋窒素工業(2万9800株), 康徳興業(1万7790株), 住友合資(9400株)
ソーダ	_満洲曹達_	1936年05月22日	800万円	400万円	新京	旭硝子(5.6万株), **満鉄**・満洲化学工業(各4万株), 昌光硝子(2.4万株)
採　木	_満洲林業_	1936年02月29日	500万円	250万円	新京	満洲政府(5万株), **満鉄**(2.5万株), 共立企業(2.5万株)
金　融	_満洲中央銀行_	1932年06月15日	3000万円	750万円	新京	満洲政府(全額出資)
	満洲興業銀行	1936年12月07日	3000万円	3000万円	新京	満洲政府・朝鮮銀行(折半出資)
酒　精	_大同酒精_	1933年11月24日	167万円	167万円	哈爾濱	徐鵬志(7700株), 東洋拓殖(7500株), 本庄庸三・徐日听(各200株), 香川正一・山田小一・飯倉汎三・劉怡亭(各100株)
棉　花	_満洲棉花_	1934年04月19日	200万円	50万円	奉天	満洲政府(2万株), 満洲棉花***(1万9500株), 斎藤茂一郎・矢中快輔・田村羊三・藤崎三郎助・門野重九郎(各100株)
電　力	_満洲電業_	1934年11月01日	9000万円	9000万円	新京	**満鉄**(64万2436株), 満州政府(35万3172株), 南満洲電気(53万9546株), 営口水道交通(8万8354株), 満洲中央銀行(6万9073株), 新京特別市(5万7990株), 東洋拓殖(3万6013株)
土　地	_奉天工業土地_	1935年03月11日	250万円	250万円	奉天	梅津理・陳維則・呉恩培・中西敏憲・多田晃・関屋悌蔵・閻伝紱・三輪環(各1万3750株)
鉱　業	_満洲鉱業開発_	1935年08月24日	500万円	310万円	新京	満洲政府(50000株), **満鉄**(49300株), 他は各(100株)宛
拓　殖	_満洲拓殖_	1936年01月04日	1500万円	900万円	新京	満洲政府・**満鉄**(各10万株), 三井合名・三菱合資(各5万株)
	満鮮拓殖	1936年09月14日	1500万円	750万円	新京	
製　塩	_満洲塩業_	1936年04月28日	500万円	125万円	新京	大日本塩業(3.2万株), 満洲政府(2.5万株), **満鉄**(2万株), 旭硝子・徳山曹達(各6000株), 満洲化学工業(5000株), 曹達晒粉同業会(4000株), 東洋拓殖(2000株)
兵　器	_奉天造兵所*_	1936年07月24日	460万円	460万円	奉天	満洲政府(4600株), 三井物産・大倉商事(各2300株)
商　事	_満洲火薬販売_	1935年11月11日	50万円	38万円	奉天	孫其昌(5000株), 小柳津正蔵・大庭秀蔵・王瑞華・山鳥登・宋文郁(各1000株)
	日満商事	1936年10月01日	1000万円	600万円	新京	満洲政府・**満鉄**(折半出資)
保　険	_満洲生命保険_	1936年10月23日	300万円	150万円	新京	満洲政府(半額出資)・日系生命保険10社
度量衡器	_満洲計器**_	1936年10月23日	300万円	150万円	新京	1939年05月増資後：満洲政府(13万株), 武鶴次郎(2920株), 奉天造兵所(1980株), 満洲生命保険(1380株)
公　報	_満洲弘報協会_	1936年10月23日	200万円		新京	満洲政府(2万株), **満鉄**(2万株)

出所)大連商工会議所『満洲銀行会社年鑑』(1936 年版および 1942 年版)などより作成.
注)＊は, 1932 年 10 月 29 日設立で三井物産・大倉商事各 100 万円出資の同名の日本法人を改組したもの.
＊＊は, 度量衡統一のため計器業者を統合して 1934 年 05 月 07 日に設立した普通法人満洲計器股份有限公司を解散の上, 新規設立.
＊＊＊の出資者は菱川合資(1680 株), 斎藤茂一郎(1150 株), 日本棉花・東洋棉花・樺山資英・槇哲(各 1000 株).
会社名の斜字体は満洲国法人, 太字は日満二重国籍法人, その他は日本国法人.
主要株主は 1936 年 5 月末現在を基本とし, その他はできるだけ創立時の大株主とした.

いう構図がうかがわれる。

二　日満支生産力拡充計画と戦時経済統制の展開

一九三五年に入ると、関東軍は華北地方政権を国民党政権から分離させるという華北分離工作を開始した。華北分離工作は、「北支の満洲国に対する地位は満洲国の治安に重大なる影響を有する外、経済的には更に密接不離なる関係に在り。例へは、北満特産商の根拠地は河北に移民の根拠地は山東に在りて之等か年々北支に移送する利潤は約二千万元を下らさるか如き。或は北支に存する鉄、石炭、石油、棉花、塩等の資源開発に依て日満支の自給自足を強化せしむるか如き、是なり」(45)などの理由から進められた。しかし、米国の銀買政策による銀価急騰を利用して、同年一〇月四日に満洲国と同時に、国民党も銀本位制から管理通貨制に移行することを中心的内容とする幣制改革(46)を実施したことによって、大きな困難に直面した。すなわち、銀買政策により華北の銀も上海に集中し、それを幣制改革によって国民党政権の中央銀行三行に強制売却させて法幣を流通させたが、日本以外の列強がこれを支援して法幣の安定に協力したことで、華北も法幣経済圏に包摂されてしまったからである。それにも拘らず、五年前に関東軍が日本政府を「強引」したように、現地日本軍はこの工作を強行して冀東防共自治政府を設立させ、同政府による冀東密貿易の制度化や借款供与・企業進出を促進する一方、冀察政権を圧迫して中国中央からの分離を進めようとし、中国との関係を悪化させていった。

他方、陸軍参謀本部に転属した石原莞爾によって「日満支生産力拡充計画」の立案が進められた。この内の満洲分は関東軍第三課が「満洲国第二期経済建設要綱」として、一九三六年八月三日にとりまとめ(47)、一〇日に同軍司令部決定となった。その要点は、「昭和十五、六年を目途とし、帝国在満兵備の充実増強に伴ひ日満共同防衛上必要なる諸施設の実現を期すると共に、満洲国の現状並北支等の実情に鑑み満洲国の健実なる発展を促進」する、つまり「主として対蘇作戦準備の整備に資し得ることに重点を置き、満洲国の正常健実なる発展を促進」することを目標として、「内地人移民は積極的に指導奨励し、朝鮮人移民は統制し、山東河北移民は制限する方針の下に、大和民族の満洲に対する大量的移住の国策を確立する」ほか、「国防上必要なる産業は有事の際成し得る限り大陸に於ける軍需の自給自足を目途とすへきも、差当り在満現存産業の内容の拡充を図ると共に、対蘇作戦準備上の見地より満洲に於て開発するを便且必要とする産業は成し得る限り之を満洲に於て発展」させるため、「現地調弁主義の目標と日満国防経済の合理的融合に基き、帝国政府に於ては満洲に於ける重要産業の健実なる発展を促進する為、満洲国産業統制に内地、外地を通する産業上の統制に関し格別の考慮を払ふ」というものである。陸軍省も、三七年五月九日に「概ね昭和十六年を期し、計画的に重要産業の振興を策し、以て有事の日、日満及北支に於て重要資源を自給し得るに至らしむると共に平時国力の飛躍的発展を計り、東亜指導の実力を確立す」ることを目指す「重要産業五ヶ年計画要綱」を作成した。

そして、第一次近衛内閣は、「日満両国を通じて経済力の充実発展を図ること肝要にして生産力の拡充、国際収支の適合及び物資需給の調整の三点を主眼とする綜合的計画の具体案を樹立するを急務」とする賀屋興宣大蔵・吉野信次商工両相の共同声明(一九三七年六月四日)を一五日の閣議で追認し、生産力拡充計画を重要政策課題として確認した。すでに、広田内閣の軍拡予算によって一九三六年末に思惑輸入が急増して外貨不足が激化したため、三七年一月八日の大蔵省一号省令により外国為替の直接統制が実施され、日本経済も本格的な統制経済への移行を開始していた。賀屋吉野三原則は、軍需産業拡大を中核とする大規模な産業構造転換を実施するには海外から技術・設備・資材などを購入することが不可欠であり、決済手段として外国為替を確保するために輸出と金生産を伸ばしつつ非計画産業への資金・資材の流入を抑制することを述べており、資金・物資の直接統制の実施を示唆したものである。ここで注意すべきは、生産力拡充計画は新たな産業拡張を強行するものであり、その裏づけとして関係産業部門企業の拡張と新規参入の計画の確保が不可欠なことである。リスク管理の厳密な既存大手企業は、世界恐慌から回復して完全雇用に近い状態になっているときであり、計画完了後の過剰生産化を懸念し、逆に、新規参入を狙う企業は保護育成政策を確認しつつ統制当局への積極的な企業計画の売込みを行う、という傾向が発生する。いずれにせよ、リスク低減と保護奨励を組み合わせて、経営資源を持つ企業の産業計画への誘導を図ることが計画実現の鍵となった。

共同声明後一か月で盧溝橋事件が発生し、日本政府はこれを拡大して国民政府の屈服を企図したものの、戦争の長期化を招いてしまった。それが明確になると、九月四日に「北支事変に適用すべき国家総動員計画要綱」を閣議決定して軍需動員と軍需工業生産力拡充の二兎を追うことを明確にし、一〇日には臨時軍事費特別会計を設置して戦争財政に移行するとともに、いわゆる戦時三法(軍需工業動員法の適用に関する法律、臨時資金調整法、輸出入品等臨時措置法)を制定し、投資資金と主要物資の直接統制にも踏み切った。かつて石原が予見したように、長期軍事消耗という大きな負荷との引き換えに、戦争という環境が三原則の実施のための統制立法を容易にしたといえよう。

満洲における計画遂行のために、日本政府は一〇月二二日に「満洲重工業確立要綱」を閣議決定した。すなわち、「日満両国政府援助の下に満洲国に於ける重工業の確立発展を図る為新に重工業の総合的経営を目的とする強力なる国策的会社を設立する」こと、この会社は「満洲国政府及民間各半額出資」としこの「民間」には日産を予定すること、その事業は、(イ)鉄鋼業、(ロ)軽金属工業、(ハ)重工業(自動車、飛行機の製造工業)、(ニ)石炭鉱業(差当り満鉄撫順炭鉱を含まず)のほか「産金、亜鉛、鉛及銅等の鉱業其の他の事業に対しても附帯的に投資し経営することを得」ること、さらに主導権を失わない範囲で「外国の技術設備と共に努めて外資の導入を図る」ことに「特に重きを置」くとともに「日満一般資本に付ては各個の事業会社に対しても適宜参加」させることが、確認された。そして、満洲国政府は一二月二〇日に満洲重工業株式会社設立に関する管理法を公布、日産は二七日に定時株主総会で増資・改称・

本店移転などを議決し、同法の発動を受けて国策会社満洲重工業開発株式会社となった。

満洲重工業開発は、しかしながら、満鉄などから引き継いだ諸企業の職員の抵抗や関東軍の介入などによって経営の統合が進まず、さらに期待された外資の導入も中国侵略拡大の中では成功せず、主として日本からの資金導入と人事管理の機能に限定されてしまったと評されている(48)。その資金の注入先である主要な出資会社を、表7-3にまとめておこう。後掲表7-5の北支那開発株式会社の出資会社群と比較すると、満洲重工業開発が高い持株比率をもつ会社が多いが、大陸化学工業と南満化成は三井・三菱との、安東軽金属・満洲軽合金工業は住友などとの、それぞれ合弁であり、経営主導権も財閥側にあるなど、満洲重工業開発系法人とはいえないものも含まれている。

生産力拡充計画の満洲における実施には、サポートインダストリーの形成も伴わざるをえない。鉱業・金属精錬においても機械設備の製作・補修工場が必要であり、まして航空機や自動車などの機械組立工業を興すとなれば、多数の部品生産や中間加工に従事する機械器具工場が必要となる。内製することも考えられるが、賃金格差を下請制で利用する日本の企業との競争ではコスト高になってしまう。このため、現地の有力鉄工所や新たに日本から進出した中小鉄工所などを下請工場として利用することや、あるいは最初から下請工場として誘致することが行われた。

例えば、航空機生産では、すでに満洲航空株式会社の修理工場で旅客機の設計・製作が行われていたが、関東軍はこの工場に軍用機も発注し、このため満洲航空では工場の拡張とともに下請工場の組織化を開始していった。満洲飛行機製造株式会社はこの軍用航空機工場を分離独立させ拡張したものであるが、その設立にあたっては三菱重工業や中島飛行機などにも協力が求められたものの、すでに軍用機の大量受注によって余裕が失われていたためか、内地航空機メーカーの誘致は果たせなかった(49)。そして、関東軍や満洲国政府の斡旋なども受け、下請や関連部門の企業群を形成していった。その一端を表7-4に示しておく。

また、鉄道だけでなく電気通信や電力といった重要インフラの拡張にともなって、電気機械器具の修理と新造が求

表 7-3　満洲重工業開発関係会社出資額表（1945/5/25 現在）

会社名	設立日	公称資本金（1000 円）	払込資本金（1000 円）	満洲重工業持株（1000 円）	持株率（%）
満洲炭礦	1934. 05. 07	100,000	100,000	100,000	100.0
満洲工廠	1934. 05. 22	60,000	45,000	15,100	33.6
満洲軽金属製造	1936. 11. 10	200,000	140,000	138,100	98.6
営城子炭礦	1937. 11. 17	8,000	8,000	6,660	83.3
満洲鉱山	1938. 02. 28	150,000	150,000	150,000	100.0
満洲飛行機製造	1938. 06. 20	200,000	175,000	175,000	100.0
本渓湖特殊鋼	1938. 10. 22	20,000	20,000	10,000	50.0
南票炭礦	1939. 05. 01	20,000	20,000	10,000	50.0
満洲自動車製造	1939. 05. 11	100,000	75,000	75,000	100.0
協和鉄山	1939. 08. 05	10,000	10,000	4,000	40.0
満洲工作機械	1939. 09. 01	20,000	20,000	19,231	96.2
満洲坑木	1939. 09. 23	10,000	10,000	10,000	100.0
琿春炭礦	1939. 09. 29	30,000	30,000	15,000	50.0
満洲重機	1940. 05. 17	50,000	50,000	45,000	90.0
密山炭礦	1941. 07. 11	200,000	200,000	100,000	50.0
札賚炭礦	1941. 11. 21	50,000	25,000	25,000	100.0
渓咸炭礦	1942. 01. 19	50,000	50,000	44,031	88.1
大陸化学工業	1942. 05. 11	10,000	10,000	2,500	25.0
鶴岡炭礦	1943. 02. 26	170,000	170,000	170,000	100.0
西安炭礦	1943. 02. 26	70,000	70,000	70,000	100.0
阜新炭礦	1943. 03. 01	220,000	220,000	220,000	100.0
満洲石炭工業	1943. 05. 01	10,000	10,000	5,000	50.0
南満化成	1943. 12. 29	10,000	2,500	625	25.0
満洲マグネシウム	1944. 03. 08	20,000	20,000	15,000	75.0
満洲製鉄	1944. 04. 00	740,000	640,000	475,000	74.2
安東軽金属	1944. 04. 14	200,000	100,000	25,000	25.0
満洲軽合金工業	1944. 05. 01	50,000	123,500	6,250	5.1
日産汽船	1934. 02.	45,722	39,047	13,986	35.8
龍烟鉄鉱	1939. 07. 26	180,000	108,000	36,000	33.3
その他 7 社		—	—	12,292	
合計		3,003,722	2,641,047	1,993,775	

出典）閉鎖機関整理委員会編『閉鎖機関とその特殊清算』（在外活動関係閉鎖機関特殊清算事務所，1954 年），675-676 頁.

注）原表には本渓湖煤鉄公司も計上されているが，昭和製鋼所と東辺道開発とともに満洲製鉄に統合されていたので削除した.

表 7-4　在満航空機工業関係法人

会社名	本　店	設立年月日	42 年資本金	44 年資本金	代表者名	目　的
(株)興亜製作所	奉天	1917. 05. 10	500,000	500,000	林田立雄	航空軍需品の製造諸機械及部分品の製造販売
(資)満洲工作所	奉天	1932. 03. 20	480,000	1,000,000	弓場常太郎	軍需部分品飛行機部分品工作機械の製作
(株)満洲宮田製作所	奉天	1936. 04. 02	875,000	3,000,000	宮田栄次郎	航空機及自動車部分品製造
協和工業株式会社	奉天	1937. 11. 23	5,000,000	6,500,000	加納豊寿	兵器航空機其他精密機械製造
満洲飛行機製造株式会社	奉天	1938. 06. 20	90,000,000	100,000,000	小川淑一	航空機製造修理及販売
愛国精機株式会社	哈爾濱	1939. 03. 31	200,000	200,000	光武時晴	航空機部分品精密機械工具類の製造販売
満州特殊器材工業株式会社	奉天	1939. 04. 17	450,000	450,000	森川秀治	航空用特殊器材及各種機械器具の組立修理
(株)満洲精機製作所	鞍山	1939. 10. 28	100,000		植田繁三	航空機部分品及一般機械の製作
興亜金属工業株式会社	奉天	1939. 12. 29	480,000	1,000,000	森真三郎	航空機体部分品製作
満洲航空精密機械株式会社*	奉天	1940. 03. 18	180,000		松崎茂雄	精密機械器具の製作修理
(株)川西製作所	奉天	1940. 03. 24	250,000	500,000	石丸惣織	飛行機部分品の製造
(株)満洲昭和航機製作所	奉天	1940. 12. 14	200,000	200,000	松山博	航空機材部分品製作販売修理
奉天航空螺子株式会社	奉天	1941. 04. 08	195,000		石丸惣蔵	精密リベット接管鋲の製造加工販売
満洲国産電機株式会社	奉天	1942. 05. 28	1,000,000	1,000,000	佐藤信保	一般機器付随品製造販売
(株)満州山光社	奉天	1942. 10. 21		600,000	横山又蔵	航空機用電気部分品通信機販売
満洲航機工業株式会社	四平	1943. 08. 02		200,000	河村芳蔵	航空機修理自動車組立
満洲航機工業株式会社	新京	1943. 08. 03		200,000	河本芳蔵	航空機の修理及自動車部品
満洲藤倉工業株式会社	奉天	1938. 10. 01	1,000,000	2,000,000	渡辺保平	防空防毒具及航空機部分品の製造販売
満洲塗料工業株式会社	奉天	1938. 10. 01	500,000	500,000	橋本道義	航空機用塗料及特殊塗料の製造販売
満洲油脂株式会社	奉天	1938. 06. 18	6,240,000	6,240,000	村上威士	硬化油グリセリン製造
亜細亜ゴム工業株式会社	遼陽	1940. 06. 17	3,000,000	3,500,000	石橋正二郎	自動車飛行機其他車両用タイヤーチューブ及ベルトホース製造販売
満洲交通用具株式会社	奉天	1939. 10. 10	100,000		泉豊	車両内部製作装飾施工請負
満洲堀井工業株式会社	蘇家屯	1941. 08. 01	180,000		堀井実蔵	各種工業皮革品製造販売並びに取次
(名)ベッカー商会	奉天	1938. 04. 10	150,000		アルフレッド リスフェルト	各種機械器具，飛行機，自動車，汽車，汽船及付属品輸出入貿易
(株)三晃螺子製作所	東京	1938. 12. 15			古矢林平［満洲］	航空機部分品の製造及加工品並に販売
(株)瑞東公司	東京	1940. 08. 08			山田昌照［満洲］	航空機及各種機械軌道車，自動車等部分品製作並に修理 電装品一切，土木鉱山用機械販売
(株)日本パッキング製作所	東京	1936. 08. 07				航空機，自動車部分品，工業用機械部分品，絶縁材料ベルト製造販売

出所）大連商工会議所『満洲銀行会社年鑑』(1936 年版および 1942 年版)，満洲中央銀行資金部資金統制課『満洲国会社名簿(資本金 20 万円以上)』(1944 年 3 月 31 日現在) などより作成.
注）資本金は払込資本金，単位円.
　＊の資本金額は 1943 年 3 月末現在.

められ、三菱・住友・古河・東芝・日立などの現地子会社が設立された。それもまた、多数の中小企業の利用を必要とした。このように生産力拡充計画の中核企業の周辺には、大小の関連企業群が形成されていった。(50)

中国関内占領地の開発については、一九三七年一〇月二六日に内閣総理大臣の監督の下に企画院次長をヘッドとし関係各省の局長級を委員とする第三委員会が設けられ、「経済に関する重要諸事項を審議」し、その結果を総理大臣に上申の上、閣議ないし各省において決定することにした。そして、一一月二六日には「北支経済開発方針」を閣議決定し、交通通信は満洲との一元経営企業は設置しないものの華北分離工作の一環として事業を開始していた満鉄と満洲電信電話株式会社の職員を活用して両社と密接に連繋する企業に経営させること、其他の経済開発では「内地に於ける当該企業の技術、経験及資本を利用する」こととした。三八年三月一五日には、華北に北支那開発株式会社を、華中に中支那振興株式会社を、それぞれ開発事業の統括会社として設立することを決め、その傘下に、満鉄系の交通会社と満洲電々系および国際電気通信株式会社系の通信会社とをはじめとし、鉱業部門を中心に日本の大手資本を組み込んだ企業群を形成していった。進出企業を中央で選定することが、満洲との大きな違いである。その事例として、北支那開発の重要関係会社を表7-5に掲げておく。

しかし、軍事消耗の負担は大きく、日本政府は、まず満洲に金属・石炭などの対日供給のほぼ倍増を要求し、実施し始めたばかりの生産力拡充計画を一九三八年初めに拡大修正させた。さらに、世界景気の後退などもあって「輸出の減退其の他の事由に因る国際収支の不均衡甚しく先に策定せる昭和十三年物資動員計画の実現は極めて困難」となり、三八年六月二三日に「国家総動員上緊急を要する諸政策の徹底強行に関する件」を閣議決定し、価格公定・配給制・輸出入リンク制等による輸出増進などを「強行」した。原材料不足から廃業に追い込まれる事業者とその従業員の失業の発生も予測し、拡張産業への転業や労働者化の措置などが講じられはじめた。さらに、三九年九月一日の第二次欧州戦争勃発により重要設備資材の輸入がますます難しくなり、水不足による米不作・電力飢饉も重なって、統

表 7-5　北支那開発関係会社(一部)

会社・組合名	設立日	株主および出資額(万円)
華北交通株式会社	1939. 04. 17	北支那開発(15000), 満鉄(12000), 中華民国臨時政府(3000)
華北電信電話株式会社	1938. 08. 01	北支那開発(1200), 中華民国臨時政府(1000), 国際電気通信・日本電信電話工事・満洲電信電話(各400), 公募(100)
龍烟鉄鉱株式会社	1939. 07. 26	満洲重工業開発(3600), 北支那開発・蒙古連合自治政府(各 1000)
大同炭礦株式会社	1940. 01. 10	蒙古連合自治政府(2000), 北支那開発・満鉄(各1000)
井陘煤礦股份有限公司	1940. 07. 22	北支那開発(900), 貝島炭礦(750), 華北政務委員会(1350)
華北炭販売股份有限公司	1940. 10. 30	北支那開発(580), 華北政務委員会(540), 井陘煤礦(300), 三井鉱山・三菱鉱業・明治鉱業・大倉鉱業(各 132.5), 貝島炭礦(50)
蒙彊鉱産販売股份有限公司	1940. 12. 20	大同炭礦(100), 北支那開発・龍烟(各 40), 大青山炭礦・下花園炭礦(各 8), 宝興煤礦(4)
中興炭礦礦業所	1940. 11. 27	北支那開発・三井鉱山(各 112)
柳泉炭礦礦業所	1940. 11. 27	北支那開発(60)
大汶口炭礦礦業所	1940. 11. 27	北支那開発・三菱鉱業(各 49)
磁県炭礦礦業所	1940. 11. 27	北支那開発・明治鉱業(各 54)
焦作炭礦礦業所	1940. 11. 27	北支那開発(105)
山西炭礦礦業所	1940. 11. 27	北支那開発(146), 大倉鉱業(100)
石景山製鉄鉱業所	1940. 11. 27	北支那開発(605.9), 日本製鉄(258.6)
山西製鉄鉱業所	1940. 11. 27	北支那開発(367.9), 大倉鉱業(212)
山東電化株式会社	1942. 02	北支那開発(129), 電気化学・三井物産(各 126), 山東塩業(39)
華北窒素肥料股份有限公司	1942. 10	北支那開発・日本窒素(各 1900), 山西省公署(200)
華北軽金属股份有限公司	1943. 11	北支那開発(1350), 帝国軽金属統制(1300), 華北政務委員会(200), 華北礬土鉱業(50), 徳山曹達(100)
華北電線株式会社	1944. 02. 15	北支那開発(1000), 古河電気工業・住友電気工業(各 750), 藤倉電線(500)
華北自動車工業株式会社	1944. 06	北支自動車工業(1500), 華北交通(1000), 北支那開発(300)

出所)君島和彦「日本帝国主義による中国工業資源の収奪過程」浅田喬二編『日本帝国主義下の中国』楽游書房, 1981 年, 232-233 頁(原資料は北支那開発株式会社『北支那開発株式会社関係会社概要』1940 年), 中村隆英『戦時日本の華北経済支配』山川出版社, 1983 年, などから作成.

制は一段と強化された。二〇日には、満関支向輸出調整令により円ブロック向け輸出を大幅に削減するに至った。また、満洲、さらには中国関内占領地では、日本軍の「現地自活」のための物資収奪と資源開発などからハイパーインフレが生じ、円との固定レートで結ばれているこれらの地域のインフレが日本へ波及するのを防止するため、四〇年八月に「対関満支輸出入物資価格調整要綱」を閣議決定し、中国占領地に対する貿易平衡資金制度を設定した。こうして、円ブロックは、各地域から日本への物資供給を拡大するが現地が必要とする物資資材の供給が伴わず、通貨的にも固定レートは名目にとどまり、旧来の再生産構造の再編成ではなく破壊の方が前面に現れていった。

この間、日本国内でも軍需インフレが明確になり、それに対して価格統制や金融引締めを実施すると利益が圧迫されて生産が低下し、物不足と価格上昇圧力をさらに高める状況に陥り、統制は会社経理や利潤にまで踏み込み始めた。そして営利法人に利潤原理の放棄を迫る経済新体制構想が伝わると、財界と統制官僚の間の紛争が高まり、とくに商工省の小林一三大臣と岸信介次官の対立と後者の辞任、さらには企画院事件まで引き起こしたが、一九四〇年一二月七日に「(一)企業体制を確立し資本、経営、労務の有機的一体たる企業をして国家総合計画の下に国民経済の構成部分として企業担当者の創意と責任とに於て自主的経営に任ぜしめ其の最高能率の発揮に依つて生産力を増強せしめ(二)公益優先、職分奉公の趣旨に従つて国民経済を指導すると共に経済団体の編成に依り国民経済をして有機的一体として国家総力を発揮し高度国防の国家目的を達成せしむ」とする妥協的な経済新体制確立要綱が閣議決定された。

一九四〇年春にドイツがベネルクス三国やフランスを席捲すると、重慶国民党政権への圧迫を強めるとともにフランス領インドシナ(仏印)とオランダ領東インド(蘭印)の資源をねらって、八月一六日に「南方経済施策要綱」を閣議決定した。この要綱は、「軍事外交の強行措置を採る場合」をも想定し、「英領印度、豪州、新西蘭等の外圏地帯」をも射程に入れた「大東亜」経済ブロックの形成を目標として設定したものである。そして、九月に北部仏印へ進駐するとともに、蘭印政府との会商を開始した。しかし、日独伊三国軍事同盟の締結が蘭印政府の反発を強めさせ、会商による資源確保の成果は限られたものになった。さらに、一〇月三日には「日満支経済建設要綱」を閣議決定し、「大東亜」の中核として「一、日満支経済建設の目標は概ね皇紀二千六百十年（一九五〇年―引用者）迄に日満支を一環とする自給自足的経済態勢を確立すると共に東亜共栄圏の建設を促進し以て世界経済に於ける地位を強化確立するに在り……　三、皇国は日満支経済建設の起動力たるに鑑み……満支の経済建設を指導育成す　特に科学、技術の画期的振興を図り又先駆工業の開拓に任す　四、満洲国は皇国との不可分関係を益々鞏化しつつ自存圏の確立を主眼とし重要基礎産業の急速なる整備発展を図る　五、支那は日満と協力し資源の開発、経済の復興を図る　而して北支蒙彊は自存圏の確立を主眼とし交通及重要産業を開発し中南支は物資交易の円滑、重要資源の開発に重点を置き東亜共栄圏の確立に寄与す　但し海南島等南支沿岸特定島嶼は自存圏の前進拠点として特に其の開発に努む」とし、中国本部の支配を確立できず物資・資材の欠乏が進むにもかかわらず、それぞれの産業配置や労務、金融、交易、交通通信の大規模な再編成と新規構築の構想を描いた。[51] 占領地経済を支える経済余力が失われるのに反比例して、とくに東南アジアへの勢力圏拡大を選択していった。

しかし、アメリカは、中国侵略を進めつつドイツへの接近を図る日本に対し、すでに一九三九年九月には通商航海条約の破棄を通告し、四〇年に三国同盟締結の動きが強まると航空機用ガソリンの「西半球」禁輸を皮切りとして経済圧迫を強めていった。そして、四一年四月の日ソ中立条約締結のうえで七月に日本陸軍が南部仏印に進駐して南進への姿勢をあからさまにするや、米英蘭三国は日本資産の凍結に踏み切った。

対米英蘭戦争の準備に入った一九四一年一一月下旬に、大本営政府連絡会議は「南方占領地行政実施要領」および「南方作戦に伴ふ占領地統治要領」[52]を定め、「占領地に対しては差し当り軍政を実施し治安の恢復、重要国防資源の急速獲得及作戦軍の自活確保に資」する方針のもと、「作戦に支障なき限り占領軍は重要国防資源の獲得及開発を促進すへき措置を講するものとす　占領地に於て開発又は取得したる重要国防資源は之を中央の物動計画に織り込むものとし作戦軍の現地自活に必要なるものは右配分計画に基き之を現地に充当する」こと、そして「国防資源取得と占領軍の現地自活の為、民生に及ほさるを得さる重圧は最大限度に之を忍はしめ、宣撫上の要求は右目的に反せさる限度に止むる」ことなどを確認した。開戦前から、作戦軍の維持と資源収奪を優先し、現地民生維持を放棄していたのである。

さらに、同要領は、占領地経済運営担当について、「鉄道、船舶、港湾、航空、通信及郵政は占領軍に於て之を管理」すること、「重要国防資源の取得は軍指導下に民間業者をして之に当らしむ　右民間業者の選定は中央に於て関係官庁と協議し決定」すること、「押収せる工場、事業場中必要なるものは差当り軍に於て之を管理するも成るへく速かに民間業者の経営に委する」ことなども規定した。業者の選定については、一九四一年一一月二八日に「南方諸地域(仏印、泰及其の他南方諸地域)に於ける資源の取得及開発を主体とする経済の企画及統制に関する事項を審議立案する為、内閣に関係各庁(企、外、大、陸、海)の職員を以て構成する第六委員会を設置」[53]した。そして、緒戦の勝利が確認できた一二月三一日には「南方資源の開発に関する民間人の個々の運動に対しては軽々に之を取扱ふことを避け必す第六委員会の議に付し之か決定を為すこと」[54]を決定、翌年一月二〇日には開発担当業者について「新たなる総合会社共同企業等の形態を避け……政府の適当と認むる民間統制団体の意見を充分に参酌したる上関係官庁間の慎重なる審議を経て決定する……尚其の際現地に於て多年辛苦経営せる邦人企業者や邦人たらざる者と雖我方に協力の誠意を示したる在来の企業者に付ては其の活用の途が講ぜらるべきこと」[55]を決めた。こうして、南方占領地においては、占領軍の下に中央で選定した民間業者を直接に送り込んで資源の取得と開発に当らせる方式が採用された。

この開発担当受命をめぐっては、事業機会を求める大企業間に統制団体や官庁を巻き込む激しい競争も生じた。その実態は、鈴木邦夫が明らかにしている[56]。また、とくに財閥系総合商社は、各地の情報や人脈を持つことを武器として、自社や同系ないし取引先企業の受命獲得、そして受命後の事業立ち上げと運営などにも、重要な役割を果たした。

しかし、こうして確保した資源も、輸送船の作戦への動員による不足に加え、連合軍の攻撃に対する護衛不足による輸送船団の急速な減少などによって、十分には日本へ輸送し得なかった。さらに、現地での沿岸交通手段も作戦と軍需物資輸送に動員したことによって、域内貿易構造をも破壊した。しかも、一九四二年半ば頃から連合側の反攻が強まって軍事消耗が激増し、四三年初めにはヨーロッパの東部戦線と南部戦線でファシズム側が敗北し始め、太平洋戦線でもガダルカナル島とアッツ島で日本側が敗退して、戦線維持が困難になり始めた。これらに対応し、四三年一一月には「鉄、アルミニウム、石炭、船舶及飛行機の緊急増産」のための臨時生産増強委員会が内閣総理大臣の下に設けられ、四三年六月一日には「戦力増強企業整備基本要綱」が、九月二一日には「現情勢下に於ける国政運営要綱」[57]が、そして二八日には「軍需省設置に関する件」も閣議決定された。また、南方占領地に対しても六月に「南方経済対策要綱」を「(一)現地自活自戦態勢の強化を経済の全部面に付徹底す、(二)特産資源対策に付ても(一)の趣旨に応し改む、(三)対日物資還送を強化す、(四)開発等担当企業保護の措置方針を明確にす」という趣旨で、全面改訂した。[58]さらに、翌四四年六・七月のマリアナ沖海戦敗戦とサイパン島陥落により日本本土が空襲圏内に入ると、東条内閣は総辞職に追い込まれた。太平洋戦争開始後、とくに超重点化以降の経済統制は、統制機構の一元化と拡張を進めながらも、統制内容は体系性・整合性を失っていった。

三　満洲の戦時経済統制機構と企業

十五年戦争と戦時経済統制の出発地である満洲においても、上記のような経済統制の展開に対応してその統制の再編と重点化が繰り返され、企業統制においても関内や南方占領地のように民間企業の直接利用を拡大していった。表7-6は、その過程を要綱・法令などで概観したものである。

1942	01　特殊会社等社員給与統制要綱・満洲開拓第二期五ヶ年計画要綱・満関貿易機構整備に関する件・生鮮食料品配給統制要綱，03　労働者生活必需品配給要綱，05　国民優級学校卒業者募集要綱，10　鉱工業技能者再教育要綱，11　鉱工業技能者養成計画作成要綱，12　満洲国基本国策大綱	03　臨時資金統制法強化・労働者賃金統制規則・開拓農場法・銅使用制限及銅製品販売制限令，05　経済平衡資金に関する勅令，06　紙配給統制規則，10　産業統制法・探鉱奨励金交付規則，11　事業統制組合法・勤労奉公法	01　満関貿易連合会設立・龍江薪炭統制，03　満洲重要日用品統制組合，05　関東州工業会・満洲鋳鉄暖炉製造組合・満関雑貨統制組合・奉天糧穀配給，06　関東州医薬品統制・関東州機帆船運航統制，07　満洲自転車工業組合・満洲医薬品配給統制，09　関東州木材統制，10　関東州婦人子供服統制・関東州青果配給統制，11　関東州水産配給統制，12　北安省薪炭統制
1943	01　戦時緊急農産物増産方策要綱，03　野乾草増産運動実施要領・技能者及労働者用生活必需品配給要綱・全国造林事業振興方策要綱・飯用米穀配給要綱に関する件・物品販売業統制要綱，04　自給農場設置要綱・国内労働者募集地盤育成要領・瓦斯消費規正実施要綱，05　満洲国内日系学校卒業者雇入規制並に就職調整要綱，07　技術工要員の募集地盤設定要綱，09　アルミ電線規格，10　靴生産配給統制要綱，11　民有陸運緊急整備要綱・教科用図書配給方法改善要綱・自給牧場設置要綱，12　監察制度簞化要綱・村建設要綱	03　羊毛類及同加工品の統制に関する興農部令，04　鉱業警察規則・低品位銅鉱石補助金交付規則・農地利用促進に関する件勅令，05　物品販売業統制法・機材施設統制法	01　熱河石炭統制，02　満洲金融協会・海拉爾魚菜統制・(株)満洲毛麻糸布南部配給組合・満洲毛麻糸布中部配給・満洲毛麻糸布北部配給，03　満洲機械工業統制組合，05　満洲音盤配給，09　奉天呉服輸入配給，11　奉天薪炭配給
1944	02　都市労働者募集強化要綱・中小鉱山緊急開発要綱，03　教育用文具統制要綱・工科系中等学校と重要事業体との連繫要綱，04　繊維及繊維製品総合統制要綱・地方資源回収組合の設立に関する件・建築物戦時規格設定要綱，05　戦時繊維(動植物繊維)緊急増産対策要綱		02　新京紙配給，03　哈爾濱洋紙配給，05　満洲繊維公社，06　満洲畜産公社，09　満洲林産公社

出所）満洲商工公会中央会『満洲国産業経済関係要綱集』第一輯，1944年5月，『満洲年鑑』各年版などより作成.

表 7-6　満洲における経済統制の要綱・法令・機関

年	統制要綱	統制法令	統制機関
1936	07　特殊会社準特殊会社の指導監督方策，08　満洲国第二期経済建設要綱		02　満洲林業，10　日満商事
1937		01　満洲国・関東州の外国為替管理令，05　重要産業統制法，08　暴利取締令・関東州重要産業統制令，09　満洲重要特産物国家検査法・関東州実業組合令，10　棉花統制法，12　満洲労工協会法・貿易統制法・資源調査法	04　日満煉瓦統制組合，08　満洲畜産
1938		02　国家総動員法，04　鉄鋼類統制法・産金奨励規則・新暴利取締令，09　臨時資金統制法，11　米穀管理法，12　毛皮皮革類統制法・労働統制法	12　満洲鉱工技術員協会・満洲糧穀
1939	02　中国労働者募集並に使用に関する要綱，07　時局物価政策大綱，09　生活必需品価格並配給統制要綱，10　主要糧穀配給統制大綱，12　満洲開拓政策基本要綱	03　原棉綿製品統制法，06　物価及物資統制法，09　不当利得等取締規則，11　満洲特産専管法・公社法・主要糧穀統制法，12　貿易統制法改正・臨時資金統制法強化	02　満洲生活必需品，03　営鞍青果荷受組合・満洲特殊製紙・満洲綿業連合会改組，06　満洲土地開発・関東州工業土地，07　満洲柞蚕，11　熱河開発，12　満洲書籍配給
1940	03　主要生活必需品輸入配給統制実施要領，07　主要生活必需品価格並配給統制要綱，09　日満支総合国土計画要綱案・特殊会社の機能刷新に関する件，11　日満支経済建設連繫要綱・日満支経済建設要綱・医薬品統制要綱	03　重要鉱物統制法，05　満洲土建協会令，08　農産物交易場法・有価証券取締法，09　新貿易統制法，12　麻繊維及麻製品管理法・柞蚕繊維検査法	01　全満毛織物業組合連合会・満洲紙業統制，03　電気器具工業組合・医薬品輸入統制組合，04　満洲機械工業組合連合会，06　(株)満洲資源愛護協会・満洲再生ゴム・染料販売組合，07　関東州木屑燃料組合，09　関東州印材配給所，10　満洲ミシン統制組合，11　パルプ統制組合・満洲医科機器統制組合・満洲機械工業組合中央会，12　満洲麻袋
1941	02　繊維作物増産大綱，03　経済顧問制度設置要綱・満洲鉄鋼開発要綱，04　日本中小企業満洲移植対策要綱，08　生活必需物資計画配給要綱，09　労務新体制確立要綱・地方産業振興要綱・開拓農場法制度要綱・国内軽工業振興要綱，12　戦時緊急経済方策要綱	04　産銅奨励金交付規則，06　繊維及繊維製品統制法，07　農産公社法・価格等臨時措置法，09　臨時土木建築工事調整法	02　(株)満洲物産振興協会・満洲電気機器工業組合，03　満洲鉱工技術員協会　特殊法人化，04　満洲自動車タイヤ配給組合，06　関東州洋服統制，07　満洲電気通信機器製造工業組合・満洲農機具製造組合・奉天省鉄工業組合・哈爾濱鉄工業組合・満洲理科器械統制組合・満洲農機具輸入組合，08　満洲農産公社，09　満洲化学機械製造工業組合・満洲塗料統制協会，11　奉天省機械工具金物販売組合・濱江薪炭統制配給

一九三六―三八年では、日本側の外国為替・設備資金・重要物資の直接統制の進行に対応するように統制法規が整備されていった。しかし、早くも三七年半ばからのインフレの顕在化および対日物資供給の拡大と、とくに三八年半ばからの日本からの工業製品の供給低下のため、三七年八月に暴利取締令を公布して以降、三九年度から物資動員計画を策定するとともに、重要商品別統制法およびその実行にあたる特殊会社や統制組合の設置ないし既存特殊会社の統制業務拡大を開始していった。個別の根拠法がない場合は、物価及物資統制法によって国内配給を、貿易統制法によって輸出入を、それぞれ統制し、その組織を結成させていった。三九年六月末現在での主要統制組合には、満洲麻袋組合、満洲青麻取扱商組合、満洲製粉連合会、満洲羊毛同業会、満洲豚毛統制組合、満洲毛皮統制組合、満洲原皮統制組合、全満ゴム工業連合会、満洲製綿配給連合会、満洲綿業連合会、満洲生鮮食料品市場連合会が挙げられている[(59)]。物資動員実行機構の中核としては、日満商事株式会社(三六年一〇月一日設立、四四年三月現在公称資本金六〇〇〇万円、二四〇〇万円払込)と満洲生活必需品株式会社(三九年二月二三日設立、四四年三月現在公称資本金五〇〇〇万円、四六〇〇万円払込)があり、前者は「鉄鋼類石炭売買・輸出入、其他の重要生産資材売買・輸出入」を、後者は「生活必需品輸入・買付及び配給、生活必需品委託買付・委託販売、経済部大臣許可の付帯事業、生活必需品製造又は販売事業に対する投資、其他政府の命令を受けた業務」を、それぞれ担当して、担当商品別・地域別の配給組合などを傘下において実務を遂行していった。

その中で、やや特殊なものは電線類の統制であり、普通法人のメーカーである満洲電線株式会社が配給統制機関を兼ねた。電線ケーブル工業では住友と古河の競争が熾烈であったが、一九二〇年代後半には藤倉電線株式会社の仲介もあって三社を中心とするカルテルが組織された。満洲事変後に関東軍に食い込んでいった住友は、元関東軍通信課長を㈱住友電線製造所の在大連嘱託としていたが、三六年一一月にこの嘱託が生産力拡充計画を住友電線専務に説明して電線工場の設置を慫慂したことから、電線カルテルの共同事業として満洲電線(三七年三月一九日、資本金五〇〇万円半額払込、本店は奉天鉄西工業地区)を設立した。その際、同社は、出資カルテルメンバーとの間で製品分野の調整を行い、出資会社の対満輸出シンジケート機能もあわせ持つことになった。そして生産力拡充計画実施によって電線需要が激増するにもかかわらず日本の対円ブロック輸出が削減される中で電線価格が暴騰するに至り、三九年初め、満洲電線は満洲国政府産業部から配給機構について諮問を受け、その答申をもとに満洲電線が電線物動の立案と実施にあたるという貿易・配給統制規程と組織が四一年九月から四二年五月にかけて設けられていった。[60] 強力なカルテルを基礎にした戦時物資統制といえる。

生産力拡充計画に必要な機械設備の輸入も、外貨不足と日本の供給能力低下、そして欧州戦争開始によるドイツの供給能力低下および輸送ルートの狭隘化などによって、大幅に削減ないし遅延したため、日本から大手工場の誘致を試み、中小機械工場・鉄工所の「移駐」ないし「中小工業開拓民」化によっても、満洲域内での機械器具工業の拡充を図った。とくに再生産構造上で重要な工作機械・軸受・歯車については、それぞれ満洲工作機械株式会社(一九三九年九月一日設立、創立資本金公称二〇〇〇万円四分の一払込、満洲重工業の子会社、前身は三八年九月創立の満洲機械工業株式会社で㈱池貝鉄工所と㈱満洲工廠との合弁)、満洲ベアリング株式会社(三八年三月二六日設立、創立資本金二〇〇万円全額払込、徳和紡績株式会社と東洋ベアリング株式会社の合弁)、㈱満洲歯車工廠(四一年六月八日設立、創立資本金二〇万円四分の三払込)が設立された。

産業機械部門の一事例として、比較的法人数が少ない化学工業機械メーカーをリストアップすると、表7-7のようになる。専業メーカーは満洲桜田機械製作所と吉林工廠のみであり、いずれも一九四〇年以降の設立である。吉林工廠は、日本窒素株式会社系の特殊会社であった吉林人造石油株式会社の機械製作部門を法人化したものである。満洲桜田機械製作所の代表である弓場常太郎は、合資会社哈喇洋行(二九年三月八日設立、金物販売業、三六年五月末現在資本金一〇万円、本店奉天)および合資会社満洲工作所(三二年三月二〇日設立、機械類製作塗料製造、三六年五月末現在資本金五

表 7-7　在満化学機械メーカー一覧表

会社名	設立日	本店	42年資本金	44年資本金	目　的	代　表	大株主	役員関係会社
(株)満洲桜田機械製作所	1940. 12. 26	奉天	—	1,280,000	化学工業用機械の製造販売	弓場常太郎		(資)哈喇洋行・鉄都自動車工業・日本塗装・満洲道路工業・(資)満洲工作所
(株)吉林工廠	1941. 06. 16	吉林	3,000,000	3,000,000	高圧化学工業用諸機械器具及び装置並に其の部分品及附属品の製作販売並据付修理工事請負	工藤宏規		吉林鉄道・吉林人造石油・舒蘭炭礦，満洲電気化学工業・満洲合成ゴム工業・満洲炭素工業
(株)阜新製作所	1937. 09. 20	阜新	2,750,000	4,000,000	鉱山用機械器具及各種機械の製造販売	山田紹之助	満洲炭礦関係会社（34600株），野村関係会社（34600株），其他関係会社（10800株）	満洲豆稈パルプ・奉天金属工業・大和染料・(株)大連機械製作所・大連工業・関東州工業土地・大和染料・満洲久保田鋳鉄管・奉天工業・湯崗子温泉・裕東煤鉱
満洲鉱機株式会社	1939. 12. 06	新京	2,750,000	3,250,000	鉱山化学工業農耕土木用機械器具の製造並に修理	石川留吉	大同製鋼（58000株）	満洲採金・間島鉱業・昭徳鉱業
(株)泰東製作所	1940. 06. 12	新京	25,000		農業用・化学工業用機械の製造販売	田中知平		(株)泰東洋行・啓東煙草・老巴奪・満洲葉煙草・大満採金・大連機械製作所・協和鉄山・大同組
満洲機械製造株式会社	1940. 10. 10	新京	5,000,000	5,000,000	製鉄鉱山及化学工業用諸器械器具の製造販売	矢野美章	満洲重機（34990株）	精炭工業・満洲自動車製造・満洲重機・同和自動車工業
満洲熱機工業株式会社	1941. 03. 04	奉天	45,000		工業用炉燃焼機の設計製造販売	中山国俊		
(株)大信鉄工所	1942. 05. 14	新京	190,000		土木鉱山化学工業用器械器具の製造販売	村上照		満洲大信洋行
満洲医理科機械工業株式会社	1942. 08. 04	大連	45,000		化学工業用機械・理化学機械・精密機械・化学工業用各種試験器械・電気炉各種など製造販売	桜木三雄		大連硝子・満洲岸田化学薬品・丸永商店系諸会社

出所）大連商工会議所『満洲銀行会社年鑑』(1936 年版および 1942 年版)，満洲中央銀行資金部資金統制課『満洲国会社名簿(資本金 20 万円以上)』(1944 年 3 月 31 日現在)などより作成.
注）資本金は払込資本金，単位円.

万円、本店奉天）とを基盤として地場企業グループを形成した人物であり、グループ内企業には複数の海軍出身の技術者を抱えていた。兼業メーカーのうち、阜新製作所や満洲鉱機は鉱山会社の機械部であるが、満洲鉱機は満洲採金株式会社と大同特殊鋼株式会社の子会社でもある。この二社の設立は比較的早いので、生産力拡充計画の中で準備されていったものと思われる。これに対して、満洲機械製造は、満洲重工業開発の孫会社として製鉄化学コンビナート用機器製作を目的に設立されたものであるが、四二年一〇月末現在でも操業準備中であった。大信鉄工所は、石田栄造の大信洋行系企業グループの一企業である。石田は、〇六年に大阪の商社の援助を得て哈爾濱で個人経営の鉄鋼商を開業し、一八年一二月に株式会社化（資本金一〇〇万円払込六〇万円、本店大連）を果したもので、満洲をはじめ大阪、天津、青島などにも支店網を広げ、三七年一一月に満洲国内支店を分離して満洲大信洋行を設立し、さらに満洲鎔接器材・日満鉛工業・満洲資源愛護協会などの代表も勤めた。満洲医理科機械工業の代表取締役である桜木は、医理科用ガラス器メーカーの大連硝子の代表取締役も兼ね、また平取締役の上野井一は大阪の繊維および繊維機械商社である㈱丸永商店の在満子会社群の総責任者であり、弓場とともに東洋鉱機株式会社の役員でもあった。このように、哈喇洋行や大信洋行などの在満日系商社や丸永商店のような日本の中堅商社は、満洲において取扱商品の確保などのため製造業にも進出して企業グループを形成し、さらにそれぞれの間でも多かれ少なかれ共同出資会社を持って全満洲的ないし地方的な結びつきを形成していった。

中小工場の組織的移駐については、一九四〇年四月に三九年度分として一九工場（機械・鉄工・自動車部材）の奉天（一五工場）・琿春・海拉爾・東寧・勃利への移駐を日満政府が支援することが報じられているが[61]、実績は一三工場にとどまった。それ以後、四二年度分までの実績を表7-8に示す。いずれの年度でも操業開始にはかなりの時間がかかっており、また事業分野にもかなりの変化がある。四〇年度分は、前年度分が「原料、資材の関係と、移駐工場の低能力とから所期の成果を期待し得ず、又日本不振中小工業救済の為の移駐は、到底之を行ひ得ない情勢に立到った為、

水上農機具製作所	1941	牡丹江省東京城	15	満洲拓殖公社	1942.08
満洲農林興業会社	1941	吉林市	350	なし	1942.09
信和自動車商会	1941	北安省北安	20	満洲自動車製造会社	1942.10
満洲磯野農具製作所	1941	延吉市	300	満洲拓殖公社	1942.12
満洲噴霧器会社	1941	四平市	180	〃	1943 予定
金子農機具工場	1941	東安省賚清	20	〃	1943.02
満洲レザー会社	1941	奉天市	500	東洋タイヤ工業会社	1943.02
東亜織毛工業会社	1941	〃	300	満蒙毛織会社	1943.02
九段下自動車工場	1941	四平市	100	満洲自動車製造会社	1943.04 予定
斉藤自動車工場	1941	東安省鶏寧	48	〃	1943.08 予定
奉天前田鉄工所	1942	奉天市		〃	1943 予定
白水幸採貝工業所	1942	〃		満洲生活必需品会社	1943 予定
錦州陶器会社	1942	錦州市		〃	1943 予定
高橋兄弟製作所	1942	〃		満洲拓殖公社	1943 予定
谷岡農機具製作所	1942	興安東省札蘭屯		〃	1943 予定
寺谷工作所	1942	黒河省黒河		〃	1943.05 予定
岡本農機具製作所	1942	三江省依蘭		〃	1943.05 予定
満洲容器会社	1942	遼陽市	1,000	満洲生活必需品会社	1943.06 予定
満洲ヤマサ醬油会社	1942	新京特別市	1,000	なし	1943.07 予定
日満蕎麦興業会社	1942	奉天市	1,000	満洲生活必需品会社	1943.07 予定
満洲飛騨木工会社	1942	〃	500	なし	1943.08 予定
奉天徳永硝子会社	1942	〃	1,500	日満企業会社	1943.09 予定
満洲愛知トマト製造会社	1942	遼陽市	500	なし	1943.09 予定
満洲新式■造会社	1942	安東市		満洲生活必需品会社	1943.10 予定
満洲島田硝子工業会社	1942	遼陽市	650	〃	1943.12 予定
ニシヤ農機具製作所	1942	浜江省五常		〃	入植中
以上 65 場					

出所）満州興業銀行考査課「康徳十年度に於ける日本中小工業満州移駐に付て」(満洲財界事情第 9 号) 1943 年 4 月，水津資料 R-I-2『満洲興銀調査(康徳 9～10 年)』一橋大学経済研究所附属日本経済統計情報センター所蔵.
注）■は読みとり不能.

機械部品或は修理工場の移駐は優秀工場にして真に満洲国の必要とする数に限定され、開拓地振興の為の農機具関係工場が新に加へられ[62]」、その代表事例として「北海道に於ける改良農器具製作界の権威山田清次郎・山田嘉蔵、両社を中心とせる子弟関係八工場[63]」を「合体入植」させた国際耕作工業株式会社(一九四〇年一二月一一日、資本金一〇〇万円半額払込)などがある。四二年度では、生活必需品関係工場九、農器具工場八、機械工場二の一九工場が内定され[64]、さらに事業内容が変化した。四一年九月の「土着資本の活用」を柱とする「地方産業振興要綱[65]」および「生活必需品の国内自給

表 7-8　中小工場の満洲移駐実績

工場名	選定年度	所在地	資本金(1000円)	親会社	操業年月
昭和自動車商会	1939	海拉爾市	150	満洲自動車製造会社	1940. 11
森本鉄工所	1939	間島省琿春		琿春炭礦会社	1940. 12
岡村自動車商会	1939	東安省勃利	140	満洲自動車製造会社	1941. 02
東寧自動車工場	1939	牡丹江省東寧	100	〃	1941. 02
大伸製作所	1939	奉天市	100	奉天製作所	1941. 05
森田鉄工所	1939	〃	34	日満鋼材工業会社	1941. 08
ニッポン機械製作所	1939	〃	750	満洲工廠	1941. 08
津村製作所	1939	〃	105	日満鋼材工業会社	1941. 09
松田製作所	1939	〃	48	〃	1941. 09
高井鉄工所	1939	〃	174	満洲工廠	1941. 10
柳原精工所	1939	〃	70	満洲工作機械会社	1941. 11
満洲山光社	1939	〃	500	満洲飛行機製造会社	1942. 06
広島鉄工所	1939	〃	250	満洲自動車製造会社	1942. 11
宮崎農機具製作所	1940	龍江省訥河	37	満洲拓殖公社	1941. 03
龍江農具製作所	1940	斉々哈爾市	80	〃	1941. 03
国際耕作会社	1940	奉天市	1,000	〃	1941. 04
稲川農機具製作所	1940	牡丹江市	100	〃	1941. 05
金剛鑿岩機製作所	1940	阜新市	200	阜新製作所	1941. 06
満洲農機具製作所	1940	吉林省舒蘭	25	満洲拓殖公社	1941. 10
佐々木農機具製作所	1940	佳木斯市	30	〃	1941. 10
興亜精工所	1940	奉天市	360	なし	1941. 10 現在仮工場
菅野農機具製作所	1940	吉林市	120	満洲拓殖公社	1941. 11
阿部農機具製作所	1940	東安省東海	46	〃	1941. 11
田中農機具製作所	1940	東安市	30	〃	1941. 11
満洲野田興農会社	1940	鞍山市	1,000	〃	1942 現在仮工場
堀農機具製作所	1940	延吉市	30	〃	1942. 01
満洲佐藤農機具会社	1940	新京特別市	680	〃	1942. 06
成瀬鉄工所	1940	北安省海倫	35	〃	1942. 07
満洲佐竹製作所	1940	奉天市	300	〃	1943. 02
浜田精機鉄工所	1940	〃		満洲自動車製造会社	1943. 10 予定
横尾農機具製作所	1941	吉林市	52	満洲拓殖公社	1941. 09
稲荷自動車商会	1941	黒河省孫呉	190	満洲自動車製造会社	1941. 11
満洲丸善機械製作所	1941	哈爾濱市	300	満洲拓殖公社	1941. 11
北三農機具製作所	1941	浜江省珠河	50	〃	1942. 02
通北農機具製作所	1941	北安省通北	10	〃	1942. 05
市川自動車商会	1941	本渓湖市	200	満洲自動車製造会社	1942. 06
慶城農機具製作所	1941	北安省慶城	70	満洲拓殖公社	1942. 07
通河農機具製作所	1941	三江省通河	25	〃	1942. 08
若杉農機具製作所	1941	東安省勃利	35	〃	1942. 08

力の増大を目標とする」「国内軽工業振興要綱[66]」の決定に対応したものである。しかし、政府斡旋による中小工場移駐は年に十数件にとどまっており、しかも個人企業が多く、満洲での法人数の増加は地場個人企業の法人成りや新規起業が中心であったと思われる。

以上のように、満洲全体に「現地自活化」が強制される中で、鉄鋼・石炭を中心とする資源開発と軍需工業を中心とした工業化から産業機械工業や消費財工業の形成も含むそれへの転換が、日本の大手企業の誘致ないしそれとの提携や、中小企業移駐、そして地場日系商社の取扱商品確保のための工業投資などにより、進行していった。それは、一九四〇年一一月の日満支経済建設要綱によって確認されたといえる。

他方、満洲経済統制の特徴である一業一社の特殊会社方式については、前述のように、すでに一九三六年七月に問題が公認され「指導監督」を強める措置がとられていたが、四〇年九月にも満洲国政府は「特殊会社の機能刷新強化に関する件[67]」を決定して「能率増進」・「収支改善」・「重点主義徹底」などを特殊会社に要求した。また、一業一社主義に再検討を加えることを明らかにし、「現場主義第一線主義を強化する」ことも強調した。そして、四二年一二月八日の「満洲国基本国策大綱[68]」において、「特殊会社は特に企業に対する国家の参画が高度に要請せらるる事業にのみ限定する」こと、および「一業一社主義は企業の本質上必要已むを得ざるものを除き之を採らざるものとす」ることが決定された。これにより、例えば満洲炭礦は、満洲重工業開発傘下で独自の企業グループを形成していたが、四三年二月に、阜新・西安・北票・鶴岡の直営炭礦を分離独立させられ、また㈱阜新製作所・満炭坑木株式会社・満洲合成燃料株式会社・満洲火薬工業株式会社などの関係諸会社株式も満洲重工業開発に譲渡させられた。

こうして、統制の対象とすべき事業と企業が増大し、重要産業統制法だけでは対応できなくなったため、一九四二年七月の満洲国参議府会議で「産業統制法」と「事業統制組合法」の要綱を決定し、一〇月六日に産業統制法を、そして一一月一五日に事業統制法を、それぞれ公布・施行した。産業統制法は、対象産業を軍需産業や生産力拡充産業だけでなくその「附帯産業」や「生活必需品産業」にも拡大し、政府に企業の業務や会計にまで命令権や企業整備(転廃業)の命令権をも付与するものであった。事業統制組合法は、政府の物資統制業務の下請代行組織として、命令により「一つの物資を中心としてその生産業者、配給業者、輸入業者を網羅して組織する」[69]組合を設立させ、組合員には出資を求めて協同事業をも運営できるようにしたものであり、有資格者は原則として加入を強制される。四三年八月現在で以下の二八組合が設立されていると報じられている。[70]

満洲機械工業統制組合	満洲工具軸受配給統制組合	満洲印刷材料統制組合
満洲合成樹脂統制組合	満洲塗料統制組合	満洲ゴム統制組合
満洲石綿盤統制組合	満洲毛皮及皮革交易統制組合	満洲毛麻糸布統制組合
満洲印刷工業統制組合	満洲缶詰製造統制組合	満洲パルプ統制組合
満洲硝子製品製造業統制組合	満洲陶磁器製造業統制組合	満洲麦酒統制組合
満洲紙製品工業統制組合	満洲紙器紙工統制組合	満洲自転車統制組合
満洲農薬統制組合	満洲農機具統制組合	満洲在来種菸統制組合
満洲煙草統制組合	満洲原麻統制組合	満洲馬具製造統制組合
満洲製樽統制組合	満関種苗統制組合	満洲膠骨粉統制組合
満洲林業種苗統制組合		

このうち満洲機械工業統制組合を例にとれば、同組合は、経済部の指導で一九四〇年一一月二七日に設立した満洲機械工業組合中央会が、一九四三年三月一日の設立命令を受け、その傘下組合ともども解散すると同時に創立したものであり、「機械工業の整備確立及び発達のため政府の施策に協力し六十数社の会員に対し生産配給、経営技術等の統制指導に当ってゐる」[71]と紹介されている。「六十数社」という会員数は、中核企業を組織していた満洲機械工業組

合中央会の傘下工業組合の組合員総数約五〇に近いが、これに対して、満洲中央銀行資金課『満洲国会社名簿』(一九四三年三月末現在)では機械器具工業法人は二九九社あり、工具軸受や自転車、馬具が別組合に組織されているとしても、中央会と同様に下請企業や協力企業を統轄する中核的企業のみを組織したものと思われる。

一九四三年以降では、戦局の悪化により緊急方策が多くなっている(表7-6)。とくに、農産物・繊維・陸運・鉱業資源・機材に関わって要綱が作成されている。日本でも、四三年八月二七日に「地下資源緊急開発措置要綱」により、既に実施に入っていた銅鉱石に加えて、鉄鉱、マンガン鉱、水銀、水鉛、銅、亜鉛、アンチモニー、石綿、アルミニウム原鉱について緊急資源調査を行うこととし、満洲では四四年二月二〇日の「中小鉱山緊急開発要綱」[72]で富鉄鉱の開発を急いだ。労働に関わる方策が増えているのは、四〇年一一月の「日満支経済建設要綱」で、重化学工業化のために技術者・技能者の養成体制を確立することなどが決定され[73]、翌年から関係方策の立案が進んだためでもある。

結果的にこうした緊急増産の部類に入る事例のひとつが、表7-3に掲出した安東軽金属の設立であろう。同社は、満洲軽金属製造が担当していた安東における地金年産二万トンプラント(華北産礬土頁岩からのアルミナ生産と鴨緑江水力発電によるその電解精錬)の計画を継承して完成させることと、さらに四万トンへと拡張することとを課題として、資本金二億円半額払込で、非ボーキサイト鉱からのアルミナ生産の経験をもつ住友財閥と、満洲重工業開発および満洲軽金属製造との出資により、一九四四年四月に設立された。住友側の払込額五〇〇〇万円の内訳は、住友本社が一〇〇〇万円、住友金属工業と住友化学工業が各一五〇〇万円、住友電気工業と住友アルミニウム精錬が各五〇〇万円であった。住友系企業としては、最大の子会社である住友金属工業(払込資本金四億一八七五万円)についで住友化学工業(同一億七五万円)に匹敵する巨大会社であり、これを一気に設立することは住友にとって過大な負担となった。満洲重工業開発総裁から住友本社総理事への進出要請は、四二年初めから非公式に進められて同年秋には総理事は内諾したものの、関東軍や満洲国政府との折衝や、さらには大東亜省などの合意と手続が遅れたようである。[74]設立後、住友は、住友関係各社事業の最優先課題として安東軽金属の設備完成を位置付け、各社保有設備の一部移転も含めて建設を急いだが、日本海の制海権や制空権も喪失していったため、最優先のアルミナ製造施設もついに完成できなかった。

また、軍需品の緊急生産としてはロケット戦闘機生産が挙げられよう。一九四四年七月、陸海軍共同でドイツのメッサーシュミットMe—一六三Bの説明書に基づくロケット戦闘機の生産を計画し、同年暮れにその燃料工場を哈爾濱と吉林に建設し運営することをそれぞれ三井と三菱に命じた。三井は、三井本社・三井物産・三井鉱山・三井化学工業・三井造船の各社の均等出資で松花江工業株式会社(資本金一〇〇万円全額払込)を一九四五年六月七日に設立した。三菱も、四五年二—三月に現地調査のうえ、三菱本社・三菱商事・三菱鉱業・三菱石油・三菱化成工業の各社均等出資で不二工業株式会社(資本金一〇〇万円全額払込)を四五年四月二七日に設立した。プラントは両社とも㈱江戸川工業所が設計し、満洲国政府がそれぞれ一億五〇〇〇万円ずつかけて一〇月操業をめざして建設し、その経営を松花江工業と不二工業に委託するものであったが、完成前に敗戦となり建設は中止された(75)。

以上のように、満洲においては、基本的には日本の経済統制の展開と対応して統制が進められたが、インフレ昂進と日本からの工業製品輸出抑制によって特殊会社を頂点とする物資動員配給体制の形成と工業製品の自給化が開始された。そして、要規制対象産業の拡大により、産業統制法と事業統制組合法を制定して企業別・産業(物資)別の統制を強化した。この統制下で、地場企業の軍需産業を初めとする多角的な企業設立、日本からの中小工場移駐を含む大小の企業進出、地場個人企業の法人化などによって、少なくとも一九四三年度までは法人企業の設立が高水準で継続した。そして同年後半から戦局の悪化にともなう緊急措置が採られ、安東軽金属や松花江工業、不二工業のような大規模法人が、リスクの国家的補償の下に、多角的な事業基盤を擁する財閥の資産や技術を動員して設立されていった。

おわりに

日本帝国は、満洲事変以後、満洲から中国関内、さらに東南アジアへと軍事的侵略を拡大し、その資源の掌握を図っていった。その資源のうち重要なものの開発は、当初の満洲国における現地日本軍主導の「一業一社」の特殊会社に担当させる方式から、中国関内における国家的開発会社の設立とその傘下開発担当会社に出資・協力する民間有力企業を中央政府が選定する方式を経て、東南アジア占領地における中央政府が開発担当民間企業を直接選定する方式へと変化していった。満洲国においても、生産力拡充計画以降、特殊会社方式は修正され、制限されていった。

しかし、日本によるアジア各地の軍事占領は、日系企業にとって現地での経営環境を大きく改善することになり、国家社会主義的イデオロギーを前面に押し出した初期の満洲国に対してすら、中小企業を含む民間企業の進出意欲を刺激することになった。満洲や華北分離工作で現地軍の独走が目に余るため、日中戦争以後は総理大臣の監視下で進出企業を中央(内閣第三委員会)で決定することに切り替えたが、東南アジア占領とその開発にあたっても「南方資源開発に対する民間人の出願等処理に関する件」によってすべての案件を内閣第六委員会の議に付すよう閣議決定せざるをえないほど、各種利権の獲得を求める民間企業の圧力は高かった。

とくに多くの民間企業が進出していった満洲国における企業群には、特殊会社を頂点として、誘致を受けてあるいは自ら進出していった財閥系および独立系の大企業や中堅企業および中小零細企業があり、地場の日系企業群も相互にあるいは新規進出の企業群と結合しておおむね拡大した。紹介はできなかったが、一部の民族系企業も、こうした企業ネットワークに編入された。そして、これらは地域経済団体や統制団体に組織されていった。

特殊会社は、軍需工業をはじめ、金属や石炭といった対日貢献物資生産の中核部門、あるいは軍事的意義も大きな公益事業部門に設立され、満洲経済の軍事的再編成の担い手とされた。しかし、やがてその低能率が指弾され、むしろ統制会社としての機能が重視されていった。だが、特殊会社の機能は、これらにとどまらず、石炭液化事業や非ボーキサイト鉱からのアルミ生産といったリスキーな事業分野に、民間大手企業を誘致する面でも、活用された。保護が与えられたとはいえ、巨額の投資と新鋭技術を要する部門では、財閥本社が関係直系会社を総動員した投資が目立ち、財閥の組織性を現わしていた。多角化が限定されている独立系大企業や中堅企業は、特殊会社化や地場の大手資本との提携などによって、リスクを削減し参入コストを低減することを追求していた。また、カルテルが機能している場合は、その共同子会社が設立され、生産と同時に物資統制の一翼も担っていった。財閥商社をはじめ、日本や華北などにも支店・出張所を有する一定規模以上の商社は、ここでは充分に検討できなかったが、物資動員の直接的な担い手としてばかりでなく、非商社企業の対外進出においても重要な役割を果たしたと思われる。

満洲国における全般的企業統制は、特殊会社制度と中華民国から継承した公司法に基づかない行政指導などから出発し、重要産業統制法を経て、とくに国際収支の困難化から、個別物資の統制法規や物価及物資統制法、貿易統制法などが公布され、順次その範囲を拡大していった。そして、産業統制法と事業統制組合法によって全面化していったが、統制効果を発揮できる余地はなくなっていったと思われる。

十五年戦争下、資本・物資不足の日本資本主義への強引な編入と戦場化とにより、「大東亜共栄圏」内各地は、その経済構造を破壊されていった。その中にあって、満洲は、日本の後方支援基地としての機能を強化するとともに、不十分ながらも、産業連関の要となりうる産業機械工業も形成されはじめたが、その満洲も、戦局悪化とともに軍需生産への動員が優先され、アジア太平洋戦争末期には空爆とソ連の侵攻を受け、ついに崩壊していった。

ところで、満洲には法人企業だけでも一万社前後が設立されたと推定しているが、その全体像を描く紙幅はない[76]。また、満洲には朝鮮や華北からの日系企業や民族系企業の進出もあり、東亜共栄圏レベルの企業ネットワークの研究だけでも、前述のように組織的な研究によって、これら関係企業の人脈や出資系統の全容把握が必要である。

注

（1） J・B・コーヘン／大内兵衛訳『戦時戦後の日本経済』岩波書店、一九五〇年。

（2） アメリカ合衆国戦略爆撃調査団／正木千冬訳『日本戦争経済の崩壊――戦略爆撃の日本戦争経済に及ぼせる諸効果』日本評論社、一九五〇年。アメリカによる研究は、それまで国民には秘匿されてきた日本戦争経済の実態を示したものとして重要な歴史的役割を果たしたが、日本との戦争における中国の役割を軽視してアメリカの貢献を過度に強調するなどの問題点が、すでに指摘されている（村上勝彦「軍需産業」大石嘉一郎編『日本帝国主義史 三 第二次大戦期』東京大学出版会、一九九四年、一五三―一五四頁）。

（3） 井上晴丸・宇佐美誠二郎『危機における日本資本主義の構造』岩波書店、一九五一年。理論的基礎とした国家独占資本主義論においてその本質を戦時経済統制的な内容で把握するという問題点などから様々な批判を受けることになったが、第一次大戦後の国際環境の中での日本資本主義の構造的変化を、植民地・占領地経済をその構造に組み込みつつ弁証法的に明らかにしようとした方法的姿勢には、いまだに学ぶべきものがある。

（4） タイプ印刷で一九六一年に東京大学出版会から刊行され、後に『太平洋戦争の経済史的研究――日本資本主義の展開過程』東京大学出版会、一九八七年、に収められた。とくに物資動員計画を中心に戦時経済研究の実証水準を高め、戦前・戦時の日本資本主義の半封建的性格にもとづく技術・生産力の立遅れや統制中枢部におけるセクショナリズムと分裂など、全体として日本資本主義の前近代性・脆弱性を強調している。

（5） 大内力『日本経済論（上・下）』東京大学出版会、一九六二・六三年。高度成長期の日本経済を視野に入れて、管理通貨制への最終的移行とそれを基礎としたフィスカルポリシーによって恐慌を回避するという国家による経済管理体制として国家独占資本主義を把握し、戦時日本の統制経済を高度成長期の経済政策との連続性を意識して分析した。このため、財閥の近代化や大企業の過当競争などの重要な論点を提示したが、植民地・占領地を含めた経済統制総体への関心は極めて薄いものにとどまった。

（6）『岩波講座 日本歴史』現代四、岩波書店、一九六三年、所収。

（7）中村隆英「戦争経済とその崩壊」『岩波講座　日本歴史』近代八、岩波書店、一九七七年、所収。
（8）原朗「日中戦争期の外貨決済」(一)〜(三)『経済学論集』(東京大学)第三八巻第一―三号、一九七二年、所収、および、原朗「戦時経済統制の開始」『岩波講座　日本歴史』近代七、岩波書店、一九七六年、所収。
（9）『土地制度史学』七一号(一九七六年四月、一九七四年度土地制度史学会秋季学術大会共通論題の報告原稿)。後に、柳沢遊・岡部牧夫編『展望　日本歴史』第二〇巻(帝国主義と植民地)東京堂出版、二〇〇一年、に再録された。円ブロック各地の相互関係を貿易と金融(貨幣制度を含む)の二側面から検討し、いわゆる大東亜共栄圏が経済ブロックとしての実態を持てなかったことを明らかにし、「日本帝国主義がその内部矛盾を植民地に転嫁せんとしても、植民地自体の矛盾は処理しきれず、そこから生ずる対日抵抗によって日本本国と植民地との間の矛盾が激発され、こうして生じた困難をさらに外延地区への侵略の動因として戦争の拡大を繰り返す」という弁証法的な過程を、あらためて示唆した。
（10）近代日本研究会編『戦時経済』(年報・近代日本研究9)山川出版社、一九八七年。
（11）原朗編『日本の戦時経済――計画と市場』東京大学出版会、一九九五年。
（12）歴史学研究会・日本史研究会編『日本史講座』第九巻、東京大学出版会、二〇〇五年、所収。
（13）企業システムの変化については、下谷政弘が、戦時統制の中で企業グループ化が進展し、財閥傘下企業も自立化していったと主張した(下谷政弘編『戦時経済と日本企業』昭和堂、一九九〇年)。なお、下谷政弘・長島修編『戦時日本経済の研究』(晃洋書房、一九九二年)もある。
（14）満州史研究会編『日本帝国主義下の満州』御茶の水書房、一九七二年、所収。
（15）安藤良雄編『日本経済政策史論』(下)、東京大学出版会、一九七六年、所収。
（16）浅田喬二編『日本帝国主義下の中国』楽游書房、一九八一年。
（17）中村隆英『戦時日本の華北経済支配』山川出版社、一九八三年。
（18）浅田喬二・小林英夫編『日本帝国主義の満州支配』時潮社、一九八六年。
（19）中村政則・高村直助・小林英夫編著『戦時華中の物資動員と軍票』多賀出版、一九九四年。
（20）疋田康行編著『「南方共栄圏」――戦時日本の東南アジア経済支配』多賀出版、一九九五年。
（21）小林英夫編『植民地への企業進出――朝鮮会社令の分析』柏書房、一九九四年。

(22) 波形昭一編著『近代アジアの日本人経済団体』同文舘出版、一九九七年、および柳沢遊・木村健二編『戦時下アジアの日本経済団体』日本経済評論社、二〇〇四年。
(23) 風間秀人『満州民族資本の研究——日本帝国主義と土着流通資本』緑蔭書房、一九九三年。
(24) 厳中平著・依田義家訳『中国近代産業発達史——中国棉紡織史稿』校倉書房、一九六六年。
(25) 島一郎『中国民族工業の展開』ミネルヴァ書房、一九七八年。
(26) 池田誠・田尻利・山本恒人・西村成雄・奥村哲編『中国工業化の歴史』法律文化社、一九八二年。
(27) なお、モノグラフであるが、許粹烈／堀和生訳「日帝下韓国人会社および韓国人重役の分析」中村哲他編『朝鮮近代の経済構造』日本評論社、一九九〇年、がある。
(28) 参考までに、南満洲鉄道株式会社庶務部調査課『満蒙に於ける日本の投資状態』(満鉄調査資料第七六編)一九二八年四月に掲載されている「関東庁業態調査に依る営業概数」(一九二七年九月)によれば、個人営業は、関東州に三三四二社、満鉄附属地およびその「接壌地」に四四八〇社、合計七八二二社が存在し、うち三〇八〇社が「物品販売業」に、一四九六社が「製造業」に従事していた。これに対し、同時期の法人企業は一二〇〇社であった。
(29) 「会社趨勢概要」南満洲鉄道株式会社庶務部調査課『満蒙に於ける日本の投資状態』(満鉄調査資料第七六編)、一九二八年四月。
(30) ㈱昭和製鋼所は、当初、朝鮮京城府に本店を置き、一九三三年五月二日に鞍山に移転、三九年五月に満洲国特殊法人となった。
(31) この具体化は、「満蒙事局処理具体案要領」により、各省庁が分担して行なった。同要領は、「対満政策」『昭和財政史資料』(三—〇七一、R一三三—〇一〇)に収録されている。なお、ここでは、「満蒙住民の大部を占むる漢族の民族性か個人本位にして営利に敏捷なるに鑑み満蒙国家建設の当初に於ける経済組織は自由主義を採用し産業漸く進むに至り始めて資本閥の搾取に基く弊害を矯正するの策に出つるを妥当とす　蓋し満蒙新国家は……専制政治なるへきを以て適時社会組織を変革するに便なると特に「政治は力なり」との格言か最良く漢民族に適用し得へきを以てなり」として、経済統制を避ける判断を示していた。
(32) 国立国会図書館議会官庁資料室「閣議決定等文献リスト及び本文」掲載。以下、とくに断らない限り、閣議決定は同室がホームページ(http://www.ndl.go.jp/horei_jp/kakugi/kakugi_main.htm)で提供するフルテキストデータによる。

(33)　満洲の産業統制について審議するため、一九三三年九月三〇日に資源局長官をヘッドとし関係各省局長級官僚をメンバーとして設置した。「日満産業統制委員会設置ニ関スル件」『昭和財政史資料』四―〇二〇「日満産業統制委員会関係書類」、R一七五―〇〇一、所収。

(34)　在満洲派遣特命全権大使武藤信義発、外務大臣伯爵内田康哉宛、公機密第一四六号「各種新設会社認可ノ件」一九三三年二月二四日、外交資料『帝国財政及経済政策関係雑件　対満政策関係』第一巻、E一、一、〇、七―一、外務省外交史料館所蔵。

(35)　新京総領事館が問合せた当面の企業案件は、「東京中野守之助」の「大同製薬株式会社」、「当地佐藤精一外六名」の「新京建築助成株式会社」(不動産金融)、「大連藤田与市郎」の「新京建設株式会社」(大規模不動産業)、「当地箱田琢磨外数名」の「国際競馬場」、「間島小野山広吉」の「連鎖的娯楽場」の五件であったが、前二件のみが法人設立に至った。すなわち、満洲製薬株式会社(一九三四年三月一四日設立、資本金五〇〇万円四分の一払込)と新京建築助成株式会社(三三年二月一九日設立、資本金五〇万円四分の一払込)である。しかし、四二年一〇月末現在、満洲製薬は休業して登記簿上にのみ存在し、新京建築助成は解散したかあるいは帝都建物株式会社(三七年二月二八日設立、公称資本金五〇万円・払込資本金二五万円、社長　佐藤精一)に継承されたもののようで、『満洲銀行会社年鑑』(一九四二年版)には掲載されていない。

(36)　満洲商工公会中央会編『康徳十一年五月現在　満洲国産業経済関係要綱集』第一輯、一九四四年一〇月、新京特別市、二五―三一頁。

(37)　例えば、ソ連在日大使館付陸軍武官も、一九三三年六月の「満洲国に於ける関東軍の経済方策並に之に伴ふ各種資本の活動状況」というレポートにその状況をとりまとめ、それを入手した日本外務省が要訳を満洲国総務部や関東庁、満鉄、在満日本大使館などへ送付している(外交資料『帝国財政及経済政策関係雑件　対満政策関係』第一巻(E一、一、〇、七―一)外務省外交史料館所蔵)。

(38)　安藤良雄編著『昭和経済史への証言』中、毎日新聞社、一九六六年、一一九頁。

(39)　東亜局長桑島主計「昭和十一年度東亜局第二課及第三課執務報告」、外交資料『帝国議会関係雑件　説明資料関係(東亜局)』第三巻、A、五、二、〇、一―二、外務省外交史料館所蔵、六七五―六七六頁。

(40) 同前。
(41) 前掲『満洲国産業経済関係要綱集』三一—三二頁。
(42) 『美濃部洋次資料』所収(一〇三 H—一九)、一橋大学経済研究所日本経済統計情報センター所蔵。
(43) 一九三四年九月一四日付日本国政府閣議決定「対満関係機関の調整に関する件」の第二項「日満経済会議(仮称)」設置に基づき、三五年七月一五日の協定で設置された。
(44) 前掲『満洲国産業経済関係要綱集』一七一—一七二頁。
(45) 関東軍司令部「北支問題に就て」一九三五年一二月、『日本外交年表竝主要文書』下(明治百年史叢書)、原書房、一九六五年、三二〇—三二二頁。
(46) 詳しくは、野沢豊編『中国の幣制改革と国際関係』東京大学出版会、一九八一年、参照。なお、すでに銀を基礎とする管理通貨である満洲中央銀行券への貨幣統一をほぼ達成していた満洲国は、この時に満洲中央銀行券を日系通貨と等価でリンクさせ、日満間の為替リスクを解消した。
(47) 「重要産業統制法関係書類」『美濃部洋次満洲関係文書』(一〇二—二九 H—一八—二九)、一橋大学経済研究所附属日本経済統計情報センター所蔵。
(48) 原前掲「「満洲」における経済統制政策の展開——満鉄改組と満業設立をめぐって」(注15)、二八四—二八五頁。
(49) 「会社の沿革」満洲飛行機の思い出編集委員会『満洲飛行機の思い出』一九八二年、一—一一頁。但し、中島飛行機株式会社は、同社設計の九七式戦闘機のライセンス生産開始に当り、若干の熟練工を移籍させている。
(50) 但し、電線部門では、事実上の特殊会社である満洲電線が、日本では中小企業に委ねていた雑線生産を、中小工場移駐を契機として分離・拡充しようとしたが、「政府の一業一社主義其の他理由により」(『満洲電線株式会社開業五周年』(『社史で見る日本経済史　植民地編』第一四巻)ゆまに書房、二〇〇二年、八一頁)内製を継続させられた。
(51) 日本の産業配置を「今後主として精密工業、機械工業、兵器工業に重点を置き之が画期的振興を図り、其の他の重工業、化学工業及鉱業は自在圏内に於て適地適業の主旨に依り之を振興す　軽工業就中繊維工業、雑工業は計画的に整理し逐次之が大陸移動を行ふと共に大陸資本への移管を考慮す　農業に関しては土地制度を改革し経営の科学的刷新を為し農家の安定向上を図り国民主食を確保すると共に農村人口の定有を策す」などとするのに対応して、満洲の産業配置は「今後特に鉱業及電気事業の画期的振興を図り日満間適地適業の主旨に依り重工業及化学工業の振興に力むると共に一部重工業原材料を皇国に供給す　尚機械工業並兵器工業は国防上の要求を充足する限度に於て之を興す　軽工業は国内の需要に適応し之を興す　農業に付ては其の日満支の食料飼料補給基地たると世界に対する特種農業資源の供源たるに鑑み農地の開拓、農法の改善合理化を行ひ徹底的に農産物の増産を期す　尚農業開発に当つては皇国農業開拓民の入植を促進し、其の中核たらしむ　製塩業、畜産並林業に付ても右に併行し之が画期的振興を図る」とした。なお、労務においても、「満洲国は産業開発に必要なる技術者及技能者を皇国に求むると共に自国内に於ても之が養成制度を確立す　内鮮人開拓民の計画的入植を図る、一般労務者に付ては北支労務者の計画的入満を図ると共に国内よりの充足方策を確立し特に鉱工業生産に於ける労務管理の刷新確立に努む」と要求した。

(52) 防衛庁防衛研究所戦史部編『史料集　南方の軍政』朝雲新聞社、一九八五年、九一―九四頁。
(53) 閣議決定「第六委員会設置に関する件」。
(54) 閣議決定「南方資源開発に対する民間人の出願等処理に関する件」。
(55) 閣議決定「南方経済処理に関する件」。
(56) 疋田編著前掲書、三二六―三三三頁。
(57) ここでは、とくに「航空戦力の躍進的拡充」と「日満を通ずる食糧の絶対的自給態勢」の確立をめざし、「行政運営の決戦化」・「国民動員の徹底」・「重要企業の国家性」の一層の明確化など、「統帥と国務との関係を更に緊密化」するというよりも行政の統帥への従属化が推進された。
(58) 防衛庁防衛研究所戦史部前掲書、八八頁。
(59) 『満洲年鑑』(一九四〇年版)満洲日日新聞社、大連、一九三九年一一月、八四頁。
(60) 前掲『満洲電線株式会社開業五周年』八五―九三頁、一五一―一五七頁。
(61) 「中小工業への尖兵満洲へ包括移駐」大阪朝日新聞、一九四〇年四月一六日、神戸大学附属図書館「戦前期新聞経済記事文庫」(http://www.lib.kobe-u.ac.jp/sinbun/index.html)所収。以下、とくに断らない限り、新聞記事は同文庫からの引用である。
(62) 満洲興業銀行考査課「日本中小工業満洲移駐工場の概況」康徳九年一一月(水津利輔氏旧蔵資料R―I―二『満洲興銀

調査(康徳九～一〇年)』一橋大学経済研究所附属日本経済統計情報センター所蔵)。
(63) 満洲鉱工技術員協会編『満洲鉱工年鑑』(一九四四年版)。
(64) 「本年度満洲移駐」『満洲日日新聞』一九四二年五月八日。
(65) 前掲『満洲国産業経済関係要綱集』一一〇—一一一頁。
(66) 同前書、一一一—一一三頁。
(67) 同前書、一七二—一七六頁。
(68) 同前書、一二三—二二四頁。
(69) 佐枝新一(満洲国経済部工務司工政科長)「満洲国新制定の事業統制組合法の全貌」『産業経済新聞』一九四二年一二月一三日。
(70) 『満洲年鑑』(一九四四年版)、満洲日日新聞社、奉天、一九四三年一二月、七六頁。
(71) 『満洲年鑑』(一九四五年版)、満洲日報社、奉天、一九四四年一二月、一〇六頁。
(72) 前掲『満洲国産業経済関係要綱集』、六五—六六頁。
(73) 注(51)参照。
(74) 安東軽金属回想録刊行会編『安東軽金属回想録』同会、一九七八年、二五二—三四四頁。
(75) 三井文庫編『三井事業史』(本編第三巻下)二〇〇一年、七〇六頁、および、三菱社誌刊行会編『三菱社誌』第四〇巻、東京大学出版会、一九八二年、二四二六頁、富士重工株式会社『秀峰』一九七三年七月号、二四頁。なお、試作機秋水は、六月に二機製作され七月に追浜で試験飛行をしたものの、エンジン不調で墜落した。
(76) 現在、在満企業の全体像に関する共同研究を二〇〇六年度中に出版する準備をしている。

第八章　戦後復興の経済学
——植民地喪失後の日本経済

中村隆英

はじめに――経済学の一九三〇―四〇年代

マルクス経済学の展開

一九二〇―三〇年代の日本における経済学の主流はマルクスの経済学であった。マルクス・レーニン主義を奉ずるソビエト連邦が成立したことが理由の一つであったが、明治以来の社会主義者たち、幸徳秋水、堺利彦、山川均、荒畑寒村らの言論活動が続けられていたことも忘れることはできない。一九二〇(大正九)年には、高畠素之による『資本論』の翻訳が刊行されはじめ、二三年には完了した。二八年からはマルクス・エンゲルス全集の刊行がはじまったが、同じ二八年には、京都帝大の河上肇をはじめ、東大の大森義太郎、山田盛太郎、九大の石浜知行、佐々弘雄、向坂逸郎らが大学を逐われた。その嵐の中で、二〇年代の若い世代は、国禁の経済学の魅力に惹きつけられたのである。

講座派と労農派

この時代においては、社会主義陣営の内部で、きたるべき革命の歴史的特質に関する論議が活発に展開された。その要点は、日本において果されるべき革命は、まず民主主義革命(ブルジョア革命)であって、社会主義革命(プロレタリア革命)はそれに続いて起こるべきなのか、それとも一挙に社会主義革命を実行すればそれでよいのかという問題である。いいかえれば、明治維新は民主主義革命だったのか、それとも絶対王政をつくりだしただけで、民主主義革命は今後に残された課題なのかという戦略を巡る論争である。論争の当事者となったのは、二段階革命論を支持するグループで、一九三二(昭和七)年から翌三三年にかけて刊行された『日本資本主義発達史講座』(岩波書店)の執筆者で、「講座派」と呼ばれた。なかでも、中心的な役割を果したのは山田盛太郎と平野義太郎であって、彼らの論文は、三四年に、それぞれ『日本資本主義分析』『分析』と略称)、『日本資本主義社会の機構』(『機構』と略称)にまとめられて、岩波書店から刊行された。この講座を企画し、中心となる構想を提起したのは、野呂栄太郎で、とくにその『日本資本主義発達史』(三〇年)であったが、野呂は共産党の活動に専念せざるをえなくなり、検挙され獄死するに至った。『講座』の特色は、日本の農業が農民に剰余を残さないほど高率の小作料に特徴づけられる「半封建的」零細農耕を基礎としており、それが日本資本主義の「基柢」になっている、という立場に立ち、来るべき革命は封建的な残存物(天皇制機構・地主制)を排除する民主主義革命から、社会主義革命へと強行的に転化する二段階革命であると特徴づけた。同じ頃、モスクワのコミンテルン(国際共産党)においても「日本の情勢と日本共産党の任務に関するテーゼ」(一九三二年テーゼ)が決定されたが、日本の革命の特質は「講座派」の規定とほぼ同様であった。講座派理論は、モスクワによって権威づけられたといってよい。

これに対立するマルクス経済学のグループは、雑誌『労農』に拠っていたので「労農派」と呼ばれていた。その主要な顔ぶれは、山川均、荒畑寒村、猪俣津南雄、櫛田民蔵、向坂逸郎、対馬忠行らであったが、東京帝大の大内兵衛、有沢廣巳、土屋喬雄らも、同じ思想の持ち主と見なされていた。

一九三〇年代に展開された「日本資本主義論争」において、中心的な論争課題となったのは、幕末から明治にかけての経済史、なかでもマニュファクチュアの発展段階論や、農村における半封建的な地代の残存を巡る地主制の問題などにはじまり、『分析』出現の後には『分析』の方法や主張を取りあげて論戦が展開されたのであった。しかし論争は三四―三五年までがもっとも活発で、三六年には講座派の中心人物が、三七―三八年に労農派と教授グループが弾圧されて、戦前の論争は終結した。しかし、これらの書物は戦時にあっても若い世代に読みつがれていったのである。

戦後にいたって、宇野弘蔵によって再構築されたマルクス経済学の方法――三つの研究段階を区分する、いわゆる三段階論が脚光を浴びて登場した。その方法を大内力によって簡単に要約しよう。まず「資本主義のもっとも基本的な循環運動を純粋に抽出し、その法則性を明らかにする」原理論ないし経済原論の分野がある。それは一つの完結した論理体系として、価値論、貨幣論、価格論、利潤論、再生産論等々の各論を含んでいる。第二に、個別の資本主義の特性を捨象して、共通の運動法則をとりあげる段階論がある。具体的には帝国主義論とか、金融資本論とかの形で特定の段階を取りあげたり、経済政策論とか国際経済論とかいう形で各段階を総括的に扱ったり、財政学、金融論、工業経済論、農業経済論など経済政策各論の形をとることもある。第三が現状分析で、世界経済論や各国経済論はもちろん、現状という言葉を広くとらえて、歴史的背景を含めて、たとえば徳川時代の日本経済などの研究をこれに含めてもよい。現状分析といっても、その幅は広く、産業別、問題別、国別、地域別、時代別等の具体的分析がこれに含まれる。「宇野理論」の系統の研究は、一九八〇年代まで多く刊行されたが、代表的な作品としては未完ではあるが『大内力経済学大系』(第一巻『経済学方法論』東京大学出版会、一九八〇年)をあげることができよう。

近代経済学による分析

一方、戦前の非マルクス経済学についても述べておくべきであろう。この分野にあっても、ドイツの学風が主流をなしていたが、一九二〇―三〇年代には、ヨーゼフ・シュンペーター(Joseph A. Schumpeter)の『理論経済学の本質と内容』(1908)と『経済発展の理論』(1912)の翻訳が世に出た。また中山伊知郎の『純粋経済学』(岩波全書)が、シュンペーターの学説を祖述して評価された。さらに、J・M・ケインズ(Keynes)の『雇用・利子および貨幣の一般理論』が出版されたのは三六年のことであった。ケインズは二三年の『貨幣改革論』や三〇年の『貨幣論』によって広く知られており、すでに邦訳もあったが、『一般理論』によって、英米の学界に大きな衝撃をもたらした。とくに国民所得を中心的な戦略変数に位置づけたマクロ経済学の開発は、経済分析の対象と手法を大きく変化させ、政策分析の手段としての有効性を明らかにしたのである。Ｌ・クラインが『ケインズ革命』をあらわしてマクロ経済理論の成立を宣言したのは、それから一〇年後の一九四七年であった。一方、三九年に第二次世界戦争が勃発すると、イギリスではＲ・ストーンらの手で、国民経済計算の枠組が作成され、国民経済の所得、消費、投資、貯蓄、海外取引等についての決算諸表がつくられるようになった。マクロ経済分析は、経済政策の分析、策定の手段として実用化されたのである。計量経済学の手法が確立し、モデルの推定、予測へと発展し、経済学は精密科学の装いをこらすに至ったのである。

日中戦争から太平洋戦争に至る学問的鎖国の時代に、海のかなたで展開された経済学の新機軸《イノベーション》は、敗戦後の日本に洪水のように流入した。マルクス経済学の復活の一方、若手の篠原三代平、古谷弘らによる近代経済学の普及と、その日本経済の分析への応用も目覚ましいものがあった。それは経済学者とともに若手の経済官僚の間に浸透し、経済安定本部(のち経済審議庁、経済企画庁)の『年次経済報告(経済白書)』などの形で一般国民にもなじみ深いものになってゆくのである。

一　戦時戦後の経済統制

戦時の統制

一九三七(昭和一二)年に日中戦争がはじまるまでの日本の経済体制は自由経済であって、各産業のカルテルによる統制を別とすれば、少くとも国家による一律の統制は、例外はあったにせよほとんどみられなかった。三一年四月制定の重要産業統制法は、強制カルテル立法であって、カルテルに加入せずにカルテルの統制に服さないアウトサイダーを、カルテルに強制加入させ、個別産業を統制するための立法であった。

しかし、一九三七年七月に日中戦争がはじまってから間もなくの同年九月から、国家による経済統制が本格的に開始された。戦争と同時に国際収支の赤字が拡大して放置できなくなったために、しかも英米との関係が悪化していてクレジットの導入の見込みがなかったために、国家による貿易統制が避けられなくなったのである。日露戦争の際には、軍需が増加して大幅な輸入超過が発生したにもかかわらず、イギリス、アメリカをはじめヨーロッパ諸国が日本の国債を引受けてくれたために、ポンドやドルなどの外貨を入手することができて、入超尻を決済することができたので、この当時は国内においては何の統制の必要も生じなかった。しかし日中戦争に当っては、イギリス、アメリカは中国の国民政府にクレジットを供与して支援する立場に立ち、日本の友好国は資産を持たないドイツ、イタリアのみであったから、日本は自力で戦争のための輸入を決済しなくてはならぬ立場に立たされたのである。

一九三七年当時、戦争になる前には、日本の貿易収支はほぼ均衡していた。戦争ともなれば輸入が増加して赤字に転ずるのは必然である。輸入超過の決済のためには、国内の外貨資産や金《きん》をかき集める一方で、輸入を抑制することが必要であった。その目的で、資金を軍需とその原料資財の生産に集中する手段としての臨時資金調整法と、民需のための輸入を制限し、輸出を促進するための輸出入品等臨時措置法が、三七年九月に制定された。前者の法律によって、産業は急速に発展をはかるべきもの、発展を抑制すべきもの、その中間のものの三者に分類され、設備資金の供給において差別されることになったのである。また後者は、輸出入に関連する商品について、その生産、加工、流通、保存、消費についてほとんどあらゆる統制ができることになっていた。三七年一〇月には企画院がそれまでの企画庁と資源局を統合して発足し、「物資動員(物動)計画」の策定作業に取りかかった。こうして戦時経済統制の基本的枠組が僅かの間に出来あがってゆき、統制がたちまち発動されていったのである。

一九三八年度を例にとって、統制の実態をみておこう。鉄鉱石、綿花をはじめ、国内資源に乏しい日本は、それらを輸入に依存しなくてはならない。そこで、物動計画の策定に当っては、手持外貨の量と輸出の見通しを考慮して、どれだけの資金を輸入品の支払いに充てられるか(輸入力)を見通して、それを鉄鋼、非鉄金属、石油など各輸入品目に割り当てる。次に、品目ごとの輸入量に国内からの供給量を合算して、これを各需要部門に配分する。需要部門は陸軍(A)、海軍(B)、その他(民需という、C)の三部門に分けられていた。陸海軍は当然のように激しく物資を奪い合い、残りの民需は圧縮されてしまうのが常であった。三八年度はアメリカが不況であり、生糸をはじめとする日本の輸出は不振をきわめ、その結果は輸入力の削減を余儀なくされて、年度の途中で物動計画を改訂せねばならなくなった。こうして戦争経済は深刻な物資不足に悩まされることになったのである。

戦争が拡大し、物資の不足が深刻化していくと、経済の統制は一層強化された。やがて空襲によって大都市中都市が壊滅し、戦争は敗戦に終った後、経済の危機はかえって激しくなり、経済統制は戦時のままに継続された。一九四八年頃から物資の不足が少しずつ緩和するにつれて、統制も次第に解除されていったが、全面的な撤廃は朝鮮戦争以後の一九五一、五二(昭和二六、二七)年を俟たなければならなかった。しかも主食の配給制度だけはその後も存続されたのである。経済統制の範囲は広くかつ多様であった。鉄鋼や綿布から味噌醤油までが不足して割り当て制や切符制が布かれると、その価格は高騰するから、価格統制の必要が生じて、公定価格が設定される。すると商品が店頭から姿を消し、ヤミ価格で取引されるようになり、これを取締まるために警察力が発動される(経済警察)。公定価格制度とヤミ取引が発生したのは日中戦争が勃発した直後の一九三七(昭和一二)年九月からのことで、統制の波紋ないし弊害がたちまち表面化したのである。また、統制は連鎖的に多くの商品に波及していった。例えば綿製品が統制されると、その代用品としての人絹・ステープル・ファイバー(ス・フ)製品が不足したり買占められたりして、この分野にも統制が必要になってくる。或いは、綿製品に公定価格が設定されて、人絹やス・フの価格が放置されれば、綿製品よりも高価になってしまう惧れがあるから、人絹やス・フの公定価格が必要になる。統制は統制を呼ぶのである。

統制の根拠法規として、画期的な「国家総動員法」が一九三八年四月に成立した。その内容は、戦時・準戦時において、政府は物資の生産、修理、配給、譲渡、使用、消費、輸出入などについて命令を下し、自ら使用・収用し得ること、国民を徴用して総動員に必要な業務に従事させること、会社の工場、事業所等を使用・収用できること、会社の設立・増資合併、利益金処分等について命令できることなどを定めている。戦時ないし準戦時のための立法とされていたが、実際には「支那事変」と呼ばれていた日中戦争のための法律なのであった。以後、国家統制の網の目はどんどん密なものになってゆく。陸軍の意向で、やらないでもすむのに、企業の配当率を一割に制限するとか、金融機関の資金運用について命令するとかいう措置が次つぎに発動されてゆく。学校卒業者の進路についても、「不急不用」の商業やサービス業の就職は禁止され、軍需工業などへの就業が強制された。賃金・物価を一九三九(昭和一四)年九月一八日の水準に釘付けにするという、九・一八ストップ令が出たのもこのころである。賃金・物価を全面的に公定する準備というのだが、ずい分乱暴な政策もあったものだ。この発想は陸軍省経理局から出たといわれるが、軍隊式に命令すれば物価がきまると考えていたのだろうか。

戦後の経済と統制

敗戦は大中の都市が焼土となった後に訪れた。原子爆弾の投下とソ連の参戦によって、陸軍もようやく敗戦を承認したのである。国土は連合軍(事実上はアメリカ軍)の占領下におかれ、一連の「民主化」政策が展開された。東京裁判、財閥解体、労働組合活動の活性化、婦人参政権の公認、治安維持法の廃止、公職追放、六・三制の実施、等々。ほかに日本側の発意で農地改革。この一連の改革には行き過ぎもあったにしても、経済社会に活気をもたらしたことは否定できない。その一方で、占領軍は、日本人の生活や経済復興に責任を負わない建前であったが、占領を開始してのちはそういってもいられなくなり、手持の食糧を放出したり、小麦粉や大豆の輸入に努めたりして、日本人の最低生活の維持を図らなくてはならなくなった。

戦時にあっては政府の権威はなお高く、ヤミ取引は行われていたが、統制は比較的に守られていた。しかし、敗戦後は統制も守られずヤミ取引が横行するようになった。とくに一九四五(昭和二〇)年は、その前後に例をみない大凶作で、米の収穫量は平年作のほぼ三分の二、五八七二万トンに過ぎなかったから、政府への米の供出量は激減し、配給量も当然少くなり、都市住民は食糧不足に苦しんで、リュックサックを背負って農村に出かけて米や甘藷を買い出してやっと命をつなぐ有様であった。食糧事情は四六年が最悪で、改善がはっきりしたのは四八年以降であったから、都市住民は四八年ごろまでヤミの米やいもと縁が切れなかったのである。

この間の政府の経済統制はどのように推移したか。戦後の四五年秋以降は、戦時中の統制の手綱がゆるみ、ヤミ値の商品が出廻りはじめると、物価はたちまち奔騰の兆しを示した。戦後になって企業や個人に対する戦争保険、復員者や引揚者への手当の支払いが行われ、通貨も急膨張してインフレーションの危険が明らかになっていたのである。当局者は第一次大戦後のドイツのようなインフレを回避することを考えて、思い切った対策を講じた。四六年二月三日までに手持ちの日銀券は金融機関に預け入れることにして、以後は新通貨(新円)のみを流通させる。預金は封鎖され、一ヵ月五〇〇円に限って新円で引出すことができる。毎月の賃金給与も五〇〇円だけは新円、残りは封鎖預金で支払われる。「新円切り換え、五〇〇円生活」といわれたのがこれである。これと同時に新しい公定価格体系(三・三物価体系)が設定されて、いったんはインフレの勢いは抑えられたかに見えたけれども、やがて供出米の代金はすべて新円で支払わなければ農家が供出に応じないというような理由から新円が流出するようになって、半年ほどでインフレは再燃してしまった。

翌一九四七年四月の総選挙を経て、社会党の片山内閣が成立し、七月には賃金一八〇〇円をベースとする「新物価体系」が設定された。石炭、鉄鋼、硫安その他の基礎物資(安定帯物資と呼ばれた)の価格は戦前の六五倍、ただし賃金は二八倍という低い生産性に見合う水準に抑えておくというのである。その一年後の四八年六月には一般物価の上昇に見合うように、物価は戦前の一一〇倍、賃金は五七倍の水準で物価体系の改訂が行われた。一挙にインフレを抑制するのは難しいので、二度にわたって賃金・物価の目標を設定して、時間をかせぎながら、なし崩しにインフレを抑えこんでいったということができよう。GHQと経済安定本部合作の政策構想が功を奏したといってよい。

ドッジ・ラインと朝鮮戦争

日本におけるインフレは収束に向いつつあったが、アメリカ国務省は一挙にその安定を図るべく、デトロイト銀行頭取ジョセフ・ドッジをGHQ顧問として日本に出張させた。ドッジはさきにドイツにおいてインフレの安定に成功したエキスパートであって、徹底した自由経済の信奉者であった。ドッジは、まず三カ条の処方箋を日本経済に課した。第一に、財政の均衡化。それも一般会計のみならずすべての特別会計を含む全財政を均衡させるとともに、法定された率以上の債務償還を行うという黒字財政、「超均衡」予算の実現である。第二に、戦後復興のために設置されていた復興金融金庫の新規貸出の停止、インフレの基本要因と目された新規通貨供給の根源を絶つことである。第三に財政からの補給金の削減と停止。予算に計上されていない補給金、たとえば貿易資金特別会計の赤字などまでをすべて予算に計上し、その上で速やかに経済統制と補給金制度を廃止しようというのである。徹底的に赤字財政の原因を排除しようとするドッジの政策は、四九年度予算において実施されたが、同時に単一為替レート、一ドル三六〇円が設定された。それまでは品目により、場合によってまちまちだったレートが統一され、これによって、日本経済の対外取引の基準が定められたのである。だが、ドッジの政策は政府資金の流出の源を絶ったために、国内の金融を梗塞させて深刻な金詰りをもたらし、景気後退は翌五〇年六月、朝鮮戦争が勃発するまで続いた。

六月二五日、朝鮮において北朝鮮が韓国に侵攻すると、アメリカは韓国軍援助のために出撃し、国連もマッカーサー元帥の指揮のもとに国連軍を編成して韓国援助を決定した。日本は国連軍の基地となり、国連軍は出動のための軍需品の日本における調達を活発に行った。国連軍の物資サービスの調達は特別需要(特需)と呼ばれ、米ドルで支払われたが、これは当時の日本の復興のために大きく寄与したのであった。一九五〇年、五一年、五二年の輸出は八億ドル、一三億ドル、一三億ドルであったが、特需は五〇―五一年計で六億ドル、五二年と五三年には八億ドルに達した。輸出と合計すれば五一年一四億ドル、五二年、五三年二一億ドルに達する。朝鮮戦争のために俄かにドル収入が増加したことによって、経済の復興は加速された。ドルの手取り額の増加は、原材料をはじめとする輸入額の増加を可能にする。戦前第二の輸出産業であった綿業は、原綿の輸入増加とともに急速に復活して一時は輸出の主力となった。鉄鉱石の輸入は鉄鋼業の再建をもたらし、原油輸入は石油産業を活気づけたばかりでなく、石油化学という新規産業の発展によって、大型化学工業の様相を一変させた。

朝鮮戦争を契機とする世界経済の活況のなかで、日本経済の復興は急速に進んだ。戦争を景気回復のきっかけにしてきた戦前以来の体質は、この時まで続いていたとみてよいであろう。石油、鉄鉱石、綿花、羊毛等の原材料を輸入に依存してきた経済の体質から、十分に外貨を持たなければ日本経済を発展させることはできなかった。アメリカをはじめとする国連軍の「特需」に支えられて、日本経済の復興は一気に進んだのである。

戦時中に拡大した金属機械工場や化学工場の一部は戦後に没落したけれども、そのかなりの部分は粘り強く生き残って再起の時を待っていた。戦前以来の軽工業は戦時中に縮小し、戦後に至って復活したけれども、戦前の規模には達しなかった。他方、重化学工業は、復興にともなって拡張を重ね、内需ばかりか輸出に販路を見出していった。たとえばラジオやテレビをはじめとする家庭用電気器械などはその代表的な例である。表8-1は、工業の産業中分類別の生産額(一九三四―三六年価格)を一九三〇年から七〇年まで一〇年ごとにかかげ、その構成比を示している。昭和初年には、繊維、食料品の両産業で工業生産額の過半に達し、鉄鋼、非鉄金属、機械の三者を合算しても二割強に過ぎなかったが、一九四〇年になると後者が三割を超え、七〇年には五割に達している。機械工業を中心とする工業化

表 8-1　工業生産額の動向(1934-36 年価格，100 万円，( )内は構成比%)

	食料品	繊維	木材木製品	化学工業	ガラス土石製品	鉄鋼	非鉄金属	機械	印刷出版	その他	合計
1930年	2,360 (25.5)	2,601 (28.1)	272 (2.9)	1,190 (12.8)	224 (2.4)	618 (6.6)	336 (3.6)	1,098 (11.8)	251 (2.7)	313 (3.4)	9,261 (100.0)
1940年	2,635 (13.0)	3,454 (17.1)	560 (2.8)	3,342 (16.5)	544 (2.7)	2,495 (12.3)	556 (2.8)	5,581 (27.6)	444 (2.2)	599 (3.0)	20,210 (100.0)
1950年	2,180 (21.4)	1,467 (14.4)	344 (3.4)	1,792 (17.6)	390 (3.8)	1,110 (10.9)	487 (4.8)	1,617 (15.8)	503 (4.9)	315 (3.1)	10,204 (100.0)
1960年	7,108 (14.3)	6,066 (12.2)	1,219 (2.5)	8,920 (18.5)	1,931 (3.9)	5,326 (10.7)	2,190 (4.4)	13,838 (27.9)	1,102 (2.2)	1,913 (3.9)	49,612 (100.0)
1970年	21,718 (10.1)	14,714 (6.8)	3,320 (1.6)	42,332 (19.8)	7,258 (3.4)	23,093 (10.8)	7,753 (3.6)	80,281 (37.5)	2,945 (1.4)	10,724 (5.0)	214,137 (100.0)

がはっきり読み取れるのである。

この変化は戦後の産業構造の原型となったとみなしてよい。

二　高度成長の時代

一九五〇(昭和二五)年の朝鮮戦争の開戦から、二度にわたる石油危機が発生した一九七〇年代後半までの三〇年間は、年平均の実質国民総生産(GNP)の成長率がほぼ一〇%という、極めて高い経済成長が持続した、高度成長の時代であった。実質国民総生産の平均成長率が一〇%という数字は、三―四%でも高い方だといわれていた常識とは、かけ離れた高率であった。なぜこれほどの成長が実現したのか、その理由について考えてゆこう。

第一に、戦後の日本には、兵器生産のための大量の機械工場が残されていた。そのかなりの部分は賠償として現物でアジア諸国に引渡されることになっていたのだが、実際の引渡しは遅延し、一九四九年五月にはアメリカで引渡しの中止が決定されてしまった。アメリカでも、占領下の日本を早く復興させて経済の安定を図る方がいいという共和党的な考え方が強まってきていたと考えられる。ドッジの政策はまさに共和党的な古典的自由経済への復帰であった。財政資金は一九四八年まで民間に対して撒布超過になっていたけれども、四九年から五〇年にかけては大幅な引揚超過となり、インフレーションは収束したが、

表 8-2　朝鮮戦争期の貿易と鉱工業生産

	1949年	1950年	1951年	1952年	1953年	1954年	1955年
輸出(100万ドル)	510	820	1,355	1,273	1,275	1,629	2,011
特需(　〃　)	―	592		824	809	597	557
輸入(　〃　)	905	975	1,955	2,028	2,410	2,399	2,471
鉱工業生産指数(1950年:100)	81.6	100	138.1	148.0	180.7	196.0	210.8

一転してデフレーションの危機が叫ばれはじめた。ドッジはそれでも引締政策の手をゆるめようとはせず、五〇年の春からは「安定恐慌」の危険が叫ばれるようになった。そのなかで、朝鮮戦争がはじまり、国連軍の特需が発生したのである。輸出と特需によって得られたドル収入はそのまま必要な原材料の輸入に充てることができ、そのまま生産復興に結び付いたのである。事実、鉱工業生産指数の増加は、朝鮮戦争開戦後の三年位がとくに目覚ましい。世界的にみても、朝鮮戦争によって、俄かに戦略物資の買付けが盛んになり、国際物価は高騰した。日本はその中心にいたわけだから、沈滞した経済が回復し復興に弾みがついたのである。

次に重要なことは、企業が活性化したことである。戦前においては、財閥系企業があり、分野ごとの大企業があって、産業ごとに一種の序列が成り立っていたが、一九三〇年代に入るころから変化しはじめたと思われる。ひとつには日産、日窒、理研、日曹、中島などの重化学工業を中心とする新興コンツェルンが誕生したこと、また地方都市でも多数の中小機械工業が発展し戦後にも生き残ったこと。いずれも戦後には苦難の時代を経たには違いないが、やがて復興の中心となるに至った。戦後華々しくフットライトを浴びた企業、たとえば松下(ナショナル)、ソニー、サンヨー、シャープなどが、家庭用電器の分野で急成長して、冷蔵庫、洗濯機、テレビの〝三種の神器〟をはじめ、トヨタ、ニッサンの乗用車にいたる多くの機器を普及させて、都市・農村の生活様式を一変させた。この変容は、五〇年から六〇年代にかけての高度成長のなかで起こり、住宅のありかたから服装、食生活までを変えていったのである。

小型の機械工場の増加の一例を、一九六〇年代なかばの富山県高岡市における調査によって述べておこう。高岡市は幕末以来の青銅鋳物の産地で、寺院の梵鐘などで知られていた。戦時中には兵器生産を行い、戦後、産業機械や工作機械に転じていたのである。六二年当時、当地にはH鉄工所という工作機械メーカーがあり、もっとも一般的な六尺旋盤の見込生産を行っていた。通常、工作機械は注文を受けてから生産するのであるが、この時期は設備投資ブームであって小さな機械工場の新設が相次いでいたので、H鉄工所はどの中小工場でも使用される六尺旋盤の大量生産に踏み切ったのである。小型旋盤は売行き好調で、H鉄工所は高岡市近郊に四工場をつくり、自家製の小型旋盤を並べて生産に努めていた。野良着の女性が、旋盤のペンキ塗装をしていた。ちょうど小型の農業機械が急に普及していたころのことで、小型旋盤はトラクターやコンバインの生産に用いられたのである。労働者は近郊農村の青年を集めるので、毎朝バスが巡回して工場につれて来、夕方送り帰すのである。

太平洋岸ベルト地帯

高度成長は、「太平洋岸ベルト地帯」といわれる工業地帯をつくりだした。海外から船で入ってくる原材料を受けいれ、加工して、製品をまた船で積み出すためには、工場は海岸に立地し、港湾設備を備える必要がある。また需要地に近いことが望ましい。そのためには工業地帯は関東地方から北九州までの太平洋岸に展開することが便宜であった。そのために、東は鹿島(茨城県)から大分(北九州)までの沿岸に工場が立地したのである。京浜、浜松、名古屋、大阪神戸の沿岸には戦前から工業地帯があったが、その隙間を埋めるように新しい立地が行われたのだ。東京湾岸の千葉と川崎、名古屋、四日市、和歌山、堺、水島、福山、新居浜、岩国、徳山、戸畑、鶴崎などが新しいコンビナートであった。製鉄所、製油所、石油化学センターがこの地域に立地したのである。大工場の周囲には下請けや関係工場が立ち並び、これを住宅やショッピングセンターが取り巻く工業都市ができあがっていったのである。

ここで石油化学工業に触れておくべきであろう。アメリカの油田では油井から噴出するガスを分解するとエチレン、プロピレン、ブチレン、メタン、エタン、プロパン、ブタン、ブタジエン、水素等が抽出される。油田ガスをもたない日本では、原油からナフサ(重質揮発油)を得て、これを熱分解して同様の中間材を抽出し、それから合成繊維、プラスチックス、合成ゴム、可塑剤、化学肥料、界面活性剤、合成染料、塗料、印刷インク等が生産されるのである。かつては、二、三種類の原料を組合わせて一つないし二つの製品を生産していた化学工業は、原油という原料から多様な中間材をつくり出し、多様な製品を生み出すようになった。三井化学、三菱石油、住友化学、昭和石油、大協石油、等が早くからこの分野に進出し、やがてアメリカ企業からの技術導入競争が行われた。その花が開くのは一九五〇年代後半以後六〇年代にかけてであったが、それによって旧来の硫安工業、曹達工業などは消滅し、石油と結びついた化学工業が確立してゆくのである。

成長が続くなかで若年労働力の不足が発生した。戦後、一九五〇年代までは労働力の過剰が目立ち、中卒者などでも親の農業を手伝う者も多かったが、五〇年代末になると、まず中学、次いで高校新卒者の不足がはっきりして、初任給が急に高くなってきたのである。新卒の労働力がベルト地帯に吸収されてゆくと、すでに農業に従事している若者にも誘いがかかるようになって、離村する者が増加しはじめた。農村に農機具が普及したのも、委託耕作が行なわれるようになったのも、このころからのことである。

貿易の動向

高度成長を支えた重要な条件として貿易がある。工業生産のための原材料を確保するためには輸入に依存しなくてはならないが、その代金の支払いのためには、一九五〇年代、とくにその前半までは輸出の収入と特需の収入とが充てられた。五〇年代の前半には特需収入が輸出とともに重要な支柱であり、両者の合計が輸入額を決定したことは、すでに見た通りである。一九五一―七〇年の日本の輸出額Eを、世界輸入額Mの関数とみて次式によって計測した結果を示しておく(ただしE、Mは名目値)。

$E = AM^{\beta}$　(1)

(1)式のパラメータの計測結果

$A = 2.0672 \times 10^{-3}$

$\beta_1 = 2.0281$

決定係数 = 0.984

一変数の単純な式ではあるが、決定係数が極めて高いことは、日本の輸出額がほとんど世界の輸入額によって説明されることを物語っている。また指数βは日本輸出の世界貿易に対する弾性値$(\Delta E/E) \div (\Delta M/M)$に等しいから、この期間においては、日本輸出の増加率は、世界輸入の増加率のほぼ二倍であったと結論することができる。なお数字は省略するが、時期を細分して同じ推計を行ってみると、決定係数はほとんど低下しないが、係数βは時期が後になるほど小さくなることが見出される。戦後まもなくの時期ほど、世界輸入の変動の影響が大きかったと考えてよいであろう。

世界輸入の動きが日本の輸出にとって決定的な意味をもっていたことは、次の事実から理解できる。一九五〇年代に世界輸入が停滞したのは、五二年、五三年、五七年、六〇年であった。ところが日本の輸出の対前年比伸び率は、通常一五%から二〇%台だったにもかかわらず、五二年マイナス六・三%、五三年〇・一%、五八年〇・六%、六一年四・四%と世界輸入の伸びの低下に対応してはっきりした落ち込みを示していたのである。その後は世界輸入が落ちた六七年に日本の輸出も一桁の伸び(六・八%)に留まったことはあったけれども大きな落ち込みは見られなかった。五〇年代には、日本ではまだ労働者の賃金も廉く、海外市場に食い込むために思い切った価格競争をしていたと思われ

表8-3　日本の輸出入〔構成比%〕

		食料品	原料	燃料	化学製品	機械と輸送用機器	その他工業製品	合計額(億ドル)	(別掲)輸出のうち 繊維品	鉄鋼
輸入	1955年	26.4	50.5	9.7	4.7	5.2	3.5	24.7		
	1965年	19.3	36.5	19.0	5.2	9.6	10.3	81.7		
	1975年	15.2	20.1	44.3	3.6	6.6	9.7	579		
	1990年	13.6	12.9	24.8	6.6	15.6	25.3	2,348		
輸出	1955年	6.8	6.1		4.7	12.3	70.0	20.1	37.3	24.0
	1965年	4.1	3.3		6.5	31.2	54.3	84.5	13.5	15.3
	1975年	1.4	2.0		7.0	49.2	39.2	558	5.3	18.3
	1990年	0.6	1.2		5.5	70.8	20.4	2,869	2.5	4.4

る。五〇年代のはじめ、アメリカ市場に小売価格一ドルの日本製ブラウスが現われてダンピングの批難を浴びたのも、当時の輸出競争の代表的事例であった。

　貿易商品の変化も日本の産業構造の変貌を示す重要な指標である。表8-3によれば、輸入品の構成比のうち一九五五年に最大なのは鉄鉱石、屑鉄、原綿、羊毛等原料であったが、その比率は九〇年まで漸次低下している。反対に次第に比率を高めてゆくのは、原油、輸入炭等の燃料であった。戦後の傾斜生産政策の時代には、石炭の増産が叫ばれ、しばらくは石炭と水力発電が国産エネルギー源として重視されたことは周知の通りである。しかし、戦後、中東の油田が開発され、廉価な石油が輸入されるようになった五〇年代なかばから、「エネルギー革命」が叫ばれるようになった。国内産の石炭は五〇年代後半以後はたちまち石油にその地位を奪われた。九州、北海道の炭鉱は相次いで閉山を余儀なくされた。以後、石炭は釧路などで一部採掘が続けられたのみで、国内のエネルギー需要は、ほとんど輸入原油に依存することになったのである。原子力発電は六〇年代後半から発電を開始したが、現在でも総発電量の一七%を占めるのみで、輸入原油による火力発電の座をゆるがすには至っていない。

　さきの表8-3に示した貿易の構成比をもう一度見直してみよう。輸出の表の右端に別掲として、繊維品と鉄鋼の構成比が示されている。一九五五年には繊維品が三七%、鉄鋼が二四%を占めていて、両者で輸出の六割を上廻っていた。戦前の三五年においては、繊維品のみで輸出のちょうど五割を占めていたのだから、繊維の比率は低下したともいえるが、戦争のために壊滅した産業がよくも立ち直ったというべきであろう。他方、戦前には輸出などほとんどできなかった鉄鋼は、戦時戦後に発展して重要輸出産業の地位を確保した。鉄鋼業の第一次合理化計画が早くも実を結んだといってよい。軽工業が戦前の競争力を回復し、重工業とくに素材産業が新たに競争力をもって登場したのが五五年当時の状況であった。ただしこれ以後、とくに繊維品の輸出の構成比は急激に低落してゆき、鉄鋼のそれもやはり低下を免かれなかった。もちろん輸出総額は増加しているので、金額自体が減少したわけではないけれども、素材産業が凋落して輸出額の増加が機械に集中してゆく傾向には抗しえなかったのである。

輸出が機械にかたよっていったのには、いくつかの有利な条件があったことは否定しえないと思われる。戦時中、さきにあげたH鉄工所の例のように、地方において簡単な兵器弾薬工場が設置され、戦後にも存続していたものがあって、これを核として技術が伝承され、小工場が誕生しうる条件が整っていたことがもっとも有力な理由であろう。下請工場を設けるためにも、好都合だったに違いなく、農村地帯に下請が立地し、農村の労働力を吸収して、小型機械やカメラ、ミシンなどの部品生産や組立てなどが行なわれた例も多い。

三六〇円レートの終り

高度成長の間、何となく一定不変と信じられてきた三六〇円レートが変更を余儀なくされる時がきた。一九四九年にドッジによって定められたこのレートは、設定の当初においては円高といわれ、闇レートは四〇〇円とか四五〇円などという声も聞かれたけれども、朝鮮戦争以後は特需の助けもあって次第に定着していったのである。戦後一〇年を乗り切ったあとは、国際収支の危機は三―四年に一度やってくるが、その時以外は気にしないですむようになった。一九五〇―六〇年代に国際収支に心配が生ずるのには、次のような一定の類型がみられた。金融引締めが緩和されて一年たらずの間は、生産活動は活発になってゆくが、設備投資はなお慎重に推移する。続く一年ほどのうちに、企業は次第に積極的になってゆき、設備投資も増加し、景気も上昇に転ずる。次の一年は設備投資ブームとなり、消費も増加してはっきりした好況となるが、生産増加のために原材料の輸入も増加し、内需が拡大する一方で、輸出の伸びが減退する。生産増加に伴なって輸入は増える一方だから、貿易収支は赤字となり、やがてその対策として内需の抑制が必要となり、金融の引締めが避けられなくなる。公定歩合の引き上げ、窓口指導の強化、預金準備率の引き上げ、等。景気は後退に転じ、設備投資も伸び悩みから縮小に向い、輸入の増加も止まり、輸出は増加に向かう。貿易赤字は解消し、金融引締めは解除され、景気はしばらく落着くがやがて上昇に転ずる。——以上が周期三年余の景気変動のモデルである。

一九五〇年代から六〇年代にかけての日本経済は、ほぼ以上のようなサイクルを繰返しながら、成長軌道を走りつづけていった。三六〇円レートは、この間における貿易、あるいは対外経済活動の基準の役割を果した。このレートは四九年から七〇年まで、二二年間据え置かれたが、それは当時の日本と海外の経済を結ぶ価値基準ないしモノサシとしての役割をつとめ続けた。この間、西ドイツでは、アメリカの要請もあって、幾度かドイツ・マルクの小幅な切り上げを避けられなかったが、それにくらべれば日本では長く対外価値基準が安定していただけ、経済界は目標がたて易かったと見てよいであろう。

しかしこのレートを切り上げざるをえない時が来たのは、一九七一年であった。アメリカは、世界の金融と経済の中心《センター》としての地位を保ってはいたが、六〇年代以来国際収支の赤字が次第に拡大し、黒字国である日本と西ドイツから資金を受けいれてその地位を守りつづけていた。日本や西ドイツにしても、その黒字の運用先としてはアメリカが最適だったのは事実であって、持ちつ持たれつの状況だったというべきであろう。アメリカのニクソン大統領がドル防衛策として金ドル交換の一時停止、一〇%の輸入課徴金賦課などの政策を採ることを発表したのは、七一年八月一五日であった。これが「ニクソン・ショック」である。ヨーロッパの為替市場は混乱回避のために閉鎖された。東京では市場はそのままに取引が続けられたから、ドルの切り下げ(円の切り上げ)を見越したドル売りが殺到し、日本銀行は持ち込まれたドル為替の買い入れを継続した。この時の政府・日本銀行の対応過程についてはその後も説明はなされていないが、日本銀行が巨額の損失を出したのは事実である。八月一七日の閣議においては三六〇円レート堅持の方針が決定された。八月二三日、ヨーロッパで為替市場は再開されたが、同時に変動相場制に移行した。日本でも同二八日から変動相場制への移行が決定されたが、当日のドル相場で、円は五・四七%の切り上げとなった。以後、年末まで変動相場制のもとで、円の対ドル相場はさらに切り上げられてゆき、三一〇円台に達したが、一二月一七日、ワシントンのスミソニアン博物館で一〇カ国蔵相会議が開かれ、次のような決定がなされた。アメリカは輸入課徴金制度を撤廃し、金一オンス三八ドル(従来は三五ドル)と定めて平価を切り下げる。各国通貨の多角的調整を行う。日本円については、一六・八八%切り上げて、一ドル＝三〇八円とする。スミソニアン合意が成立したのである。

ただし通貨体制はなお不安定だった。翌一九七二年英ポンドは急落して、変動相場制に移行した。七三年二月、ドル売りが激化して、東京でも二月一〇日には外為市場が閉鎖され、米ドルは一〇%切り下げを決定し、一四日、再開と同時に変動相場制に移行したが、ドルは二六四円に急落した。なお、三月にはドル売りが再燃して、二日から一九日まで外為市場は閉鎖されている。この時の突然の変動相場制への移行以来、通貨制度に大きな変化はなく、現在に至っている。移行後しばらくは固定相場制への復帰が話題になったことはあったが、もはや変動相場制は定着したものとみてよいであろう。

成長の実績

高度成長のもとでの生産活動と物価動向をまとめてみよう。表8-4の鉱工業生産指数と表8-5の卸売物価指数が

表 8-4　鉱工業生産指数(1953 年：100)

	鉱工業総合	工業総合	鉄鋼業	非鉄金属工業	金属製品工業	機械工業	窯業土石工業	化学工業	石油石炭工業	プラスチック製品加工業	食料品工業	パルプ紙工業	繊維工業	一般機械	電気機械	輸送機械	精密機械
1953年	100	100	100	100	100	100	100	100	100		100	100	100	100	100	100	100
1958年	166	171	151	168	171	229	153	200	215	100	115	178	141	163	320	246	206
1963年	365	378	378	392	371	641	307	388	545	457	186	401	237	471	1,120	562	582
1968年	669	716	809	783	777	1,488	520	752	1,210	1,186	254	643	360	1,002	2,720	1,523	864
1973年	1,116	1,203	1,404	1,355	1,456	2,841	808	1,325	2,271	2,409	319	996	483	1,742	5,880	2,811	1,568
1978年	1,173	1,269	1,313	1,416	1,482	3,164	778	1,581	2,238	2,337	358	1,029	441	1,739	7,460	2,838	2,900
1983年	1,377	1,492	1,328	1,407	1,396	5,476	782	1,860	1,867	2,594	377	1,145	427	2,128	14,540	3,365	4,558
1988年	1,766	1,916	1,567	1,704	1,609	6,952	891	2,508	1,758	3,237	385	1,484	407	2,903	26,460	4,061	6,712

表 8-5　高度成長期の卸売物価指数

	総平均	食料品	繊維品	木材同製品	パルプ・紙同製品	鉄鋼	非鉄金属	金属製品	機械器具	化学品	石油・石炭同製品	窯業製品	雑品目
1952年	100	100	100	100	100	100	100	100	100	100	100	100	100
1957年	105.6	106.9	81.6	150.4	91.4	121.3	94.5	124.0	108.2	87.5	101.2	96.4	113.7
1962年	100.1	109.9	75.0	194.1	85.8	87.5	82.0	109.8	99.7	74.7	84.5	103.2	123.5
1967年	107.3	126.8	83.0	242.8	91.9	89.3	106.8	117.4	98.1	71.8	82.3	108.1	131.8
1972年	114.5	151.5	86.8	295.0	99.1	90.6	100.2	126.3	98.9	69.4	91.8	120.6	146.5
1977年	192.1	267.3	124.5	475.2	183.5	146.2	149.8	212.7	132.3	122.4	299.8	211.9	278.5

それである。生産指数の方からみてゆけば、機械工業を筆頭に、鉄鋼、金属、化学、プラスチック工業など重化学工業の伸びが著しい。伸びが鈍いのは繊維、食料品工業などの軽工業である。戦時中に軍需を中心に進行した重化学工業化は、敗戦とともにいったん挫折したものの、一九五〇—六〇年代には、急に盛り返した。その中心になったのが、設備投資材、建設資材、家庭用電器、などである。さらに造船とともに自動車生産が本格化したことに注目しなければならない。この時期には、日産自動車はオースチンと、いすずはヒルマンと、日野はルノーとそれぞれ技術提携を行ってノック・ダウン方式で技術を習得し、一方、トヨタとプリンスは自力で乗用車生産に取り組んでそれぞれに成果を挙げた。当時は乗用車の輸入は自由化されていなかったから、国内の需要は国産車に向わざるをえず、トヨペット・クラウンや日産のダットサンなどが出現したのである。その後一〇年足らずで乗用車は海外に販路を見出すように

なってゆく。また、繊維工業の分野でも、東洋レーヨンがアメリカのデュポンと提携してナイロン技術を導入し、倉敷レーヨンが自社技術でビニロンの開発に成功したことによって、合成繊維の工業化が始められた。ナイロン、ポリエステル、アクリルの三つの合成繊維技術が導入されて、はげしい寡占間競争が六〇年代に展開されることになったのである。これまでに、高度成長期の主要産業のすべてが輸出産業に育っていったのである。

一方、表8-5の卸売物価指数を見れば、価格上昇の激しいものは食料品と木材木製品、安定していたのは金属、機械、化学製品、石炭石油製品、繊維製品と二つに分れていることがわかる。前者は農林漁業生産物が主であって、生産性の向上が望みにくい分野であり、生産費の上昇が価格にハネ返るのはある程度はやむをえない。金属・機械、化学製品、石炭石油製品は、技術進歩の効果と輸入原材料価格の低下とによって、価格の安定がもたらされたと考えることができる。とくに石油は、中東油田の開発によって、アジア向け原油価格は低落し、一九六〇年代までは、一バーレル(一五九リットル)当り一ドル八〇セントの標準相場に落着いていた。この相場が続く限り、他のエネルギーは対抗できない。日本においても九州、北海道の炭田がことごとく閉山したのは一九六〇年代の前半であった。個人的な追憶を付け加えれば、六二年の三月であったと思うが、九州大手の貝島大の浦炭鉱の閉山直前の状況を見たことがあった。最後まで残されていた地表の炭層をパワーショベルで掻き取ってゆく。これを掘り尽くしたらあとがないのを見て、古い歴史をもつ筑豊炭田が、完全に消滅してしまうのだと感なきをえなかったのを覚えている。不幸中の幸は、折からの高度成長のために、いったん失業した炭鉱労働者たちのほとんどすべてが再就職の機会を得て、残ったものは少数の高齢者にすぎなかったことであった。

三　宴の果て――高度成長以後

石油ショック

高度成長はインフレーションと突如訪れた「石油ショック」のために終りを告げた。年率一〇%に近い成長が長く続くはずはないとわかっていながらブームに乗ってきたのが、ついに崩壊したのである。一九七二年、田中角栄が「日本列島改造計画」を掲げて首相となり、全国に立地する人口二〇―三〇万の中核工業都市を新幹線と高速道路網で結び、太平洋岸に偏った工業地帯を全国に分散させようとする構想を打ち出した。これを達成するためにさらに一〇年は年率九%の経済成長を続けなければならないというのである。太平洋岸に集中した工業地帯を日本海岸にまで拡大し、全国におし広げようというのが、池田勇人の「所得倍増計画」に学んだ新潟出身の田中の悲願であった。

その一方で、一九七三年一〇月、中東の石油輸出国連合(Organization of Petroleum Exporting Countries: OPEC)諸国が石油戦略を発動するという事態が発生した。それまで、中東諸国は、産出する原油を大手石油会社(メジャーズ)におさえられ、僅かの収入しか得られなかったことを不満として、埋蔵石油資源の国有化を宣言し、原油価格の引上げを図ったのであった。すでに見たように、石油戦略発動以前、原油の建値は一バーレル当り二ドル足らずであったが、メージャーはこれでも立派に採算がとれていた。しかし産油国はそのわけ前に不満であり、原油価格の引き上げが始められて、一一ドル台、もとの建値の六倍以上にはねあがったのである。一九七〇年を一〇〇とする卸売物価指数によれば、七三年前半はなお七〇年の二割高だったのが、同年末には一八七、七四年二月には四〇九、一二月には五四一と急激な騰貴を示した。また石油製品も、原油ほどではなかったが大きな値上がりとなった。それに誘われたように、石油とは直接縁のない一般の商品価格までが上昇に向った。列島改造ブームに続く石油の値上がりによって、インフレーションが昂進したのである。七三、七四(昭和四八、四九)年には、卸売物価指数は前年比一五・八%と三一・四%、消費者物価指数は一一・七%と二四・五%の上昇を示し、戦争直後を除いては最悪の事態となった。このインフレに対しては、時の田中角栄首相も列島改造計画どころではなく、折から急死した愛知揆一蔵相の後任に政敵福田赳夫を迎えてインフレの火を消すことに全力を挙げることになった。これまでになく強く、長い引締めは二五カ月にわたり、大インフレの抑制に成功した。しかし、この間に鉱工業生産は一四％方減少し、高度成長の勢は全く失われた。当然のことながら、設備投資は停滞し、成長率は大きく落ちて、ここに高度成長以後の経済が始まったのである。このとき、企業は、今後の経営には、高度成長の持続は望めないとすればコストの切り下げがもっとも重要であることを理解していた。そこで掲げられたスローガンが減量経営である。強気で企業の拡大を図っているときには、借入金が増えるのも、雇用量が増加するのもあえて意に介さずに、より大きな利潤を追求してきたけれども、大きくなる道が閉ざされてみれば、一転して借入金を縮小し、雇用量を縮小(雇用調整)し、コストの切り下げを行う方針に切り替えられた。雇用についていえば、この頃には人手不足が激しくなってきていたから、正規従業員以外に、学生生徒のアルバイトや、主婦のパートタイマーなどが増加していた。これらの労働力は期限つきの雇用契約であったから、期限がきたときに再雇用しないことによって、整理が簡単に行われえたのである。停年退職者の補充も、正規従業員でなく、パート・アルバイトをもってする、ボイラーを改造して熱効率を高める、等々。この時には、パート・アルバイトの数は一時減少したが、数年にして前より増加し、正規従業員の雇用はかえって減少したのであった。ただ、この非常事態にあっても、いわゆる日本的経営の三つの特徴、年功賃金制、終身雇用、経営家族主義の基礎を揺がすような改革はほとんどなされなかったことは特筆すべきであろう。

第二次石油危機への対応

イラン・イラク戦争を契機として第二次石油危機が発生したことは、大規模重化学工業を主体とする日本の産業構造を大きく変容させる契機となった。鉄鉱石、原油、石炭など輸入原材料を大量に使用する重工業は、かつては原材料が低廉だったために、最新の大型設備を活用すれば極めて有利で高い国際競争力を誇る事業であったが、輸入原材料が高騰してからは、その有利さはあらまし失われたけれども、既存の設備を活用することによって、生き延びることができたのである。ただし、石油危機以後は、設備の増設は行われなくなり、太平洋岸ベルト地帯はほぼ固定してしまったといってよい。それにかわって、機械工業の発展はめざましく、輸出の七割を占める主力となっていったのである。とくにこの時期に、日本の機械工業は、急激に発達した電子機器技術と結びつけた自動機器を発展させていった。小型コンピュータと産業機械とを結びつけた自動工作機械などが相次いで実用化され、国内ばかりか海外からも需要されたのである。この種の機械は、わが国の機械技術と電子技術とが結合した新製品で、マイクロエレクトロニクス(ME)技術と呼ばれ広く海外市場にも進出していった。

ここで自動車工業に触れておくべきであろう。戦前の一九三〇年代にトヨタ、日産が国産車に進出していらい、自動車工業は苦難の道を歩んできた。戦時いらい、国産車は弱いとか、材質が悪いなどの批判があったが、戦後は自動車はきびしい輸入割当制度の対象とされ、国産車を使用せざるをえない状況であった。当時、トヨタ以外の各社は、海外から部品を輸入し、国内で組立てて技術を学んだ。五〇年代後半には、トヨタのトヨペット、日産のダットサンが出現して、国産車が使用されるようになっていったのである。輸入制限の壁に守られた国産車はたちまち改良され、ほぼ一〇年のうちに輸出産業に成長し、アメリカやドイツにおいても日本車を見るようになったのである。そのうちに東洋工業(現マツダ)も力をつけ、ホンダが四輪車に参入し、はげしい競争が展開されるうちに、自動車工業は着実に自立したのであった。

一九七九年のイラン革命をきっかけに、八〇年からのイラン・イラク戦争がはじまり、そのために八〇―八一(昭和五五、五六)年の第二次石油危機が発生した。OPECは戦争を機として原油価格を、小刻みにではあったが、一一ドル台から三四ドルまで、三倍近く引き上げた。この値上がり幅はさすがに大きく、石炭、オイルシェールをはじめ各種の代用エネルギーの開発が話題になったのもこの頃のことである。ただし、三〇ドル以上の相場が唱えられたのは一時のことで、一、二年のうちに石油価格は一〇ドル台を上下するようになり、石油化学工業も息を吹き返した。しかし、八〇年当時は、石油危機にともなうインフレを早く抑制するために前年後半以来採られていた金融引締め政策のために、インフレは速かに鎮静したものの、以後二年ほどは景気は長く鎮静したままであった。その一方、日本では二度の石油危機当時のほかは国際収支はつねに黒字であったが、円レートは七八年一〇月に対ドル一七五円をつけたあと、ほぼ二年周期の波を打ちながら、趨勢としては下落してゆき、八二年一〇月には二七〇円を割るに至った。西ドイツのマルクは一層急激な下落傾向をたどった。けれどもアメリカは日本やヨーロッパよりも高い金利を維持し、これら諸国から流入する資金を海外に投資して、ドル高と高金利を容認する態度であった。このような不自然なドル高状態に一応の結着を付けたのが、八五年九月二二日のプラザ合意であった。もちろん、それまでに予備交渉がくり返し行われたあと、ニューヨークのプラザホテルで五大国の蔵相・中央銀行総裁会議が開かれ、いわゆる「プラザ合意」が成立して、「ドル以外の主要通貨の秩序ある上昇」――ドル高の是正が承認されたのである。

この決定の後、一九八六、八七年にかけて一転して円は上昇しはじめた。円レートは、八五年一二月平均二〇七円二〇銭、八六年六月平均一六七円九五銭、同年八月平均一五四円と上昇を続け、以後はしばらく安定したが、八七年後半から上昇を再開し、八八年は一二〇円で推移し、以後は一三〇―一四〇円台のもみ合いが続いている。プラザ合意以後、円レートはほぼ二倍近くに切り上げられたのである。

昭和末期のブーム

大幅な円の切り上げを受けて、一九八五年から八六年にかけて、経済は、いったん不況に落ち込んだように見えたが、八六年後半から立ち直りはじめ、八七年から九〇年にかけて、昭和の幕切れを飾る好況期を迎えたのであった。八六年には公定歩合が四度引き下げられ、翌八七年二月には過去最低の二・五%まで下げられて、以後二年余にわた

表 8-6　地域別，用途別の地価変動率(%)

		1985 年	86 年	87 年	88 年	89 年	90 年	91 年	92 年	93 年	94 年
全用途平均	全　国	2.0	2.7	9.7	7.4	7.2	13.7	3.1	−3.8	−4.3	−2.3
	東京圏	3.2	10.4	57.5	22.6	3.5	10.5	−0.6	−12.1	−13.8	−7.9
	大阪圏	3.1	3.8	7.9	27.0	35.6	45.7	−13.3	−21.7	−13.3	−6.1
	地方平均	1.7	1.3	1.3	2.3	5.0	10.9	5.5	0.1	−1.1	−0.6
住宅地	全　国	1.8	2.2	9.2	7.4	6.8	13.2	2.7	−3.8	−3.6	−1.2
	東京圏	2.0	8.0	57.1	24.1	2.7	11.0	−1.0	−12.7	−12.3	−5.0
	大阪圏	2.7	2.7	5.7	26.9	37.3	48.2	−15.3	−22.8	−12.1	−3.5
	地方平均	1.7	1.2	1.0	2.0	4.6	10.1	5.2	0.3	−0.7	−0.1
商業地	全　国	3.0	5.2	15.0	8.0	7.5	13.4	3.4	−4.9	−7.7	−6.7
	東京圏	8.6	23.6	76.1	15.8	1.9	5.6	−0.3	−12.5	−20.5	−18.0
	大阪圏	5.0	9.7	19.9	36.4	36.1	39.7	−8.9	−23.1	−21.4	−16.7
	地方平均	1.8	1.6	2.2	3.5	6.0	12.1	5.4	−1.0	−3.0	−2.8

出所）　国土庁「都道府県地価調査」.

って据え置かれるという思い切った措置がとられた。八五年からの景気後退は意外に早く回復に向った。一つには円高のプラス効果ともいうべき現象として、円建の輸入原材料価格が低落し、企業の採算が有利になるという傾向がはっきり現われたからである。景気は回復に向い、八七年以後九〇年をピークとする昭和末年の好況が出現したのである。このブームの特徴は地価の動向にもっとも明白に反映されている。表8-6の用途別の地価変動率は、八六年から九〇年にかけて、東京圏から大阪圏へと大都市圏で大幅な地価の上昇が発生し、それが地方に波及して、全国的な地価の値上がり——いわゆるバブルが起こったことを示している。それは大都市の商業地域にはじまり、やがて住宅地域や工業地域に拡がってゆき、さらに地方にも波及したのであった。東京の場合、ビジネス・センターの拡大がはじまり、センター周辺地域の土地買収がはじまり、急激な地価上昇が生じたのである。ビジネス・センター内部でも、ビルの改築、高層化が先を争うように進められ、古くからの街並までが様相を一変してしまった。住宅地においても一戸建の住宅地がいわゆる高層マンションに変貌していったのである。市街地の地価は、五五年から六五年までに七・六八倍、六五年から七五年までに三・四九倍、七五年から八五年までに二・二七倍、この間を通じて六一倍と

表 8-7　地価と建設投資

	地価(1990年3月末，100)				建設投資(1000億円)			
	全国		6大都市		合計		うち建築	
	平均	商業地	平均	商業地	政府	民間	政府	民間
1986年	70.2	64.2	38.4	33.0	208	328	38	279
87	74.1	69.2	48.3	44.2	226	387	40	336
88	81.5	78.4	61.8	62.6	234	433	40	378
89	87.6	86.3	76.9	78.3	243	488	42	422
90	100.0	100.0	100.0	100.0	257	557	46	476
91	110.4	111.5	103.0	103.3	287	538	56	451
92	108.4	109.2	87.0	87.5	330	516	64	427
93	102.4	101.0	71.4	67.9	377	474	66	393
94	97.7	93.5	63.2	55.3	369	446	69	370
95	94.1	87.1	54.7	41.9	379	449	69	367

出所）国土庁土地局「都道府県地価調査」，建設省建設経済局「建設統計月報」．

驚くほどの値上がりを続けてきたが、とくに八〇年代後半には、六大都市の商業地において、バブルの典型ともいうべき激しい値上がりが生じたのである(表8-7)。地価が五年のうちに三倍に値上がりし、その後五年で半値以下に下がったのであるから、異常というほかはないが、円高対策としての大幅な金融緩和の反映と見てよいであろう。この時期から企業は地価上昇を見越して土地の買収を始めていたと考えられる。こうした事実を反映して、建設投資が急に増加しており、大手建設会社五〇社の工事受注額は八〇年代末から九〇年初頭にかけて急増している。

要約すれば、一九八〇年代後半から九〇年代にかけての昭和末期には、円の上昇にともなって、海外の需要の増加に対しては大きな期待は持てないという判断から、一転して国内需要が重視されるに至ったが、その後も九〇、九一年に至るまで経済は好況を持続したのであった。民間消費をはじめ、民間の設備投資や住宅建設が底堅い伸びを続けたうえ、懸念された輸出も堅調な増加を続けたからである。昭和天皇は、八八年一〇月、吐血して重態におちいり、国民は憂色につつまれたが、経済の好況にはもちろん影響はなく、八九年一月七日に崩御されると、皇太子明仁親王が皇位を継ぎ、平成と改元された。昭和がまさに終ろうとする八八年一二月、長い間の懸案であった大型間接税、消費税法案が成立して、八九年四月から税率三％で発足した。直接税に偏っていた税制がほぼ均衡したものになったのである。

四　跡始末の時代

世界の政治経済体制の変容

一九八九年から、世界的にみて、大きな変化が相い次いで起こった。日本経済に直接に影響する事件ではないけれども、年表風に列挙しておこう。

・八九年五―六月　天安門事件起こる。
・　　一一月　チェコで民主化要求のデモ、ドブチェク復活、連邦議会議長になる。
・　　一一月　ベルリンの壁撤去。
・　　一二月　ルーマニアのチャウシェスク政権崩壊、大統領夫妻処刑される。
・九〇年三月　イタリア共産党、左翼民主党に改組。
・　　一〇月　東西ドイツ、国家統一。中国、鄧小平の改革・開放路線に従がう。
・九一年七月　ワルシャワ条約機構解体。
　　　七月　米ソ戦略兵器削減条約調印。
　　　八月　ソ連保守派のクーデター失敗。ソ連共産党解散。
　　　一二月　ソ連邦消滅、独立国家共同体（ＣＩＳ）として発足。

・九三年一一月　欧州連合（ＥＵ）成立。

以上を見るならば、二〇世紀後半の世界を蓋っていた米ソの対立を基軸とする東西の冷戦が、ソ連邦の解体によって消滅したことが知られる。同時に、中国とベトナム、ラオスなどを例外として、全世界の三分の一を支配するといわれた社会主義体制は解消された。このことで、日本においても、社会党をはじめとする社会主義を掲げる政党が凋落していったのもやむをえない帰結であった。

金融業界の動揺

騰貴を続けていた地価対策としては、一九九〇年四月、大蔵省が伝家の宝刀を抜いて、金融機関に対して、不動産融資の総量を規制するという政策をとった。表8-6に示したように、九一年から地価が低落しはじめたのは、その効果であった。また、この年は前年以来の公定歩合の引上げにはじまる引締め政策の年であった。八九年末に三万八九一五円を記録した平均株価は九二年四月には二万円を割り込んで半値に落ちた。昭和末年以来のバブル景気はここに完全に崩壊したのである。

一九九〇年代に生じた注目すべき動きは、金融機関の合併と経営内容の悪化であった。九〇年には、三井銀行が太陽神戸銀行と合併して、太陽神戸三井銀行（九二年、さくら銀行と改称）となり、三和銀行に次いで資金量は全国第二位を占めることになった。また、九一年四月には、協和銀行と埼玉銀行が対等合併して協和埼玉銀行（九二年九月、あさひ銀行と改称）となった。なお、九五年三月には、三菱銀行と東京銀行が合併に合意し、九六年四月、東京三菱銀行が発足した。いずれの合併も、相互に支店網の薄い地域を補い合い、資金量を拡大して営業を拡充しようとしたものである。

その一方で、八九年五月に始まった金融引締めが九一年七月から緩和されることになったが、このころになると証券会社や銀行の不始末が明るみに出ることになった。七月には、野村、大和、日興、山一の四大証券と、準大手一三社が、企業に証券を販売するに当って、損失が出たら補塡する旨を約束し実行していて、その補塡先のリストと金額が公表され、六〇八法人、三個人に一七二〇億円が支払われたことが明らかになったのである。九月の中間決算では、四大証券のうち山一は五四億円の赤字、他の三社も前年同期比六―七割の減益になっていた。さらに九二年に入ると銀行、信託会社の不良債権の問題が表沙汰になり、四月には都市銀行、長期信用銀行、信託銀行の不良債権が七―八億円と大蔵省から発表された。同年一〇月には、九月の中間決算で、有力二一行の不良債権が一二・三兆円、うち四億円は回収不能であることが公表された(九五年九月にはさらに増加して二三・八兆円とその規模は次第に増加していた)。九三年二月には、昭和シェル石油がドル先物取引で一二五〇億円の含み損を出したこと、日産自動車が座間工場の車輌生産を九五年春に中止し、従業員五〇〇〇人をリストラすることを発表した。不況はさらに深刻化し、信用組合やノンバンクの倒産が相次いで発生する。九五年九月には銀行の子会社である住宅金融専門会社(住専)の不良債権が八兆四〇〇〇億円にのぼり、そのうち六兆三〇〇〇億円が回収不能であることも公表された。

加えて対ドル為替レートが、一九九二年から上昇に転じた。九二年には一二〇円台だったのが九三年後半から一〇〇円台に上昇し、九四年後半から九五年にかけて九〇円台から八〇円台を記録したのである。このために、輸出産業の採算も困難となり、政府は一〇月にいたって、二〇〇四年まで、一〇年にわたる総投資額六三〇兆円の公共投資基本計画を策定した。まさにそのとき、九五年一月一七日、阪神大震災が起こり、市街はもちろん、鉄道、高速道路、埠頭、岸壁、工場などに大被害を生じた。政府は二月に復興基本法を定め、神戸市は一〇カ年の復興計画を決定した。それまで、政府と日本銀行は景気について楽観的な見通しを発表し、厳しい現実を認めようとしなかったが、この年になって「足踏み」とか「弱含み」などの表現を使用するようになった。

一九九七年四月には、旧特殊銀行の北海道拓殖銀行が一兆円に近い不良債権をかかえて破綻し、合併相手がみつからず、一一月になって道内の営業権を北洋銀行に譲渡することになった。「蛙が蛇を呑んだような」合併と評されたのはこのときである。ついで日産生命に業務停止命令が出された。そして一一月には、準大手証券の三洋証券が倒産、会社更生法の適用を申請したが、翌年再建を断念。さらに四大証券の一角の山一証券が、簿外債務二六四八億円が発覚して自主廃業を申請、負債は三兆五〇〇〇億円余。さらに仙台の第二地方銀行、徳陽シティ銀行が倒産。これらの跡始末のために、日本銀行は無担保で特別融通を行ったが、とくに山一倒産のショックは大きく、株式市場は恐怖相場となり、銀行、証券株の売りが急にふえて、一一月末には日銀は四・九兆円を短期金融市場に供給した。九八年一月の大蔵省発表によれば、銀行一四六行の自己査定による不良債権総額は七六兆円、貸出総額の一一・二六％となっていた。このとき、四兆円余の特別減税、一二兆円の財政出動などの景気対策が実施された。そのなかで、七月から九月にかけて、大金融機関同士の業務提携が相次いで公表された(例えば住友銀行と大和証券。三菱系の銀行、信託、明治生命、東京海上。東海銀行とあさひ銀行。第一勧業銀行とＪＰモルガンが投資信託分野において。日本興業銀行と第一生命。一二月には第一勧銀と富士銀行が信託業務において提携、九九年四月には第一勧業富士信託銀行として合併。九八年一月、中央信託銀行と三井信託銀行、合併して中央三井信託銀行となる)。最後に二〇〇二年、第一勧業、富士、日本興業の三大銀行が合併して、総資産一四〇兆円、世界最大のみずほフィナンシャル・グループが成立したのである。こうした提携や合併に加わりえなかった日本長期信用銀行は九八年一〇月に、日本債券信用銀行は一二月に、いずれも債務超過が明らかになって破綻の運命に立ち至った。もっとも長銀は一時国有化されたのち、二〇〇〇年二月に至ってアメリカのリップルウッド・ホールディング社を中心とする投資組合に譲渡され、新生銀行として同年三月から開業した。また日債銀も、同年二月、ソフトバンク、オリックス、東京海上火災の三社に譲渡された。さらにいま一つの大型合併として、二〇〇〇年七月、三和、東海、東洋信託の三銀行が二〇〇一年四月に経営を統合する旨を発表し、ＵＦＪグループが発足した。ついで同年四月、旧財閥系の三井銀行と住友銀行も合併して三井住友銀行が成立した。それらをも含めて、戦後、大蔵省の厳しい銀行行政と業界の協調体制のもとにあって、破綻を示さなかった金融業界のほころびが、この時期に一気に表面化したのである。以上のような動揺がほぼ収拾されたのは、二〇〇〇年代に入ってからのことであったが、金融体制の問題点がすべて修復されたといえるのかどうかは、今後の推移を見守るほかはない。

戦前には、一九二七年の金融恐慌のように、金融機関が相い次いで倒産し、社会に衝撃を与えた事件が幾度か発生している。現代の場合は個別の提携や合併が起こっただけで、預金に迷惑がかかったわけではない。しかし、さきにみたように、銀行の不良債権は総貸出の一二%を超えていたのであり、大きな問題が残されていたのである。

失なわれた十五年

以上にみたように、平成の時代に入ってからの経済界では、北拓と山一の倒産をピークとして、不祥事が相次いで発生した。とくに一九九〇年代末には成長率がマイナスの年が二年続いたほどで、慢性不況の感が濃かったことは否めない。激しい不況というのではないが、うっとうしい梅雨が晴れないような数年間であった。GDPデフレーターによって物価動向をみても、物価が上昇したのは皮肉にも九七年だけで、あとは二〇〇四年までマイナスが続き、九四年から〇四年までの一〇年間に九・六%下がっている。明治以降の物価をみても、これに匹敵するのは一九二四(大正一三)年から三二(昭和七)年までの八年間に二九・三%の下落をみた例しかない。この時期は金融恐慌と昭和恐慌をはさむ不況期であって、不況感ははるかに深刻で、物価の下がり方もずっと大きかったことは明らかであるが、下落の期間は今回の方が長かった。

この期間をとりまとめてみれば、一九九七年に北拓と山一とが同時に破綻した時以外には、劇的な破局はなかったし、ノンバンクや住専の没落が伝えられても次第に驚かなくなってしまっていたけれども、やはり戦後六〇年のうちの最悪の時代だったことはたしかであろうと思われる。ただし、一九二〇―三〇年代の金融恐慌では、当時第一流の台湾銀行や十五銀行がいきなり休業したために銀行の取付が発生し、最有力の三井、三菱、住友銀行までが一時は取付の渦中に巻き込まれたが、今回は北拓や山一の事件が起こっても、他の金融機関に取付が起こることはなかった。北拓、山一以外の破綻はなおさら大事に至ることはなかったから、ある地域の関係者限りの事件として処理されてしまったのである。

最近のデフレーションでも問題が生じた企業の数が僅かだったわけではないが、一九二一(大正一〇)年までは全国に二〇〇〇を越える銀行があり、一九三五(昭和一〇)年にもなお五〇〇行以上が存在したことを考えると、過去においては小さなパニックが頻発したのも当然としてよいであろう。この状況のもとで物価が下がってゆく、これが「失なわれた十年」ないし「十五年」であった。

日本的経営と日本型金融システムのゆくえ

日本的経営とか日本型金融システムとか、日本経済にはほかの国にはない特殊な性格があるのだ、それが日本の発展の秘密だという発想は、主として海外の学者やジャーナリストがいいだしたことのように思われる。年功序列型賃金、終身雇用制、経営家族主義の三者を日本的経営の特色だといいだしたのは、アメリカのアベグレンという経営学者であったと思う。金融機関と企業の間にも、はっきりした強い関係があるというのも、やはり海外からのアイデアだったように思われる。日本人はそのシステムのなかに首までつかっているので、今さらそれを日本だけの特色だというように考えることはないのに、外国人が日本をみたとき、その祖国にはみられないシステムが奇異に、かつ新鮮に見えるのかもしれない。しかし、日本的システムといわれるものは、高度成長という奇蹟をなしとげた日本の特色と考えられているようである。終りに、高度成長が過去の物語になってしまった現代において、それらのシステムが生き残っているのか、変容したのか、消滅してしまったのか、それを考えてみることにしよう。

まず、日本的経営の方から、年功賃金、終身雇用制、経営家族主義の三者について考えてみよう。年功賃金と終身雇用制は、弱まったには違いないが、現在も生きている。賃金の上昇曲線の勾配はゆるくなったにしても、消滅したわけではないし、これからも残るであろう。年に一度の昇給を期待できないとすれば、サラリーマンの生き甲斐はなくならないまでも、何分の一か減ってしまうことを、経営者が知らないはずはない。

終身雇用制の方も、年功賃金同様、サラリーマンの強い期待の的であり、経営者もそれを知っている。賃金上昇率は低くても、定年まで職場にいられる、その後の職場も保証されるかもしれないと思えばこそ、企業への忠誠心が維持されるといってもいいすぎではないであろう。

雇用者と経営者の間に以心伝心で以上の二つのモラルが通じあっていることが、経営家族主義の重要な要素なのである。経営の危機が現実化しない限り、経営者は雇用者の期待を裏切るようなことはしない、少くともすべきではないというモラルは今も生きている。

それでは、金融システムの方はどうか。一九九〇年代後半の金融のパニックのなかで、「公的資金」が投入されるに至る。昭和末年のブーム期の土地バブルに際しては、各銀行は競って貸出しに励んだものと思われる。そのいきさつは今なお明らかにはしがたいが、土地購入資金の大半が銀行貸出しによってまかなわれたことは事実であろう。地価が急に下落し、土地をかかえた企業や個人が、手もつけられずに茫然自失したことは想像に難くない。それが不良債権の最大の要因になったとみて誤りはないであろう。銀行が貸出しの回収につとめたにしても、地価が下落し担保価値が失われていては手のつけようはなかった。こうして一九九八年一月に七六兆円といわれる不良債権が発生したのである。ブームの最中には、各銀行が、あるいは同一銀行支店同士が、競争して貸出しをしたのだから、地価暴落の後は不良債権が山積したのも当然であろう。以上は想定であって、確証があるわけではないが、九〇年代末に発生した金融機関の危機と公的資金の投入の緊急性はこのように説明するほかはないであろう。

こうして、金融機関の合併統合と公的資金の投入が実現したのである。その具体的経過の解明は、将来に正確な史料が公表される日を待つほかはない。ただいいうることは、一度羹《あつもの》にこりた金融機関は、当分は膾《なます》を吹くことになるに違いないということである。一九二七年の金融恐慌の後、金融機関の合併と吸収が続き、銀行数が激減した歴史が繰り返す過程が、そろそろ一段落を迎えようとしているのが現在の状況であると判断することができるのではあるまいか。

おわりに

太平洋戦争の敗戦以来のほぼ六〇年を、経済の角度からみれば四つの時期に区分することができる。

・一九四五—五五年　復興期
・一九五六—七三年　高度成長期
・一九七四—八九年　安定成長期
・一九九〇年以降　ブーム後の整理期

はじめの二つの時期は、復興と発展の時期として明確に特徴づけることができる。国際収支の赤字などのために、一時的な景気後退はあったけれども、成長の基調はゆらぐことはなかった。この三〇年間に廃墟から立ちあがった日本は先進国への仲間入りを果したのである。七〇年代後半からはそれほど簡単には割り切れない。まず、エネルギー源を輸入原油や天然ガスに切り換えたために、つねに石油の確保に配慮しなければならない。同盟国であるアメリカからは、さまざまな内政干渉とも受け取られるような要求が出てくる。対米貿易が大幅な輸出超過になっていることを考えれば、これも無視するわけにはいかない。一方海外の原材料が高いために、鉄鋼、石油化学などの産業をこれ以上拡張するわけにはいかない。唯一の成長産業は、自動車、産業機械から、パソコン、ポータブル・ラジオに至る広義の機械工業であった。それもメカニックスとエレクトロニクスを融合した現代化した機械工業である。輸出の七割、八割を機械類が占めるように特化したとき、昭和末期のブームが訪れたのであった。

しかし、そこに陥し穴があった。プラザ合意によってドルの切り下げ、円とマルクの切り上げが決まったあと、円高では輸出には頼れない、内需振興と方針が定められたところで、地価の暴騰がはじまった。バブルというべき市街地の土地の買いあさり、ビルの建築競争。地価の値上がりは一九九〇年にピークに達し、以後は崩落に転じてゆく。高い土地をかかえて売り抜けなかった企業、それに融資して回収できなかった金融機関、バブル・ブームの敗者たちの死屍累々たる戦場の跡始末が、一九九〇年から二〇〇四年までかかったとみてよいであろう。

本稿はこうしたドラマの物語、つわものどもが夢の跡をたどってきた。いまようやくそれも一段落して、新しい幕があこうとしている。日本経済はなお活力を失ってはいないと思う。どんなドラマがはじまるのか、刮目して見守ろうではないか。

■岩波オンデマンドブックス■

岩波講座「帝国」日本の学知 第2巻
「帝国」の経済学

2006年 9月15日 第1刷発行
2019年12月10日 オンデマンド版発行

発行者 岡本 厚

発行所 株式会社 岩波書店
〒101-8002 東京都千代田区一ツ橋2-5-5
電話案内 03-5210-4000
https://www.iwanami.co.jp/

印刷／製本・法令印刷

ISBN 978-4-00-730956-4 Printed in Japan

付録　文献解題

A　統計・資料文献

(1)　主要経済統計

①大川一司・篠原三代平・梅村又次監修『長期経済統計――推計と分析』全 14 巻(東洋経済新報社，1965-88 年)

②溝口敏行・梅村又次編『旧日本植民地経済統計――推計と分析』(東洋経済新報社，1988 年)

一橋大学経済研究所が中心となり，日本の近代経済成長の定量的分析を目的に明治以降の経済統計を加工・推計し，国民経済計算の体系にもとづく長期統計として集成したもの．全 14 巻の構成は，国民所得／労働力／資本ストック／資本形成／貯蓄と通貨／個人消費支出／財政支出／物価／農林業／鉱工業／繊維工業／鉄道と電力／地域経済統計／貿易と国際収支であり，『旧日本植民地経済統計』は別冊に相当する．各巻は分析・推計・資料(統計表)の 3 部から構成されている．日本経済の網羅的な長期統計として極めて価値の高いものであるが，統計に多くの推計が含まれている点には留意すべきである．本統計は，一橋大学経済研究所附属社会科学統計研究センターホームページ(http://rcisss.ier.hit-u.ac.jp/)において，国内の研究機関を対象に公開されている．

③日本統計協会編(総務庁統計局監修)『日本長期統計総覧』全 5 巻(日本統計協会，1987-88 年→新版，2006 年刊行中)

人口，経済，社会，文化等の分野から主要項目を選択し，官公庁をはじめとする機関が発表した統計を収集・整理した長期時系列の総合統計書．「国土・行政地域，人口，労働」，「農林水産業，建設業，鉱工業，電気・ガス・水道，運輸・通信，商業」，「貿易・国際収支，通貨・金融・保険，財政，国富・国民経済計算」，「事業所，企業・企業経営，賃金，物価，家計」，「住居，社会保障，保健医療，教育・科学技術・文化，公務員・選挙，司法・警察，災害・事故，国防」の諸統計が掲載されている．なお，本統計の主要データは総務省統計局ホームページ(http://stat.go.jp/)において公開されている．

④日本銀行統計局編『明治以降本邦主要経済統計』(同局，1966 年→並木書房，99 年復刻；日本経済新聞社，2003 年 CD-ROM 版)

1868-1940 年を対象とし，141 の主要経済指標を示す統計を集成した統計書．人口，国土・国富，国民所得，雇用・賃金，物価，産業，財政，金融，貿易，企業，国民生活，国際比較の各統計表と主要経済指標の年率表，解説，資料出所(補)，主要年表が掲載されている．特に金融に関しては 62 の指標がとられており，通貨発行・流通高，銀行および中小企業・農林水産金融機関，政府金融機関の主要勘定が記載され，充実している．

⑤東洋経済新報社編『完結昭和国勢総覧』全 4 巻(東洋経済新報社，1991 年)

『昭和国勢総覧』(1980 年刊行)を全面的に改訂した統計書．経済・産業・政治をはじ

めとする各分野の主要統計を収録する.「国土・気象，人口・労働力，国富・国民経済計算，農林水産業・建設業，鉱工業，エネルギー，運輸・通信業」,「商業・サービス業，事業所・企業経営，貿易・国際収支，財政・国有財産，通貨・金融・証券，物価」,「雇用・賃金，家計・消費，教育・科学技術・文化，政治・司法・軍事，旧植民地」の諸統計を収める3巻と,「資料解説，統計調査要覧，政治・経済年表，事項総索引」の巻よりなる.

⑥東洋経済新報社編『明治大正国勢総覧』(東洋経済新報社，1927年→75年復刻)

『東洋経済新報』創刊30周年を記念し，官庁統計をはじめとする諸統計を主な資料として，明治大正期の経済統計を集成した文献.「金融」(銀行，手形交換，金利，通貨，外国為替など),「有価証券」,「商品」(物価，商品取引，商品集散),「貿易」,「産業」(農業，水産，鉱業，工業，賃金など),「社会」(財政・国民所得，労働需給・労働争議など)の各篇において主に月別表，累年表，5年対照表が掲載されている．また，財政に関する統計については，本書と共に刊行された『明治大正財政詳覧』(東洋経済新報社，1926年→75年復刻)が詳しい.

⑦東洋経済新報社編『日本貿易精覧』増補復刻版(東洋経済新報社，1975年)

近代日本貿易史研究の基礎的な統計書．原書は1935年に『東洋経済新報』創刊40周年記念として刊行された．巻頭の石橋湛山「わが国貿易の変遷と将来」では，主に開港から1934年までの貿易の変遷が跡付けられる．貿易統計は「内地及樺太外国貿易之部」「台湾外国貿易及対内地貿易之部」「朝鮮外国貿易及対内地貿易之部」「諸表」「貿易指数」よりなり，大蔵省や植民地官庁の統計を基とした品目別・相手地域別の貿易統計が掲載されている．本増補復刻版では巻末に「昭和1-24年貿易統計」が収録されている.

⑧朝日新聞社編『日本経済統計総観——創刊五十周年記念』(朝日新聞社，1930年→『明治・大正期日本経済統計総観』(改題)，並木書房，1999年復刻)

官庁統計をはじめとした諸統計を資料として，明治期から1928年ごろまでの経済統計を集成した大部の統計書.「土地及人口」,「財政」,「貿易」,「金融」(通貨，金利，外国為替，手形交換，銀行，信託，郵便貯金),「会社及資本」,「産業」,「交通」,「電気及瓦斯」,「保険」,「労働」,「有価証券」,「商品」,「外国統計」の各類に分類されて諸統計が掲載されており，主要な項目には略説が付されている.

⑨内閣統計局編『日本帝国統計年鑑』(1882-1941年→東洋書林，1996-2002年復刻)

各官庁で作成した統計を摘録・集計して収録した総合統計年報.『統計年鑑』として創刊以来，編纂者，書名および内容には変遷があり，第47回(1928年)以降の収録統計の基本的な内容は，1.土地及気象，2.人口，3.農林及水産，4.鉱業及工業，5.商業及金融，6.貿易，7.交通，8.社会事業，9.労働，10.教育及宗教，11.警察，衛生及災害，12.司法，13.財政，14.選挙，官公吏，軍事及恩賞，附録国際統計表となっている．なお，

戦後の総合統計年報は，総理府統計局(→総務庁統計局→総務省統計局，同統計研修所)編『日本統計年鑑』(日本統計協会・毎日新聞社，1949 年-)に継承されている．

⑩拓殖大学アジア情報センター編／渡辺利夫監修『東アジア長期経済統計』全 15 巻(勁草書房，2000 年-刊行中)

アジア各国の政府統計および国際機関統計をもとに推計・加工をほどこし，長期かつ比較可能な経済統計として体系化したもの．東アジアを中心とするが，南アジア・東南アジアを含むアジア全体の統計を収集している．経済成長と産業構造，人口，労働力，財政，金融，国際収支など，テーマ別に構成された 12 巻と，中国，韓国，台湾の各国別統計の全 15 巻の刊行を予定している．

(2)　官公庁行政史・関係資料

⑪通商産業省監修『商工政策史』全 24 巻(商工政策史刊行会，1961-85 年)

明治以降の商工政策ついては，通史として商工行政史刊行会編『商工行政史』全 3 巻(商工行政史刊行会，1954-55 年)が刊行されているが，本シリーズは主題別，産業別の構成をとり，豊富な資料に拠りつつ，広範かつ詳細に明治期から戦後復興期までの商工政策の変遷を記述している．各巻タイトルは次のとおり．「総説」(上・下合冊)，「行政機構」，「重要調査会」，「貿易」(上・下)，「内国商業」，「工業労働」，「産業合理化(上・下)，「産業統制」，「中小企業」，「工業技術」，「特許」，「繊維工業」(上・下)，「鉄鋼業」，「機械工業」(上・下)，「化学工業」(上・下)，「鉱業」(上・下)，「電気・ガス事業」．

⑫明治財政史編纂会編『明治財政史』全 15 巻(丸善，1904-05 年→吉川弘文館，1971-72 年復刻)

⑬大蔵省編『明治大正財政史』全 20 巻(財政経済学会，1936-40 年→経済往来社，1955-59 年復刻)

大蔵省・財務省による修史事業は 1904 年の『明治財政史』刊行に始まり，2005 年の『昭和財政史——昭和 49-63 年度』の完結をもって昭和期までの編纂を終えている．『明治財政史』は，明治初年から明治 35 年までを対象としており「一名松方伯財政事歴」の副題が付されているように，大蔵卿・大蔵大臣として明治中後期の財政運営を担った松方正義の顕彰を目的として作成された．そのため，大隈重信など松方以前の財政政策の評価が低くされるなど，記述の客観性については留意が必要である．『明治大正財政史』は明治 36 年から大正年間を対象とするが，『明治財政史』を補完する内容も含まれている．史実に基づく客観的な記述を意図しており，また，関東大震災により焼失した大蔵省資料の修復と保存が編纂目的のひとつとされ統計や資料が多く収録されている．いずれも構成は編年体ではなく大蔵省の制度や職掌分類に基づいている．

⑭大蔵省昭和財政史編集室編『昭和財政史』全 18 巻(東洋経済新報社，1954-65 年)

⑮大蔵省財政史室編『昭和財政史——終戦から講和まで』全 20 巻(東洋経済新報社，

1976-84 年)

『昭和財政史』は，昭和初年〜終戦，終戦〜講和，昭和 27-48 年度，昭和 49-63 年度の 4 期に分けて全 70 巻が刊行されている．大正期までの財政史と同様に制度・職掌を中心とするテーマ別構成をとっているが，『昭和財政史』ではその執筆の多くを大学研究者が担っており，正史という枠組みの中で書かれた研究書という側面が強い．1947 年より編纂が開始された戦前期の『昭和財政史』は，戦争に至る過程における大蔵省の活動が内部資料をもとに詳述されている．『終戦から講和まで』は，「アメリカの占領政策」が単独の巻として設定され，占領期における GHQ と政府の関係について編集当時公開が進んだアメリカの政府文書を用いて新事実を明らかにしており，研究書としての価値も高い．なお，『昭和財政史』執筆のために大蔵省に保存されていた資料の一部は，大蔵省財政史室編『昭和財政史資料――震災から準戦時財政まで』(マイクロフィルム：日本マイクロ写真，1983 年)として出版されている．

⑯日本銀行百年史編纂委員会編『日本銀行百年史』全 6 巻＋資料編(同行，1982-86 年)

日本銀行が創立 100 周年を記念して編纂した正史．金融政策と中央銀行の役割が中心的なテーマとされ，発券制度の観点から 1931 年までを「銀本位・金本位制度時代」(前編：第 1 巻-3 巻)，1932 年以降を「管理通貨制度時代」(後編：第 4 巻-6 巻)と区分しているのが特徴である．また，資料編 1 巻をはじめ，多くの史料・統計が含まれている．なお，日本銀行が保有する歴史的公文書は，日本銀行金融研究所において一定の条件のもと公開されている．

⑰東京銀行編『横浜正金銀行全史』全 6 巻(同行，1980-84 年)

外国為替専門銀行として設立され，貿易金融のみならず日本の対外金融政策にも重要な役割を果たした国策銀行，横浜正金銀行の創立から解散までの通史．第 1 巻が総説，第 2 巻から第 5 巻(第 5 巻は上下巻に分割)において編年体により本店，各地支店の動向などを詳述している．第 6 巻は統計資料および年表．横浜正金銀行が保有していた一次史料は『横浜正金銀行　マイクロフィルム版』として丸善より刊行されている．また，戦前に横浜正金銀行が編纂した行史として『横浜正金銀行史』(1920 年→坂本経済研究所，1976 年；西田書店，1976 年復刻)がある．

⑱大蔵省編／大内兵衛・土屋喬雄校『明治前期財政経済史料集成』全 21 巻(改造社，1931-36 年→明治文献資料刊行会，1962-64 年復刻；原書房，1978-79 年復刻)

大内兵衛と土屋喬雄が中心となり，大蔵省に残された明治維新から議会開設までの期間の財政・経済に関する重要史料を収集・編集したもので，明治時代の政治・経済史研究に欠かせない史料のひとつである．『理財稽蹟』『大蔵省沿革誌』などの明治初期の通史，歳入歳出決算報告書，地租改正・秩禄処分・旧藩債処分の記録，明治初期の外債発行に関する史料のほか，『工部省沿革報告』，前田正名『興業意見』などが収録されている．『会社全書』『貨幣制度調査会報告』など本集成の一部史料は後述の『日本金融史資

料』明治大正編にも再録されている．

⑲日本銀行調査局編／土屋喬雄監修『日本金融史資料』明治大正編，全 25 巻＋目次総覧(大蔵省印刷局，1955–61 年)
⑳日本銀行調査局編／土屋喬雄監修『日本金融史資料』昭和編，全 35 巻(大蔵省印刷局，1961–74 年)
㉑日本銀行調査局・同金融研究局・同金融研究所編／土屋喬雄・浅井良夫監修『日本金融史資料』昭和続編，全 25 巻＋付録 4 巻(大蔵省印刷局，1978–96 年)

『日本金融史資料』は，1942 年に第一銀行創立 70 周年記念事業として開始された明治大正金融史資料編纂事業を嚆矢とし，戦後日本銀行の支援のもと土屋喬雄らが収集した資料を日銀調査局(後に金融研究局，金融研究所)が継承し，日銀の内部資料等を加えて刊行した包括的な資料集成である．各シリーズに共通して収録されている資料には，大蔵省銀行局年報，日本銀行の営業報告・半期報告(昭和続編では事業年度事業概況)・支店報告，日本銀行調査月報ならびに各種調査報告資料，東京銀行集会所・東京手形交換所資料(昭和続編を除く)，帝国議会・国会議事録中金融資料などがある．各年代編に注目すると，明治大正編には，為替会社の創立から解散までを記した『会社全書』，松方財政期の紙幣整理を総括した『紙幣整理始末』，金本位制への移行を議論した『貨幣制度調査会報告』，1926 年に設置された金融制度調査会の議事速記録，第一次大戦後の日本の経済状況を記した日銀の調査資料『世界戦争終了後ニ於ケル本邦財界動揺史』などが収録されている．昭和編には，金輸出解禁・再禁止，金融恐慌，戦時金融の各事項の関連資料が網羅的に収録されている．昭和続編には，占領中の金融行政に関する連合国最高司令官総司令部(SCAP)資料が収録されているほか，付録として，明治から昭和戦前期における地方金融機関の動向や地方経済に関する日銀調査等を収集した「地方金融資料」4 巻が含まれる．

(3)　「帝国」関係統計・資料

㉒台湾総督府(→台湾総督官房調査課)編『台湾総督府統計書』(1897–1942 年)
㉓朝鮮総督府編『朝鮮総督府統計年報』(1906–42 年→高麗書林，89 年復刻)
㉔関東都督府編『関東都督府統計書』(1907–17 年)
㉕南洋庁編『南洋庁統計年報』(1934 年より**『南洋庁統計年鑑』**)(1933–41 年→青史社，93 年復刻)

日本が植民地・租借地・委任統治領として統治した「帝国」各地において，日本政府および現地統治官庁はきわめて詳細な調査を行い，その結果を各種統計書として刊行している．年次統計書にあたる本書の調査項目は土地・人口・産業・金融・貿易・交通・通信・司法などであり，「帝国」の経済・社会情勢を把握するうえで基本的な資料である．

㉖朝鮮総督府編『朝鮮総督府施政年報』(1908–43 年→クレス出版，91–92 年復刻)

㉗**外務省編『日本帝国委任統治行政年報』**(1928年より**『日本帝国委任統治地域行政年報』**)(1922-38年→クレス出版，99年復刻)
㉘**樺太庁編『樺太庁施政三十年史』**(1936年→原書房，73-74年復刻)

㉖は朝鮮総督府による朝鮮統治の年次報告書．行政，司法，産業などの各項目について，現状と施政の内容が詳述されている．統計表も多く含まれており，『朝鮮総督府統計年報』とともに，朝鮮統治の実態を明らかにする重要な史料である．㉗は国際連盟の委任統治領として日本が支配した地域について，連盟に報告するために作成された年次報告書．㉘は日露戦後以来30年間の樺太統治を概観している．

㉙**田中一二(→緒方武歳，台湾通信社，五味田忠)編『台湾年鑑』**(台湾通信社，1924-43年→日本図書センター，2001年一部復刻)
㉚**満洲文化協会(満蒙文化協会，中日文化協会)編『満蒙年鑑』**(1933年より**『満洲年鑑』**)(同会，1923-45年→日本図書センター，99-2000年復刻)
㉛**台湾総督官房調査課(→同外事課，外事部)編『南洋年鑑』**(南洋協会台湾支部→南方資料舘，1929-1943年→日本図書センター，2001年一部復刻)

「帝国」圏内の各地域の地理・政治・経済・社会に関する総合的な解説書である．編者・発行者は地域により異なるが，いずれも各地の統治官庁や企業の協力のもと，統計資料を豊富に用いた充実した記述が特徴である．内容は地理・人口・統治・教育・産業・金融・交通・通信など多岐にわたる．『南洋年鑑』は台湾総督府の編集によるものであるが，ここで言う「南洋」とは，広く日本と経済関係を有する東南アジア諸国を指しており，フィリピン，仏領インドシナ，ビルマ，英領マラヤ，英領北ボルネオ，蘭領インドなどが含まれる．

(岸田真・坂口誠)

B　渋沢栄一関係文献

①**渋沢青淵記念財団竜門社編『渋沢栄一伝記資料』全58巻**(渋沢栄一伝記資料刊行会，1955-65年)

1917年に第1次の編纂に着手して稿本が出来るが，関東大震災で焼失した．36年から土屋喬雄が編集主任として第2次伝記資料編集事業が取り組まれて43年に完成した．しかし第1巻のみを刊行して中絶された．この作業をもとに不足の資料を追加して発刊された．渋沢の生誕から大蔵省退官までを編年体で編集し，それ以降を事業別，事項別に編纂している．それぞれの事項の基本資料以外にも該当事項の新聞記事等の参考資料までもふんだんに掲載され，利用価値はきわめて高い．

②**渋沢青淵記念財団竜門社編『渋沢栄一伝記資料』別巻10巻**(渋沢青淵記念財団竜門社，1966-71年)

1926-30年にかけて実施された「雨夜譚会談話筆記」を始めとして渋沢の日記，書簡，

演説講演，談話，重要著書等を収録している．1929–38年にかけて『実業之世界』に掲載された「実験論語処世談」などが採録されているが，この連載談話は他に刊行されておらず貴重な資料である．

③『竜門雑誌』(竜門社，1888–1948年)
「竜門社」は渋沢の自宅である深川邸に寄寓する書生らによって始められた．渋沢と関係の深い会社等のミドルマネジメント層以上のメンバーが会員であり，会員向けに月刊雑誌を発行していた．雑誌には渋沢の講演等が速記記録からおこされて掲載され，雑誌，新聞等に掲載された渋沢の論説・談話が転載されている．また，阪谷芳郎による経済政策動向の紹介や会員による景気動向，国際経済動向等に関する論説が掲載されている．

④竜門社編『青淵先生六十年史——一名近世実業発達史』(竜門社，1900年)
渋沢栄一の還暦を記念して渋沢と実業発達との関係・沿革を編纂し叙述している．全2巻の中で，ビジネスとの関わりとして128社に言及し，それ以外に公共・公益事業として教育機関やさまざまな団体との関わりに言及している．記述の一貫性に欠け，各関与事業への言及もさほど分量の多いものではないが，渋沢が関与した諸事業の役職就任時に編纂されている点に大きな価値がある．

⑤小貫修一郎編／高橋重治編纂『青淵回顧録』上・下(青淵回顧録刊行会，1927年)
渋沢の米寿を記念して発刊された渋沢の談話筆記集．渋沢自身の口述を元にした回顧談と関係諸氏の渋沢観を収録している．生い立ちから青年期，幕臣時代，洋行，新政府諸氏等に対する人物観，関与した様々な会社や社会福祉，教育等の事業への経緯や感想などを収録している．

⑥渋沢栄一『青淵百話』乾・坤(同文館，1912年→国書刊行会，86年)
1911年から翌年にかけて渋沢の口述を井口正之が筆記し，さらに渋沢が斧正したものである．「論語と算盤」「明治の実業教育」など倫理観・実業観・教育観を含む人事百般が語られている．坤には渋沢自身が語る幼少期から大蔵省退官にいたる半生のほか，附録として大沢正道編纂による「渋沢青淵先生小伝」が収められており，渋沢の半生を知るのに有用である．

⑦尾立維孝『論語講義』乾・坤(二松学舎出版部，1925年．→二松学舎大学出版部，75年，講談社学術文庫，77年)
二松学舎長・渋沢栄一が口述し，同教授の尾立が筆述した渋沢による論語の注釈書．1923–25年の渋沢による講義をまとめたものであり，体験を交えた独自の論語解説がなされている．解釈の立場は二松学舎の創立者・三島中洲と同じ，陽明学・折衷学を取っていると言われている．

⑧故阪谷子爵記念事業会編『阪谷芳郎伝』(同会，1951年)

戦時中に土屋喬雄を監修者として伝記編纂事業が開始され，その後の中断を経てまとめられた．父である儒学者阪谷朗廬と渋沢栄一との接点から始まり，東京大学を経て，大蔵省に出仕し，日清・日露戦争前後の財政政策の立案に中枢として関わったことが詳細に記されている．その後の大蔵大臣，東京市長，貴族院議員，さらに中国幣制改革などの国際的な関与，さまざまな団体との関係なども網羅的に取り上げられている．

⑨「阪谷芳郎関係文書」(国立国会図書館憲政資料室)

阪谷の遺族・阪谷芳直氏によって寄贈され，国立国会図書館憲政資料室が所蔵する総点数2,871点に及ぶ資料群である．大蔵省にあって立案に深く関与した財政・金融政策や南満洲鉄道や中国幣制改革などの大陸進出に関し，日記・書翰・ノート・メモ等，さまざまな形態の資料から成るきわめて貴重な資料群である．東京大学学生時代に筆記したフェノロサや渋沢の講義ノートも含まれる．

⑩阪谷芳郎『経済学史講義』(哲学書院，1887年)

経済学史に関するわが国最初の単行本．コッサの『経済学入門』の学史部分に主として依拠している．阪谷は大蔵省勤務のかたわら，専修大学の教壇に立ち，1899年には法学博士となり，1906-08年に大蔵大臣，後に東京市長，貴族院議員，国家学会評議委員長，専修大学学長，東京経済学協会会長を歴任した．

⑪ミル／天野為之訳『高等経済原論』(冨山房，1891年)

J・S・ミルを日本に本格的に普及させた『経済学原理』のラフリンによる縮約版の翻訳書．経済学教科書として広く使用された．

⑫フォーセット／永田健助訳『宝氏経済学』(東京：永田健助；大阪：柳原喜兵衛，1877年)

マンチェスター派のフォーセットの訳書．フォーセット夫人による初学者向けの内容・体裁を取る同書がイギリスの経済学を日本に紹介するのに大きな役割を果たした．

⑬ウィルヘルム・ロッシェル／関澄蔵・平塚定二郎・長尾俊次郎訳『農業経済論』(独逸学協会，1886-89年)

ドイツ経済学のロッシャーの翻訳本．フェノロサの後を受けて東京大学の講師となった田尻稲次郎はドイツ歴史学派の巨頭ロッシャーを併用して財政学を教え始めた．

⑭日本銀行調査局編『日本金融史資料』明治大正編，全26巻(→A-⑲を参照)

渋沢関連では第5巻に渋沢栄一述『立会略則』(大蔵省，1871年)，アラン・シャンド著『銀行簿記精法』(大蔵省，1873年)を収録．

⑮**『銀行通信録』**(東京銀行集会所，1885-1942年→日本経済評論社，1984-91年)

1885年創刊の東京銀行集会所の機関誌．各地銀行集会所の機関誌の中で代表的かつ，内容も最も充実している．内容としては，全国的な金融事情，新設，合併，整理等の全国の個々の銀行の動向，金利変動などを掲載している．

(島田昌和・岸田真・坂口誠)

C　阪谷芳郎関係文献

①**故阪谷子爵記念事業会編『阪谷芳郎伝』**(同会，1951年)

阪谷芳郎の伝記である同書は，阪谷没後10年を期に刊行された．編纂計画は戦前からあったが，戦争の熾烈化により実現できなかった．本文は，阪谷の講演記録，発表論文，日記などを引用する形で編纂されており，信頼のおけるものである．また第1章を父親，朗盧の事跡にあてていることが微笑ましい．

阪谷芳郎は，幕末の1863年に阪谷朗盧と恭の4男として生まれた．朗盧は，幕末において尊王開国論の儒者として著名であったが，洋学が主流となった維新以降は不遇の人生を送る．芳郎は東京大学予備門を経て84年に東京大学文学部政治学理財学科を首席で卒業し大蔵省に準判任御用掛として奉職．以後，主計官，主計局長(97年)，大蔵省総務長官(1901年)，大蔵次官(03年)，大蔵大臣(06年)と昇進した．この間，松方正義の信頼を得て予算編成に直接関わるだけではなく，貨幣制度調査会委員(1893年)，鉄道会議議員(96年)，鉄道国有調査会委員(99年)，日本興業銀行設立委員(同年)等々，日清戦後経営期の政策決定に直接間接に影響を及ぼした主要な会議・委員会の構成員でもあった．大蔵大臣辞任後は東京市長を務め，財政学・経済学における理論的探求と実践的検証が評価され，99年には博士会より法学博士の学位を授与されている．

②**大蔵大臣松方正義「財政前途ノ計画ニ付提議」**(1895年8月15日)(伊藤博文編『秘書類纂』第16巻〔財政資料 中巻〕，秘書類纂刊行会，1935年，所収→原書房，1970年復刻)

日清戦後経営構想の大綱を示す基本資料．阪谷芳郎の起草と言われ，(1)「今後或年数間ニ新ニ増加支出ヲ要スル経費ノ定度」(2)「右経費ノ支弁ニ充ツベキ財源及民力ノ負担如何」(3)「国費ノ増進ニ応ズベキ国力発達ノ方法」の三点に留意して策定されている．1895年8月15日，大蔵大臣松方正義の名で伊藤博文総理宛に提出された．臨時議会の召集をめぐって伊藤と対立し松方は辞職するが，この大綱案は後任の渡邊国武大蔵大臣に継承され96年度予算の骨格となる．同予算が成立するまでには曲折があったが，最終的には，歳計約2億円に上る画期的大予算となった．それまでの歳計8000万円前後と比較すれば，まったく次元の異なる新たな世界への突入であった．なお，「財政前途ノ計画ニ付提議」から問題となった臨時議会召集部分が割愛されたものが「明治二十八年戦後財政計画意見書(明治28年8月15日)」『松方正義関係文書』第4巻(大東文化大学東洋研究所)に収録されている．

③大蔵大臣松方正義「戦後財政始末報告」(1900年3月13日)(→『明治後期産業発達史資料』第568巻，龍溪書舎，2001年復刻)

日清戦後経営の財政運営の推移をまとめ，1900年3月に大蔵大臣松方正義が山県有朋総理宛に提出した報告書．次の四篇で整理されている．(1)1896年度から1900年度までの予算と特別会計，(2)内国税，関税制度，葉煙草専売制度，(3)貨幣法制定・実施，公債募集，清国賠償金の使途，(4)日清戦争以降の金融の状況と金融機関の整備．日清戦後経営の施策が網羅されており，全体像を把握する基本資料．

④貨幣制度調査会編「貨幣制度調査会報告」(1894年7月3日)(『明治前期財政経済史料集成』第12巻〔→A-⑱〕，所収；『日本金融史資料』明治大正編，第16巻〔→A-⑲〕，所収)

⑤貨幣制度調査会編「貨幣制度調査会報告附録」(1894年7月3日)(『明治前期財政経済史料集成』第12巻〔→A-⑱〕，所収；『日本金融史資料』明治大正編，第17巻〔→A-⑲〕，所収)

貨幣制度調査会の報告書とその附録資料．『明治前期財政経済史料集成』(→A-⑱)および『日本金融史資料』明治大正編(→A-⑲)に全文が収録されている．貨幣制度調査会は，幣制改革の要否を調査・審議するために1893年10月に勅令をもって設置された．政界，経済界，官界を代表する22名が委員となり，谷干城子爵が会長，田尻稲次郎大蔵次官が副会長を務めた．報告書資料の作成にあたっては，大蔵省職員，在外公館，税関，造幣局，地方官，商業会議所などが大規模に動員されており，本格的な調査会であった．諮問事項は「一　近時金銀価格変動ノ原因及其ノ一般ノ結果」，「二　近時金銀価格変動ノ我邦経済上ニ及ホス影響」，「三　近時金銀価格ノ変動ハ我邦現行貨幣制度ヲ改正スヘキ必要アルヤ否若其必要アルトスルトキハ新ニ採用スヘキ貨幣本位並其の施行方法」という三項目である．特別委員会方式を採った調査会の議論は，とくに第二と第三の諮問項目をめぐって紛糾したが，最終盤での強引な議事によって最終的な結論は金本位制採用となった．

⑥大蔵省理財局編「幣制改革参考書」(1897年7月)(『日本金融史資料』明治大正編，第17巻〔→A-⑲〕，所収)

⑦大蔵省理財局編「貨幣法制定及実施報告」(1898年8月)(『日本金融史資料』明治大正編，第17巻〔→A-⑲〕，所収)

⑧大蔵省編「明治三十年幣制改革始末概要」(1899年5月18日)(『明治前期財政経済史料集成』第11巻ノ2〔→A-⑱〕，所収；『日本金融史資料』明治大正編，第17巻〔→A-⑲〕，所収)

⑨「金貨本位実施満二十年紀念会記事」(1917年11月1日開催)(『日本金融史資料』明治大正編，第17巻〔→A-⑲〕，所収)

金本位制の実施に関する基本資料．『日本金融史資料』明治大正編(→A-⑲)第17巻に一括して収録されており，⑧は『明治前期財政経済史料集成』(→A-⑱)にも収録され

ている．⑥は，1897 年 2 月に貨幣法案を議会へ提出するにあたって調査した事項が中心である．通貨，金銀，物価，貿易，清国賠償金に関する計数データと主要国の制度の紹介で構成されている．最後の制度には万国貨幣会議沿革略が収録されている．⑦は，1871（明治 4）年新貨条例から貨幣法までの法制史と貨幣法の実施に関する記録で構成されている．とくに後者は，金貨鋳造発行や一円銀貨引き換え，補助銀貨増発など実施にあたって重要であった問題が丁寧に記録されている．⑧は，基本的に⑦の延長線で編集されているが，全般にデータが拡充され，記述も充実している．⑦と⑧は，金本位制に関する一級資料と言えるだろう．⑨は，⑥–⑧とまったく異なり，金本位制確立に関する当事者たちの記録である．金本位制実施から 20 年を経た 1917 年 11 月に東京および各地手形交換所所在地の主な銀行家，138 名が発起人となり東京銀行集会所において「金貨本位実施満二十年紀念会」が開催された．金本位制実施に関わった当事者たちが次々と講演し，功労者の松方正義を賞賛した．とくに注目されるのは，実施当時に時期尚早論を激しく展開した渋沢が，それが誤りであったと告白したことである．⑥–⑧は，いわばデータ集と金本位制確立過程の正史であり，それでは窺いにくい政策的側面を知るには⑨が好材料である．

⑩中村隆英『明治大正期の経済』（東京大学出版会，1985 年）

第 3 章「金本位制の採用」と第 4 章「日清日露「戦後経営」」が阪谷芳郎と直接関係する論稿である．第 3 章は，貨幣制度調査会（1893 年設置）において日本の金本位制採用方針が僅差で決するまでの経緯を検討し，1880 年代後半からの日本の経済成長の要因となった銀価低落のメリットを放棄する金本位制採用が経済的には合理的な決定ではなかったと論じ，松方正義の「通貨制度上の信条と政治的イデオロギーに支えられた決定」であったと指摘する．第 4 章は，日清戦後・日露戦後の「戦後経営」についてその構想と実績を検討するとともに，当該期の経済動向をマクロ的視点から分析した論文．日清戦後経営期を「安価な政府」から「高価な政府」への転換期と位置づけ，日本の金本位制移行が，その後の外資導入・外債発行を通じて財政・国際収支の危機を回避したという意味で政治経済的な転回点であったと指摘する．

⑪石井寛治「日清戦後経営」（『岩波講座日本歴史 16　近代 3』岩波書店，1976 年，所収）

日清戦後経営の全体像について，朝鮮・清国への対外侵略の展開をも視野に入れて包括的に検討した論文．文武官僚の政策構想と金本位制への移行，台湾統治と朝鮮植民地化政策，重工業の発展，農商務省を中心とする殖産興業政策，交通・通信網の拡充，特殊金融機関の増設など，戦後経営期に行われた諸政策について詳細に論じるとともに，戦後経営を主導した国家資本の力のみならず，それと結びついて発展した政商＝財閥資本の重要性を指摘する．

⑫石井寛治『日本の産業革命』（朝日選書，1997 年）

1980年代後半以降の歴史学のパラダイム転換を意識しつつ，近年の研究成果を踏まえて日本の産業革命の全体像を再検討した書．「日清・日露戦争から考える」の副題が付されているように，1880年代後半からの日本の産業革命の最中に日本が経験した日清・日露戦争に改めて着目し，両戦争と産業革命との関係を検討するとともに，経済過程のみならず近隣アジア諸国との関係(戦争と侵略の問題)や政治過程を取り入れた議論によって「日本史の全体構造を世界史の動向とのかかわりで把握」し「構造を変革する主体の姿を具体的に明らか」にしている．

⑬**中村政則「日本資本主義確立期の国家権力——日清「戦後経営」論」**(『歴史学研究』別冊特集，1970年10月)

⑭**中村政則「日清「戦後経営」論——天皇制官僚機構の形成」**(『一橋論叢』第64巻第5号，1970年11月)

中村政則は，マルクス主義の立場から1900年代(明治30年代)が日本近現代史の全体像を把握する上で重要な「展望台」としての位置を占めると指摘し，政治・経済・教育・外交の全てにわたる政策体系の総体としての日清「戦後経営」の分析を通じてこの時期に資本主義・地主制・天皇制が「統一的な構造連関をもって定着＝確立」したと論じた．ほぼ同時に発表された両論文において，中村は日清戦後の軍部，大蔵省，農商務省の政策構想を明らかにするとともに，増税問題を中心に財政・経済政策をめぐる諸勢力の対応を検討し，利害対立と調整の中で地主階級が階級としての一体化を達成し，日本地主制が資本主義の一環に組み込まれ，日本の階級構成が確定していったと論じる．そして「戦後経営」における政策決定の主導権を握った官僚，とくに非藩閥出身の専門官僚(阪谷芳郎もその一人である)に着目し，東京大学(帝国大学)出身者による官僚機構の一元的支配の形成と1899(明治32)年の文官三法によって，政党・議会からも相対的に独立した天皇制官僚機構が確立したと指摘する．

(佐藤政則・岸田真)

D　経済法関係文献

「帝国」の学知としての経済法・国際経済法の究明にあたり，戦前日本の締結した二国間通商条約の再検討は不可欠の課題である．しかし現在，条約史，政治史，経済史，法制史等の諸学問領域ごとに精緻な実証研究が深まりをみせる一方，それらの成果を再び総合することはむしろ困難になっているのではなかろうか．以下，通商条約論の展開を縦軸，条約改正関係・条約実施準備関係を横軸として，各領域の基本文献を掲げる．

(1)　条約改正関係

①**外務省監修／日本学術振興会編『条約改正関係日本外交文書』全8巻**(日本国際連合協会，1941-53年)

外務省による条約改正関係の外交文書．外務省は1936年から『日本外交文書』を公

刊しているが，これとは別に条約改正関係の外交文書を編集したもので，条約改正研究のための最も基礎的な文献．1巻(寺島外務卿時代まで，1941年)，2巻(井上外務卿・外務大臣時代，42年)，3巻(榎本外務大臣時代まで，45年)，4巻(陸奥外務大臣時代，50年)のほかに，会議録(別冊，48年)，条約改正経過概要附年表(別冊，50年)，通商条約と通商政策の変遷(別冊，1951年)ならびに追補(外務省蔵版，53年)からなる．

②深谷博治『初期議会・条約改正　近代日本歴史講座・第4冊』(白揚社，1940年)
③山本茂『条約改正史』(高山書院，1943年)

②③は戦前における条約改正史の代表的業績．②は近代日本歴史講座の一冊で，内閣制度の樹立から第六議会までの政治史・憲政史ならびに井上外相時代から陸奥外相による日英条約締結までの条約改正史を扱い，従来閑却されていた薩長政府陣営側の内部的動向を史料を駆使して克明に跡づける．巻末に年表を附す．③は全800頁の大著で，条約改正史の通史の基本書．幕末の不平等条約の締結から陸奥外務大臣の改正談判，改正条約の実施までを豊富な史料に依拠して詳述し，最終章では小村外務大臣の改正談判を略述する．巻末に文献・年表・索引を附す．

(2)　通商条約論

④杉山孝平『通商条約論』(東京：岸田吟香，1891年)

本書は独・英へ留学し経済学を学んだ杉山孝平が，帝国議会の開設を迎えて条約改正問題の決着を期し日本の通商政策の方針を示した書．本文は全13章，通商政略の沿革・趣旨・目的，最恵国条款，関税政略，資本労力の交通に関する政略，内地雑居論等を論じる．本書で杉山は，日本は東洋・南洋諸国と政治・経済上の結合を密にし西洋に対峙すべきだと述べ，欧米工業国に対しては保護主義を，東洋・南洋諸国に対しては自由主義を主張した．金井延の序を附す．なお，杉山はこの年「信用組合法」を『時事新報』に掲載，平田東助との共著『信用組合論』を著している．

⑤中村進午講述『日英通商航海条約釈義』(東京専門学校，刊行年不明)
⑥中村進午著『新条約論』(東京専門学校出版部，1897年)

⑥は国際法・泰西外交史研究のため独・英へ留学した中村進午が，新条約の実施をひかえて新条約の意義性質・内外国人の権利義務を講究した書．『媾和類例』『国際公法論』等と並ぶ中村の代表的業績．⑤は⑥の前身．⑥の本文は新条約改正沿革略から最恵国条款まで全16章，このうち特に関税(第7章)，締盟国双方国民の同地位(第8章)，海上航海及沿海航海(第10章)，領事裁判権の撤廃(第15章)の各章の記述が詳しい．巻末に附録として日英・日独・日露・日米・日清通商航海条約を附す．中村は最初憲法を志したが，軍艦千島と英艦ラベンナ号の衝突事件が横浜領事裁判所で日本の敗訴に至るや国際公法の研究に転じたといわれ，日露戦争時に対露強硬論を唱えいわゆる「七博士事件」を起こした．

⑦堀江帰一『本邦通商条約論』(籾山書店，1907年)

本書は経済学者堀江帰一が慶應義塾で銀行論・貨幣論・財政論を講じる傍ら，陸奥条約の有効期限満了を迎えて日本の通商政策ならびに条約改正とりわけ税権回復の意義を論じた書．第1編・序論では本邦通商条約の沿革・内容そしてその欠点を説き，第2編・本論では関税定率法と通商条約，税権の回復の意義や回復した税権の運用について論じ，終章では，保護政策が実業社会に政府への依頼心をもたらし日本の産業界は保護の結晶体と化した，関税上の保護政策はかかる弊害を深刻にしかねないと警鐘を鳴らす．『国際商業政策』『関税問題』と併せて改造社版『堀江帰一全集』第5巻(1929年)に収録された．

⑧英修道『中華民国に於ける列国の条約権益』(丸善，1939年)

本書は東洋外交史・日本外交史を専攻した英修道が，中国における治外法権の撤廃問題が論議されるなか，不平等条約の再検討には条約権益の正確な理解と厳密な解明が必要だとして，在華条約権益を各国別・逐条的に明らかにした学術研究書．治外法権・外国租界・租借地・内水航行権・軍事権益のいわゆる五大権益を中心に，各国の条約権益が詳細に論じられている．巻末には各種統計類等を附す．なお『支那に於ける外国権益』(慶応出版社，1941年)は現代経済新書の1冊として本書の内容を簡略に説いたもの．

⑨川島信太郎『本邦通商政策条約史概論』(巌松堂書店，1941年)

本書序文において自ら，1907年外務省入省以来，自分の一生は日本の通商条約の改正・貿易政策の決定運用のため経過した観があると回顧する，この主題の第一人者の主著である．本文は全3部からなり，第1部・本邦通商政策概論では，通商政策と通商条約の関係，最恵国条款，関税制度，通商自由の原則等を論じ，第2部・本邦通商条約史概論では全体を5期に区分し，安政条約時代から日本が関税国定の自由を回復し自由通商主義を行使した黄金時代を経，日中戦争下に貿易統制が進む同時代までを説く．そして第3部・本邦貿易対策諸論には時局に関する論文5編を収め，附録として各種統計表を掲げる．なお，川島の稿になる条約改正経過概要は，上記の条約改正関係日本外交文書の別冊として公刊された．

(3)　商法典編纂・条約実施準備

⑩『ロエスレル氏起稿商法草案』全2巻(司法省，1884年→新青出版，1995年復刻)
⑪『H・ロエスレル　日本商法典草案注解(独文)』全3巻(新青出版，1996年復刻)

1881年商法草案の起草を命じられたドイツ人のお雇い外国人H・ロエスレル Helmann Roesler は84年1月全編を脱稿した．⑩はその邦訳，⑪は独文原文で，ともに近年新青出版から復刻された．ロエスレル商法草案は「商ヒ一般ノ事」「海商」「倒産」「商事ニ係ル争論」の全4編1133条からなる．立法への影響としては，82年に手形法(為替手形約束手形条例)が公布されたほか，会社法は93年の商法の一部施行をみ，旧商法の残部も施行延期期限切れに伴い短期間実施，99年の明治商法成立後も破産法は

1922年まで存続した.

⑫志田鉀太郎『日本商法典の編纂と其改正』(明治大学出版部, 1933年→新青出版, 1995年復刻)

本書は会社法・保険法を専攻し法典調査会起草委員補助を勤めた志田鉀太郎が, 1931年明大創立満50年記念論文集商学編に掲載した論文に詳細な注記を施して出版したもので, 38年商法改正直前までの日本商法典編纂史の通史の基本書. 1899年の明治商法制定までに限るなら, 志田鉀太郎『日本商法論　総論・巻之一』(有斐閣書房, 1899年)第3章第4節「商法ノ編纂」にも比較的詳細な記述がある.

⑬『商法修正案参考書〔法典修正案理由書〕』(東京専門学校出版部, 1898年)

第12帝国議会へ提出された商法修正案の逐条解説書. 凡例第六に本書が法典調査会起草補助委員の起案にかかり起草委員の校閲を経ていないと断りがある通り, 第1編総則から第4編手形までは志田鉀太郎が, 第5編海商は加藤正治が執筆を担当した. 東京専門学校出版部のほか八尾書店, 法典質議会等から法例修正案参考書・国籍法案参考書等を合冊したかたちで出版されている. 表紙に「法典修正案理由書」と題した東京専門学校出版部版・増補3版(1899年)は13議会提出案における再修正点を商法再修正理由として附す.

⑭『〔改正〕条約実施要項』〔1897年〕

1896年11月発足した改正条約実施準備委員会(樺山資紀委員長)は新条約実施に伴い必要となる法令の制定・改正を調査・審議したが, 条約の実施期限が迫り各省における法案準備を促進するためこの条約実施要項がまとめられた. 要項作成の任は平田東助・道家斉に委嘱, 97年12月8日付けで松方正義首相へ提出された. 本文には内閣・外務省・内務省・大蔵省・司法省・文部省・農商務省・逓信省の各省に関わる準備事項が纂録されている. 大山梓・稲生典太郎編『条約改正調書集成』下巻(原書房, 1991年)は, 法典調査会が本資料を蒟蒻版・仮綴の刷物に整え98年10月大隈重信総裁へ送付した大隈文書本を活字化して収録している.

⑮『条約実施研究会速記録(第一回第二回)(第三回第四回第五回)』(辻治太郎編集・発行, 1898年)

政府の条約実施準備委員会設置に伴い, 1897年, 貴族院議長近衛篤麿が主唱者となり, 貴衆両院の議員・官吏・大学教授・実業家らを会員として条約実施研究会が設立された. 研究会は毎月第二木曜日に報告と質疑討論をおこなったが, ⑮は97年9月から98年1月までの全5回分の速記録である. 稲生典太郎編『内地雑居論資料集成』4巻(原書房, 1992年)に復刻されている.

⑯原敬『新条約実施準備』(大阪毎日新聞社, 1898年)

⑰原敬『新条約実施準備補遺』(大阪毎日新聞社，1899 年)

⑯は通商局長・外務次官として陸奥外交を支えた原敬が外務省を辞して『大阪毎日新聞』主筆に転じた後，1897 年 12 月 1 日から 98 年 1 月 23 日まで同紙上に分載した論説を一書にまとめたもの．巻頭の総論では政府・国民に世界の競争場裡に立ち雄を争う覚悟を求め，引き続き条約改正事業の沿革，新条約の概要・実施の範囲，議会・法律との関係等を概説した後，外国人の土地所有をはじめ，居留地処分，外国人の内地に於ける商工業，外資輸入等を論じるほか，中国人・朝鮮人の地位や新条約と台湾の関係等を論じる．⑰は⑯の補遺で，日英通商航海条約はじめ各国新条約の要領，海関税，領事職務条約を論じる．⑯⑰は『原敬全集』上巻(1929 年，原書房，1992 年復刻)に収録されていたほか，⑯は稲生典太郎編『内地雑居論資料集成』4 巻に復刻された．

⑱『農商工高等会議議事速記録〔第三回〕』(農商工高等会議，1899 年)

日清戦後設置された農商工高等会議は全 3 回開催されたが，1898 年 10 月から 11 月にかけて開催された第 3 回会議では，条約改正に伴う外国人の国内事業への進出に対し日本の開放の方法・程度を問うた第 3 諮問「農商工業ニ関シ新条約実施準備ノ件」をはじめとして 12 件の諮問事項が審議された．⑱はこの第 3 回会議の議事速記録である．『明治前期産業発達史資料』補巻 29–31(明治文献資料刊行会，1972 年)，『農商工高等会議議事速記録』下巻(明治百年史叢書・399 巻，原書房，1991 年)に復刻された．

(小沢隆司)

E　金解禁論争関係文献

①井上準之助論叢編纂会編『井上準之助論叢』全 4 巻，付録『井上準之助伝』(同会，1935 年→『明治百年史叢書』315–319 巻，原書房，1982–83 年復刻)

②『清渓おち穂』(同会，1938 年)

井上の没後，日銀総裁土方久徴を委員長とする井上準之助論叢編纂(委員)会が組織され，著書，講演，演説などの資料を網羅的に収集した『論叢』全 4 巻と，付録『井上準之助伝』(青木得三執筆)が刊行された．第 1 巻には井上の著書 5 編が収録されている．このうち「戦後に於ける我国の経済及金融」(1925 年 2 月東京商科大学における講演)は，同年に同名の単行本として岩波書店より刊行され，また「我国際金融の現状及改善策」(1926 年 5 月京都帝国大学における講演)は同年に同名の単行本として岩波書店より刊行されたもので，その前半部分(第 1 章および第 2 章)は，20 年 11 月の東京商科大学での講演「戦時及戦後に於ける我国の対外金融」をほぼ踏襲している．「我国際金融の現状及改善策」の英語版は，元駐日英国副領事 E. H. ドブンセン(E. H. de Bunsen)の翻訳により *Problems of the Japanese exchange, 1914–1926* (London : Macmillan, 1931)として刊行されている．第 2 巻・第 3 巻は，井上の演説・講演を経歴にそって，日本銀行行員時代，横浜正金銀行時代，日本銀行総裁時代(第 1 次)，大蔵大臣時代(第 1 次)，閑居時代(第 1 次)(以上第 2 巻)，日本銀行総裁時代(第 2 次)，閑居時代(第 2 次)，大蔵

大臣時代(第2次)，民政党筆頭総務時代(以上第3巻)にわけて収録している．第4巻には，第3巻までに収録されなかった論文・雑録および日記，書翰などが収められている．『清渓おち穂』は，『論叢』編纂に際して収集・記録した井上の生涯におけるさまざまなエピソードや，実業団体連合追悼会における挨拶・追悼辞などを収録している．

③井上準之助『金解禁――全日本に叫ぶ』(先進社，1929年→『日本金融史資料』昭和編，第22巻〔→A-⑳〕に一部収録)

浜口内閣の蔵相として入閣し，金解禁政策の実施方針が決定した後，井上は精力的に講演・執筆活動をおこない，緊縮政策実施への国民的理解をもとめた．本書では，金解禁政策実施の理由，日本経済の現状，新平価解禁論への反論など金解禁問題に関する井上の主張の要点がわかりやすく簡潔に述べられている．『日本金融史資料』昭和編，第21巻・第22巻にも井上の講演・演説などが収録されている．

④井上準之助氏旧蔵和漢洋書(東洋文庫，和漢洋書1,622部，4,890冊)

東洋文庫は，中華民国総督府顧問をつとめたG. E. モリソン(G. E. Morrison)の中国・アジア関係蔵書を購入した三菱合資会社の岩崎久彌が設立した東洋学の専門図書館である．1917年のモリソン文庫購入に際して岩崎への仲介役をつとめた井上(当時横浜正金銀行頭取)は，24年の東洋文庫設立にあたり初代理事長に就任した．井上の没後，36年に旧蔵書のうち英書の大部分と和書の一部が東洋文庫に寄贈された．岩井大慧編『東洋文庫十五年史』(同文庫，1939年)に「井上準之助氏蔵書寄贈目録」が掲載されている．

⑤「金輸出解禁・再禁止関係資料」(一)-(四)(日本銀行調査局編『日本金融史資料』昭和編，第20巻-23巻，1968-69年〔→A-⑳〕)

1917年の金輸出禁止から1932年の金輸出再禁止にいたる時期の刊行・未刊行資料が網羅的に収録されており，金解禁問題に関する最重要史料のひとつである．第20巻には金解禁問題に関する通史的な文献が収録され，日本銀行調査局編「金輸出解禁史」などの日銀調査資料のほか，金解禁問題の経緯を詳説した朝日新聞社経済部編『朝日経済年史』(朝日新聞社)収録の「金輸出解禁問題」，「金本位制への復帰」，「金輸出再禁止事情」の3部作などが含まれている．第21巻には，関係法令および帝国議会議事速記録と日本銀行・大蔵省の内部資料，公的機関・業界団体などによる決議・声明，政府・日銀・財界関係者の演説・談話が収録されており，金解禁問題に関する政府・日銀の政策過程を知る上で重要な史料群である．第22巻には単行本に掲載された関係論説の全文および抄録が収められ，井上を含む政財界人・石橋湛山らエコノミストの論説を網羅している．第23巻には雑誌・新聞掲載論説，懇親会・座談会記録，世論調査記録のほか，巻末に「金輸出解禁・再禁止関係主要文献目録」が収録されている．

⑥安藤良雄編著『昭和経済史への証言』全3巻(毎日新聞社，1965-66年→『昭和史への

証言』全5巻，原書房，1993年復刻)
昭和金融恐慌，金輸出解禁と再禁止，戦時経済統制，戦後の経済民主化，占領下の経済政策など，昭和初年からサンフランシスコ講和にいたる日本の歴史上の重要なトピックについて，当事者へのインタビューが収録されている．インタビュー対象者は70名をこえ，オラル・ヒストリーとしての史料的価値も高い．金解禁問題については，当時大蔵官僚であった津島寿一，青木得三，青木一男のほか，新平価解禁論者の石橋湛山，高橋亀吉のインタビューが採録されている．

⑦石橋湛山全集編纂委員会編『石橋湛山全集』全15巻(東洋経済新報社，1970-72年)
石橋湛山は，1911年に東洋経済新報社に入社，24年に第5代主幹に就任し，『東洋経済新報』上において平価切下げによる金解禁論(新平価解禁論)を主張した．『全集』では第6巻-第9巻が1927年-35年の石橋の経済評論をカバーしており，新平価解禁論を体系的に論じた『金解禁の影響と対策』(東洋経済新報社，1929年)など，金解禁論争に関する重要文献を収録している．また松尾尊兊編『石橋湛山評論集』(岩波書店，1984年)，石橋湛山『湛山回想』(岩波書店，1985年)，石橋湛山『石橋湛山評論選集』(東洋経済新報社，1990年)にも金解禁論争をめぐる評論が収録されている．

⑧伊藤正直『日本の対外金融と金融政策』(名古屋大学出版会，1989年)
第一次大戦期から高橋財政期にいたる日本の対外金融の構造変化と金融政策の展開について，大蔵省，日本銀行などの一次史料をもとに包括的に検討している．とくに，金本位制停止下における在外正貨の重要性を指摘し，1920年代末の在外正貨の枯渇による内外均衡遮断政策の限界が日本の金解禁政策の実行を不可避にしたと論じ，同時に政府・日銀が，古典派的な金本位制メカニズムにもとづく国際収支調整と通貨調整の一元化を企図していたと指摘する．

⑨銀行問題研究会編『金輸出禁止史――金解禁問題の理論と実際』(同会，1929年)
「金の輸出が禁止された大正六年以降今日に至るまでの経済界の推移，此間に起つた金解禁論及び非解禁論の状況，金解禁が断行された暁，経済界に及ぼすべき影響」(はしがき)の解明を目的に，金解禁の機運が高まりつつあった1929年1月に刊行された．1917年の金輸出禁止以後の金解禁政策，解禁論と非解禁論の主張と根拠，金解禁が経済にあたえる影響，諸外国の金解禁の実例などが平易に解説されており，金解禁論争に関する同時代の議論を網羅している．

⑩楠見一正『金輸出解禁問題――その経過と影響』(調査彙報第1輯)(大阪商科大学経済研究所，1929年)
浜口内閣成立直前の1929年6月に刊行された金解禁問題に関する解説書．豊富な資料にもとづく客観的な記述を意図して編集されている．第1編「金輸出解禁問題の経過」では，金輸出禁止後の国内の金解禁論を5期に区分し，各期における金解禁論と反

対論，政府の対応，経済状況を解説している．第2編「金輸出解禁の及ぼすべき影響並に其の準備対策」では，金解禁が経済にあたえる影響について詳細に検討するとともに，金解禁準備として行なわれる政策について解説している．

⑪日本銀行調査局編「金輸出解禁史」(其一)(其二)(『日本金融史資料』昭和編，第20巻〔→A-⑳〕，所収)

日本銀行調査局内に未定稿として残存していた資料．『日本金融史資料』解題によれば1932-33年頃に調査局の金子嘉徳氏(のちの東海銀行頭取)が執筆したとされる．1919年のアメリカの金輸出解禁から29年11月の浜口内閣による金解禁声明にいたる約10年間における金解禁に関する議論の推移を5期に分けて詳述する「其一」と，金解禁後から30年末までの経済界の情勢と政府の対応を論じた「其二」からなる．当時の議論や決議・資料等も数多く引用されており，金解禁問題に関する重要文献のひとつである．

⑫高橋亀吉『大正昭和財界変動史』全3巻(東洋経済新報社，1954-55年)

『東洋経済新報』の記者・編集長として活躍し，金解禁論争では新平価解禁論者として論陣をはった高橋亀吉(1894-1977)が，戦後公職追放になり経済評論家としての活動ができなかった時期に執筆した日露戦後から1937年までの通史である．著者によれば「広い視野から総合的」にかつ「立体的な生体解剖的」に記述したというものの，著者自身が論争当事者であったために研究書としては客観性に欠けるきらいがあるが，『東洋経済新報』を中心に同時代の文献を幅広く渉猟しており，資料的な価値は高い．高橋亀吉編『財政経済二十五年誌』全9巻(実業之世界社，1932年→国書刊行会，1985年復刻)もあわせて参考になる．

⑬高橋亀吉・森垣淑『昭和金融恐慌史』(清明会出版部，1968年→講談社学術文庫，1993年)

1927年の昭和金融恐慌の過程を豊富な資料を用いて明らかにした書．金融恐慌の原因と日本の銀行制度の前近代性を指摘する「昭和二年金融恐慌の基因」，恐慌の引き金となった震災手形処理問題と，恐慌の経過および善後措置を詳説した「昭和二年金融恐慌の誘因と推移」，恐慌によって生じた金融構造の変化とその意義を論じた「昭和金融恐慌のわが国経済に及ぼした影響とその歴史的意義」の3部より構成される．

⑭田中生夫『戦前戦後日本銀行金融政策史』(有斐閣，1980年，増補版『日本銀行金融政策史』有斐閣，1985年)

田中生夫は，大正から昭和初期の金融政策について，井上準之助，木村清四郎，深井英五など日本銀行の政策担当者の経済思想や現状認識に焦点をあてた研究を残した．井上準之助の経済思想と金解禁政策にかんしては，第2章「大正八年の日本銀行金融政策──井上準之助小論」，および第5章「金解禁論争」(初出は長幸男・住谷一彦編『近代日本経済思想史』I，有斐閣，1969年)で検討されている．

⑮長幸男『日本経済思想史研究』(未來社，1963 年)

長幸男は，本書および後述の『昭和恐慌』において，井上準之助と高橋是清の経済思想と経済政策を対比させて論じる分析視角を提示し，のちの研究に強い影響をあたえた．本書では，第 3 章および第 4 章「井上準之助の金解禁論」(I)(II)において金解禁問題と井上の経済思想を論じ，井上の経済思想が古典派的な金本位制の自動調節作用への信頼にあると位置づけた．ただし第 3 章は金本位制を論じたもので，井上の金解禁論を分析したものではない．

⑯長幸男『昭和恐慌』(岩波新書，1973 年→増訂：岩波現代文庫，2001 年)

⑰長幸男「昭和恐慌(2)金解禁と恐慌の深化」，同「恐慌からの脱出」(隅谷三喜男編『昭和恐慌』有斐閣，1974 年，所収)

『日本経済思想史研究』によって示された井上・高橋の経済思想論を基礎に，昭和恐慌の過程について，井上の経済思想と金解禁政策に焦点をあてて論じたもので，金解禁政策とその失敗を日本のファシズム化への転機と位置づけた．本書は，金解禁政策や井上・高橋財政の評価をめぐる議論において現在まで強い影響力をもっている．なお，隅谷編『昭和恐慌』所収の二論文は，出版年が前後するが⑯の原型をなすもので，一部内容に重複がみられる．

⑱中村隆英『経済政策の運命』(日経新書，1967 年，改題『昭和恐慌と経済政策』同，1978 年→講談社学術文庫，1994 年)

戦前期の日本経済を数量的に検討した『戦前期日本経済の分析』(岩波書店，1971 年)の著者による 1929 年から 31 年までの金解禁政策とその崩壊の過程における経済政策の展開を描いた書．経済過程だけでなく，経済理論と政策の関係，政治過程における経済政策の位置づけ，歴史のなかにおける個人の役割(とくに井上準之助)に焦点をあて，金解禁政策の展開と昭和恐慌の過程を多面的にとらえている．

⑲深井英五『回顧七十年』(岩波書店，1941 年)

第 13 代日本銀行総裁深井英五(1871-1945)は，1901 年に日本銀行に入行，28 年より副総裁の地位にあり，金解禁から金輸出再禁止後にいたる時期の日銀の金融政策の中枢をになった．本書は深井の生い立ちから枢密院顧問官にいたる人生を回顧するもので，日本の金融政策の裏面と著者の所感が詳細に描かれている．事後の回顧であることに注意が必要であるが，当事者の証言として史料的な価値は高い．深井は通貨理論・国際金融の専門家としても名高く，著書『通貨調節論』(日本評論社，1928 年)，『通貨問題としての金解禁』(日本評論社，1929 年)，『金本位制離脱後の通貨政策』(千倉書房，1938 年)から金融政策に関する深井の認識と理論的根拠を知ることができる．

⑳三谷太一郎「国際金融資本とアジアの戦争」(近代日本研究会編『近代日本と東アジア』(年報・近代日本研究 2)，山川出版社，1980 年，所収)

米国モルガン商会パートナー，T. W. ラモント(T. W. Lamont)の個人文書(ハーバード大学所蔵)を利用して，ラモントが対中国四国借款団交渉を通じて「国際金融家」としての井上準之助に対して信頼をよせるようになり，その後世界恐慌と満洲事変後の日本の対外政策に失望してゆく過程を，1920年代の国際協調体制と国際金融資本の時代の終焉という流れのなかで描いている.

㉑三和良一『戦間期日本の経済政策史的研究』(東京大学出版会，2003年)

国家独占資本主義(現代資本主義・20世紀資本主義)の視点から戦前・戦後の経済政策を論じてきた筆者による戦間期に関する論文集．金解禁問題について政策過程に影響をあたえる諸産業の利害関係に注目した考察や，国家独占資本主義のフレームワークから井上財政期と高橋財政期を一貫して把握しようとする試みは，同時代の経済政策史研究に大きな影響をあたえた.

㉒吉野俊彦『歴代日本銀行総裁論――日本金融政策史の研究』増補改訂版(毎日新聞社，1976年，初版，ダイヤモンド社，1957年)

日本銀行調査局長，日銀理事を歴任し，エコノミストとして活躍した筆者が，初代総裁吉原重俊から23代総裁森永貞一郎までの21人の日銀総裁の経歴と人物像，各時代の金融政策について論評したものである．第9代，第11代総裁をつとめた井上準之助をはじめ，高橋是清，土方久徴，市来乙彦，深井英五など金解禁問題に関連する人物についても詳しい.

㉓William A. Brown, Jr., *The international gold standard reinterpreted 1914–1934*(New York: National Bureau of Economic Research, 1940)

第一次大戦による国際金本位制の停止から戦後の再建，そして世界恐慌後の崩壊までの過程を詳細な資料分析により明らかにした先駆的な業績で，本編1300ページを超える大著である．国際通貨システムの中心を欠いた再建金本位制の問題点が指摘され，第一次大戦後の日本の金解禁問題についての言及もあり，井上の *Problems of the Japanese exchange, 1914–1926* における見解が紹介されている.

㉔Barry Eichengreen, *Golden fetters: the gold standard and the great depression, 1919–1939*(New York: Oxford University Press, 1992)

㉕Barry Eichengreen (ed), *The gold standard in theory and history*(New York and London: Methuen, 1985)

前者は，各国の国内政局と国際経済が密接な関係にあるという視点から，戦間期を中心としながらも第一次大戦前および第二次大戦後も視野にいれて，金本位制と世界恐慌の関係を分析した刺激的な労作である．第一次大戦により各国の国際収支ポジションが変化し，各国の政策および金本位制にたいする信頼と，中央銀行の金融政策による各国間の国際協力関係に動揺が生じ，金本位制再建へのエトスが逆に戦後経済復興の障害と

なり，世界恐慌の一つの要因になったとしている．後者は，金本位制の機能を理論的・歴史的に分析した論稿を収録している．

(杉山伸也・岸田真)

F 「日本資本主義論争」関係文献

(1) 日本資本主義論争

①**山田盛太郎『日本資本主義分析――日本資本主義における再生産過程把握』**(岩波書店，1934年→岩波文庫，1977年)
②**平野義太郎『日本資本主義社会の機構――史的過程よりの究明』**(岩波書店，1934年)
③**野呂栄太郎『日本資本主義発達史』**(鉄塔書院，1930年→岩波文庫，1954年)．
④**Yasuba, Yasukichi, "Anatomy of the debate on Japanese capitalism,"** (*The Journal of Japanese Studies*, 2(1), pp. 63-82, Autumn 1975)
⑤**安場保吉『経済成長論』**(筑摩書房，1980年)
⑥**長岡新吉『日本資本主義論争の群像』**(ミネルヴァ書房，1984年)
⑦**森嶋通夫『血にコクリコの花咲けば――ある人生の記録』**(朝日新聞社，1997年)
⑧**森嶋通夫『智にはたらけば角が立つ――ある人生の記録』**(朝日新聞社，1999年)

「日本資本主義論争」を概観した作品としては⑥(長岡 1984)が秀逸である．主要な論客の見解がよく咀嚼されているばかりでなく，それぞれの人物像にも迫ることによって，「論争」の存在した時代が浮かび上がる造りとなっている．そして，おそらく著者の意図せざるところであろうが，人物像と論争史を組み合わせた本書には，東京帝国大学を頂点に築かれていたマルクス経済学が，少数の選良たちの交友と言動によって説明されうる，狭く濃密な空間において成り立っていたことも描きだされている．「痩せたソクラテス」たちによって戦前に蓄積された「帝国日本の学知」は戦後日本社会の基礎として1960年代までその命脈を保ち，そして大学紛争を経た大学の大衆化によって解体されたと言ってよいであろうが，本書は，1945年以前と言うよりもむしろ1969年以前の，良くも悪くも狭く深く濃密な選良アカデミズムの空気を伝えてくれる．ちなみに「帝国」の学問が現実社会と向き合う矜持を持った選良たちの交友から成っていたことは近代経済学においても同様である．山田盛太郎の復職，戦前の東北帝国大学において教鞭をとっていた宇野弘蔵の招聘をはじめとして，「帝国」のマルクス経済学の資産を承継した東京大学に対し，大阪大学は戦後，東北帝国大学の安井琢磨や京都帝国大学の高田保馬など旧帝時代における近代経済学の共同体に蓄積された資源を集中的に承継してその拠点となった．同じく近代経済学の拠点となった一橋大学を創ったのも旧東京高等商業学校の深いが狭い知的共同体であった．日本における近代経済学の父祖となった「帝国」選良の群像については，⑦(森嶋 1997)および⑧(森嶋 1999)が網羅的とは言えないが興味深い．「帝国の学知」として蓄積された社会科学は，近代国民国家と近代資本主義を支える19世紀的な近代主義思想に支えられた思考体系であり，それは近代国家と近代社会の建設を自らの職分と考える自他共に選良と認める人々によって担われた．当

時はたとえマルクス主義者にあっても，封建制に対する資本制の進歩性は自明であった．彼らにとってまだ見ぬ社会主義への夢はたしかに大切であったが，同時に，資本主義が現存する最高のシステムであることもまた疑いのないところであったのであり，近代化や資本主義化そのものに対する懐疑の念が一部の人々を捉えるようになるのは70年代以降のことなのである．国家と社会の近代化を進歩と信じて疑わない，そしてそれを自らの責任と認識する少数選良集団によって学問が担われていたことを押さえておかないと，いかなる分野であれ，この時代の文献の背後にある空気を読みとることは難しい．

④(Yasuba 1975)および⑤(安場 1980)は，①(山田 1934)や②(平野 1934)，③(野呂 1930)に代表される講座派の議論が「労働の無制限的供給」を説明する二部門モデルの先駆であったことを鮮やかに描き出した．二部門モデルは，市場経済が成立した後になお残る，市場価格によっては説明できない資源分配を行う家長や地主といった伝統社会の権力者たちの権威主義的な行動を説明する際に強力な枠組みを提供する．労農派と講座派の見解の相違が，究極的には，価格機構によって説明されうる部分のみを見ようとする接近と，価格機構によっては説明されえない部分に注目する接近との相違であったとすれば，価格機構の支配する近代部門と権威主義的な制度の支配する在来部門との関係に焦点を当てる二部門モデルを参照点として「日本資本主義論争」を振り返ったことはまさに卓見であった．

(2)　経済発展と制度

(1)小作契約関係

⑨櫛田民蔵「わが国小作料の特質について」(『大原社会問題研究所雑誌』第8巻1号，63-103頁，1931年)

⑩川口由彦『近代日本の土地法観念――1920年代小作立法における土地支配権と法』(東京大学出版会，1990年)

⑨(櫛田 1931)は小作契約関係をめぐる論点を明快に分類し，小作契約関係が「封建的」であるとする説を排除している．まず櫛田は，小作契約関係が近代法による財産権の保障と契約の自由の上に成り立つ債権関係であって，耕作権を保有する農奴に職業選択と移動の自由が認められない「封建制」とは当然に異なることを指摘した上で(69-71頁)，小作契約がなお「封建的」であると主張される場合に理由として挙げられる現物納小作料と高額小作料についても論究する．現物納小作料については，貨幣ではなく米穀現物をもって小作料が支払われる場合であっても，資本主義社会における現物は商品であり，価格機構によって定まっていると指摘する．「土地にして価格を持つ以上，仮令《たとい》小作料は現物で収められても，それは現に価格として見積もられたものでなければなら」(72頁)ず，「小作人の頭脳のうちではいつでもその時々の市価で計算せられる」(75頁)というわけである．また，高額小作料についても，小作地に対する競争が激しい時には下落し，弱い時には上昇することから，経済外的強制によって定まっているものではなく，あくまでも価格機構において定まっているに過ぎないとする(83-84頁)．

これらの主張のうち，現物小作料をめぐっては，①(山田 1934)が，現物小作料が価

格機構における価格変動リスクから小作を守るために選択されていることを指摘し，現物納と金納を同一視する櫛田の論を排した(①文庫版，250-254頁)．本文中にも述べた通り，山田自身においては現物納と金納を同一視することの難はなお不明確であったが，現代の経済理論に基づいて言うならば，小作人が地主と同様にリスク中立的であり，かつ有限責任制約も効かないのであれば現物納と金納の別に特段の意味はないが，小作人がリスク回避的であり，かつ保有する富の量も限られていた現実に鑑みれば，現物納小作料には価格変動リスクを地主が負担するという格別の意味があったことになる．地主の側は，価格変動リスクを引き受けることによってより高額の小作料を課しうるという利得を手にしたであろう．

一方，櫛田の基本的な論点，すなわち，小作契約は近代法における財産権の保障と契約の自由にのみ基づいて成り立っていたとする議論には，実は実証的に重要な問題点を含む．戦前期の小作契約の多くは定額小作契約であった．ところが，非常にしばしば，契約に定めなきにもかかわらず，地主は不作時の小作料減免を強いられた．

もちろん，減免に応ずること自体が経済学的に非合理的であるということではない．上述のように小作人がリスク回避的である場合には，不作時の減免を事前に示唆し，小作人のリスク負担を減らすことによって小作人の努力水準を引き上げることができる．

しかし，重要なことは，⑩(川口 1990)にも示されているように，減免は村落共同体の要請に対して，村落共同体の一員たる地主も従うべきであるとする「義理」の世界を支配する慣習によって執行されていたのであり，民法に保護された明文の契約とその執行を担保する裁判所によって執行されていたわけではないということである(94-95頁)．その意味では，小作契約関係は近世以来の取引統治の制度にも支えられて機能していたということになる．

しかし，もうひとつ注意すべきことは，その「半封建的」な取引統治が制約しているのは，近代法の下，裁判所によって保護されたはずの地主の債権であり，「半封建的」制度は，近代法の下にあっては当然に地主に帰属したはずの利得を小作人に移転していたのである．すなわち，⑩(川口 1990)が示す「半封建」性は，実は櫛田や山田が議論していた当時のそれとはもはや含意を異にしている．櫛田や山田は，「半封建的」な制度が存在する場合には，それは必ず小作人に対する余剰の配分を減らすためのものであると想定していた．実際には小作人のリスク回避度に応じて地主から小作人への余剰を移転する機能として，「半封建的」な取引統治は機能していたのである．

したがって，本文中にも強調したように，「半封建的」な何ものかが，小作人や労働者からの「全剰余」搾取をもたらしていたとする山田らの理解は正されなければならない．むしろ，小作人や労働者にレントを配分し，彼らのリスク分散を調整することが，「半封建的」地主制や「半封建的」間接雇用を強固に支える誘因体系の要だったのであり，そしてそこにおける取引は近代法ではない近世以来の制度によって統治されていたのである．

(2)制度の発見

⑪梶井厚志・松井彰彦『ミクロ経済学――戦略的アプローチ』(日本評論社，2000 年)

⑫神戸伸輔『入門 ゲーム理論と情報の経済学』(日本評論社，2004 年)

⑬Milgrom, Paul and John Roberts, *Economics, organization and management* (Englewood Cliffs, NJ: Prentice-Hall, 1992→奥野正寛・伊藤秀史・今井晴雄・西村理・八木甫訳『組織の経済学』NTT 出版，1997 年)

⑭中林真幸・石黒真吾編『比較制度分析・入門』(有斐閣，近刊)

⑮岡崎哲二『コア・テキスト 経済史』(新世社，2005 年)

⑯川島武宜「近代法の体系と旧慣による温泉権」(『法学協会雑誌』第 76 巻 4 号，426-469 頁，1958 年 5 月→加筆修正の上，川島武宜『川島武宜著作集』第 9 巻，岩波書店，1986 年，302-348 頁，に再録)

⑰川端康成「歴史」(『文藝時代』第 4 巻 1 号，58-60 頁，「怪談集」54-60 頁の一篇，1927 年 2 月→川端康成『掌の小説』新潮文庫，177-179 頁，1971 年，に再録)

本文中にも力説したように，①(山田 1934)は労働過剰社会における権威主義的な制度を析出することを目的とした書である．

本文においては講座派と労農派の論争そのものについてはまったく触れず，また労農派にもほとんど言及しなかったが，それは，筆者が労農派の主張を誤りと考えるからではない．櫛田に典型的であるが，要するに労農派の主張とは，日本経済は価格機構の支配する経済として(新)古典派的に説明しうる，というものであった．そして，その主張は，早くも 1880 年代に近代的な直接金融と近代的な間接金融を完備して爆発的な経済発展を始めた近代日本の歴史そのものが示しているように，大筋において正しい．

さらに，山田自身も，産業革命後，価格機構が徐々に農村の社会制度や近代産業部門の間接雇用組織を浸食し，そして第一次世界大戦後にはついに価格機構が支配的な市場経済への移行を見つつあると考えていた．山田はそれを，前近代的な組織に支えられた日本の経済制度の「危機」と表現したのであった．市場経済の発展の速さをどう見るかという点に相違があったとは言え，発展を主導する部分において価格機構が支配的であったという認識は，当然，講座派にも共有されていたはずである．

ならば晦渋な①(山田 1934)を振り返る必要などないではないか，と読者は思われるかも知れない．たしかに，近代日本の経済発展を分析する上で，講座派と労農派の二者択一を迫られたならば，労農派の方が説明力は強いであろうから，労農派を採る方が賢いであろう．しかし，現代の私たちにあっては，労農派的，すなわち古典派的な経済理解をより徹底した新古典派経済理論は経済学徒の常識として共有されている．労農派が確立しようと苦闘した経済観は，経済学部の 1 年生が経済学入門を半年履修した時点で既にその脳髄に浸透しているのである．そして，日常的な経済活動も普段はその認識に基づいて営まれている．にもかかわらず，たとえば非匿名的な，顔の見える取引関係において情報の非対称やリスク回避性向が存在する場合，やはり，競争市場には還元されえない「制度」とは何かという問題に向き合わざるをえない．その情報の非対称やリスク回避性向に，少ない道具で立ち向かった最初の試みが①(山田 1934)だったのである．

刊行当時から揶揄されたように，①(山田 1934)には晦渋な修辞が装飾的に散りばめられており，それによって読者を幻惑していた面もなくはない．③(野呂 1930)および②(平野 1934)はそうした晦渋な修辞を排した日本経済概論である．特に②は，①の議論を成り立たせている最も重要な条件が労働過剰社会という現実であることに山田以上に自覚的である．

ただし，反面，①(山田 1934)の晦渋な修辞がすべて単なる衒学趣味に由来すると断ずるのは早計である．①の難解な表現は，ひとつには，本来ならばゲーム理論的に分析すべき事柄を，それを使わずに摑もうと苦闘したことによっている．労農派は非古典派的な事実を切り捨てることによって古典派的にわかりやすい経済像に達したわけであるが，②(平野 1934)の明快な叙述もまた，①が捉えようとした問題の考察を部分的に諦めることによって達せられている面があることは否定できない．

高額小作料を単に価格機構が機能した結果と見なして差し支えないと古典派的に考えた櫛田の説明が，彼自身の切り取ってきた事実の説明として間違っているわけではない．しかし，山田がこだわった農村社会の制度や間接雇用に見られるように，労農派の古典派的明快さが，価格機構の十全な機能を期待できない場合――具体的には情報の非対称や寡占，経済主体のリスク回避行動といった条件が存在する場合――を捨象することによって成り立っていることも事実なのである．

小作人の努力水準は小作人自身には分かっているが，地主には完全には見えない．労働者の働きぶりについても，雇用者が完全に監視することは不可能である．また，小作人や労働者といった，保有する富の小さな人々は概してリスク回避的である．それゆえ，地主は収穫の増分が小作人に帰属する契約を結んで誘因を与えるとともに，不作時の減免によって小作のリスク負担を減殺し，最大の努力水準を得ようとする．また，雇用者は労働現場の監視が著しく困難である時には間接雇用を導入する．これらの「情報の非対称」や「リスク回避性向」に関わる問題に対して記述的な考察によって可能な限りの接近を試みたのが①(山田 1934)であったが，さらにその先に進みたい読者には，ゲーム理論に基づく分析的な手法を学ぶことを進めたい．⑪(梶井・松井 2000)および⑫(神戸 2004)はゲーム理論をまとめて学びたい人にふさわしい教科書である．⑬(Milgrom and Roberts 1992)はゲーム理論と契約理論を用いて企業組織を分析した優れた教科書である．⑭(中林・石黒 近刊)はゲーム理論と契約理論の基礎を学ぶとともに，それらの現実経済への応用を合わせて学ぶことを目的として編まれた教科書である．日本資本主義論争の遺産を生産的に継承するには，これらによってゲーム理論の考え方を学んだ後に①(山田 1934)を読むことが一番の近道かもしれない．

このように，講座派と労農派の視角の違いは，ゲーム理論的接近と新古典派的接近との相違に通ずるとも言えるわけである．両者それぞれに優れた点があるが，新古典派的に説明できることは説明し，しかる後に残される要因をゲーム理論的に分析できるのであれば，それが経済発展の歴史を語る最善の方法であることは言うまでもない．⑮(岡崎 2005)はそれを試みた出色の教科書である．⑮を学んだ後に講座派と労農派を比較検討することも刺激的な作業となろう．

最後に，講座派的伝統に基づく応用研究をひとつ紹介しておこう．ダウンロードされた音楽の著作権が十分に保護されなければ，今日における音楽配信産業の隆盛はありえなかったであろう．同様に，温泉の利用権が財産権として保護され，その自由な取引が保障されなければ温泉業は発展しなかったであろう．本文中には触れなかったが，日本における経済発展と制度との関係を考察した講座派的な法社会学の実証研究として⑯(川島 1958)をはじめとする温泉権の研究を忘れることはできない．日本は明治維新後，大陸欧州の近代法を継受することによって近代的な市場制度の整備を行った．民法と商法の制定はその柱であったが，原典となったフランスやドイツの法典に，近代的な温泉事業に資する温泉権の規定はなかった．明治維新後の温泉業は，権利の移転を容易にする近代的な温泉権を自生的に再定義することによって資本主義的なサービス業として発展するのか，それとも「共同体的」支配を受ける入会権としての実体を残すのかという選択を迫られた．⑰(川端 1927)に象徴的に描かれているように，実際には多くの温泉地において「村落集団自身の社会的統制の機能は無力化」(⑯，427 頁)され，近代的温泉権が形成されて入会泉源の「囲い込み」が進み，今日の温泉業隆盛がもたらされた．欧州法を継受した日本の市場経済史の多くの部分は，株式会社制度のように，多かれ少なかれ，制度の移植とその日本社会への適応過程として描かれるほかはないが，これに対して温泉権の形成は，産業の発展とともに自生的かつ漸進的に近代的な財産権が形成され，そのことがさらにその産業の発展を促す過程を観察することのできる興味深い事例である．

(3)慣習と法

⑱川口由彦『日本近代法制史』(新世社，1998 年)

⑲Douglass Cecil North and Robert Paul Thomas, *The rise of the western world: a new economic history* (Cambridge : Cambridge University Press, 1973→速水融・穐本洋哉訳『西欧世界の勃興――新しい経済史の試み』増補版ミネルヴァ書房，1994 年)

⑳Douglass North, *Understanding the process of economic change* (Princeton, NJ: Princeton University Press, 2005→瀧澤弘和・中林真幸・高槻泰郎・棚橋あすか・結城武延訳『制度変化の経済学(仮)』東洋経済新報社，近刊)

明治維新後，日本は近代的な市場制度を定義するために大陸欧州の法律を継受した．1880 年代末に早くも最初の株式バブルが発生していることに示されているように，株式会社制度を利用した企業勃興をはじめとして，「契約の自由」を保障する近代法の継受は近代化の先端部分においてただちに著しい成功を収めた．同時に，国民経済の相当部分は，引き続き「義理」が支配する取引によって支えられていた．山田がこだわった「半封建的」制度と近代的制度の相克は，具体的には，近代的な民商法の支配する領域と「半封建的」な「義理」の支配する領域との相克として現れたのである．講座派的な接近がマルクス経済学者のみならず，民法学者や法社会学者にも強い影響を及ぼしたのはそのためであった．そしてその相克は，近代的な土地所有権の保障によって地主制の

拡大が促される一方，地主の近代的な権利を規制する「義理」もなお強固に残った農村社会において特に深刻であった．⑱(川口 1998)は，小作権研究の第一人者が義理の国日本における近代法継受の過程を概観した教科書として有益である．大日本帝国憲法が天皇の統治権に厳格な制約を加え，行政，立法，司法諸機関に権力を分散することを目的として制定，公布され，立憲制を確立したこと，民商法継受の過程において法制官僚が極めて短期間に財産権の保障と契約の自由という市場経済の要諦を理解し，それを移植し，市場経済の急激な拡大を可能にしたことが明快に語られる．その記述からは，読者は明治維新後の近代日本史のなかに，近代国民国家の下に近代資本主義が育ってきた一本の軌道を見出すであろう．それは労農派に見えた現実でもある．しかし，同時に，⑱は，大半の人口の日常生活を規定する農村の毎日が，村社会の「義理」に支えられていたことも見逃さない．講座派はその点を重視したのであった．

列強諸国との遭遇によって突如として近代法の継受を強いられた日本においては特に深刻に現れたが，しかし実は，程度の差こそあれ，「半封建的」な「非公式ルール」(informal rule)と近代的な「公式ルール」(formal rule)の関係はいかなる国の近代化においても重要な問題であり，両者の間の調整に成功しない限り，近代的な国民国家制度の下における近代資本主義の発展は望めない．⑲(North and Thomas 1973)と⑳(North 2005)は，両者の関係の考察に対する手がかりを与えるであろう．

(3)　日本経済における過剰労働と「転換点」

㉑**Lewis, W. Arthur, "Economic development with unlimited supplies of labour,"** (*The Manchester School of Economic and Social Studies*, 22 (2), pp. 139–191, May 1954)

㉒**Fei, John C. H. and Gustav Ranis, *Development of the labor surplus economy: theory and policy*** (Homewood, IL: Richard D. Irwin, 1964)

㉓**南亮進『日本経済の転換点――労働の過剰から不足へ』**(創文社，1970年)

㉔**斎藤修『賃金と労働と生活水準――日本経済史における18-20世紀』**(岩波書店，1998年)

㉕**友部謙一『前工業化期日本農村における小農家族経済と市場経済』**(有斐閣，近刊)

㉖**安場保吉「産業革命の時代の日本の実質賃金――比較経済史的アプローチ」**(『社会経済史学』第71巻第1号，49-60頁，2005年5月)

本文に述べた古典派的な二部門モデルを提起した㉑(Lewis 1954)は，労働過剰社会を分析する際の基本文献として強い影響力を持った．

日本については，①(山田 1934)が先駆的に労働過剰社会における権威主義的な制度を分析するとともに，実質的に両大戦間期に労働過剰社会の終焉，すなわち「転換点」を求めた．㉒(Fei and Ranis 1964)も第一次世界大戦後に「転換点」を求め，㉔(斎藤 1998)もまた実質賃金の顕著な上昇が始まるのは第一次世界大戦後であり，それまでの賃金上昇はむしろ18世紀，すなわち近世期以来の連続的な傾向の上に位置づけられると強調した．一方，㉓(南 1970)は労働不足社会への「転換点」を1960年を中心とする

数年間，すなわち高度成長期初頭に求めている．

これらの見解に対して，⑤(安場 1980)は，日本経済は産業革命期，すなわち1900年頃に一度「転換点」を越え，労働不足社会に転じたが，第二次世界大戦期における資本設備の破壊によって再び労働過剰社会に逆行し，高度成長期に突入する頃に改めて労働不足社会への転換点を越えたと主張する．㉖(安場 2005)は1900年代に「転換点」が生じたとする⑤における見解を賃金系列の整備によってさらに補強したものである．綿紡績業や製糸業といった産業革命を主導した産業において1880年代半ば以降，実質賃金が顕著に上昇したことを確認し，産業革命期において賃金は停滞的であったとする通説を排した．

ところで，⑤(安場 1980)は労働過剰の時代における農村社会の共同体的な心性を強調しているが，㉖(安場 2005)は，近代産業の急激な発展という条件の下，農村社会がいつまでも共同体的な心性を維持することはできなかったもしれないという留保をつけている．これに対して，㉕(友部 近刊)は，農家の「ライフサイクル」という視角を導入することを提唱する．小農家長は自家の「ライフサイクル」全体において家族の効用を最大化しようとするから，たとえば，幼少の娘を大切に育てることが将来において賃機(問屋制の下に組織された機織)による稼ぎや，あるいは縁組を通じた良家との関係という資産をもたらすならば，その娘を女衒に売り飛ばすことなく扶養し，家庭内外の教育を施すことがありうる．その一時点のみを切り取ってくると，あたかも家長が当該娘の限界生産性を超える生活資料を無償で給付することによって自らの権威を認めさせているかのように見えるが，ライフサイクル全体において見るならば，家長が娘に与えている便益は実際には無償の給付ではなく，家計への見返りの期待できる人的資本投資ということになる．産業革命が始まり，日本社会が隅々まで労働不足に転ずるまでの間，要素賦存としては労働が過剰であり，しかし人々の意識は資本主義化するという事態が生ずるが，そのような場合にあっても，家長にはその子女を扶養する十分な誘因が存在するわけである．

(中林真幸)

G 「帝国」の技術者関係文献

(1) 一次文献

①文部省編『文部省年報』(各年度版)

もっとも基本的な学事統計であり，例えば帝国大学に関しては，学科別入学志願者数，入学者数，卒業者数，卒業後の初職市場の動向，入学学生の学歴・年齢，附置研究所の動向などが大学別に記載されている．工業専門学校に関してもほぼ同様の情報をえることができる．また外国人については別記されているため，留学生(ほとんどが中国人)の修学状況を知るうえでも貴重な統計年報である．各府県統計書や各市の学事統計書と合わせて利用すると，教育の実態がより詳細にみえてくる．

②学士会『学士会氏名録』(各年版)

学士会会員の氏名，出身地，大学・専攻，卒業年次，勤務先，住所などが記載された名簿．自己申告を集計したものであるため帝国大学卒業生のカヴァリッジに限界があるが，勤務先の変遷などを丁寧に追跡することによって帝大卒業生の移動状況などが確認できる貴重な名簿である．工業之日本社編『日本工業要鑑』や日刊工業新聞社編『日本技術家総覧』昭和9年版(日刊工業新聞社，1934年)などの名簿類とともに技術者に関するデータベース構築に不可欠な資料．

③中央職業紹介事務局編『大学専門学校及甲種実業学校卒業生就職状況調(査)』(各年度版)

本調査の回収率はきわめて高く，例えば昭和5年度調査では照会430校に対して回答は404校であった．調査は法文経，理工，農林，医薬，美術工芸，商船，女子諸学校の学科別に集計され，学校紹介による就職者，学校紹介によらない就職者，自営，上級学校進学者，未就職その他の構成が示されている．大正期から昭和初期にかけて，中央職業紹介事務局はその他にも『会社銀行定期採用状況調査』をはじめとする就職関連の重要な調査を多数実施している．

④中澤岩太『工場技術者之心得』(1918年)

1879年に東京大学化学科卒業後，帝国大学工科大学教授，王子硫酸製造所技師，工手学校長，京都高等工芸学校長，京都帝国大学理工科大学長などを歴任した応用化学(無機工業化学)が専門の中澤岩太が還暦を記念して出版した書物．本書は「総論」,「創設ノ場合ニ必要ナル注意」,「事業常時ノ経営」,「雑件」の4部から構成され，「技術者親ラ新規ノ業作ヲ行ヒ然カモ職工ノ面前ニ於テ佳良ナル成績ヲ揚ケ以テ必成ヲ示ス」など技術者のリーダーシップに関する議論が多い．

⑤臨時産業合理局生産管理委員会編『試験所及研究所ノ整備』(日本工業協会，1934年)

「最モ有力デアル研究機関ガ，産業界ト厳密ナル連絡ヲ欠キ，未ダ充分ニ利用セラレテ居ラナイ」との認識に立って，臨時産業合理局生産管理委員会(会長は山下興家)が試験所や研究所の有効利用の方策を提言した報告書．本論は「工場内ニアル研究機関ト現業トノ連絡ノ改善」と「産業指導ノ立場ニアル官公立研究機関ガ互ニ協力スル必要」に分かれ，好成績を上げている事例として鉄道省主催の車両研究会，さらに英米独の事例などが紹介されている．

⑥日刊工業新聞社編『日本技術家総覧』昭和9年版(日刊工業新聞社，1934年)

本書は日刊工業新聞社が全国約20万の工場，会社，商店，学校等について調査を実施し，基本的に専門学校・大学卒の技術者4万1080名の出身校・専攻，卒業年次，勤務先，住所を示したものである．本書にもとづいた集計が故内田星美氏によってなされており，その成果は「昭和9年の技術者分布」(同氏編『技術史図書館季報』第16号,

2001年4月)として公表されている．この集計によってわれわれは産業部門別・企業別の技術者分布を知ることができるようになった．

⑦商工省生産管理委員会編『工業教育ヲ中心トシテ見タ我国教育制度ノ改善』(日本工業協会，1938年)

「工業教育卒業者ノ数モ毎年実際ノ要求ヲ満タシ得ナイバカリデナク，其ノ少数ノ卒業者モ概シテ今日ノ工業界ノ実際ノ要求ト甚ダシク懸ケ離レテ居ル」との現状認識から，本書では大学，実業専門学校，中等工業学校，青年学校，夜学制度，工場附属学校など広範囲にわたる具体的改善策が提言されている．また付録には諸外国の工業教育制度の概要，日立亀戸青年学校，川崎東山学校など企業内養成施設の実例などが示されている．

⑧実業教育振興委員会編『時局ニ対処スベキ実業教育方策ニ関スル意見』(実業教育振興中央会，1938年)

文部省は日中戦争勃発直後の1937年11月，実業教育振興委員会に対して「時局ニ対処スベキ実業教育方策如何」との諮問を発した．同委員会では答申案作成のために全国各地の商工会議所，全国産業団体連合会・日本経済連盟会関連の各種経済団体・個人，実業専門学校校長に意見を求め，その回答が本書に収められている．「学校出ノ技術者ハ実際的経験ニ乏シ(中略)コレ学校教育ニ於テ実習ニ充分ノ時間ヲ與ヘザル結果」(川崎造船所社長川崎芳熊)といった意見が多数出された．

⑨清家正『機械工短期養成研究』(東洋書館，1941年)

東京府立電機工業学校長，東京府機械工養成所長，東京府立高等工業学校長などを歴任した製図法の第一人者である著者は研究面だけでなく，昭和10年代には職工教育，工学教育などの分野でも積極的に発言した．多能工・単能工論争に一石を投じただけでなく，本書では工業学校や高等工業学校教育についても独自の見解を披瀝し，機械系統の高等工業学校における段階式教育の導入を提唱している．

⑩大日本産業報国会編『大日本産業報国会技術者会議会議録』(同会，1942年→奥田健二・佐々木聡編『技術者会議会議録』日本科学的管理史資料集，第二集，図書篇，第8巻，五山堂書店，1996年，所収)

「生産増強ハ全日本ノ技術者ノ全智全能ノ総発揮ニヨリ，資源，資材，労力設備ノ科学的活用ニ俟ツ処極メテ大ナリ」との趣旨から，1941年11月28・29日の両日，東京神田の如水会館において大日本産業報国会技術者会議が開催された．本書はその会議議事録を収めたものである．技術者教育に関して，ここでも「学校教育と工場との縁が遠い(中略)今少し学校に於ける技術教育と工場といふものとが接近」する必要性がくり返し指摘された．

⑪日本学術振興会学術部工業改善研究第16特別委員会編『工場ニ於ケル専門学校以上

ノ技術関係卒業生採用直後ニ於ケル教育ニ関スル調査事項』(斯文書院，1942年)

1941年4月に設置された日本学術振興会学術部工業改善研究第16特別委員会の目的は生産力拡充に資する工業改善の具体的方策を提言することであったが，本調査報告は第2分科会(「工場ニ於ケル技術者教育ノ改善ニ関スル調査研究」)からの報告書である．上記テーマに関する資料収集のために，41年5月に全国主要工場244工場に調査依頼状が発送され，9月までに93工場から回答が寄せられた．学卒技術者に対する導入教育の実態を知るうえで重要な調査報告である．

⑫大日本産業報国会編『工場事業場に於ける技術職員の教育訓練並養成に関する調査報告』(同会，1943年)

戦時下における企業内での技術者教育の重要性を認識した大日本産業報国会は，1942年7月時点の状況を把握するために労働者500名以上(資本金1000万円以上)の約500の工場事業場に調査を依頼し，300強の企業から回答をえた．導入教育だけでなく，技術者の再教育についても質問している点が本調査の特徴であり，さらに社名は伏せられているが個別企業の具体的事例が多数収録されている点も本調査の有用性を高めている．

⑬山下興家『技術者の心構』(山海堂，1943年)

1906年に東京帝国大学機械工学科を卒業後，満鉄をへて，鉄道院に入り，大井・大宮工場長，工作局長を歴任し，鉄道省退任後は日立製作所取締役に就任した山下興家は昭和初期を代表する産業合理化，科学的管理法の推進者の一人である．本書では自己の経験を踏まえて，設計者の心構え，能率的な研究推進，多量生産の諸条件，鋳造技術の向上策などの諸問題が明快に議論されている．

⑭国務院総務庁企画処第二部科学審議委員会編『満洲科学技術要覧』(同委員会，1943年)

本要覧は1940年刊行の『全満試験研究機関輯覧』の増補改訂版である．内容は科学技術研究機関要覧，科学技術普及機関要覧，科学審議委員会要覧，科学技術関係団体要覧，満洲科学技術年表，科学技術関係重要法規並に要綱，日本に関する科学技術要覧からなる．戦時下「満洲国」の科学技術体制の全貌が概観できる貴重な資料であり，とりわけ主要試験研究機関の具体的内容に関する情報が豊富である．

⑮技術院編『事業場附設技術者養成所調査報告』(同院，1944年)

戦時期には不足する労働者に対応して企業内労働者養成施設が新設・拡充されたことはよく知られているが，技術者不足に対応した企業内施策の実態についてはなお不明な点が多い．本調査報告は技術院からの委託によって財団法人科学動員協会が1943年10月現在の状況を把握するために，資本金500万円以上の産業会社894社の事業場に調査依頼状を発送し，499社から回答をえた結果をまとめたものである．

(2)　二次文献案内

⑯奥村正二『現代機械技術論』(白揚社，1949 年)

本書第二部として収録されている「戦時生産の実相――一機械技術者の戦時中に於ける体験記録」は，柳田國男，田中耕太郎らの審査によって，当初『時事新報』2 万号記念論文に選ばれたものである．戦時中に筆者が関係した通信機，工作機械，自動車，航空機工場の生産現場の様相が冷静に描写されており，戦時機械生産の隘路とは具体的にいかなる事態であったのかがするどく分析されている．

⑰国立教育研究所編『日本近代教育百年史』第 10 巻，産業教育 2(同研究所，1973 年)

本巻は第 1 次世界大戦期から戦後高度成長期までの産業教育(工業，商業，農業，水産，運輸通信教育)を対象としている．工業教育の戦前・戦時期を取り扱う第 2 編第 4・5 章では徒弟学校，工業学校，工業補習教育，工業各種学校，企業内教育施設，工業専門学校，大学の動向がバランスよく考察されており，戦時期の熟練工養成問題(多能工・単能工論争)まで検討されている．こうした論争が戦時期の工員養成政策にどう反映されたのかは依然として大きな検討課題である．

⑱廣重徹『科学の社会史――近代日本の科学体制』(中央公論社，1973 年→『科学の社会史』上下，岩波現代文庫，2002-03 年)

「科学の制度化」,「科学の体制化」をキーワードに，近現代日本の科学技術体制を通観するだけでなく，たえず欧米各国の経験との比較史的考察が行われる本書は，この分野における古典的存在であり，その後の科学史・技術史研究に決定的影響を与えた名著である．とりわけ総動員体制下の科学技術動員に関する分析がすばらしい．本書でなされた比較制度史分析をどう乗り越えるかが今後の大きな課題である．

⑲森川英正『技術者――日本近代化の担い手』(日経新書，1975 年)

本書の本論は,「技術者と会社」,「会社技術者の形成」,「会社技術者の思想と行動」,「トップ・マネジメントへの道」の 4 章から構成されている．『学士会氏名録』にもとづいた官・学・産間の技術者の移動調査,『三菱合資会社社誌』による三菱の技術者の給与水準の変遷，大企業の技術者役員比率など興味深い調査結果が随所に示され，同時に会社技術者の行動を規定した思想・意識にまで分析が及んでいる．

⑳通商産業省監修『商工政策史』第 13 巻，工業技術(鎌谷親善執筆，商工政策史刊行会，1979 年)

科学技術史の分野で精力的に業績を積み上げられてきた鎌谷親善氏執筆の明治期から太平洋戦争期にいたる技術政策の通史である．各時期において技術政策と産業史の展開が関連づけて記述されており，現在においてもこれほど包括的な科学技術史研究は少ない．同氏の『技術大国百年の計――日本の近代化と国立研究機関』(平凡社，1988 年)と

合わせて読めば，国公立の試験研究機関に対する理解が深まる.

㉑東京大学百年史編集委員会編『東京大学百年史』部局史3（東京大学出版会，1987年）

本書は工学部，医科学研究所，東京天文台，地震研究所，生産技術研究所，応用微生物研究所の歴史を取り扱う．とくに工学部の第3章は戦時期に設立された第二工学部を取り上げた章であり，その後身である生産技術研究所とともにみれば，戦時期の技術者難に対する東京帝国大学の対応，大学附置研究所が抱えた諸問題などについて考えさせられる．また工学部各学科の動きをみることで，東京帝国大学工学部が戦前・戦時期の経済動向にいかに対応したかがうかがわれる.

㉒天野郁夫『近代日本高等教育研究』（玉川大学出版部，1989年）

本書は第1部「日本的高等教育の形成過程」と第2部「高等教育と社会構造」から構成される．第1部では官公私立の多様な専門諸学校の展開過程が追跡され，第2部第11章「工業化と工業技術者」では技術者の需要構造，技術者集団の形成，雇用とキャリア，技術者の移動などの論点が取り扱われている．近年では従来の教育史は教育社会学としてより広範・多様なテーマを取り扱うようになったが，本書はその先駆けとなった研究書の一つである.

㉓大淀昇一『宮本武之輔と科学技術行政』（東海大学出版会，1989年）

本書は，戦間期から戦時期にかけての技術者運動のリーダーの一人であった宮本武之輔の軌跡を軸に近代日本の科学技術行政のあり方を検討した労作である．最終的には技術院の設置にいたる戦時期の宮本を中心とした技術者の緊迫した運動，技術者の政治参画，科学技術新体制構築の試みに関する分析は圧巻であり，補論として戦後の科学技術庁，経済企画庁設置にいたる動きも考察されている.

㉔天野郁夫『教育と近代化――日本の経験』（玉川大学出版部，1997年）

本書は，「初等義務教育の制度化」，「工業化と技術者養成」，「大学教授集団の形成」，「講義録と私立大学」の4部から構成される．第2部「工業化と技術者養成」では明治・大正期の徒弟学校，工業学校，高等工業学校，大学卒技術者の需給構造が克明に追跡されている．需給構造の変化が技術者の企業内の処遇，社会的地位などにどのような影響を与えるかが詳細に検討されており，教育史・教育社会学の分野における名著である.

㉕川口寅之輔『金属を拓く――岐路と偶然と人生と』（工業調査会，2002年）

著者は1938年に東北帝国大学工学部金属工学科を卒業し，芝浦製作所，東亜製鉄，不二越鋼材工業をへて，49年に明治大学工学部教授に就任した．自伝である本書では，戦時下の工学部の学生生活，就職の決まり方，芝浦入社後の見習い期間の様子，さらに陸軍の研究機関と民間企業の共同研究の実態，戦時研究員制度による永久磁石の研究活

動などが詳細に描かれ，戦時下の技術者，技術開発に関する貴重な証言となっている.

㉖山下充『工作機械産業の職場史 1889-1945——「職人わざ」に挑んだ技術者たち』(早稲田大学出版部，2002 年)

本書は，戦前・戦時期の代表的工作機械メーカーの生産現場で働いていた 20 名の技術者・技能者に対して徹底した聞き取り調査をおこなうことによって，記述資料だけでは再現できない職場の人間関係，生産の実態を克明に描き出した力作である．技術者の現場主義的態度が現場における協調的関係と同値とは簡単にいえない技術者と技能者の複雑な関係，その両者を架橋する試みに関する考察など，社会学的手法の切れ味が随所に発揮されている.

㉗望田幸男・広田照幸編『実業世界の教育社会史』(昭和堂，2004 年)

近年の教育社会学における研究の進展は著しいが，本書は「ビジネス・エリートの世界」,「テクノロジーの担い手」,「ノン・エリートの世界」の 3 部から構成され，日本・ドイツ・フランス・イギリス・ロシアにわたる比較史の視点が貫かれている点に特徴がある．19 世紀後半から 20 世紀前半を対象とする本書では，職業システムの教育化，教育システムの形成と変容，教育システムと職業システムの関係構造の形成，諸社会階層の学校利用の 4 つの主題をめぐって興味深い議論が展開される.

㉘畑野勇『近代日本の軍産学複合体——海軍・重工業界・大学』(創文社，2005 年)

本書は近代日本における「軍産学複合体」を体現した人物である平賀譲という技術者の軌跡に焦点を合わせつつ，幕末から太平洋戦争期にかけての軍産学複合体の波動を追跡する．1920 年代のネイバル・ホリデーの下でいったん停滞したかにみえた軍産学複合体はワシントン体制の崩壊とともに復活し，平賀の東京帝大総長就任によって強化され，戦時生産を支えていくことになる.

㉙Morris-Suzuki, Tessa, *The Technological Transformation of Japan: From the Seventeenth to the Twenty-first Century* (Cambridge : Cambridge University Press, 1994).

江戸時代から現在にいたる日本の技術開発体制・科学技術政策の歴史を概観した数少ない英語文献である．官公民のそれぞれのセクターにおける試験研究機関の役割，政策・施策を検討するだけでなく，“Social Network of Innovation”，すなわち 3 セクター間の連携による技術革新の推進過程にも目を向けている点が本書の特徴であり，とくに公立の試験研究機関の歴史的役割を高く評価している.

㉚ Grunden, W. E., *Science under the Rising Sun: Weapons Development and the Organization of Scientific Research in World War II Japan* (Ph. D. Dissertation, University of California, Santa Barbara, 1998).

戦時期日本の科学技術体制，兵器開発を正面から検討した博士論文である．序章に続く本論は，戦前期日本における近代科学技術の形成，科学政策と戦時期における科学の組織化，原子爆弾，ロケットと誘導ミサイル，生物化学兵器の各章から構成される．米国の国立公文書館に所蔵された一次資料を駆使して戦時期日本の研究開発体制の実態に迫った力作であり，終章では戦後への展望も語られている．

（沢井　実）

H　「大東亜共栄圏」関係文献

①**原朗「日中戦争期の外貨決済(1)–(3)」**（『経済学論集』〔東京大学〕第38巻第1–3号，1972年4–10月）

②**原朗「戦時経済統制の開始」**（『岩波講座日本歴史20　近代7』岩波書店，1976年）

③**中村隆英「戦争経済とその崩壊」**（『岩波講座日本歴史21　近代8』岩波書店，1977年）

原朗と中村隆英は，新史料の発掘と緻密な実証研究によって日本の戦時経済期に関する研究水準を飛躍的に高めた．①は，日本の統制経済・戦時経済において最大の制約条件であった外貨不足問題に焦点を当て，横浜正金銀行など為替銀行業務と金現送問題を中心に詳細に考察した論文．②は，戦時経済統制の展開過程を詳細に検討するとともに，経済統制下の経済構造の変化を明らかにし，1941年の独ソ開戦と対日資産凍結による日本の対外貿易・決済の停止によって日本の戦時経済はその存立基盤を失い，再編成を迫られたと指摘する．中村隆英による③は，原の議論を引き継ぎ太平洋戦争開戦後の戦時経済とその崩壊過程を明らかにしている．外貨に代わり資源と輸送力が制約条件となった日本の戦時経済は，南方資源地域の確保によりその制約を脱しようとしたが，船舶輸送力の不足と喪失により物動計画が崩壊したと論じる．また，軍需生産の生産増強のために行われた重要産業統制と労働力動員の過程，戦時財政の膨張，インフレーションと戦時金融統制についても論じ，戦争が国民生活水準の切り下げのうえに成立していたと指摘する．

④**原朗「1930年代の満州経済統制政策」**（満州史研究会編『日本帝国主義下の満州――「満州国」成立前後の経済研究』御茶の水書房，1972年）

⑤**原朗「「満州」における経済統制政策の展開――満鉄改組と満業設立をめぐって」**（安藤良雄編『日本経済政策史論』下，東京大学出版会，1976年）

原朗は日本の戦時経済統制の原型として1930年代に展開した満洲における経済統制政策に注目し，その立案・実施過程の分析を行った．④は十河，岡野，泉山各文書を利用し，満洲経済統制政策の立案過程とその展開を考察した論文．当初，日満分業的な適地適業主義により実施された満洲の経済統制政策の方針は1935年には現地調弁主義に変化し，日中戦争勃発後には日本の生産力拡充計画や物資動員計画と関連付けられて満洲産業開発五ヵ年計画の拡大修正が実施された．さらに40年には徹底的重点主義が採られることで総合開発は捨て去られ，増産強行による対日隷属化主義に転換したと論じ

る．⑤は，陸軍主導で行われた満洲の経済統制政策の実施過程について，南満洲鉄道(満鉄)改組問題と日産財閥の移駐による満洲重工業の設立から崩壊までの経緯を詳細に検討している．「満洲国」成立後，陸軍・関東軍は満洲統治の一元化を実現するため満鉄の権限を大幅に縮小させ，「満洲産業開発五ヵ年計画」の実施機関として，鮎川義介率いる日産の満洲移転により満洲重工業(満業)を設立させた．しかし，満業は設立当初より日満商事，満州炭礦などの他の統制機関との対立，外資導入計画の失敗などに直面し，さらに日中開戦後の経済統制の拡大により，満業の実質的な経営権は政府・統制会に奪われ，満業は当初の目的を果たせなかったと指摘する．

⑥近代日本研究会編『戦時経済』(〔年報・近代日本研究 9〕，山川出版社，1987 年)

政治史・経済史研究者の共同編集による戦時経済の特集．「『準戦時』から『戦時』経済体制への移行」(中村隆英)，「生産力拡充政策の展開過程」(山崎志郎)，綿業輸出入リンク制下における紡績業と産地機業」(高村直助)，「日中戦争期の貿易政策――綿業リンク制と綿布滞貨問題」(寺村泰)，「戦時統制経済への移行と産業の組織化――カルテルから統制団体へ」(宮島英昭)，「毛里英於菟論覚書」(伊藤隆)，「対米英開戦と物的国力判断――陸軍省整備局の場合」(塩崎弘明)，「戦時計画経済と価格統制」(岡崎哲二)，「戦時統制経済と下請制の展開」(植田浩史)，「太平洋戦争期の生産増強政策」(原朗)，「戦時期の住宅政策と都市計画」(越沢明)の各論文が収められている．

⑦原朗編『日本の戦時経済――計画と市場』(東京大学出版会，1995 年)

これまでの戦時経済研究の蓄積の上に，国際比較，計画経済と市場経済，戦後経済との関係などの新しい観点を取り入れた論文集．「日本の戦時経済――国際比較の視点から」(原)，「戦時工業動員体制」(山崎志郎)，「第 2 次大戦期の金融制度改革と金融システムの変化」(岡崎哲二)，「経済制裁下の対外経済」(平智之)，「対外経済膨張の構図」(金子文夫)，「戦時経済下の下請＝協力工業政策の形成――機械鉄鋼製品工業整備要綱と協力工業政策(1940〜1942 年)」(植田浩史)，「労務動員」(東條由紀彦)，「太平洋戦争期食糧統制政策の一側面――食糧生産＝供給者の行動原理と戦時的商品経済」(加瀬和俊)の各論文が収められている．

⑧山崎志郎「経済総動員体制の経済構造」(歴史学研究会・日本史研究会編『近代の転換』〔日本史講座第 9 巻〕，東京大学出版会，2005 年)．

1936 年以降の総動員体制下での日本の経済構造を考察した論文．物資動員計画，軍需動員計画，生産力拡充計画の機構と展開を概観した上で，欧州大戦勃発後においては統制会の設立，企業間競争を利用した増産インセンティヴの付与，配給の厳格化などによって総動員体制が再編され，太平洋戦争期には海上輸送力を決定的隘路として総動員体制が行き詰まり，これには統制の現場に即応して臨機に対応するとともに中央・地方の行政再編が進められたことを論じる．

⑨浅田喬二編『日本帝国主義下の中国――中国占領地経済の研究』(楽游書房，1981年)

日本帝国主義の中国経済支配史の解明を意図した論文集．「日中戦争史論」(小林英夫)，「日本帝国主義による中国農業資源の収奪過程」(浅田)，「日本帝国主義による中国鉱業資源の収奪過程」(君島和彦)，「日本帝国主義による中国占領地の通貨金融工作」(柴田善雅)，「日本帝国主義による中国交通支配の展開」(高橋泰隆)，「華北解放区の形成と抗日経済政策」(田中恒次郎)，「華中解放区の形成と抗日経済戦」(風間秀人)の各論文を収める．

⑩中村隆英『戦時日本の華北経済支配』(山川出版社，1983年)

1933-45年の日本による華北侵略の経済的側面について，主に日本側の史料に基づいて論じた書．35年の華北分離後，興中公司が「満鉄ノ分身」として華北の経済開発に当たった．日中戦争勃発後，国策会社の北支那開発が設立され，現地軍・満鉄の経済開発構想が国策として現実化した．日本の統制経済が華北でも適用されて資源の対日供給に主眼が置かれたが，強行された経済開発はインフレと社会不安を引き起こし，戦局の悪化とともに華北経営は破綻したとする．

⑪浅田喬二・小林英夫編『日本帝国主義の満州支配――15年戦争期を中心に』(時潮社，1986年)

軍事・政治支配と対抗，経済支配の検討を通じて，日本帝国主義による「満州」支配を解明することを目的とした論文集．「「満州国」の形成と崩壊」(小林英夫)，「軍事支配(1)満州事変期」(吉田裕)，「軍事支配(2)日中戦争・太平洋戦争期」(山田朗)，「農村行政支配」(風間秀人)，「反満抗日運動」(田中恒次郎)，「農業資源の収奪」(飯塚靖・風間)，「鉱工業支配の展開」(君島和彦)，「鉄道支配と満鉄」(高橋泰隆)，「財政・金融構造」(疋田康行)の各論文を収録する．

⑫中村政則・高村直助・小林英夫編『戦時華中の物資動員と軍票』(多賀出版，1994年)

中国占領地における物資統制の担当機関であった中支那軍票交換用物資配給組合の活動に関する共同研究の成果．第1部「軍配組合の概況」には「日中戦争と軍配組合の活動」(小林英夫)，「軍配組合の機構と機能」(柴田善雅)，「軍票と華中通貨工作」(柴田)，「軍配組合の終焉」(高村直助)，第2部「軍配組合各部の活動」には「綿業部の活動」(高村)，「工業薬品部と染料部の活動」(柴田・小林)，「紙部の活動と民豊造幣廠の経営」(神山恒雄)，「砂糖部の活動」(大豆生田稔)，「穀肥部の活動」(大豆生田)，第3部「軍配組合と親日政権」には「奥地における物資統制と軍配問題」(児嶋俊郎)，「戦時上海の物資流通と中国人商」(久保亨)，「対華新政策と汪精衛政権」(古厩忠夫)を収める．

⑬疋田康行編『「南方共栄圏」――戦時日本の東南アジア経済支配』(多賀出版，1995年)

日本軍政の影響下におかれた「南方共栄圏」における日本の経済支配の諸側面を分析した共同研究．「「南方共栄圏」研究の課題と日本の戦時経済支配の特徴」(疋田・柴田善

雅)，「開戦前の日本企業の南方進出」(柴田・鈴木邦夫)，「開戦前の経済交渉」(安達宏昭)，「海軍南方「民政」」(小池聖一)，「「南方共栄圏」の貿易政策」(柴田)，「南方軍事財政と通貨金融政策」(柴田)，「企業進出の概要」(疋田・鈴木)，「三井系企業の進出」(鈴木・花井俊介)，「三菱・古河・石原系企業の南方進出」(疋田・安達・小林英夫)，「軍政と企業活動」(花井)，「「南方共栄圏」における運輸政策」(柴田)，「労務動員政策の展開」(小林)，「日本占領下の米経済の変容」(倉沢愛子)，「敗戦処理と戦後再進出」(柴田)の各論文と進出企業や投資額に関する「付表」(疋田・鈴木)を収める．

⑭小林英夫編『植民地への企業進出——朝鮮会社令の分析』(柏書房，1994年)

1911-20年に朝鮮で施行された会社令の施行・廃止理由，会社設立動向，朝鮮社会に与えた影響について考察した論文集．「朝鮮会社令の概況」，「会社令制定後の各界の意見と同令の性格変化」，「「武断政治」批判と投資の低迷」，「投資の増大と会社令の廃止」(小林)，「会社令制定前の会社の状況」(木村健二)，「会社令の施行と会社設立状況」「会社令下の会社の特徴」(幸野保典)，「設立主体の分析」「会社令廃止後の会社設立」「孫禎睦『会社令研究』について」「会社リスト1会社令前の会社」(木村)，「会社リスト2会社令下の認可会社」(幸野)を収める．

⑮波形昭一編『近代アジアの日本人経済団体』(同文舘出版，1997年)

戦前期における日本人・日本企業の進出による国際摩擦を在外経済団体に焦点を当てて分析した論文集．「台湾における経済団体の形成と商業会議所設立問題」(波形)，「朝鮮における商業会議所連合会の決議事項」(木村健二)，「サイパン島における南洋興発株式会社と社会団体」(今泉裕美子)，「「満州」における商業会議所連合会の活動」(柳沢遊)，「奉天における日本商人と奉天商業会議所」(塚瀬進)，「天津居留民団の低利資金請願運動」(幸野保典)，「上海日本人実業協会と居留民社会」(山村睦夫)，「香港—日本関係の中の香港日本商工会議所」(飯島渉)，「東南アジアにおける日本人会と日本人商業会議所」(橋谷弘)，「シンガポールの華人抗日運動と日本側経済団体」(堀本尚彦)，「タイにおける日本人社会経済団体の活動」(小林英夫)，「商業会議所のアジア経済ネットワーク」(須永徳武)の各論文を収める．

⑯柳沢遊・木村健二編『戦時下アジアの日本経済団体』(日本経済評論社，2004年)

アジア諸地域に総動員体制が拡大する過程での現地の在外経済団体の活動とその歴史的意義について考察した論文集．「商工会議所の機構改革と商工経済会の活動」(須永徳武)，「台北商工会議所の設立と展開過程」(波形昭一)，「朝鮮における経済統制の進行と経済団体」(木村)，「大連商工会議所から関東州経済会へ」(柳沢)，「奉天商工公会の設立とその活動」(塚瀬進)，「華北経済の膨張と天津日本商工会議所の機構改革」(幸野保典)，「日本占領下の上海日本商工会議所」(山村睦夫)，「南洋群島経済の戦時化と南洋興発株式会社」(今泉裕美子)の各論文を収録する．

⑰**厳中平／依田憙家訳『中国近代産業発達史——「中国棉紡織史稿」』**(校倉書房，1966年，原著1942年)

『中国棉業之発展』として1942年に初版が刊行された書の邦訳．1840–1937年を中心に中国における棉紡織業の展開を論じており，近代以降については外国資本，とりわけ日本資本による圧迫下での民族資本の成長過程を描く．書末に「中国紡績工場沿革表(1890–1937年)」「統計資料」を附録する．

⑱**島一郎『中国民族工業の展開』**(ミネルヴァ書房，1978年)

著者の既発表の論文を基礎とし，1930年代の民族工業の展開について論じた書．中国の近代社会・経済の基本的性格を半封建・半植民地体制としてとらえ，民族工業の展開をこの体制との関連において把握する分析視角から，綿，製糸，羊毛，タバコ，製粉の各工業の展開について考察する．

⑲**池田誠・田尻利・山本恒人・西村成雄・奥村哲『中国工業化の歴史——近現代工業発展の歴史と現実』**(法律文化社，1982年)

現代中国における社会主義建設の歴史的な位置づけを問題関心として，アヘン戦争以後の中国近代化の歴史を工業化の視点から考察した書．工業・農業・科学技術・国防の「4つの現代化」政策の歴史的根源は，列強支配下の半植民地的半封建的条件のもとで工業化に失敗したことと農村社会の構造的変革を実現できなかったことの結果であると論じる．

⑳**中村哲・梶村秀樹・安秉直・李大根編『朝鮮近代の経済構造』**(日本評論社，1990年)

日韓両国の研究者が参加した韓国近代経済史研究会の研究成果．「近代東アジアにおける地主制の性格と類型」(中村)，「公武量田の歴史的性格」(李榮薫)，「比較史的視点からみた朝鮮土地調査事業」(宮嶋博史)，「1930年代朝鮮の農家経済」(松本武祝)，「領事館報告に見る朝鮮の内地市場」(吉野誠)，「旧韓末における忠清北道の市場構造」(李憲昶)，「1910年代朝鮮の経済循環と小農経営」(梶村)，「定期市」(木村光彦)，「1930年代朝鮮工業化の再生産条件」(堀和生)，「植民地朝鮮の雇用構造に関する研究」(安)，「朝鮮総督府鉄道局の雇用構造」(鄭在貞)，「日帝下韓国人会社および韓国人重役の分析」(許粹烈)，「解放後帰属事業体の実態とその処理過程」(李大根)の各論文を収める．

㉑**日本銀行調査局特別調査室編「満州事変以後の財政金融史」**(日本銀行調査局編『日本金融史資料』昭和編，第27巻〔→A-⑳〕，所収)

日本銀行調査局が満洲事変後の日本の財政金融史，特にインフレーションの過程を記録として残すことを目的に，終戦直後より大内兵衛を監修者として編纂に着手し1948年に完成させた原本1,000頁を超える戦時金融史の基本文献．満洲事変期，日華事変期，太平洋戦争期，終戦後の4編より構成され，各編は財政・金融政策・金融情勢・対外金融・物価と生産の5章に分けて詳述されている．

㉒横浜正金銀行「毎半季為替及金融報告」(日本銀行調査局編『日本金融史資料』昭和編，第28巻〔→A-⑳〕，所収)

1938年より横浜正金銀行が半期ごとに作成した行内向け報告資料で，東京銀行に継承される直前の1945年下半期分までが存在する．貿易・為替市場・為替管理・金銀塊取引・円ブロック圏内の金融事情など，対外金融に関する重要事項が詳述されており，戦時期の対外金融の実態を知るうえで極めて重要な史料である．なお，横浜正金銀行の行内史料の一部は『横濱正金銀行　マイクロフィルム版』(→A-⑰)として刊行されている．

㉓東亜研究所編『支那占領地経済の発展』(1944年→龍渓書舎，1978年復刻)

時局の要請に応じて，1936-41年の北支・中支における経済動向を把握するための資料提供を目的とした報告書．第1篇「支那占領地経済発展の概観」では，「北中支の我が占領地にとっては戦力増強上の必要物資の対日供給量を可能なる限り増加することが中心的課題」であるとする．第2篇「支那占領地の主要経済部門の発展」では，農業，鉱山業，工業，交通，貿易の各産業部門と物価，通貨・金融，財政の状況が統計資料を交えながら論じられる．

(疋田康行・岸田真・坂口誠)

I 「戦後復興の経済学」関係文献

①中村隆英編／有沢広巳監修『資料・戦後日本の経済政策構想』全3巻(東京大学出版会，1990年)

敗戦から1949年の自由経済体制への移行まで主に政府部内で構想された経済復興政策について，政策立案に携わった有沢広巳，稲葉秀三，大来佐武郎等の秘蔵資料から明らかにする資料集である．第1巻『日本経済再建の基本問題』(中村隆英・大森とく子編)には，同題の政策提言が46年3月にまとめられ，その改訂版が9月に刊行されるまでの関係文書を収録している．第2巻『傾斜生産方式と石炭小委員会』(中村隆英・宮崎正康編)では，傾斜生産方式の立案過程に関する資料が収められているほか，付録として収録されている「日本経済再建の基本問題と石炭小委員会」は有沢等が出席して当時を回想した会合を記録している．第3巻『経済復興計画』(中村隆英・原朗編)は1948年から翌年にかけて経済安定本部で作成された第1～2次経済復興計画とその関連文書を収録している．いずれの巻も，敗戦直後の困難な時代に日本経済の復興を目指した学者・官僚等の苦闘の記録であり，戦後復興期の日本経済研究では第一に参照されるべき資料集である．

②篠原三代平『日本経済の成長と循環』(〔篠原三代平著作集Ⅰ〕，筑摩書房，1987年)
③同『日本経済の構造と政策』(〔篠原三代平著作集Ⅱ〕，筑摩書房，1987年)

篠原三代平は，景気循環論の立場からデータに基づく実証的な分析を数多く発表し，

学界に常に新たな論点を提示する経済学者であり，その先見性は高く評価されている．また，一橋大学経済学研究所『長期経済統計』(→A-①)プロジェクトの中心メンバーとして『個人消費支出』(第6巻)および『鉱工業』(第10巻)の著者をつとめた．『著作集』全4巻には，篠原の自選による82本の論文が収められている．第1巻『日本経済の成長と循環』は，戦前期の日本経済の成長と分配に関する論文からなる第Ⅰ部「戦前経済成長へのビジョン」，戦前戦後の日本の工業化と経済循環を論じた第Ⅱ部「成長・工業化のダイナミズム――戦前と戦後」，中期循環(設備投資循環)をめぐる論考を収めた第Ⅲ部「戦後の設備投資循環」，在庫循環と金融の関係を論じた第Ⅳ部「戦後の在庫循環」の4部から構成される．第2巻『日本経済の構造と政策』は，戦後日本の労働における格差と地域格差を論じた第Ⅰ部「二重構造と地域格差」，日本の産業構造の変化と経済政策に関する論文からなる第Ⅱ部「産業構造と産業政策」，戦前戦後の所得分配と生産性を論じた第Ⅲ部「賃金・生産性・インフレーション」，日本の貯蓄・消費関数に関する分析を収めた第Ⅳ部「高貯蓄のメカニズム」からなる．

④篠原三代平『長期不況の謎をさぐる』(勁草書房，1999年)

前述の『著作集』刊行後に経済雑誌・新聞等に掲載された論考を中心に，一部書き下ろしを加えた18章からなる．第一部「長期不況の歴史的考察――大型バブル・デフレの長期的交代」では，18世紀の南海泡沫事件以来の「大型バブル→長期不況」の現象と経済の長期波動との関係を指摘し，日本の平成不況をその中に位置づけている．第2部「日本経済――成長・循環・金融危機」には，戦後50年の経済成長と景気循環の分析と，1990年代の経済問題に関する論考を収録．第3部「世界経済――体制の危機」では，20世紀の世界経済の回顧と展望のほか，旧ソ連圏の崩壊，国際通貨体制と資本移動，東アジア経済の将来展望を論じている．巻末には中村隆英による『著作集』へのレビュー論文を収録する．

⑤大内力『経済学方法論』(〔大内力経済学大系1〕，東京大学出版会，1980年)

マルクス『資本論』を原理論とする「三段階論」を提唱した宇野弘蔵の経済理論を継承した大内力が，自らの『経済学体系』の刊行にあたり書き下ろした経済学方法論．第1章「経済学の課題と体系」では，マルクス経済学の立場から18世紀以降の経済学の展開を批判的に検討し，宇野の三段階論を経済学の体系として位置づける．第2章「原理論の方法」，第3章「段階論の方法」，第4章「現状分析の方法」では，宇野理論への批判に反論を加えつつ，三段階論の各段階における方法論について論じている．

⑥橋本寿朗『現代日本経済史』(岩波書店，2000年)

「適応と創造の1世紀」として第1次大戦後から高度成長期までの日本経済史を扱った書．第Ⅰ部「世界大恐慌期に躍進する日本経済」では，第1次大戦後の国際経済システムの再建過程から大恐慌への展開を跡付ける．第Ⅱ部「失われた20年――戦時計画経済と戦後経済改革」では，戦時計画経済の展開とアメリカによる占領が日本企業に与

えたインパクトについて論じる．第Ⅲ部「20世紀システムの展開と高度経済成長」では，戦後復興期にアメリカによって大改造された日本経済がドメスティケーションを遂げ，それが高度経済成長を支えたとする．

⑦小宮隆太郎『現代日本経済――マクロ的展開と国際経済関係』(東京大学出版会，1988年)

日本を代表する近代経済学者のひとりである小宮隆太郎は，日本や世界が直面する様々な経済問題について，通説に挑戦する積極的な発言を行うエコノミストとして知られる．本書は1976年から88年までに発表された8編の論文を収録しており，石油危機後の日本のマクロ経済と金融政策，日本の貿易および対外直接投資，日米経済摩擦，世界貿易体制の将来，の各問題についてマクロ経済学・国際経済学の観点から論じている．

⑧ブレトンウッズ委員会日本委員会編訳『21世紀の国際通貨システム――ブレトンウッズ委員会報告』(金融財政事情研究会，1995年)

ブレトンウッズ協定調印50周年を記念し，アメリカ・ヨーロッパ・日本の金融専門家によって組織された民間レベルの検討委員会(Bretton Woods Commission)の報告書および討議資料．日本からは，柏木雄介(元東京銀行会長)を委員長とする10名の委員が参加した．報告書は1994年7月に発表され，米国ワシントンにおいて開催された国際会議において討論が行われた．IMF・世銀グループの役割の再検討と国際通貨制度改革が主要なテーマとされ，為替相場安定に対する主要国間の国際協調とIMFの役割強化，世銀グループの改革の必要性などを提言している．

⑨小野旭『変化する日本的雇用慣行』(日本労働研究機構，1997年)

小野旭は，日本の労働経済学の諸問題を計量的分析の手法により検討し，新しい視角を提供した労働経済学者であり，『長期経済統計』プロジェクトでは『繊維工業』(第11巻・共著〔→A-①〕)に携わった．本書は，年功賃金制度，終身雇用制度といった「日本型雇用慣行」について計量分析と国際比較からその共通性と特殊性を検討し，日本における賃金構造を年齢別生活費保証型と規定し，日本の労働市場の非流動性が主に忠誠心や温情主義・企業純潔主義といった歴史的・文化的要因によるものであると指摘した．

⑩中村隆英『昭和経済史』(岩波書店，1986年)

1985年春に開催された岩波市民セミナーでの講義をまとめた書．昭和初年には古典的な資本主義社会であった日本経済が高橋財政を基点に変容をとげ，経済の計画化は昭和40年代まで指導力を持ったとする．戦後の占領軍による民主主義化は戦前来の変化の上に構築され，受容過程を経て戦後日本の経済体制として成立した．高度経済成長は民間の旺盛な投資に牽引されて実現し，そのなかで所得分配の平等化が進んだが，安定成長期以後は政府・企業・家計が古典的な姿に回帰しつつあるとする．なお，第一次石油危機以後の日本経済を論じた本書の続編に『現代経済史』(岩波書店，1995年)がある．

⑪中村隆英『日本経済――その成長と構造』第3版(東京大学出版会，1993年)

明治以降から現代までの日本経済の歴史的把握を主題とし，第Ⅰ部「長期成長過程の概観」では，長期統計を用いて経済成長と景気変動，産業構造と就業構造，対外経済関係を跡付ける．第Ⅱ部「近代日本経済の発展」では江戸時代の経済的達成を考察した後，明治維新から1990年ごろまでの経済成長について統計分析を基に論じる．第Ⅲ部「現代の経済構造」では高度経済成長下での成長メカニズム，重化学工業化，金融政策，労働市場，中小企業，農業を分析し，バブル崩壊以降の日本経済を展望する．

⑫中村隆英『昭和史』全2巻(東洋経済新報社，1993年)

昭和改元の前年に生まれた著者の同時代史的な書．経済だけでなく政治・社会・文化・思想などを広範にとりあげつつ，波乱に満ちた昭和史が描かれている．第1巻は昭和の幕開けから敗戦までの時期をとりあげ，太平洋戦争に至る過程に主要な関心を置きながら昭和戦前史が説かれる．第2巻は占領期から昭和の終焉までの主に政治・経済の展開を描き，巻末に全巻の参考文献を付す．

⑬大川一司・篠原三代平・梅村又次監修『長期経済統計――推計と分析』全14巻(東洋経済新報社，1965–88年〔→A–①〕，所収)

⑭総務省統計局(→総務庁統計局→総務省統計局，同統計研修所)編『日本統計年鑑』(日本統計協会・毎日新聞社，1949年–〔→A–⑨〕，所収)

(中村隆英・岸田真・坂口誠)